MARIA MONTESSORI

EMİCİ ZİHİN

Türkçesi:
OKHAN GÜNDÜZ

KAKNÜS YAYINLARI

İçindekiler

Emici Zihin Birinci Baskıya Giriş 7
1 Dünyanın Yeniden Kurulmasında Çocuğun Rolü 9
2 Yaşam İçin Eğitim 17
3 Gelişimin Dönemleri 27
4 Yeni Yol 39
5 Yaratma Mucizesi 45
6 Embriyoloji ve Davranış 59
7 Tinsel Embriyon 73
8 Çocuğun Bağımsızlığı Fethi 97
9 Yaşamın İlk Günleri 111
10 Dil Üzerine Bazı Düşünceler 123
11 Dil Çocuğa Nasıl Seslenir? 131
12 Gelişimin Önündeki Engellerin Etkileri 143
13 Hareketin Genel Gelişim Açısından Önemi 153
14 Zekâ ve El 165
15 Gelişim ve Taklit 175

16 Bilinçsiz Yaratıcıdan Bilinçli İşçiye 181
17 Kültür ve İmgelemin Gelişime Katkısı 187
18 Karakter ve Çocukluktaki Karakter Kusurları 209
19 Çocuğun Topluma Katkısı – Normalleşme 219
20 Karakter Oluşturma Çocuğun Kendi Başarısıdır 227
21 Çocukta Sahiplenme ve Geçirdiği Dönüşümler 235
22 Toplumsal Gelişim 241
23 Toplumsal Birimde Sargınlık 253
24 Hatalar ve Düzeltilmeleri 265
25 Söz Dinlemenin Üç Düzeyi 273
26 Disiplin ve Öğretmen 285
27 Öğretmenin Hazırlığı 299
28 Sevgi ve Sevginin Kaynağı - Çocuk 311

EMİCİ ZİHİN
BİRİNCİ BASKIYA GİRİŞ

Bu kitap Dr. Maria Montessori'nin Hindistan'da ilk kez ev hapsine alınmasından[1] sonra düzenlenen ve 2. Dünya Savaşı'nın sonuna dek süren Ahmedabad'daki eğitim kurslarında verdiği seminerlere dayanıyor. Montessori, küçük bir çocuğun insan kişiliğinin tüm karakteristik özelliklerini –öğretmenler ve eğitimdeki alışılagelmiş yardımlar olmadan, neredeyse tek başına ve genellikle de engellenmiş olmasına karşın– yalnızca birkaç yıl içinde gerçekleştirmesini ve sağlam bir şekilde oturtmasını sağlayan eşsiz zihinsel güçlerini anlatıyor.

Büyük bir potansiyelle, ancak zayıf bir bedenle ve bildik yeteneklerinden yoksun, neredeyse bomboş bir zihinle doğan ve altı yıldan kısa bir süre içinde diğer türlerin hepsini geride bırakan çocuğun bu başarısı yaşamın en büyük gizemlerinden biridir.

Bu kitapta Dr. Montessori, insan yaşamının bu ilk, ancak en belirleyici dönemine dair yakın gözlemlerine ve değerlendirme-

---

[1] 1939'da oğlu Mario ile birlikte Madras'ta üç aylık bir eğitim vermek üzere Hindistan'a giden Montessori, savaş patlak verince İtalyan vatandaşı olduğu için ev hapsine, oğlu Mario da gözaltına alındı., *bkz.* s. 1.

lerine dayanan derin kavrayışını anlatmakla kalmıyor, aynı zamanda yetişkin insanların bu yöndeki sorumluluğunu da ortaya koyuyor. Gerçekten de bugün evrensel anlamda kabul görmüş olan "doğumdan itibaren eğitim" yaklaşımının gerekliliğine pratik bir anlam kazandırıyor.

Bu da ancak eğitimin "yaşama yardım" hâline gelmesiyle ve bilgi ya da idealleri bir zihinden diğerine doğrudan aktarmanın ve öğretimin dar sınırlarını aşarak verilebilir. "Çevreyi hazırlama" Montessori yönteminin en tanınmış ilkelerinden biridir. Yaşamın bu aşamasında çocuk okula başlamadan çok önce, bu ilke "doğumdan itibaren eğitimin" ve bireyin daha en baştan itibaren gerçek anlamda "yetişmesinin" püf noktasıdır.

Bu, bilimsel zemine dayanan bir çağrıdır. Aynı zamanda çocuk doğasının dünyanın dört bir yanında kendini ortaya koymasına tanık olup yardım etmiş bir insanın deneyimleriyle doğrulanan bir çağrıdır. Bu zihinsel ve tinsel yüceliğin kendini ortaya koyuşu, insanlığın –oluşma döneminde terk edilmiş, kendi hayatı için en büyük tehdidi oluşturacak şekilde büyümüş insanın– ortaya koyduğu resimle ürkütücü bir karşıtlık içindedir.

Karachi, 1949
Mario Montessori

1

DÜNYANIN YENİDEN KURULMASINDA ÇOCUĞUN ROLÜ

Bu kitap, çocukların kendi içlerinde sahip olduğu o büyük güçleri savunan hareketimizin ve düşüncemizin açılan zincirindeki halkalardan biri.

Bugün dünya çatışma içinde ve gelecekte dünyanın yeniden kurulması üzerine planlar hazırlanırken, birçokları eğitimin bunu gerçekleştirmenin en iyi yollarından biri olduğunu düşünüyor, çünkü insanlığın zihinsel açıdan iddia edilen uygarlık düzeyinin çok altında olduğunu kimse inkâr etmiyor.

Ben de insanlığın, barış ve uyum içinde yaşayan bir toplum kurma ve savaşların son bulması özlemine ulaşmak için gereken olgunluk düzeyinden hâlâ uzak olduğuna inanıyorum. İnsanoğlu kendi yazgısını şekillendirmeye, dünyadaki olayları denetlemeye ve yönlendirmeye henüz hazır değil ve bunların kurbanı durumunda.

Eğitim, insanlığı yükseltmenin yollarından biri olarak görülse de hâlâ yalnızca *zihnin* eğitilmesi olarak düşünülüyor. Canlandırıcı ve yapıcı yeni güçlerden yararlanmaya çalışmak yerine, eski yollarla sürdürülmesi öneriliyor.

Felsefe ve dinin bu göreve çok büyük bir katkıda bulunabileceğine ben de inanıyorum, ama günümüzün ultra uygarlaşmış dünyasında ne de çok filozof var ya! Geçmişte olmayanların sayısı neydi, gelecekte olmayanların sayısı ne olacak? Soylu ideallerimiz ve yüksek standartlarımız her zaman oldu. Öğrettiklerimizin büyük bir bölümü bunlardan oluşuyor. Gelin görün ki ne savaşlar ne de çekişmeler sona erecek gibi görünüyor. Eğitim de yine hep o eski çağ dışı çizgide, bilgilerin aktarılmasından ibaret görülecekse, insanlığın geleceğini iyileştirme umudu da pek yok demektir. Bireyin bir bütün olarak gelişimi geride kalmışsa, bilgilerin aktarılması ne işe yarar ki? Bunun yerine tinsel bir varlığı, toplumsal bir kişiliği, yeni bir dünya gücünü göz önüne almamız gerekiyor. Bunlar üyeleri sayısız olsa da günümüzde gizli durumda ve göz ardı ediliyor. Yardım ve kurtuluş, ancak çocuklardan gelebilir, çünkü insanı yapan çocuklardır.

Çocuklara bilinmeyen güçler bahşedilmiştir ve bunlar bizi ışıl ışıl bir geleceğe yöneltebilir. Gerçekten yeni bir dünya istiyorsak, eğitimin hedefi bu gizli olasılıkları geliştirmek olmalıdır.

Günümüzde yeni doğmuş bebeklerin zihinsel yaşamına büyük bir ilgi duyulduğunu görüyoruz. Bazı psikologlar bebeğin doğumdan sonraki ilk üç saatteki gelişimine yönelik özel gözlemlerde bulundu. Bazıları da titiz çalışmalar sonucunda, insan yaşamının ilk iki yılının bütün bir ömrün en önemli bölümü olduğu sonucuna vardı.

İnsan kişiliğinin yüceliği doğduğu saatten itibaren başlar. Neredeyse mistik sayılabilecek bu olumlama görünüşte tuhaf olan bir sonuca çıkıyor: Eğitim doğumla birlikte başlamalıdır. Tuhaf, çünkü yeni doğmuş bir bebeği eğitmek pratik açıdan nasıl mümkün olabilir? Söylediğimiz hiçbir şeyi anlamayan ve daha elini kolunu bile oynatamayan bu minik canlılara nasıl ders verebiliriz? Yoksa bu küçüklerin eğitiminden bahsederken, yalnızca hijyeni mi anlatmak istiyoruz? Hiç de değil. Söylediklerimiz bundan çok daha fazlası.

DÜNYANIN YENİDEN KURULMASINDA ÇOCUĞUN ROLÜ

Bu erken dönem eğitimden anlamamız gereken şey, çocuğun doğuştan gelen tinsel güçlerinin açığa çıkmasına yardım etmektir. Bu da konuşmaya dayalı geleneksel öğretim yöntemlerini kullanamayacağımız anlamına gelir.

Son araştırmalar küçük çocukların kendilerine özgü tinsel bir doğaya sahip olduğunu ortaya koyuyor. Bu da eğitimciye yeni bir yol gösteriyor. Sıra dışı, bugüne dek görülmemiş, ancak insanlık açısından yaşamsal öneme sahip bir yol bu. Çocuğun gerçek yapıcı enerjisi, dinamik gücü binlerce yıl boyunca fark edilmedi. İnsan yeryüzüne ilk adım attığında ve daha sonra toprağı ilk işlemeye başladığında, derinliklerinde gizli engin zenginlikten habersizdi. Bugün de insanlar uygar bir yaşama doğru ilerliyor, ancak bebeklerin tinsel dünyasındaki gizli hazinelerin farkında değiller.

İnsan yaşamı yeryüzünde görüldüğünden bu yana, bu enerjiler bastırılarak etkisizleştirildi. İnsanın sezgileri bugüne dek kendini dışa vuramadı. Örneğin, Carrel yakın zamanda şöyle yazmıştır: "Bebeklik dönemi, hiç kuşkusuz en zengin dönemdir. Bu dönemden eğitim yoluyla olabilecek ve düşünülebilecek her şekilde yararlanmak gerekir. Yaşamın bu dönemini boşa harcamanın hiçbir zaman telafisi olmayacaktır. Bu ilk yılları görmezden gelmek yerine, bu yılları olabildiğince titiz bir şekilde işlemek görevimizdir."[2]

İnsanın kendi tini olduğu için altından daha değerli bu toplanmamış meyvelerin önemini bugün görmeye başlıyoruz.

Yaşamın bu ilk iki yılı önümüzde yeni ufuklar açıyor, çünkü burada bugüne dek bilinmeyen tinsel yapının kurallarını görebiliriz. Bunu görmemizi sağlayan da çocuğun kendisidir. Onun sayesinde yetişkinlerinkinden bütünüyle farklı bir tinsel yaşam türünü öğreniyoruz. İşte, yeni yol da budur! Bundan sonra profesörler psikolojiyi çocukluk dönemine uygulamayacak, çocuklar kendi psikolojilerini onu inceleyenlere gösterecek.

---

[2] Dr. Alexis Carrel, *L'Homme cet Inconnu*, Paris, 1947, s. 222. 1. bs., 1935.

Kulağa anlaşılması güç geliyor olabilir, ancak ayrıntılara girdikçe daha açık görülecektir. Çocuk zihni bilgileri emebilir. Tek bir gözlem bunu kanıtlamaya yeter. Çocuk büyürken anne babasının dilini konuşmaya başlar, oysa yetişkinler için yeni bir dil öğrenmek çok büyük bir zihinsel başarıdır. Çocuğa kimse öğretmez, ama o adları, eylemleri, ön adları kusursuz bir şekilde öğrenir.

Bir çocuğun dil gelişimini izlemek en ilginç inceleme konularından biridir ve kendini bu konuya adayan herkes dilin ilk öğeleri olan sözcüklerin, adların kullanımının çocuğun yaşamında sabit bir döneme denk geldiği konusunda hemfikir; âdeta etkinliğinin bu bölümü bir zamanlayıcı tarafından denetleniyormuş gibi. Çocuk sanki doğanın dayattığı katı bir programa uyuyor gibi görünüyor ve o denli bağlılıkla ve dakik bir şekilde ki ne kadar iyi örgütlenmiş olursa olsun, hiçbir geleneksel okul bundan daha gelişmiş olamaz. Yine bu programı izleyen çocuk, dilinin bütün düzensizliklerini ve dilbilgisel yapısını hatasız bir özenle öğrenir.

Deyim yerindeyse her çocuğun içindeki titiz öğretmen o derece beceriklidir ki dünyanın her yerinde bütün çocuklarda aynı sonuçlara ulaşır. İnsanların kusursuz olarak konuşabildiği tek dil bebekliklerinde hiç kimsenin onlara bir şey öğretemediği zaman öğrendikleri dildir! Bununla da kalmıyor, daha ileri bir yaşta başka bir dil öğrenmesi gerektiğinde, hiçbir uzman çocuğun bu dili ilki kadar kusursuz konuşmasını sağlayamıyor.

Demek ki küçük çocuğun gelişmesine yardım eden tinsel bir güç olmalı. Bu yalnızca dil için de geçerli değil; iki yaşına geldiğinde çocuk çevresindeki herkesi ve her şeyi tanıyabilmeye başlar. Bunu düşündüğümüzde çocuğun içsel oluşum bakımından etkileyici bir iş çıkardığını açıkça görebiliriz. "Biz" ne ise, o bütünüyle çocuklar tarafından, yaşamımızın ilk iki yılındaki çocuk tarafından oluşturulmuştur. Çocuk çevresinde gördüklerini tanımakla, yaşama biçimimizi anlamakla ve buna uyum sağlamakla da kalmaz, aynı zamanda -hâlâ öğretilemez olmasına karşın- zekâmızı, dinsel duygularımızın temeli ve kendimize özgü ulusal ve toplumsal duygularımız hâline gelecek tüm o karmaşık oluşumları da kendi içinde kurması gerekir. Doğa, âdeta çocukların her birini yetişkin mantığının etkilerinden korur ve ona can veren iç öğretmenine öncelik tanır. Yetişkinlerin çocuğun zekâ ruhuna ulaşıp onu değiştirmeden önce, çocuk tam bir tinsel yapı kurma olanağına sahiptir.

Üç yaşına gelen çocuk bir insan olarak kişiliğinin temellerini atmıştır artık ve işte, ancak o zaman özel eğitsel etkilerin yardımına gereksinim duyar. O kadar büyük keşiflere imza atmıştır ki üç yaşına gelip okula başlayan bir çocuğun zaten küçük bir adam olduğu söylenebilir. Psikologlar da sıklıkla yetişkinlerin yetenekleri çocuklarınkiyle karşılaştırıldığında, bir çocuğun üç yaşına kadar başardığı şeyleri yapabilmek için bir yetişkinin altmış yıl boyunca sıkı bir şekilde çalışması gerektiğini onaylıyor. "Üç yaşındaki çocuk artık adam olmuştur." deyişi de bunu ifade ediyor. Bununla birlikte, çocuğun çevresindekileri emmesini sağlayan o şaşırtıcı gücü henüz hiç de tükenmiş değildir.

Üç yaşına basan çocuklar okul öncesi sınıflarımıza girebiliyordu. Onlara kimse bir şeyler öğretemiyordu, çünkü henüz alıcı değillerdi; buna karşılık onlar bize insan ruhunun yüceliğine dair inanılmaz şeyler gösteriyordu. Aslında bu gerçek bir okuldan çok, çocuklar için bir evdi. Çevreye yayılan kültürü doğrudan öğretime gerek kalmadan çevreden emici zihinleri yoluyla alabilecekleri bir yer hazırlamıştık çocuklar için. Çocuklar toplumun en mütevazı kesimlerinden geliyordu ve anne babalarının okuma yazması yoktu. Yine de bu çocuklar daha beş yaşına gelmeden okuma yazmayı öğrenmişti, üstelik onlara ders veren de olmamıştı. Ziyaretçilerimiz, "Sana yazmayı kim öğretti?" diye sorunca, çocuklar büyük bir şaşkınlıkla, "Öğretmek ki? Hiç kimse öğretmedi!" diye yanıtlıyordu.

O dönemde, dört buçuk yaşındaki çocukların yazabilmesi ve kendilerine bir şeyler öğretildiği duygusuna kapılmadan öğrenmiş olmaları mucize gibi görünüyordu.

Basında "kendiliğinden edinilen kültür" sözleri dolaşmaya başladı. Psikologlar bu çocukların herhangi bir şekilde diğer çocuklardan farklı olup olmadığını merak ediyordu. Bu konu bir süre bizim de aklımızı kurcaladı. Kültürü "emme" kapasitesinin bütün çocuklarda olduğu sonucuna, ancak yinelenen deneyler sonrasında kesin olarak varabildik. Daha sonra da bu doğruysa, kültür çaba sarf etmeden edinilebiliyorsa, çocuklara kültürün diğer öğelerini de sunalım diye düşündük. Bunun üzerine okuma yazmadan çok daha fazlasını; bitkibilimi, hayvanbilimi, matematiği, coğrafyayı yine aynı kolaylıkla kendiliğinden ve yorulmadan emebildiklerini gördük.

Böylece gördük ki eğitim öğretmenin gerçekleştirdiği bir şey değil, insanda kendiliğinden gelişen doğal bir süreç. Söylenenleri dinleyerek değil, çocuğun çevresi üzerinde eylemde bulunmasını içeren deneyimler yoluyla ediniliyor. Öğretmenin görevi konuşmak değil, çocuk için hazırlanan özel bir çevrede kültürel etkinlikler için bir dizi motif hazırlamak ve düzenlemektir.

Kırk yıllık bir sürede birçok farklı ülkede yürütülen deneyler yaptım ve çocuklar büyürken anne babaları yöntemlerimi daha sonraki yaşlar için de genişletmemi istediler. Bunun üzerine bireysel etkinliğin gelişimi uyaran ve meydana getiren etken olduğunu ve bunun okul öncesi çağdaki küçük çocuklar için olduğu kadar, ilk, orta ve daha üzeri okullardaki çocuklar için de doğru olduğunu gördük.

Artık karşımızda yeni bir figür vardı. Yalnızca bir okul ya da eğitim yöntemi değil, İNSANIN ta kendisi: Gerçek doğası özgür gelişme kapasitesinde görülen, iç işleyişini kısıtlayan ve ruhunu ağırlaştıran üzerindeki zihinsel baskı kalkınca, büyüklüğü doğrudan görülebilen İNSAN.

İşte, bu yüzden de eğitimdeki yeniliklerin insanın kişiliğine dayanması gerektiğini düşünüyorum. Eğitimin merkezi insanın kendisi olmalı ve insanların yalnızca üniversitelerde gelişmediğini, zihinsel gelişiminin doğumla birlikte başladığını ve yaşamının ilk üç yılında en yoğun şekilde sürdüğünü asla unutmamalıyız. Etkin bakım diğer dönemlerin ötesinde en çok bu dönemde bir gerekliliktir. Bu kurallara uyarsak çocuk, yük olmak bir yana, kendini doğanın en büyük ve en teselli edici harikası olarak gösterecektir! İçini bilgilerimizle dolduracağımız alıcı bir boşluk gibi bekleyen çaresiz bir varlıkla değil, kendi zihinlerimizin kurucusu olarak gördüğümüz derecede yücelen, insanı oluştururken kendi iç öğretmeninin gösterdiği yönde giden, yorulmadan neşe ve mutluluk içinde çalışan, hatasız bir zaman çizelgesine uyan insanla, yani evrenin en büyük harikası ile karşı karşıya olduğumuzu görürüz. Biz öğretmenler, ancak çalışmanın devam etmesine yardım edebiliriz, tıpkı efendisine hizmet eden bir uşak gibi. Daha sonra da insan ruhunun gelişmesine; olayların kurbanı olmayan, görüşündeki açıklık sayesinde insanlığın geleceğini yönlendiren ve şekillendiren yeni insanın ortaya çıkışına tanıklık ederiz.

2

YAŞAM İÇİN EĞİTİM

Doğumdan itibaren yaşam için eğitim derken ne anlatmak istediğimizi daha fazla ayrıntıya girerek açıklayalım. Dünyanın ulusal liderlerinden Gandi, bir süre önce eğitimin yaşamla örtüşmesi gerektiğini, dahası, yaşamı savunmanın eğitimin temel noktası olması gerektiğini söylemişti. İlk kez toplumsal ve ruhani bir liderin böyle bir şey söylediği duyuluyor. Diğer yandan bilim bunun bir zorunluluk olduğunu duyurmakla kalmayıp eğitimi yaşama yaymanın uygulamada başarıya ulaşabileceğini de yüzyılın başından bu yana kanıtlamakta. Gelin görün ki kamu eğitimi ile ilgili bakanlıklar bu düşünceyi henüz benimsemedi.

Günümüz eğitimi yöntem, amaç ve toplumsal hedefler açısından zengin, ancak yaşamın kendisini hesaba katmadığını söylemek gerekiyor. Yüzyıllar boyunca uygulanan onca yöntem arasında, bireye doğumdan itibaren yardım etmeyi ve bireyin gelişimini korumayı öneren yok. Bugün anlaşıldığı şekliyle eğitim hem biyolojik hem de toplumsal yaşamdan ayrı bir şey.

Eğitim dünyasına giren herkes toplumdan kopma eğiliminde. Üniversite öğrencilerinin okudukları fakültelerin kurallarına uyması ve yetkililerin belirlediği çalışma programına uyum göstermesi gerekiyor. Buna karşılık çok yakın zamana dek üniversitelerin öğrencilerin fiziksel ve toplumsal yaşamına en ufak bir ilgi göstermediği söylenebilir. Yetersiz beslenen ya da görme veya işitme güçlüğü yaşayan bir öğrencinin alabileceği tek şey düşük notlar. Evet, fiziksel anlamdaki yetersizlikler ilgi konusu olmaya başladı, ancak yalnızca hijyen açısından. Zararlı ve uyumsuz eğitim yöntemleri öğrencinin zihni için tehlikeli midir, hatta zararlı mıdır sorularına yanıt arayan yok. Claparéde'nin büyük övgüler alan Yeni Eğitim hareketi, ders programındaki çeşitli konuları incelemeye ve zihinsel yorgunluğu azaltacak şekilde hafifletmeye girişti. Oysa bu da öğrencilerin kültürün zenginliklerini yorulmadan nasıl edinebilecekleri sorununa değinmiyor. Devlet denetimindeki çoğu sistemde önemli olan programın tamamlanması. Bir üniversite öğrencisi toplumsal eşitliklere ya da derinden hissettiği doğrularla ilgili politik sorulara tepki verdiğinde, yetkililer gençlerin politikadan uzak durması ve derslerine eğilmesi gerektiğini söylüyor. Dolayısıyla, bu genç insanlar üniversitelerden zihinleri zincirlenmiş ve kurban edilmiş bir şekilde, bütün bireysel güçlerini yitirmiş ve içinde yaşadıkları çağın sorunları hakkında hiçbir fikir sahibi olmadan çıkıyor.

Eğitim makinesi toplumsal yaşama o kadar yabancılaşmış ki toplumsal yaşam neredeyse bütün sorunlarıyla birlikte bu makinenin kapsamı dışında kalmış. Eğitim dünyası, dünyadan kopuk insanların yaşamdan soyutlanarak yaşama hazırlandığı bir adaya benziyor. Bir üniversite öğrencisinin vereme yakalanarak öldüğünü düşünün. Hastalığı boyunca onu görmezden gelen üniversitenin, yani içinde yaşadığı toplumsal *çevrenin* öğrencinin cenazesinde bir temsilci aracılığıyla birdenbire ve beklenmedik bir şekilde kendini göstermesi ne kadar ilginç ve üzücü, değil mi?[3] Kimi öğrencinin sinirleri o kadar bozulmuş oluyor ki mezun olduğunda, kendisine bir yararı dokunmadığı gibi, ailesiyle arkadaşlarına da yük oluyor. Buna karşın akademik kuruluştan bunun bilincinde olması beklenmiyor: Psikolojik vakalarla herhangi bir şekilde ilgilenmeyi yasaklayan, yalnızca ders ve sınavların düzenlenmesine izin veren kuralların fazlasıyla meşrulaştırdığı bir "mesafeli olma hâli." Derslerini geçenler bir diploma ya da dereceyle ödüllendiriliyor. Günümüzde kurumsal eğitimin ulaştığı en yüksek zirve bu. Bu arada toplumsal sorunları inceleyen araştırmacılar, üniversite mezunlarıyla diplomalıların yaşama hazır olmadığını, dahası toplumsal çalışma açısından yararlı olma kapasitelerinin azaldığını keşfediyor. İstatistiklere göre, akıl sağlığı yerinde olmayan, suça eğilimli ve komşuları tarafından "tuhaf" olarak görülen insanların sayısında şaşırtıcı bir yükseliş var. Sosyologlar bu sorunlara çare olması için okullara dönüyor, ama okullar bu tip sorunlara bütünüyle kapalı olarak apayrı bir dünyadalar. Geleneklerini kendi içlerinde değiştiremeyecek denli eski bir çizgide var olan kurumlar hâline gelmişler. Her düzeyde eğitimi bozan ve bu eğitimi alan insanların hayatlarına büyük bir ağırlıkla çöken kusurlara çare bulmak, değişiklikler ve yenilikler yapmak, ancak dışarıdan gelecek bir baskıyla mümkün olabilir.

Peki, ya doğum ile altı ya da yedi yaş arası dönem? Okul -adının hakkını vererek- bu dönemle hiç ilgilenmiyor. Bu nedenle de bu dönem okul öncesi olarak adlandırılıyor, yani resmî öğretim kapsamı dışında bırakılıyor. Gerçekten de yeni doğmuş küçük bebeklerin okulda ne işi olabilir ki zaten? Okul öncesi dönemdeki çocuklara yönelik kurumların olduğu yerlerde bu kurumların nadiren merkezî okul yönetimlerine bağlı olduğu görülüyor. Ya resmî olmayan dernekler tarafından denetleniyorlar ya da

---

[3] Son savaştan ancak birkaç yüzyıl sonra bu durumu düzeltmeye yönelik girişimlerde bulunuldu. Örneğin, bugün Hollanda'da öğrenciler için sanatoryumlar var.

genellikle insancıl amaçlara hizmet eden özel yönetimleri oluyor. Toplumsal bir sorun olarak bebeklerin tinsel yaşamlarını korumaya yönelik bir ilgi yok. Ayrıca toplum küçük çocukların yerinin ev olduğunu, devletle bir işleri olamayacağını söylüyor. Bugün yaşamın ilk yıllarına yeni bir önem veriliyor, ancak bu da henüz uygulamada, buna yönelik bir şeyler yapılmasını içeren herhangi bir öneri ortaya konmadı. Bugüne dek düşünülen tek şey ev yaşamının iyileştirilmesi, o da annelere yönelik bir eğitimin artık zorunlu görülmesi. Öte yandan, ev, okulun bir parçası değildir, topluma aittir. Dolayısıyla da insan kişiliği ya da bakımı uygulamada bölünmüş oluyor. Bir yanda topluma ait olan, ama toplumdan yalıtılmış ve toplum tarafından ihmal ya da göz ardı edilen ev hayatı; diğer yanda yine toplumdan soyutlanmış okul ve son olarak da üniversite. Bir kavram birliği, bizzat yaşamla ilgili toplumsal bir kaygı yok; yalnızca sırasıyla birbirini görmezden gelen parçalar var ve bunlar başarılı bir şekilde ya da birbirinin yerine okula, eve ya da üniversiteye karşılık geliyor. Üniversite de eğitim döneminin son parçası olan başka bir okul tipi olarak küçümseniyor. Bu yalıtılmışlığın zararlarını gören sosyoloji ve sosyal psikoloji gibi yeni sosyal bilimler bile, hep okulun dışında kalıyor. Bu nedenle de yaşamın gelişmesine yardım etmeye yönelik gerçek bir sistem yok. Dediğim gibi, bu tip bir yardımı içeren eğitim kavramı bilimsel açıdan yeni bir şey değil, ama toplumsal örgütlenmede hâlâ bir statüsü ya da yeri yok. İşte, bu da uygarlığın hemen atması gereken adımdır. Bunun yolu zaten çizildi. Eleştiriler mevcut durumun hatalarını kolayca ortaya koyuyor. Çeşitli araştırmacılar yaşamın bütün aşamalarında ne gibi iyileştirmeler yapılması gerektiğini açıkça gösterdi. Demek ki her şey hazır; tek yapmamız gereken kurmak. Bilime yapılan çeşitli katkılar binaya yerleştirilmeye hazır yontulmuş taşlar gibi. Tek yapmamız gereken şey, bunları bir araya getirmek ve böylece uygarlığın bu denli gereksinim duyduğu yeni yapıyı yükseltecek insanları bulmak.

YAŞAM İÇİN EĞİTİM

Canlıların bakımını merkeze koyan bir eğitim kavramı bütün geçmiş düşünceleri değiştiriyor. Bir ders programına ya da zaman çizelgesine bağlı olmayan eğitim, insan yaşamının gerçeklerine uyum sağlamalı artık. Bu düşüncenin ışığında yeni doğanların eğitimi en önemli konu hâline geliyor. Yeni doğmuş bir bebeğin hiçbir şey yapamadığını, ona bildiğimiz anlamda bir şeyler öğretemeyeceğimizi söyleyebiliriz. O, ancak gözlemin, yani küçük çocuğun yaşamsal gereksinimlerini bulmak için yapılması gereken çalışmanın nesnesi olabilir. Bu da bizim gözlemlerimize bütünüyle uyuyor. Onun bir amacı var. Hedefi, yaşamın yasalarını keşfetmek. Yaşama yardım etmek istiyorsak, başarının birinci koşulu onu yöneten yasaları bilmektir. Öte yandan, yalnızca bilmek de yetmez, çünkü bu noktada durursak, yalnızca psikolojinin alanında kalmış oluruz. Asla daha da ileri gidip eğitimci olamayız.

Küçük çocuğun zihinsel gelişimi üzerine olan bilgi geniş bir alana yayılmalı, çünkü ancak o zaman eğitim yeni bir sesle konuşup dünyaya yetkin bir dille şöyle diyebilir: "Yaşamın kuralları şu ve şudur. Bunlar göz ardı edilemez. Bunlara uygun hareket etmek *gerekir,* çünkü bunlar evrensel ve herkes için geçerli olan *insan haklarıdır.*"

Toplum eğitimin zorunlu olması gerektiğine inanıyorsa, bunun anlamı eğitimin pratik olması gerektiğidir ve eğitimin doğumla birlikte başladığı konusunda artık hemfikirsek, gelişimin yasalarını herkesin bilmesi büyük bir önem taşıyor demektir. Mesafeli ve toplum tarafından göz ardı edilen bir eğitim yerine, toplumu yönetme yetkisini edinmiş bir eğitim gerekiyor. Toplumsal işleyiş, yaşamın korunmasını söyleyen yeni anlayışın doğasındaki gerekliliklere uydurulmalıdır. Anne ve babalar sorumluluklarını üstlenmelidir. Bir ev gerekli araçlardan yoksunsa, toplum hem gerekli eğitimi hem de çocuğun yetiştirilmesi için gerekli desteği sunmalıdır. Eğitim bireyin korunması anlamına geliyorsa, toplum ailenin sağlayamadığı şeylerin çocuğun gelişimi açısından gerekli olduğunu düşünüyorsa, o zaman bunları sağlamak toplumun görevidir. Devlet çocuğu asla yüzüstü bırakamaz.

Böylece daha önce resmen dışlandığı toplumu yetkin bir şekilde etkilemek eğitimin yükümlülüğü hâline gelir. Toplumun insan bireyler üzerinde yararlı bir denetim uygulaması gerektiği açıksa ve eğitimin de yaşam açısından yardımcı olarak görülmesi doğruysa, bu denetim asla kısıtlayıcı ve baskıcı olmayacak ve fiziksel ve tinsel yardım biçiminde olması gerekecektir. Bu da toplumun atacağı ilk adımın varlığının daha büyük bir bölümünü eğitime ayırması gerektiği anlamına geliyor.

Çocuğun gelişme yıllarındaki gereksinimleri çalışmalara konu oldu ve bu çalışmaların sonuçları da yayımlandı. Şimdi bir bütün olarak toplum eğitim sorumluluğunu üstlenmelidir ve eğitim de ilerlemesinin getireceği faydalarla bunun karşılığını fazlasıyla verecektir. Bu şekilde anlaşılan eğitim, artık yalnızca çocuklar ve onların anne babaları için değil, devlet ve uluslararası ilişkiler açısından da önemlidir. Toplumsal bünyenin her bir parçasını uyarır, en büyük toplumsal ilerlemeleri harekete geçirir. Günümüzdeki eğitimden daha hantal, daha cansız ve kayıtsız bir şey olabilir mi? Bir ülke, ekonomisini geliştirmek istediğinde ilk kurban eğitim oluyor. Bir devlet adamına eğitim hakkındaki görüşlerini sorduğumuzda, bu konunun kendisini ilgilendirmediğini, çocuklarını yetiştirme görevini karısına bıraktığını, onun da çocukları okula teslim ettiğini söylüyor. Gelecekte bir devlet adamının böyle bir yanıt vermesi ya da böylesine kayıtsız kalabilmesi mümkün olmayacak.

Çocukları daha ilk günlerinden itibaren inceleyen psikologların bildirdiklerinden ne gibi sonuçlara varabiliriz? Doğru bir bakım ve yardımla güçlenmenin, daha iyi bir zihinsel dengeye ve daha güçlü bir karaktere sahip olmanın çocuğun doğasında olduğu konusunda hepsi görüş birliği içinde. Çocuğun büyümesi bugün şansa bırakılacak bir konu değil, bilimsel bakım ve ilginin konusu olmalıdır. Bu da fiziksel hijyenden daha fazlasına gereksinim duyulduğu anlamına geliyor. Fiziksel hijyen çocuğun bedenini yaralanmalardan korurken, zihinsel hijyen de zihnini ve ruhunu zarar görmekten korumalıdır.

Bu ilk günlerle ilgili başka bilimsel keşifler de var. Anne baba kucağındaki bebeğin zihinsel enerjisi normalde düşünülenden çok daha fazladır. Henüz doğmuş bir bebek psikolojik açıdan bir hiçtir. Yalnızca zihinsel açıdan da değil, eş güdümlü devinim yeteneği de yoktur. Neredeyse hiçbir işe yaramayan elleri ve kollarıyla hiçbir şey yapamaz. Çevresinde olup bitenleri görüyor olsa bile konuşamaz. Yine de zamanla yürümeye ve konuşmaya başlar, bir kazanımdan diğerine doğru ilerler ve en sonunda tüm o bedensel ve zihinsel yetenekleri ile görkemli bir insan ortaya çıkar. İşte, bu da kaçınılmaz bir gerçeği ortaya koyuyor: Çocuk yapabildiği her şeyi bize borçlu olan atıl bir varlık, içini doldurmamız gereken boş bir kap değildir. Hayır, insanı kuran şey çocuktur. Her insan bir zamanlar onu oluşturan bir çocuktu.

Üzerine bunca şey söylediğimiz ve bilim insanlarının incelemeye başladığı çocuğun büyük yapıcı gücü, bugüne dek annelikle ilgili düşünce birikiminin ardına gizlenmişti. Çocuğu oluşturanın anneler olduğu söyleniyordu, çünkü ona yürümeyi, konuşmayı ve diğer şeyleri öğreten kişi anneydi. Oysa bunları yapan aslında anne değildir. Bunlar çocuğun başarılarıdır. Anne bebeği dünyaya getirir, insanı oluşturan kişiyse bebektir. Annesi ölse bile, bebek büyümeye devam eder ve insanı oluşturma işini tamamlar. Hindistan'dan Amerika'ya getirilen ve Amerikalıların bakımına verilen bir bebek İngilizce konuşmayı öğrenir, Hintçe değil. Yani dili annesinden gelmez, dili çocuk alır, tıpkı aralarında yaşadığı insanların gelenek ve göreneklerini aldığı gibi. Öyleyse, bu edinimler kalıtsal değildir. Çevresindeki dünyada bulunan materyali emen, bunları gelecekteki insana dönüştüren çocuğun kendisidir.

Çocuğun bu büyük çalışmasını kabul etmek anne babanın yetkisini azaltmaz. Anne baba kurucu olmadığına, yalnızca bu sürece yardım ettiğine ikna olduğu anda, gerçek görevlerini daha iyi yerine getirmeye başlar; işte, o zaman daha geniş bir bakışın ışığında, yardımları gerçekten değer kazanır. Çocuk, ancak bu yardım uygun bir şekilde verildiği takdirde insanı kurabilir. Demek ki anne babanın yetkisi kendi ayakları üzerinde duran bir makamdan değil, çocuklara verebildikleri yardımdan gelir. Anne babaların gerçek yetkisi ve itibarı yalnızca buna dayanır.

Çocuğun toplumdaki yerini farklı bir bakış açısından düşünelim şimdi.

Marksist kuramda yüceltilen emekçi resmî bugün modern bilincin bir parçası hâline geldi. Emekçi; zenginliği ve esenliği üreten kişi ve uygar yaşamın büyük çalışmasının temel bir parçası olarak görülüyor. Toplum onun ahlaki ve ekonomik değerini kabul ediyor ve çalışması için gerek duyduğu araç ve koşulları onun bir hakkı olarak görüyor.

Bu düşünceyi çocuğa taşıdığımızı düşünelim. Çocuk da bir işçidir ve çalışmasının amacı insanı yapmaktır. Evet, anne babası yaşamı ve yaratıcı etkinliği için gerekli araçları ona sunar, ancak çocuk açısından toplumsal sorun daha da önemlidir, çünkü emeğinin meyvesi yalnızca maddi değildir; o insanlığın kendisini kurmaktadır; üstelik yalnızca bir ırk, kast ya da toplumsal grubu değil, insanlığın bütününü. Bu açıdan bakınca çocuğun haklarının toplum tarafından kabul edilmesinin ve gereksinimlerinin karşılanmasının kaçınılmaz olduğu görülüyor. Dikkatimizi ve çalışmalarımızı bizzat yaşama odakladığımız zaman, insanlığın sırrına dokunduğumuzu hissedebiliriz ve insanlığın nasıl yönetilmesi ve insanlığa nasıl yardım edilmesi gerektiğine dair bilgiler avucumuzun içine düşüverir. Eğitimden söz ederken, aynı zamanda bir devrimi, kanlı olmayan, aksine şiddetin bütünüyle dışlandığı bir devrimi de duyurmuş oluyoruz, çünkü şiddetin en ufak bir gölgesi bile, çocuğun tinsel üretkenliğine ölümcül bir darbe vurur.

Savunulması gereken şey insan normalliğinin kurulmasıdır. Bütün çabalarımızın amacı, çocuğun gelişimi yolundaki engelleri kaldırmak ve her yerde bu gelişimi tehdit eden tehlikeleri ve yanlış anlamaları bertaraf etmek değil midir?

Bu, yaşama yardım olarak anlaşılan eğitimdir; doğumla birlikte başlayan, barışçı bir devrimi besleyen ve herkesi ortak bir hedefte birleştiren, onları tek bir merkeze çeken bir eğitim. Anneler, babalar, politikacılar birleşmeli ve çocuğun derin bir psikolojik gizemde kendi iç rehberinin gözetiminde sürdürdüğü bu hassas oluşum çalışmasına kendi açılarından yardım etmelidir. Bu, insanlık için yeni ve parlak bir umuttur. Yeniden yapılanma değil, insan ruhunun çağrıldığı yapıcı çalışmaya yardım etmek ve meyvelerini toplamak için çocuklara, insanların evlatlarına bahşedilen engin potansiyelleri açığa çıkaracak bir oluşum çalışması.

3

GELİŞİMİN DÖNEMLERİ

Çocuk gelişimini doğumdan üniversite çağına dek inceleyen psikologlar gelişimin birbirinden farklı, belirli dönemlere ayrılabileceğini savunuyor. Havelock Ellis ve daha yakın zamanda da W. Stern'i izleyen diğer araştırmacılar, özellikle Charlotte Bühler ve izleyicileri de bu düşünceden yola çıkıyor; bu görüş diğer bir açıdan da Freudcu ekolün çalışmalarında kendini geniş bir şekilde gösteriyor ve daha önceki popüler görüşlerden bir hayli ayrılıyor. Eski görüşe göre, ilk yıllarında kayda değer bir varlığı olmayan insan, büyüdükçe kendine bir şeyler katar. Dolayısıyla, küçük çocuk gelişim sürecinde küçük bir şeydir, zamanla çoğalır, ancak hep aynı biçimi korur. Bu eski görüşü bir yana bırakan psikoloji, bugün gelişimin birbirini izleyen evrelerinde farklı zihinsel tipler olduğu görüşünü kabul ediyor.[4] Bu evreler birbirinden oldukça ayrıdır ve fizik-

---

[4] Bu konu ve yukarıda bahsedilen görüşler üzerine son bilgiler için *bkz.* W. Stern, *Psychology of Early Childhood: Upto 6thYear of Age*, 2. bs., 190 (Almanca 1. bs., 1914); Ch. Bühler, *Kindheit und Jugend*, 3. bs. 1931; E. Jones, *Some Problems of Adolescence*, Brit. *Journal of Psychology,* Temmuz, 1922. Daha derin biyolojik bir bakış için *bkz.* Arnold Gesell'in çalışmaları.

sel gelişim evrelerine karşılık geldiklerini görmek de ilginçtir. Psikolojik açıdan değişim o denli belirgindir ki bazen şu ilginç abartılı ifade kullanılır: "Gelişim bir dizi yeniden doğuştur." Bir dönem gelir ve bir tinsel kişilik sona erer, bir diğeri başlar. Bu dönemlerin ilki doğum ile altı yaş arasındakidir. Bu dönemde aynı kalan zihinsel tip sonraki dönemlerden çok farklıdır ve doğumdan üç yaşa ve üç yaştan altı yaşa iki alt evresi bulunur. Bunların ilkinde çocuğun zihin tipine yetişkinler yaklaşamaz, yani üzerinde doğrudan bir etkide bulunamaz. Aslında bu çocuklar için herhangi bir okul söz konusu olamaz. İkinci alt evrede (üç yaş-altı yaş arası) zihin tipi aynı olsa da çocuk bazı açılardan yetişkinlerin etkisine açık hâle gelmeye başlar. Bu dönemde kişilik büyük değişimlerden geçer. Bunu görebilmek için yeni doğan bir bebekle altı yaşındaki bir çocuğu karşılaştırmak yeterlidir. Bu dönüşümlerin nasıl gerçekleştiğini şimdilik bir yana bırakırsak, altı yaşındaki çocuğun halk arasındaki deyişle okula gidebilecek zekâya eriştiğini söyleyebiliriz.

Bir sonraki dönem altı yaş ile on iki yaş arasıdır. Bu dönemdeki gelişime başka bir değişim eşlik etmez. Çocuk sakin ve mutludur. Zihinsel olarak sağlık, güç ve kendinden emin bir istikrar durumundadır. Bu dönemdeki çocuklar için Ross, "Bu zihinsel ve fiziksel istikrar geç çocukluk döneminin en belirgin özelliğidir." diyor. "Başka bir gezegenden gelen, insanla daha önce hiç tanışmamış ve gerçek yetişkinlerle henüz karşılaşmamış bir varlık on yaşındaki çocukların bu türün yetişkinleri olduğuna kolayca inanabilir."[5]

Fiziksel açıdan bu iki psikolojik dönem arasındaki sınırları belirleyen işaretler söz konusudur. Değişim çok belirgindir. Bunlardan biri de çocuğun süt dişlerinin düşmesi ve yeni dişlerinin çıkmaya başlamasıdır.

---

[5] J. S. Ross, *Ground Work of Educational Psychology*, Londra, 1944, s. 114 (1. bs. 1931).

GELİŞİMİN DÖNEMLERİ

Üçüncü dönem on iki ile on sekiz yaşları arasında gerçekleşir ve bu dönemde çok fazla değişim yaşanması birinci dönemi anımsatır. Bu dönem de iki alt evreye ayrılabilir: on iki-on beş yaş arası ve on beş-on sekiz yaş arası. Bu dönemde de fiziksel değişimler yaşanır ve beden tam yetişkinliğe ulaşır. İnsan evladı on sekiz yaşında tam olarak gelişmiştir ve bu yaştan sonra belirgin değişiklikler yaşamaz. Yalnızca yaş bakımından büyür.

İşin ilginç yanı, resmî eğitim bu farklı psikolojik tipleri kabul etmiştir. Öyle görülüyor ki bu dönemler konusunda belirsiz bir sezgileri vardı. Doğumdan altı yaşına kadar olan birinci dönem açık olarak kabul edilmiş, çünkü zorunlu eğitimin dışında bırakılmış. Altı yaşında gerçekleşen değişimle çocuğun okul hayatına uygun yetişkinliğe ulaştığı iyi biliniyor. Demek ki altı yaşındaki çocuğun zaten birçok şey bildiği kabul ediliyor. Zaten çocuklar kendi yollarını bulamıyor, yürüyemiyor ya da öğretmenin söylediklerini anlamıyor olsalardı, topluluk yaşamı için hazır olmazlardı. Öyleyse, bu dönüşümün uygulamada kabul edildiğini söyleyebiliriz. Buna karşın eğitim kuramcıları, kendi yolunu bulabilen ve önüne konan fikirleri anlayabilen bir çocuğun zihninin zaten büyük bir gelişimden geçmiş olduğunu, çünkü doğumda bunların hiçbirini yapamadığını algılamakta geç kalmıştır.

Yine ikinci dönem de bilinçdışı bir kabul görmüş, çünkü birçok ülkede çocuklar on iki yaşına geldiklerinde, hazırlık okulu ya da ilkokuldan ayrılıp ortaokula başlarlar. Neden altı ile on iki yaş arası dönem, çocuklara kültürle ilgili ilk temel düşünceleri vermek için uygun görülmüş? Bu salt sezgiye dayalı gelişigüzel bir durum olamaz, çünkü dünyanın bütün ülkelerinde geçerli. Ancak bütün çocuklarda ortak olan psikolojik bir temel, bu tip bir okul örgütlenişini olanaklı kılmış olabilir ve buna da hiç kuşkusuz deneyime dayalı sonuçlar üzerinden ulaşılmıştır. Gerçekten de deneyimlerimiz bu dönemde çocuğun kendini okulun gerektirdiği zihinsel *rejime* verebileceğini söylüyor: Öğretmenin anlatmak istediklerini kavrayabilir, dinleyecek ve öğrenecek kadar da sabırlıdır. Bu dönem boyunca çalışmalarında tutarlı olur ve sağlığı da güçlüdür. İşte, bu yüzden de bu dönemin, çocuğun kültürü alması için en uygun zaman olduğu düşünülür.

On iki yaşından sonra daha ileri bir okul dönemi başlar, yani resmî eğitim bireyin artık farklı bir tinsel yaşam tipine girdiğini görmüştür. Bu da yine iki evreyi içerir ve ortaöğretimin alt ve üst olmak üzere iki dönemden oluşması da bunu gösterir: Üç yıllık alt düzey ve yine üç, bazı yerlerde dört yıl süren üst düzey eğitim. Bununla birlikte öğretimin tam olarak kaç yıla ayrıldığı da önemli değildir. Biz ortaöğretimde de altı yıllık dönemin uygulamada ikiye ayrılmış olmasıyla ilgileniyoruz. Bu dönem bütün olarak bir öncekinden daha az sakin ve daha zordur. Ergenlik çağındaki eğitimi inceleyen psikologlar doğumdan altı yıla kadar süren dönemle karşılaştırıldığında, bu dönemde çok fazla tinsel dönüşüm yaşandığını düşünüyor. Bu yaşlarda durağan bir karakter ender görülür; disiplinsizlik ve başkaldırma işaretleri kendini gösterir. Fiziksel olarak sağlık açısından eskisi kadar istikrarlı, çocuklar da eskisi kadar kendinden emin değildir. Gelin görün ki okullar bunu hiç hesaba katmaz. Bir çizelge hazırlanmıştır ve çocukların ister istemez bu çizelgeye uyması gerekir. Üstelik uzun saatler boyunca oturup ders dinlemek, söz dinlemek ve bir sürü konuyu ezberlemek zorundadırlar.

Okulda geçen tüm bu yılları sıradaki üniversite eğitimi taçlandırır ve o da kendinden önceki öğretimden çok da farklı değildir, ancak belki çalışma yoğunluğu dışında. Orada da profesörler konuşur, öğrenciler dinler. Öğrencilik yıllarımda genç erkekler tıraş olmuyordu ve büyük salonları üç aşağı beş yukarı korkunç sakalları ve çeşit çeşit bıyıklarıyla genç erkeklerin doldurduğunu görmek hayli komikti. Gelin görün ki bu yetişkin erkekler çocuk muamelesi görüyordu: Oturup söz dinlemek, profesörler ne diyorsa onu yapmak, sigara alabilmek ve tramvaya binebilmek için babalarının eline bakmak zorundaydılar;

derslerinde başarısız olduklarında da hepsi hemen azarlanıyordu. Üstelik bunlar yetişkin insanlardı; günün birinde dünyaya yön vermek için onların zekâ ve deneyimlerine başvurulacaktı. En yüksek mesleklerde zihinleriyle çalışacaklardı; onlar geleceğin hekimleri, avukatları, mühendisleriydi.

Peki, bugünlerde bir derece almanın bedeli nedir? İnsan geçimini sağlayacağından bile emin olabiliyor mu? Yeni mezun olmuş bir doktora kim gider? Kim bir fabrikanın tasarımını genç bir mühendise emanet eder ya da davalara girmeye yeni hak kazanmış bir avukata danışır? Bu güven eksikliğini nasıl açıklayacağız? Bunun nedeni genç insanların yıllarını söz dinlemeye harcamış olması ve söz dinlemek insanı geliştirmiyor. Gençlerin olgunlaşması, ancak pratik çalışma ve deneyim yoluyla olabilir. İşte, bu yüzden genç hekimlerin hastanelerde yıllarca çalışması, genç avukatların uzmanların bürolarında yıllarca deneyim kazanması, yine genç mühendislerin kendi işlerine başlamadan önce, aynı yollardan geçmesi gerekiyor. Bununla da kalmıyor, mezunlar pratik yapabilecekleri bu yerlere kabul edilmek için iltimas ve tavsiye arayışına girmek ve hiç de hafif olmayan engelleri aşmak zorunda. Bu ne yazık ki bütün ülkelerde böyle. New York'ta yüzlerce işsiz mezunun bir yürüyüş düzenlemesi bunun tipik örneklerinden biridir. Taşıdıkları pankartta şöyle yazıyordu: "İşsiziz, açız. Ne yapacağız?" Kimse bu soruyu yanıtlayamamıştı. Eğitim denetimden çıkmış durumda ve kökleşmiş alışkanlıklarını değiştiremiyor. Bugüne dek yapabildiği tek şey, yaşamın farklı evrelerinde ortaya çıkan farklı bireysel gelişim biçimlerini kabul etmek olmuş.

Gençlik yıllarımda hiç kimse iki ile altı yaş arasındaki çocukları düşünmüyordu. Bugün çeşitli tiplerde okul öncesi eğitim kurumları var, ama eskiden olduğu gibi, bugün de en büyük değer üniversitelere veriliyor, çünkü temel insan yetisi olan zekânın en üst düzeyde işlendiği yer burası. Öte yandan, psikologlar artık bizzat yaşamı incelemeye başladığı için bunun tam tersi yönde bir eğilim de gelişiyor. Benim gibi birçok insan, yaşamın en önemli döneminin üniversite yılları değil, ilk dönem, yani doğumdan altı yaşına kadar olan dönem olduğunu düşünüyor. İnsanın en önemli donanımı olan zekâ, işte, bu dönemde oluşuyor. Yalnızca zekâ da değil, tinsel güçlerin hepsi. Bu yeni düşünce tinsel yaşamı öyle ya da böyle kavrayabilen herkesi etkiliyor ve birçokları da yeni doğmuş bebekleri ve bir yaşına basmış çocukları, yani yetişkin kişiliğinin yaratıcılarını incelemeye başladı.

Bu döneme ve bu dönemin harikalarına odaklanmak öğrencide, bir zamanlar ölüm üzerine derin düşüncelere dalan insanların hissettiklerine benzer duygular uyandırıyor. Ölümden sonra ne var? Hiçbir soru insan yüreğini bu denli güçlü etkilememiştir. Bugünse insanın dünyaya gelişi hayal gücümüzü cezbediyor, çünkü yeni doğmuş bir bebekte kendi gizli doğamızı görüyoruz.

İnsanın bebeklik dönemi neden bu denli uzun ve zahmetli? Hiçbir hayvan bu denli zorlu bir bebeklik dönemi yaşamıyor. Bu dönemde neler oluyor? Hiç kuşkusuz bir çeşit yaratıcılık söz konusu. İlk başta hiçbir şey yokken bir yıl kadar sonra çocuk her şeyi biliyor. Çocuk zamanla artacak az bir bilgi, az bir bellek, az bir iradeyle doğmaz; yumurtadan yeni çıkan bir kuş, yeni doğmuş bir buzağı yetişkin olduğunda, yine aynı sesleri çıkarır. Oysa insanın bebeği dilsizdir, kendini ancak ağlayarak ifade edebilir. Dolayısıyla, insan söz konusu olduğunda, karşımızdaki gelişen değil, oluşan bir şeydir; olmayan bir şeyin sıfırdan başlayarak üretilmesi gerekir. Bebeğin attığı harika adım hiçbir şeyden bir şeye geçmesidir ve bizim zihnimiz bu muammayı çözmekte hayli zorlanır.

Bu adımı atması gereken zihin, bizim zihnimizden farklıdır. Çocuğun güçleri bizim güçlerimizden farklıdır ve başardığı yaratım da azımsanacak bir şey değil, her şeydir. Dilini yaratmakla kalmaz, sözcükleri kurmasını sağlayacak organlarına da şekil verir. Her anın, aklın öğelerinin, insana bahşedilen her şeyin temelini kurması gerekir. Bu harika iş, bilinçli bir niyetin ürünü değildir. Biz yetişkinler ne istediğimizi biliriz. Bir şeyi öğrenmek istediğimizde, bunu bilinçli olarak öğrenmeye yöneliriz. Oysa çocukta irade duygusu yoktur; bilginin de, iradenin de yaratılması gerekir.

Yetişkin zihnine bilinçli diyorsak, çocuğunkine bilinçdışı dememiz gerekir, ancak bilinçdışı olması illa da aşağı olduğu anlamına gelmez. Bilinçdışı bir zihin en zeki zihin olabilir. Bunu bütün türlerde görüyoruz, böceklerde bile. Bilinçli olmayan, ancak çok zaman akılla bezeli görünen bir zekâya sahipler. Çocuğun zekâsı da bu bilinçdışı tiptedir ve mucizevi ilerleyişini sağlayan da budur.

İşe, çevresinin bilgisiyle başlar. Çocuk çevresini nasıl emer? Bunu yapabilmesini sağlayan tek şey, bugün sahip olduğunu bildiğimiz o karakteristik özellikleridir. Çevresindeki şeyler onda o denli büyük bir ilgi ve heyecan yaratır ki varoluşu ile birleşir ve bunun sonucu da yoğun ve özelleşmiş bir duyarlılıktır. Çocuk bu izlenimleri zihni ile değil, bizzat yaşamı ile *emer*.

Dil bunun en bariz örneğidir. Çocuk nasıl oluyor da konuşmayı öğreniyor? İşitme yetisi sayesinde insan seslerini dinlediğini söylüyoruz. Peki, ama bunu kabul etsek bile, çevresindeki binlerce ses ve gürültü arasında nasıl olup da yalnızca insan seslerini işitip yeniden üretebildiğini sormamız gerekmiyor mu? Eğer işitiyorsa ve eğer yalnızca insanların dilini öğreniyorsa, insan konuşmasındaki sesler onda diğer seslerden daha derin bir izlenim bırakıyor demektir. Bu izlenimler o denli güçlü olmalı ve onda o denli yoğun bir duygu, o denli derin bir heyecan yaratmalı ki bedenindeki görünmez lifleri, bu sesleri yeniden üretme çabasıyla titreşmeye başlayan lifleri harekete geçirsin.

Örneğin, bir konserde olanları düşünelim. Dinleyenlerin yüzleri mest olmuş bir ifadeye bürünür; başlar ve eller ahenk içinde hareket etmeye başlar. Buna neden olan şey müziğe verilen tinsel bir tepkiden başka bir şey olabilir mi? Çocuğun bilinçdışı zihninde de buna benzer bir şeyler olmalı. Sesler onu o denli derinden etkiler ki bizim müziğe verdiğimiz tepki yanında bir hiçtir. Neredeyse dilinin titreşen hareketlerini, minik ses tellerinin ve yanaklarının titrediğini görebiliriz. Her şey devinim hâlindedir, sessiz bir hazırlıkla bilinçdışı zihninde bu denli büyük bir kargaşa yaratan sesleri yeniden üretmeye çalışır. Bir çocuk nasıl olur da bir dili o denli ayrıntılı, o denli hatasız ve kesin bir şekilde öğrenir ki bu dil tinsel kişiliğinin bir parçası olur? Bebekliğinde edindiği ve ana dili olarak adlandırılan bu dil daha sonra edinebileceği dillerden belirgin bir şekilde ayrılır, tıpkı insanın doğal dişlerinin takma dişlerden farklı olması gibi.

Başta anlamsız olan bu sesler nasıl olur da birdenbire zihnine kavram ve düşünceler getirmeye başlar? Çocuk yalnızca sözcükler ve anlamlarını emmekle kalmamış, aslında cümleler ve cümle yapılarını da emmiştir. "Masanın üzerinde bardak var." dediğimizi düşünelim, bu sözcüklere verdiğimiz anlam kısmen sözcüklerin söyleniş sırasına dayanır. "Bardak üzerinde var masanın." deseydik söylemek istediğimizi anlamak zor olurdu. Anlamı sözcüklerin düzenlenişinden çıkarıyoruz, bu da çocuğun emebileceği bir şeydir.

Peki, bütün bunlar nasıl oluyor? "Çocuk bir şeyleri hatırlar." diyoruz, ama bir şeyi hatırlamak için, bellek olması gerekir ve bu da çocukta yoktur. Tam tersine belleği oluşturması gerekir. Bir cümledeki sözcüklerin sırasının, anlamı nasıl etkilediğinin anlaşılabilmesi için, muhakeme yeteneğinin olması gerekir. Oysa bu da çocuğun oluşturması gereken bir güçtür.

Bizim zihnimiz, olduğu hâliyle çocuğun yaptığı şeyi yapamazdı. Sıfırdan bir dil geliştirmek farklı bir zihin tipini gerektirir ve bu da çocukta bulunur. Zekâsı bizim zekâmızla aynı tipte değildir.

Bilgileri zihnimizi kullanarak edindiğimiz söylenebilir, ancak çocuk bilgileri doğrudan tinsel yaşamına emer. Çocuk yalnızca yaşamayı sürdürerek ana dilini konuşmayı öğrenir. Çocuğun içinde bir çeşit zihinsel kimya olayı gerçekleşir. Bizse alıcıyız. İmgeler bize gelir ve biz onları zihnimize yerleştiririz, ama kendimiz onlardan ayrı kalırız, tıpkı bir vazonun, içindeki sudan ayrı olması gibi. Çocuksa bir dönüşümden geçer. İmgeler, sadece zihnine girmekle kalmaz, zihnini oluşturur da. Onun içinde kendilerine yeniden beden bulurlar. Çocuk kendi "zihin kaslarını" yaratır ve bunun için de çevresindeki dünyada bulduklarını kullanır. Bu zihin tipine *Emici Zihin* adını veriyoruz.

Bir bebeğin zihin gücünü kavramak bizim için çok zor, ancak bu zihnin ne kadar ayrıcalıklı olduğu konusunda kuşku yok. Çocukken sahip olduğumuz müthiş kapasiteyi koruyabilseydik, neşeyle haşarılıklar yapıp oyunlar oynarken, bir yandan da yepyeni bir dili bütün karmaşıklığıyla öğrenebilseydik, ne harika olurdu! Bütün bilgilerin, sadece yaşamanın bir sonucu olarak yemek yemek ya da nefes almak için gerekenden daha fazla bir çaba sarf etmeden zihnimize girmesi ne muhteşem bir şey olurdu! İlk başlarda belirgin bir değişiklik fark etmezdik. Sonra öğrendiğimiz her şey birdenbire bilginin parlayan yıldızları gibi zihnimizde beliriverirdi. Orada olduklarını fark etmeye başlar, biz farkında olmadan bizim olan düşüncelerin bilincine varırdık.

Okul ya da öğretmen olmayan, ders çalışmanın bilinmediği, ama yine de yaşamak ve çevrede dolaşmaktan başka bir şey yapmayan sakinlerinin her şeyi bildiği, bütün öğrenimi zihinlerinde taşıdığı bir gezegenden söz etsem, bana hayal kuruyorsun demez miydiniz? İşte, tam da bu, zengin bir hayal gücünün ürünü gibi görünen bu düşünce aslında gerçektir. Çocuk, işte, bu şekilde öğrenir. İzlediği yol budur. O öğrendiğini bilmez, ama her şeyi öğrenir ve bunu yaparken adım adım bilinçdışından bilince geçer ve bu yolda hep neşe ve sevgiyle yürür.

İnsanlarda öğrenmenin, bilgimizin farkında olmanın, insan zihnine sahip olmanın büyük bir şey olduğunu düşünüyoruz. Oysa bunun bedelini de ödüyoruz, çünkü bilincine vardığımız anda, artık her bilgi parçası için çaba göstermemiz ve çok çalışmamız gerekiyor.

Hareket de çocuk için büyük bir kazanımdır. Yeni doğan bir bebek aylarca beşiğinde yaşar. Oysa bir süre sonra bebeğin yürümeye, dünyasında gezinmeye, bir şeyler yapmaya başladığını görürüz. Bir şeylerle uğraşır ve mutludur. Yalnızca günü yaşar ve her gün bir parça daha hareket edebilmeyi öğrenir. Bütün karmaşıklığıyla dil ve onunla birlikte gereksinimlerine göre hareket edebilme gücü onundur artık. Hepsi bu da değil. Daha birçok şey öğrenir, üstelik inanılmaz bir hızla. Çevresindeki her şeyi içine alır; alışkanlıklar, âdetler ve din zihnine güçlü bir şekilde sabitlenir.

Çocuğun kazandığı hareketler gelişigüzel seçilmez, hepsi de belirli bir gelişim dönemine denk gelmesi bakımından sabittir. Çocuk hareket etmeye başladığında, emebilen zihni çevresini çoktan içine almış durumdadır. O daha hareket edebilmeye başlamadan önce, içinde bilinçdışı psikolojik bir gelişim yaşanmıştır ve ilk hareketleri başladığında, bunlar bilinçli olmaya başlar. Üç yaşındaki bir çocuğu izlediğinizde, hep bir şeylerle oynadığını görürsünüz. Bu da çalışmakta olduğu ve daha önce bilinçsiz zihni tarafından emilen bir şeyi bilinçli hâle getirdiği anlamına gelir. Dışarıdan bakılınca oyun gibi görünen bu dış deneyim yoluyla daha önce bilinçdışı yoldan aldığı şeyleri ve izlenimleri incelemektedir. Bütünüyle bilinç kazanır ve etkinlikleriyle geleceğin insanını kurar. Gizemli, yüce ve harika bir güç, yavaş yavaş beden verdiği bir güç yönlendirir onu. Böylece bir insan olur. Bunu elleriyle, deneyim yoluyla önce oyunlarda, sonra da çalışma yoluyla yapar. Eller insan zekâsının araçlarıdır. Bu deneyler sayesinde çocuğun kişiliği bireysellik ve dolayısıyla, sınırlı bir biçim kazanır, çünkü bilginin dünyası bilinçdışı ve bilinçaltı dünyalara göre her zaman daha sınırlıdır.

Yaşama girer ve gizemli görevine başlar; insanın ülkesine ve çağına uyan muhteşem güçlerini kuracaktır. Belleğe, anlama gücüne ve düşünme yeteneğine sahip olana dek zihnini adım adım kurar. Böylece en sonunda, altı yaşına geldiğinde, eğitimciler daha önce hiçbir şekilde ulaşamadığımız bu varlığın birdenbire anlayabilen, konuşulduğunda sabırla dinleyebilen bir varlık olduğunu görürler. O bizimkinden farklı, ayrı bir düzlemde yaşamıştır.

Bu kitap, işte, bu ilk dönem üzerine. Yaşamın ilk yıllarındaki çocuk psikolojisi üzerine çalışmalar önümüze öyle büyük harikalar serdi ki bunları anlayabilenlerin derinden etkilenmemesi olanaksız. Yetişkinler olarak bizim görevimiz öğretmek değil, bebek zihninin kendi gelişim çalışmasına yardım etmektir. Hazırda bekleyerek çocuğa akıllıca, yaşamsal gereksinimlerini anlayarak davransak ve bu emme kapasitesine sahip olduğu dönemi uzatabilsek, ne harika olurdu! İnsana bilgileri yorulmadan edinmesine yardım edebilsek, insanlığa ne büyük bir hizmette bulunmuş olurduk. İnsanlar farkında olmadan, âdeta bir sihir gibi, kendilerini bilgiyle dolu bulsa, ne harika olurdu! Oysa doğanın belki de bütün işleyişi sihirli ve gizemlidir, öyle değil mi?

Çocuğun kendi başına emebilme yeteneği olduğunun keşfedilmesi eğitim açısından bir devrim niteliğinde. İnsan gelişiminin karakteri oluşturan ilk dönemi neden en önemlisidir, artık kolaylıkla anlayabiliyoruz. Çocuk başka hiçbir dönemde akıllıca yardıma bu dönemde olduğundan daha fazla gereksinim duymaz ve yaratıcı çalışmasının önüne çıkan herhangi bir engel kusursuzluğa ulaşma olasılığını azaltacaktır. O hâlde çocuğa, onu güçsüz ve zayıf bir yaratık olarak gördüğümüz için değil, çok büyük yaratıcı bir enerjiyle dolu olduğu ve bu enerji doğası gereği sevgi ve zekâ dolu bir korunmaya gereksinim duyacak denli kırılgan olduğu için yardım etmeliyiz. Biz bu *enerjilere* yardım getirmek istiyoruz, çocuğa ya da çocuğun zayıflığına değil. Bu enerjinin bilinçdışı bir zihine ait olduğunu anladığımız zaman, bu dönemdeki çocuk zihninin bizim zihnimizden farklı olduğunu, bu zihine sözlü öğretim yoluyla ulaşamayacağımızı ve bilinçdışından bilince geçiş sürecine doğrudan müdahale edemeyeceğimizi de görürüz ve böylece eğitim kavramı baştan aşağı değişir. Bilinçdışı zihin, çalışma ve yaşamın getirdiği deneyimler yoluyla bilinçlenecek ve bilinçdışından bilince geçiş süreci de insan yetisini oluşturacaktır. Böylece eğitim de çocuğun yaşamına, insanın psikolojik gelişimine yardım etmekle ilgili olur ve sözlerimizi, düşüncelerimizi zorla ezberleme görevinden ibaret olmaz.

Eğitimin önüne konan yeni yol, işte budur: Gelişim sürecindeki zihine yardım etmek, enerjisine destek olmak ve güçlerini daha da güçlendirmek.

4

YENİ YOL

Modern biyoloji yeni bir yöne giriyor. Bir zamanlar bütün araştırmalar yetişkinleri konu alıyordu. Bilim insanları hayvan ya da bitkileri incelerken, hep türün yetişkin örneklerine eğiliyordu. İnsanlık üzerine çalışmalarda da aynı durum söz konusuydu. Konu ister ahlak, ister toplum yapısı olsun, yalnızca yetişkinleri içeriyordu. En çok tartışılan konulardan biri de ölümdü, ama bu da şaşırtıcı değil, çünkü yetişkinin yaşam yolu ölüme yöneliktir. Ahlak sorusu bütünüyle yetişkin dünyasındaki yasaları ya da toplum ilişkilerini içeriyordu. Bugünse bilim tam tersi yönde ilerlemeye başlıyor. Neredeyse geriye doğru gidiyor gibi görünüyor, çünkü konu ister insan, ister diğer yaşam biçimleri olsun, türün genç örnekleri, hatta kökenleri odak noktasında. Embriyoloji ve sitoloji, yani hücre biyolojisi ön plana çıktı ve bu alt düzey incelemelerden bir tür yeni bir felsefe, bütünüyle kuramsal olmaktan uzak bir felsefe doğuyor. Bu hâliyle gözleme dayandığı için, daha önceki soyut düşünürlerin vardığı birçok sonuca oranla daha fazla bilimsellik iddiası söz konusu olabilir, çünkü bu felsefenin ortaya çıkışına, laboratuvarda yapılan keşifler adım adım öncülük ediyor.

Embriyoloji, aslında bizi yetişkin varlığın kökenlerine geri götürür. Bu erken aşamada yetişkinlik döneminde hiç olmayan, olsa bile varlık biçimi oldukça farklı şeyler bulunur. Bilim geçmişteki düşünürlerin haberdar olmadığı bir yaşam biçimini bütün çıplaklığıyla gözler önüne seriyor ve bu da çocuk kişiliği üzerine yepyeni bir ışık tutuyor.

Çok basit bir düşünceyle başlayalım: Çocuk, yetişkinin aksine, ölüm yolunda değil, yaşam yolundadır. Onun işi insanı tüm gücüyle kurmaktır. Yetişkin ortaya çıktığı anda, çocuk ortadan kaybolur. Yani çocuğun bütün yaşamı kusursuzluğa, daha fazla tamamlanmışlığa yönelik bir ilerlemedir. Buradan da çocuğun kendini tamamlaması için gereken işleri yapmaktan haz duyduğu sonucuna varabiliriz. Çocuk yaşamı çalışmanın, görevini yapmanın haz ve mutluluk verdiği bir yaşamdır. Yetişkinler içinse gündelik döngünün depresif olduğu daha sık görülür.

Çocuk için yaşam süreci kendisinin büyümesi ve kuvvetlenmesidir; yaşı ilerledikçe daha güçlü ve daha zeki olur. Çalışma ve etkinlikleri bu gücü ve zekâyı kazanmasına yardım eder. Oysa yetişkin yaşamında geçen yılların etkisi bunun tam tersidir. Çocuklukta çekişme de yoktur, çünkü insanı kurma işini çocuğun dışında hiç kimse yapamaz. Kısacası kimse çocuğun yerine büyüyemez.

Çocuğun yaşamında daha da geriye, doğumdan önceki döneme gidersek, onu yine yetişkinle bağlantı içinde görürüz, çünkü embriyonun yaşamı ana rahminde geçer. Bundan önce de yetişkinlerin verdiği iki hücrenin birleşmesinden ortaya çıkan tek bir hücre vardır, yani insan yaşamının kökenlerine gittiğimizde de, çocuğun gelişme işini izlediğimizde de yetişkinin çok uzakta olmadığını görürüz.

Çocuğun yaşamı iki yetişkin kuşağını birleştiren bir çizgidir. Çocuğun yaratan ve yaratılan yaşamı bir yetişkinde başlar ve diğer yetişkinde biter. Yetişkin yaşamının hemen yanındaki yolda ilerler ve bu yolu incelemek, ilgimize karşılık getirdiği bilgilerle bize yepyeni ödüller sunar.

Doğa her zaman çocuğun korunmasını sağlar. Çocuk sevgi ile doğar ve sevgi onun doğal kökenidir. Doğduktan sonra anne ve babası ona şefkatle bakar, yani bir uyumsuzluk içine doğmaz ve bu da dünyaya karşı ilk savunmasıdır. Anne ve babanın yavrularına karşı sevgisinin esin kaynağı doğadır ve bu sevgi yapay bir şey değildir. Bu, insanlığı birleştirmeye yönelik entelektüel bir kardeşlik düşüncesi gibi, aklın beslediği bir sevgiden ibaret değildir. Bebeklik döneminde görülen sevgi, ideal olarak yetişkin dünyasında hüküm sürmesi gereken sevginin de nasıl olması gerektiğini gösterir bize: Doğası gereği fedakârlığa, bir *egonun* kendini diğer bir *egoya*, bir benliğin kendini başkalarının hizmetine adamasına esin kaynağı olan bir sevgi. Bütün anne babalar sevgilerinin derinliğiyle kendi yaşamlarından vazgeçer ve hayatlarını çocuklarına adarlar. Bu adanmışlık da onlar için doğal bir şeydir. Onlara haz verir ve fedakârlık yapıyormuş gibi hissetmezler. Hiç kimse, "Ne şanssız adam, iki çocuğu var!" demez. Tersine çocuğu olan insanların şanslı olduğu düşünülür. Anne babalar çocukları için çaba harcamaktan haz duyar; bu anne babalığın bir parçasıdır. Çocuk, yetişkinlerin ideal olarak gördüğü şeyi uyandırır; kendinden geçme, özveri ideali ki bunlar aile yaşamı dışında neredeyse ulaşılmaz olan erdemlerdir. Kendisine gereken bir malı rakiplerinden birine, "Al, senin olsun, sana bırakıyorum!" diyen bir işadamı düşünebilir misiniz? Oysa bir anne baba yemeği az olsa da, karnı aç olsa da çocuğunu aç bırakmaktansa, tek bir ekmek kırıntısı bile yemek istemez.

Demek ki iki tip yaşam var ve yetişkinler her ikisini de yaşama ayrıcalığına sahip: Anne baba ve bir toplumun üyesi olmak. Bunlardan iyi olanı çocuklarla birlikte olandır, çünkü çocuklara yakın olmak insanın en iyi yönlerini ortaya çıkarır.

Bu iki farklı yaşam hayvanlar arasında da açıkça görülebilir. En vahşi, yırtıcı hayvanlar bile kendi yavruları arasında evcilleşir, nazikleşir. Aslanlar, kaplanlar kendi yavrularına nasıl da sevecen davranır; ürkek bir dişi geyik yavrusunu koruması gerektiğinde ne acımasız olur! Öyle ki kendi yavruları söz konusu olduğunda, hayvanların içgüdüleri âdeta tersine döner. Anne babalık onlara normal içgüdülerine baskın çıkan özel içgüdüler vermiş gibidir. Ürkek hayvanların kendini koruma içgüdüleri insanlarda olduğundan bile daha güçlüdür, oysa küçük yavrularını korumaları gerektiğinde, bunların yerini saldırgan içgüdüler alır.

Kuşlarda da aynı şeyi görebilirsiniz. Tehlike baş gösterdiğinde, kuşun içgüdüleri uçup gitmesini söyler. Oysa yavruları varsa yuvalarını terk etmezler; hareketsiz kalır, yumurtalarının beyaz kabukları görülmesin diye yuvalarını kanatlarıyla örterler. Bazıları yaralıymış gibi davranır ve tam yakalanmak üzereyken kaçıp köpeği yuvadaki yavrulardan giderek uzaklaştırır. Hayvan yaşamının sayısız alanında aynı şeyi görürüz ve bu da iki tip içgüdü olduğunu gösteriyor: Kendini korumaya yönelik içgüdüler ve yavruları korumaya yönelik içgüdüler. Büyük biyolog J.H. Fabre buna harika örnekler veriyor. Büyük eserini de türlerin hayatta kalmasını anne sevgisine borçlu olduğunu söyleyerek bitiriyor. Doğru, çünkü hayatta kalmak yalnızca varoluş savaşında evrilen silahlara bağlı olsaydı, yavrular bu silahlar daha ortaya çıkmadan, kendilerini nasıl koruyabilirlerdi? Kaplan yavruları dişsiz, kuş yavruları tüysüz doğmuyor mu? Demek ki yaşamın korunması, türlerin hayatta kalabilmesi için gereken ilk şey anne babanın henüz silahsız olan küçükleri korumasıdır.

Hayatta kalmak yalnızca güçlünün zaferine bağlı olsaydı, türler yok olur giderdi. Öyleyse, hayatta kalmanın gerçek nedeni "varoluş mücadelesinin" ana etkeni *yetişkinlerin yavrularına duyduğu sevgidir*.

YENİ YOL

Doğa tarihinin en büyüleyici bölümlerinden biri de en alçak gönüllü canlılarda bile ayırt edilebilecek zekâ belirtilerine yönelik arayışlar. Bu canlıların her biri çeşitli koruyucu içgüdülere sahip; yine hepsine kendine özgü bir zekâ verilmiş. Bununla birlikte bu zekâ, özellikle yavruların korunması için kullanılıyor. Ayrıca kendini korumaya yönelik içgüdüler çok daha az çeşitlidir ve çok daha az zekâ barındırır. Bunlarda, Fabre'nin on altı cildi böceklerde anne babalık davranışlarıyla doldurabilmesini sağlayan ayrıntı zenginliğini bulamazsınız.[6]

Yani farklı türleri incelediğimizde iki ayrı içgüdü tipinin, iki ayrı yaşam biçiminin gerekli olduğunu görüyoruz; bunun insan yaşamı için de doğru olduğu kabul edilirse, yalnızca toplumsal açıdan bile, yetişkinler üzerinde yarattıkları etki bakımından çocukların incelenmesi gerektiği görülüyor. Demek ki insan yaşamını verimli bir şekilde incelemek için önce en başından başlamak gerekiyor.

---

[6] *Souvenirs Entomologiques;* İngilizce çevirisinde, *The Life of the Spider, The Life of the Fly, The Hunting Wasps* vs.

5

YARATMA MUCİZESİ

Başlangıçta olmayan bir varlığın, en sonunda hem de düşünebilen ve kendi fikirlerine sahip bir kadın ya da erkek olması tüm çağlarda düşünürleri hayrete düşüren bir gerçek olmuştur.

Bu nasıl oluyor? Tüm bu organlar, o muhteşem karmaşıklıklarıyla nasıl oluşuyor? Gözlerimizi, konuşmamızı sağlayan dili ve beynimizi, insanı oluşturan tüm o sonsuz sayıdaki parçayı oluşturan nedir? On sekizinci yüzyılın başındaki bilim insanları, daha doğrusu o günlerin felsefecileri ön oluşuma inanıyordu. Yumurta hücresinde zaten var olan minyatür bir erkek (ya da kadın) olduğuna inanıyorlardı. Evet, görülemeyecek kadar küçük belki, ama kesinlikle var ve yazgısı büyümek diye düşünüyorlardı. Bu görüş tüm memeliler için geçerliydi, ancak "animalkülizm" ve "ovizm" olmak üzere iki ayrı düşünce okulu vardı. Bu görüşlerin ayrıldığı nokta küçük insanın erkeğin mi, yoksa kadının mı üreme hücresinde gizli olduğuydu ve birçok bilgili insan bu konuda tartışıyordu.

Buna karşılık C. F. Wolff adında bir tıp doktoru kısa bir süre önce bulunan mikroskobu kullanarak yaptığı inceleme sonunda, oluşum sürecinde gerçekten neler olduğunu bizzat görmek istedi. Bunun için de tavukların yumurtalarındaki döllenmiş tohum hücrelerini inceledi. Böylece ön oluşum diye bir şey olmadığı sonucuna ulaştı (*bkz. Theoria Generationis, C. F. Wolff*). Canlı kendini oluşturuyordu ve o da bu süreci gördüğü gibi anlattı. Önce tek bir tohum hücresi ikiye ayrılıyor, bu ikisi (Şekil 1'de görüldüğü gibi) yine ikiye bölünerek dörde ayrılıyor ve hücrelerin bu şekilde çoğalması yeni canlıyı oluşturuyordu.

Elbette ön oluşumu savunan bilgili insanlar Wolff'a öfkeyle saldırdılar. Bu ne cehaletti! Bu ne kendini bilmezlikti! Sapkınlıktan başka bir şey değildi bu! Din elden gidiyordu! Zavallı Wolff o kadar zor durumdaydı ki ülkesini terk etmek zorunda

1. Tohum hücresinin çoğalması.

kaldı. Modern embriyolojinin kurucusu bir sürgün hayatı yaşamak zorunda kalacak ve yine sürgünde ölecekti.

Mikroskoplar çoğalmıştı, ama elli yıl boyunca kimse bu gizemi incelemeye cesaret edemedi. Yine de Wolff'un öncülüğünde bir yol açılmıştı ve başka bir bilim insanı, K.E. von Baer de Wolff'un deneylerini tekrarladı, doğru olduğunu görüp sonunda herkes bu gerçeği kabul edince, yeni ve en ilginç bilim dallarından biri olan embriyoloji doğdu.

Embriyoloji kesinlikle en hayret verici bilim dallarından biridir. Ne anatomi gibi gelişmiş bir canlının organlarını ne de fizyoloji gibi bu organların işleyişini ya da patoloji gibi hastalıkları inceler. Embriyolojinin amacı ve hedefi yaratıcı süreci, daha önce var olmayan bir bedenin dünyaya bir canlı olarak girmek üzere kendine şekil verme sürecini açığa çıkarmaya çalışmaktır.

Her hayvan, her memeli ve bütün canlıların en harikası insan bile diğer basit, farklılaşmamış ilkel hücreler gibi, önce tek ve yuvarlak bir hücredir, sonra tüm o farklı görünümlere bürünür. Bu tohum hücreleri o kadar küçüktür ki insanı hayrete düşürür. İnsanın tohum hücresi milimetrenin onda birinden daha büyük değildir. Fikir sahibi olmak için ucu sivri bir kurşun kalemle kâğıda birbirine bitişik on küçük nokta yapın. Ne kadar küçük yaparsanız yapın, sonuçta ortaya çıkan öbek bir milimetreden büyük olacaktır. İşte, böylece insanın geldiği hücrenin ne kadar mikroskobik olduğunu anlayabilirsiniz. Bu hücre onu üretenden ayrı gelişir, çünkü onu sarmalayan ve koruyan bir çeşit kapsül, onu içinde taşıyan yetişkin bedeninden ayırır.

Bu bütün hayvan türleri için geçerli. Hücre ona can veren bedenden o denli yalıtılmıştır ki ortaya çıkardığı varlık gerçekten de tohum hücresinin kendi ürünüdür. Bu konu üzerine ne kadar düşünsek az! Hangi alanda olursa olsun, en görkemli insanlar da –İskender ya da Napolyon, Dante ya da Shakespeare veya Gandi– tıpkı en mütevazı insanlar gibi önce ufacık bir hücre gövdesinden ibaretti!

Tohum hücresine güçlü bir mikroskopla bakıldığında, belirli sayıda cisimcik içerdiği görülür. Bunlar kimyasallara karşı hemen renklendikleri için "kromozom" olarak adlandırılmıştır. Sayıları türe göre değişir. İnsanlarda 46 kromozom bulunur. Bu sayı bazı türlerde 15, bazılarındaysa 13'tür. Yani kromozom sayısı türlerin değişmeyen karakteristik özelliklerinden biridir. Kromozomlar hep kalıtsal özelliklerin aktarıldığı depolar olarak görülüyordu. Yakın zamanda ultra mikroskop olarak adlandırılan daha güçlü özelliklere sahip yeni mikroskoplar sayesinde, her kromozomun, içinde 100 kadar çok küçük tanecikten oluşan bir zincir ya da kolye bulunan bir tür kutu olduğu görüldü. Kromozomlar açılınca tanecikler serbest kalır ve hücre *gen* olarak adlandırılan 4000 kadar cisimciğin deposu hâline gelir (*bkz.* Şekil 2). *Gen* sözcüğü jenerasyon, yani üreme kavramını anlatır ve her bir genin burun biçimi ya da saç rengi gibi belirli bir kalıtsal özelliği taşıyor olabileceği genel olarak kabul görmüştür.

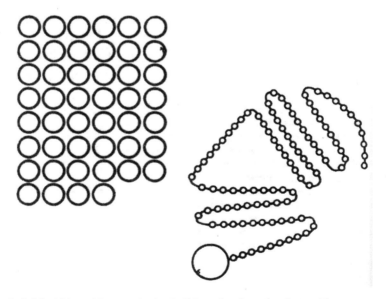

2. Sağda 100 geni içeren zincir görülüyor; bunların her biri solda geometrik düzende görülen 46 kromozomda tutulur.

YARATMA MUCİZESİ

Elbette bu bilimsel görüşe yalnızca mikroskobun yardımıyla değil, aynı zamanda insan zihninin yaratıcı olması sayesinde de ulaşılmıştır. İnsan zihni izlenimleri çok sayıda fotoğraf gibi tutmakla kalmaz, bunlar aynı zamanda insan zihnini uyararak imgesel güçlerini harekete geçirir. İnsanın olup bitenlere dair varsayımlarda bulunmasını sağlayan şey imgelem gücü, yani "şeyleri duyuların ötesinde görmesini" sağlayan zekâsıdır. Bütün bilimleri ve keşifleri harekete geçiren şey de insan zihninin bu gücüdür. Her canlının ortaya çıkışına dair bu açıklamaları düşündüğümüzde, bilimin cesur ifadelerinin ne denli gizemli olduğunu da görürüz. Görülemeyecek kadar küçük bir tohum hücresi, içinde tüm geçmiş çağların kalıtsal birikimini taşımaktadır. Bu minik zerre içinde insan deneyiminin bütünü, insanı oluşturan bütün bir tarih yatar.

İlkel hücrede herhangi bir değişiklik görülmeden ve bölünme başlamadan önce, genler zaten kendi aralarında bir uyum sağlamıştır. Aralarında bir çeşit rekabet çatışması yaşanır ve buradan bir sonuç doğar, çünkü belirli bir hücredekilerin hepsi yeni varlığın üretilmesinde rol oynayamaz. Yeni canlı ancak yarışta öne çıkan genlerden gelebilir. Bunlar "baskın karakteristik özellikleri" taşıyan genlerdir.

Diğerleri ise gizli kalır. Onlar da "çekinik karakteristik özellikleri" taşıyan genlerdir. Tohum hücresinin yaratıcı çalışmasına hazırlık sırasında gerçekleşen bu ilginç olgu ilk olarak, Mendel tarafından fark edilmiştir. Mendel bunu bazıları kırmızı, bazıları beyaz çiçek açan ve aynı aileden gelen bitkileri çaprazladığı ünlü ve devrim niteliğindeki deneylerine dayanan bir bilimsel hipotezle ifade etmiştir. Elde ettiği tohumları eken Mendel kırmızı çiçekli üç, beyaz çiçekli bir bitki elde etmiştir. Baskın kırmızı genler çekinik beyazı, dört örneğin üçünde alt etmiştir. Rakip özellikler arasındaki çatışmanın sonucunda ortaya çıkan oranın kaçınılmaz olarak matematiksel birleşim yasalarını izlediği kolayca görülebiliyor.

O gün bugündür genler arasındaki olası birleşimler üzerine matematiksel varsayımlara dayalı çalışmalar çok daha karmaşıklaştı, ancak sonuç olarak bir tohumun verili koşullar altında daha güzel ya da daha güçlü bir birey ortaya çıkarıp çıkarmayacağının, genleri arasında hüküm süren önceliklere göre belirlendiği gerçeği değişmedi.

Her insanın bir diğerinden farklı olmasının nedeni de bu farklı birleşimlerdi. İşte, bu nedenle aynı ailede, aynı anne babanın çocuklarının farklı güzellikleri, farklı güçleri ve farklı zihinsel yetenekleri olduğunu görüyoruz.

Bir türün en iyi örneklerinin hangi koşullar altında ortaya çıktığı konusu da özel bir ilgi çekmektedir ve bu da *öjenik* adı verilen yeni bir bilimin ortaya çıkmasına neden olmuştur.

Öte yandan, bu da bilim tarihinin (gen ve gen birleşimleri biliminin) birçok varsayıma dayalı bir parçası oldu. Birleşme gerçekleştikten sonra, olanların doğrudan incelenmesinde herhangi bir rol oynamıyor.

Biyolojik olarak bir bedenin tam anlamıyla oluşma süreci, işte burada başlıyor. Hücrenin bölünmesi o kadar açık ve bölünmeyi izlemek o kadar kolay ki bu süreci mikroskopla ilk kez gözlemleyen Wolff bile, gelişen embriyonun sırayla geçtiği aşamaları ortaya koyabilmiştir.

Hücre ilk önce birleşik kalan iki eşit hücreye bölünür. Daha sonra bu ikisi de dörde, sonra sekize, sonra on altıya bölünür ve bu süreç yüzlerce hücre üretilene dek devam eder. Âdeta bir ev yapmak için gerekli tuğlaların akıllıca bir arada toplandığı bir inşaat sürecidir bu. Bu süreçte hücreler üç ayrı tabakaya göre düzenlenir ve bu da tuğlalardan duvarların oluşturulmasına benzer (Bu benzetmeyi Huxley yapmıştır). Bunu da bütün hayvanlarda ortak olan bir süreç izler. Hücreler önce, tıpkı bir lastik top gibi, bir çeşit boş bir küre oluşturur (*morula*). Daha sonra kabuk içe doğru bükülür, birbirine karşıt iki duvar oluşur. Son olarak da bu ikisi arasına üçüncü bir tabaka girer. Böylece son yapıyı bütün olarak ortaya çıkaracak üç duvar oluşur (*bkz.* Şekil 3).

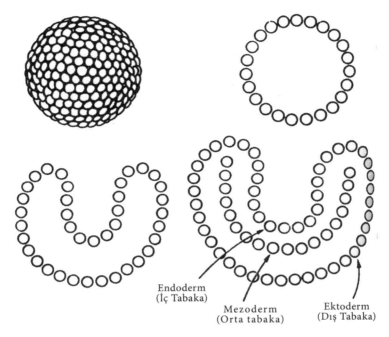

3. (*Yukarıda solda*) ilkel top hücreleri, *morula*, tek bir hücre duvarından oluşur (*yukarıda sağda*). (*Aşağıda solda*) içe bükümlü iki duvarlı *gastrula*; (*aşağıda sağda*) gastrulanın duvarları arasında oluşan üçüncü duvar.

Sonuç olarak "tohum yaprakları" denilen bu tabakalar şöyledir: *Ektoderm* dışarıda, *mezoderm* ortada ve *endoderm* içeride. Bunlar hep birlikte, içinde bütün hücrelerin eşit büyüklükte, ancak hepsinin geldiği ilk hücreden biraz daha küçük olan ufak, uzun bir yapı oluştururlar.

Bu üç duvarın her biri karmaşık bir organ sistemi oluşturur. Dıştaki deriyi, duyu ve sinir sistemini oluşturur. Dış dünya ile temas hâlindeki tabaka olduğu ve deri dış dünyaya karşı koruma sağladığı, duyu ve sinir sistemleri de dış dünya ile bağlantı kurduğu için bu da beklenen bir durumdur. İç duvardan da bağırsak, mide, sindirim bezleri, karaciğer, pankreas ve akciğer gibi beslenmeyi sağlayan organlar oluşur. Üçüncü, yani orta duvar bedenin bütününü ve kasları destekleyen iskelet sistemini üretir. Sinir sistemine bağlı organlar dış dünya ile olan ilişkilerimizi yönettiği için "ilişki organları" olarak adlandırılır. Sindirim ve solunum sistemleri ile ilişkili organlar canlıların bitkisel, yani etkin olmayan bölümünü yürüttüğü için "bitkisel organlar" olarak adlandırılır.

Bu organların kendi gelişimleri, ancak kısa süre öncesinde gerçekleştirilen yeni çalışmalar yoluyla görülmüştür. Tek biçimli tabakalarda nokta ya da merkezler oluşur ve bu noktalar birdenbire büyük bir biyolojik etkinlik göstermeye başlar. Duvar matrisinden hücreler ortaya çıkar ve bunlar bir organ oluşturmaya ya da organ tasarlamaya başlarlar. Hangi organ olursa olsun, ortaya çıkışı aynı süreci izler ve bütün organlar bu tip aşırı etkin merkezlerden gelir, ancak biri diğerinden oldukça bağımsız ve ayrı olabilir. Bunu da Chicago Üniversitesi'nden Profesör Child bulmuş ve bu merkezleri "gradyan" olarak adlandırmıştır.[7]

Hemen hemen aynı dönemde, Child'dan bağımsız olarak İngiltere'de çalışan bir embriyolog olan Douglas sinir sistemi ile sınırlandırdığı gözlemlerinin sonunda benzer bir keşifte bulunmuştur. Douglas, etkin noktaları duyarlılık derecelerine atıfla "sanglia"[8] olarak adlandırmıştır.

Organlar ortaya çıkmaya başladığı anda, başlangıçta birbirlerine benzeyen hücreler de tip olarak değişmeye ve derin farklılaşmalar sergilemeye başlar. Bu da organların yerine getireceği işlevlere karşılık gelir. Dolayısıyla, hücreler oluşturdukları organların yapacakları işlere uygun bir şekilde "uzmanlaşmaya" başlar. Yine de bu hassas uzmanlaşma, belirli bir işlev için gerçekleşiyormuş gibi görünse de *işlev, işleme geçmeden önce gerçekleşir.*

---

[7] C.M. Child, *Physiological Foundations of Behavior*, New York, 1924.
[8] A.C. Douglas, *The Physical Mechanism of the Human Mind*, Edinburgh, 1925.

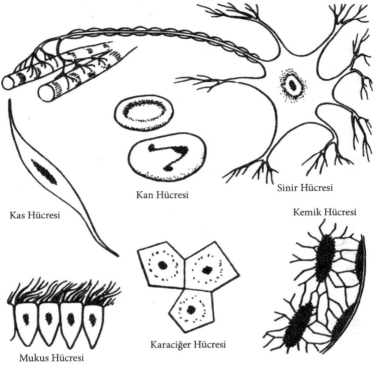

4. Hücre tipleri

Yukarıdaki şekilde inanılmaz farklı oluşlarıyla ilgili bir fikir vermesi amacıyla bu hücrelerden bazıları görülüyor. Karaciğer hücreleri, kaldırım taşları gibi beşgen ve bitişiktir. Bağ dokuları yoktur. Buna karşılık kemik hücreleri ovaldir, az sayıda ve araları açıktır, ancak ince lifler bunları bir arada tutar; bununla birlikte kemik açısından önemli olan asıl özelliği hücreleri donatan bu sağlam bağ dokudur. Mukus hücresinde havadaki tozu tutan sakızımsı bir maddeyi hiç durmadan salgılayan küçük çanaklar bulunur ve bunları sürekli titreşim hâlindeki lif saçakları oluşturur. Bu da mukusun sürekli olarak bedenin dışına doğru hareket etmesini sağlar. Derinin tabakalar hâlinde düzenlenmiş özel düz hücreleri bulunur ve bunların en dışındaki sürekli ölür ve aşağıdan gelen yenileri bunların yerini alır.

Bedenin dış yüzeyini koruyan bu hücreler insana canını ülkesi için vermeye hazır askerleri hatırlatır.

Sinir hücreleri evrim düzeyi en yüksek, en önemli hücrelerdir. Bu hücreler yenilenmez. Kıtaları birbirine bağlayan telgraf telleri gibi çok uzaklara uzanan filizleri ile daima komuta kademesinde bulunurlar.

Bu hücrelerin birbirlerinden bu denli farklı olması ne kadar ilginç, oysa hepsi de birbirine benzeyen ilk kümeden geliyor. Buna karşılık gelecekteki görevlerine hazırlanmak için değişiyorlar ve böylece daha önce hiç yapmadıkları bir şeyi yapabiliyorlar! Bununla birlikte bir kez değiştiler mi, bir daha dönüşü olmuyor. Bir karaciğer hücresi asla sinir hücresine dönüşemiyor. Öyle ki işlerini yapabilmeleri için aslında, söylediğimiz gibi, kendilerini hazırlamıyorlar, kendilerini dönüştürüyorlar.

Evet, ama insan topluluklarında da bunun neredeyse aynısı olmuyor mu? Bu topluluklarda da bedenin organları gibi uzmanlaşmış halklar olduğunu görüyoruz. İlkel çağlarda herkes çok çeşitli işler yapabiliyordu. Aynı kişi hem inşaatçı hem marangoz hem doktor, kısacası her şey olabiliyordu. Oysa toplum geliştikçe, işte de uzmanlaşma kendini gösteriyor. Herkes kendi iş türünü seçiyor ve diğer işlere psikolojik uyum sağlayamıyor. Bir meslek seçmek, yalnızca bir tekniği öğrenmek değildir. Başarı için gerekli iç değişim insanın kendini bu mesleğe adamasını gerektirir. İnsanın işine uygun, özel bir kişilik kazanması teknikten çok daha önemlidir. Bu da mesleğini insanın ideali, yaşamının amacı hâline getirir.

Embriyoya dönersek, her organ uzmanlaşmış hücrelerden oluşur ve hepsi diğerlerinden farklı olan kendi işlevini yerine getirir. Yine de bu işlevlerin her biri organizmanın sağlığı ve esenliği için gereklidir. Demek ki her organ bütün için vardır ve bütün için çalışır.

Gelişen embriyo, organları oluşturmakla kalmaz, aralarında iletişim kurulmasını da sağlar. Bu da iki büyük sistem olan dolaşım ve sinir sistemleri tarafından gerçekleştirilir. Bunlar organların en karmaşığıdır. Ayrıca diğer organları birleştiren de yalnızca bunlardır.

Birincisi maddeleri bedenin bütün parçalarına taşıyan bir nehir gibidir. Bununla birlikte bir toplayıcı işlevi de görür. Aslında dolaşım sistemi bedendeki her bir hücrenin besinini taşıyan genel bir ulaşım aracı olmasının yanı sıra, aynı zamanda akciğerlerden de oksijeni alır. Kan, endokrin bezleri tarafından salgılanan bazı maddeleri de taşır. Bunlar hormon olarak bilinir ve organları etkileyerek etkinliği ortaya çıkarır ve hepsinden önemlisi, hepsi için gerekli olan belirli bir uyumun ortaya çıkmasını sağlayacak şekilde organların işleyişini denetler.

Hormonlar, bu hormonları üreten organlardan uzaktaki organlar için gerekli maddelerdir. Bu da dolaşım sisteminin ne kadar kusursuz bir işleyişi olduğunu gösteriyor. Bütün organlar âdeta bir akarsu kıyısında yaşar. Bu akarsudan, yaşamak için gerek duydukları şeyleri alır, sonra kendi ürünlerini buraya bırakırlar. Bunlara da başka yerlerdeki başka organlar gereksinim duyar.

Bedenin bütün etkinlikleri arasında uyum sağlayan bir diğer organizma da sinir sistemidir. Bu yönetici sistem de komutları bedenin her bir parçasına ulaştırılan bir çeşit "direktörlük" ya da "kontrol odası" olan beyinde yoğunlaşır.

İnsanların yaşamında da bir dolaşım sistemi gelişmiştir. Farklı insanların ve ülkelerin ürettikleri dolaşıma girer ve herkes bu dolaşımdan kendi gereksinim duyduğu şeyleri alır. Büyük ticaret nehri, ürünlerin başka insanlara ve başka ülkelere de ulaşmasını sağlar. Tüccarlar ve gezgin pazarlamacılar kandaki alyuvarlardan çok da farklı değildir. Büyük insan toplumunda da bir yerde üretilen mallar hep başka bir yerde tüketilmez mi?

Hatta son yıllarda hormonlarla aynı işlevi gören düzenlemelerin de geliştiğini görebiliyoruz.

Büyük devletler herkesin uyum ve esenlik içinde yaşayabilmesi için, bütün uluslarda çevreyi planlamaya, ticareti denetlemeye, harekete geçirmeye, teşvik etmeye ve yönlendirmeye çalışıyor. Bu çabalarda gayet açık bir şekilde görülebilen kusurların da toplumsal dolaşım sisteminin, henüz başlangıçta olan ve kusursuz olmaktan çok uzak embriyo gelişimini kanıtladığı söylenebilir.

Sinir sisteminin uzmanlaşmış hücrelerine gelince, insan toplumunda buna karşılık gelen her şey ne yazık ki hâlâ çok eksik. Günümüz dünyasının kaos içindeki durumuna bakınca, bu işlevi yerine getirmesi gereken şeyin henüz gelişmediğini rahatlıkla söyleyebiliriz. Bu eksiklik de toplumsal yapının bütününde hiçbir şeyin eş zamanlı ve uyum içinde olmamasında kendini gösteriyor. Uygarlığımızın en ileri yönetim biçimi olan demokraside herkes oy kullanabiliyor ve hükûmetin başını seçebiliyor. Embriyolojide böyle bir şey inanılmaz derecede abes olurdu, çünkü her hücrenin uzmanlaşması gerektiğine göre diğer hücreleri yönetecek hücrenin hepsinin ötesinde uzmanlaşması gerekirdi. Demek ki burada bir seçim değil, eğitimli ve işe uygun olma söz konusu. Diğerlerini yönetecek olanın kendini dönüştürmesi gerekir. Liderlik ya da öncülük için hazırlanmamış olan biri, bu işi yapamaz. Uzmanlaşma ile işlevi birbirine bağlayan bu ilke ilgimizi etkin bir şekilde çekebilir; öyle görünüyor ki doğanın gittiği yol, bütün işlerini yaparken izlediği plan budur. Bunun canlı organizmalarda yarattığı harikalar da görülebiliyor.

Öyleyse, embriyoloji bize de bir yön gösterebilir. Bir esin kaynağı olabilir. Julian Huxley embriyonun muhteşemliğini çok iyi özetliyor. "Hiçten tam gelişmiş bir bireyin karmaşık bedenine geçiş, yaşamın sürekli gerçekleşen mucizelerinden biridir. Bu mucizenin büyüklüğü bizi sersemletmiyorsa, bunun tek bir nedeni var, o da gözümüzün önünde çok sık yaşanan gündelik bir deneyim olmasıdır."[9]

---

[9] J.S. Huxley, *The Stream of Life*, 1926.

YARATMA MUCİZESİ

Bir kuş ya da bir tavşan, hangi hayvanı ya da hangi omurgalıyı incelersek inceleyelim, hepsinin de her biri son derece karmaşık olan organlardan oluştuğunu görürüz. Daha da ilginci, zaten kendi içinde bu denli karmaşık olan bu organların birbirlerine de değişmez bir şekilde bağlı olmasıdır. Dolaşım sistemine baktığımızda, o denli hassas, karmaşık ve eksiksiz bir drenaj sistemi görürüz ki ne kadar ileri olursa olsun, hiçbir uygarlık bununla karşılaştırılabilecek bir buluşa imza atmamıştır. Düşüncenin aracı olan ve duyular yoluyla dış dünyadan izlenimler toplayan zihin o kadar harikadır ki hiçbir modern işleyiş onun yanına bile yaklaşamaz. Gözün ya da kulağın gizli mucizelerine eş değer herhangi bir mekanik aygıt olabilir mi? Bedenlerimizdeki kimyasal tepkimeleri incelediğimizde, gereken maddeleri üretebilen ve bileşenlerini bir arada tutabilen bu eksiksiz laboratuvarların en gelişmiş tekniklerimizi geride bıraktığını kabul etmek zorunda kalırız.

Sinir sistemindeki iletişim ağının yanında, en parlak başarılarımız olan telefon, radyo, televizyon, telsiz, telgraf ve diğerleri hep hantal ve beceriksiz görünür.

Dünyadaki en eğitimli birliklere bile baksak, kaslarda olduğu gibi, tek bir denetimci ve strateji uzmanının komutlarına anında tepki veren bir itaat göremeyiz. Bu uysal hizmetçiler aldıkları emirleri birebir yerine getirmeye her zaman hazır olmak gibi özel bir hüner sergiler. Bu gerçekleri düşününce, organların ne kadar karmaşık olduğunu, iletişim organları, kaslar ve bedendeki en küçük hücreyle bile bağlantı kuran sinirlerin karmaşıklığını düşününce ve bunların hepsinin tek bir hücreden, ilkel, yuvarlak bir tohum hücresinden geldiğini hatırlayınca, harika ve muhteşem doğa karşısında insanın nutku tutuluyor.

6

EMBRİYOLOJİ VE DAVRANIŞ

Embriyonun gelişiminde izlediğimiz aşamaların her biri insan da dâhil olmak üzere bütün üst hayvanlarda ortaktır. Alt düzeydeki hayvanlarsa, gelişimin tam olmaması bakımından ayrılır. Gelişim önceki aşamaların birinde durur.

Örneğin *volvoks,* gelişimi globüler evrenin ötesine geçmeyen bir mahlûktur ve okyanus sularında gezinen içi boş bir küre olarak kalır. Tek tabakalı hücrelerinin dış tarafında titreşen küçük kıllardan oluşan bir tabaka bulunur ve bunların dalgalanmasıyla yönünü değiştirir ve hareket eder.

Selentereler bir sonraki, yani boş kürenin dış tabakasının içeri doğru bükülüp ektoderm ve endoderm olmak üzere, iki hücre tabakası oluşturduğu çift duvarlı aşamaya karşılık gelen hayvanlardır. Üç hücre tabakası da oluştu mu, bunu izleyen aşamalar birçok türde birbirine o kadar benzer ki birinin embriyosunu bir diğerininkiyle karıştırmak işten bile değildir. Bunu Şekil 5'te rahatlıkla görebiliyoruz.

Bu son olgu "hayvanlar âlemindeki" çeşitli derecelerdeki kökenlerin varlığından bahseden kuramın en açık kanıtlarından biri olarak görülüyor. Bu nedenle de insanın maymundan, memelilerin ve kuşların sürüngenlerden, sürüngenlerin amfibilerden, amfibilerin de balıklardan geldiği söyleniyor ve bu böylece en basit canlı biçimi olan tek hücrelilere dek iniyor. Dolayısıyla, kalıtım sürecinde embriyoların her biri atalarının geçtiği bütün aşamalardan geçiyor ve böylece türlerin bütün evrimi embriyoda toplanıyor ya da sentezleniyor. Soy oluşu yineleyen birey oluş, evrimsel tekrar kuramı olarak anılıyor.

İşte, bu nedenle de Darvin'in kuramı, en güçlü kanıtlarından biri olarak embriyolojiyi de içerir. Bununla birlikte, daha sonra De Vries'in keşifleriyle birlikte, canlıları açıklayabilmek için embriyolojiyi daha geniş bir bakış açısıyla ele alma zorunluluğu doğmuştur.

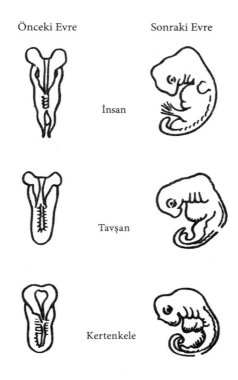

5. Embriyo formları

"Mutasyon kuramı" ile başlarsak, De Vries[10] aynı ata formlarından yayılan bir bitkinin farklı çeşitlerini gözlemlemiştir. Bu durum dış dünyaya atfedilebilecek herhangi bir etki olmadan gerçekleşmiş ve kendiliğinden değişim konusunun açılmasına yol açmıştır. Bu değişikliklerin nedenleri çevrede değilse, ancak embriyonun kendi içindeki etkinliklerinin bir sonucu olabilirdi, çünkü hızlı evrim, ancak burada gerçekleşebilirdi.

Böylece Darvin'in hipotezindeki yavaş ve gerçekleşmesi çok uzun dönemleri içeren uyumsal dönüşümden başka olasılıkları da araştırma olanağı doğmuştu ve bu da düşünürlerin diğer kavramlara daha rahat ilerleyebilmesine ve diğer olası sorunların varlığını benimsemesine olanak tanıdı.

Gerçekten de mikroskop sayesinde gözlemlenebilen embriyo gelişimi işin yalnızca mekanik kısmıdır, çünkü canlılar ortak bir amaç için birlikte çalışan organların bir araya gelmesinden ibaret değildir. Üst canlıların asıl gizemli yönü bir sürüngen, bir kuş, bir memeli ya da insanın birbirine son derece benzer süreçler sonucunda ortaya çıkmasıdır.

Bu hayvanlar arasındaki temel fark kol ve bacakları, bedenleri ve dişlerinin aldığı nihai biçimdir ve bu biçim kesinlikle embriyo biçimiyle değil, içinde yaşadıkları çevredeki davranışları ile ilişkilidir.

Bu da doğada tek bir oluşturucu plan olduğu düşüncesini ortaya çıkardı: İnsanın elleriyle yarattığı gerek basit, gerekse görkemli eserlerde önce malzemeyi (taş ve tuğlaları) toplaması, daha sonra da bunlarla duvarları inşa etmesinde olduğu gibi tek bir yapım tarzı. Peki, ya bizim inşa ettiğimiz yapıların hem şekil hem de süslemeler açısından birbirinden farklı olmasına aslında neden olan şey nedir? Bunun nedeni kullanılan malzeme değil, hizmet ettikleri farklı amaçlara göre tasarlanmış olmalarıdır.

---

10 Deneysel genetiğin kurucusu Hugo de Vries özellikle burada anılan çalışması ile tanınır: *Die Mutations Theorie*, Leipzig, 2. cilt, 1902-3. De Vries'in çalışmaları *Operate periodicis collata*'da (Utrecht, 1918-27) toplanmıştır.

Tüm bunlar bir yana, embriyoloji biliminin soyut kuram aşamasından ortaya çıkmış olması gerçekten önemlidir. Yalnızca yeni fikirlere kaynak olmakla kalmamış, aynı zamanda deneysel araştırmaların önünü açmıştır ve bu sayede uygulamalı bir bilim olmasını sağlayacak ilerlemeler kaydedilmiştir.

Aslında embriyo kendi içinde değişikliklere neden olabilecek etkilere maruz bırakılabilir. Bu da insanın embriyoyu etkileyerek yaşamın gidişatını deneysel olarak değiştirebileceği anlamına geliyor. Bu da günümüzde yapılan bir şey.

Genleri ve birleşmelerini kullanarak bitkiler ve hayvanların kalıtımına müdahale edebiliriz. Bunun sonuçları çok önemlidir. Yalnızca akademik açıdan değil, yararlı kullanımları ile geniş ve çeşitli ilgi alanları açan yeni bir konunun önü açılmıştır. Embriyonun önemi, organların henüz tam olarak oluşturulmamış olmasıdır, bu nedenle de değiştirilmeleri görece daha kolaydır. İşte, insanın bugün erdiği sır budur.

Embriyoloji alanındaki ilk patent birkaç yıl önce Amerika'da verildi. Sıradan arıdan çok daha fazla bal toplayabilen iğnesiz bir arı çeşidi üretildi. Aynı şekilde çeşitli bitkiler daha fazla meyve vermeye ya da dikensiz gövdeler oluşturmaya başladı. Bazıları besin değeri bakımından daha zengin kökler geliştirirken, besin değeri bakımından zaten zengin olan bazı bitkilerin de zehirsiz olması sağlandı.

En bilinen sonuçlara çiçeklerin geliştirilmesinde ulaşıldı. Bununla birlikte artık karadan ötesine, su altında yaşayan hayvan ve bitki âlemlerine müdahale edebildiğimiz pek bilinmiyor. Demek ki insanın zekâsını kullanarak dünyayı güzelleştirdiğini ve zenginleştirdiğini söyleyebiliriz. Biz de biyologlar gibi yaşamı olduğu şekliyle inceler ve bir yaşam biçiminin diğeri üzerinde yarattığı etkileri ve bunların sonuçlarını düşünürsek, insanın yeryüzündeki amacını görmeye ve insanın evrendeki büyük kozmik güçlerden biri olduğunu anlamaya başlayabiliriz.

Zekâsını kullanan insan gerçekten de yaratılışın devamlılığının sağlayıcısı olarak görülüyor. İnsan âdeta, Huxley'in dediği gibi, yaratılışa yardım etmek ve ritmini hızlandırmak için gönderilmiş. Bizzat yaşamı denetleyerek kusursuz olmasına yardım ediyor.

Öyleyse, embriyoloji artık soyut ve yalıtılmış bir alan değildir.

Hayal gücümüzü kullanarak zihinsel gelişimin benzer yollardan geçtiğini gözümüzde canlandırabilirsek, bugün daha üst düzeyde yeni tipler yaratmak üzere yaşamı etkileyebilen insanın kendi zihinsel oluşumuna da yardım edip yön verebileceğini düşünmek doğal gelecektir.

Öyle görülüyor ki zihinsel gelişim de bedensel gelişim gibi yine doğanın aynı yaratıcı planını izler. Nasıl ki beden diğerlerinden görünüşte hiç farklı olmayan tek bir ilkel hücreden başlıyorsa, insan zihni de hiçlikten ya da hiç gibi görülenden ilerlemeye başlar.

Nasıl ki ilk tohum hücresinde önceden oluşmuş tam bir insan yoksa, öyle görülüyor ki yeni doğan bir çocukta da herhangi bir zihinsel kişilik yoktur. Zihinsel düzlemde görülen ilk şey malzeme birikimidir ve bu da fiziksel düzlemde gerçekleştiğini gördüğümüz hücrelerin çoğalması ile karşılaştırılabilir. Bunu yapan da benim *emici zihin* olarak adlandırdığım şeydir ve yine bu düzlemde buna karşılık ortaya çıkan *duyarlılık noktaları* çevresinde tinsel organların oluştuğunu görürüz. Bu etkinlikler o denli yoğundur ki yetişkin bunları ne yeniden ele geçirebilir ne de nasıl olduklarını anımsayabilir. Bunun ipuçlarını çocuğun dili keşfetmesinden söz ederken vermiştik. Bu duyarlılıkların yarattığı şey zihnin kendisi değil, *organlarıdır*. Burada da her bir organ bir diğerinden bağımsız olarak gelişir. Örneğin, bir yandan dil gelişirken, diğer yandan da uzaklık yargısı ve yönünü bulma, iki ayak üzerinde dengede durabilme ve diğer eş güdüm biçimleri gelişmektedir.

Bu güçlerin her biri kendi özel alanına sahiptir ve bu duyarlılık biçimi o denli canlıdır ki sonunda sahibi bir dizi belirli eylemi gerçekleştirir. Bu duyarlılıkların hiçbiri gelişim döneminin bütününe yayılmaz. Psişik organın oluşturulmasına yetecek kadar sürerler. Söz konusu organ oluştuktan sonra duyarlılık ortadan kalkar, ancak duyarlılık sürdüğü sırada, duyarlılığı artık hatırlayamayacak denli bütünüyle aştığımız için, şu anda bize inanılmaz gelen bir enerji taşması yaşanır. Hepsi hazır olduğunda, organlar birleşerek bizim bireyin tinsel birliği olarak düşündüğümüz formu oluştururlar.

Böceklerin yaşam döngülerinde de geçici duyarlılıkların ortaya çıktığı görülmüştür. Mutasyon kuramını ortaya koyan De Vries bu geçici dönemlerin doğumdan hemen sonra, bir dizi değişen etkinlik yoluyla böceğe nasıl yön verdiğini ve bunların her birinin hayatta kalma ve gelişim için gerekli olduğunu da göstermiştir. De Vries'in bu keşfi, diğer hayvanlar üzerine birçok biyolojik ve psikolojik çalışma yürütülmesine yol açmıştır. Sonuç olarak Amerikalı psikolog Watson, kısmen de hipotezlerin oluşturduğu bu karmaşanın içinden yeni bir yol bulup çıkana dek, farklı grupların ateşli bir şekilde savunduğu çok sayıda kuram doğmuştur.

Watson, "Doğrulayamadığımız her şeyi bir yana bırakalım ve kanıtlanabilecek olana tutunalım." diyordu. "Gözlemlenebilir bir olgu olduğu için oldukça emin olabileceğimiz bir şey var: hayvanların davranışları. Öyleyse, bunu yeni araştırmaların temeli yapalım."

Yani başlangıç noktası hayvanların dışarıdan gözlemlenebilen davranışlarıydı. Bunları yaşam bilgisini derinleştirmede en güvenli rehber olarak gören Watson, insan davranışlarına ve çocuk psikolojisine yöneldi. Bunları doğrudan anlayabileceğimizi düşünüyordu, ancak bebeklerde önceden oluşturulmuş davranışların izine bile rastlayamayacağını fark edecekti kısa sürede. O da içgüdülerin ve psikolojik kalıtımın olmadığını

EMBRİYOLOJİ VE DAVRANIŞ

doğrulamıştı ve insan davranışlarının gittikçe yükselen düzeylerdeki bir dizi düzlemde birbirinin üzerine binen "koşullu refleks" dizilerinden kaynaklandığını düşünüyordu. Böylece Amerika'da çok tutulan, ancak olgun olmadığı ve yüzeysel kaldığı gerekçesiyle birçokları tarafından da eleştirilen *Davranışçılık*[11] ortaya çıktı.

Bununla birlikte bu görüşün uyandırdığı ilgi yine Amerikalı iki araştırmacının deney ve laboratuvar yöntemleriyle davranışı inceleyip doğrulamasının önünü açtı.

Bu araştırmacılar Coghill ve Gesell'di. Coghill davranışa açıklık getirmek amacıyla embriyoloji çalışmaları yaparken, Gesell çocuk gelişimini sistematik olarak incelemeye başlamış ve tüm dünyanın ilgiyle izlediği ünlü psikoloji laboratuvarını kurmuştu.

Coghill, Philadelphia'da uzun yıllar boyunca tek bir hayvan tipinin embriyo gelişimini inceledi: evrimin amfibiler kadar yüksek bir düzeyine erişememiş olan *ambystoma*. Bu canlıyı seçmesinin nedeni, yapısının basitliği sayesinde araştırmalarda açıklığa özellikle uygun olmasıydı. Coghill'in çalışma sonuçları 1929 yılına dek yayımlanmadı[12] ve bu denli uzun zaman harcamasının nedeni de yaptığı gözlemlerin biyologların kökleşmiş inançları ile tutarsız görülmesiydi. Deneylerinde her geçen gün daha kesin sonuçlara ulaşmasına karşın, beyindeki sinir merkezlerinin denetleyecekleri organlardan *önce* geliştiğini buluyordu sürekli. Örneğin, görme merkezi hep optik sinirlerden önce ortaya çıkıyordu. Türlerin geçmişinde daha geç ortaya çıkan yapıların embriyoda da daha geç gelişmesini içeren bir kalıtım sırası söz konusu olsaydı, önce organların görülmesi ve daha sonra da bunların kullanılmasının bir sonucu olarak

---

[11] John B. Watson, *Psychology from the Standpoint of a Behaviourist* (1919) ve *Behaviourism* (1925).

[12] G.E. Coghill, *Anatomy and the Problem of Behaviour*, Cambridge University Press, 1929.

merkezlerin görülmesi gerekirdi. Öyleyse, görme merkezleri nasıl oluyordu da hem gözlerden hem de gözlerle arasında iletişim kuran sinirlerden daha önce geliyordu?

Coghill'in araştırmaları, hayvan davranışları konusundaki olguların incelenmesi üzerinde büyük bir etki yarattı. Bununla da kalmadı, organların merkezlerden sonra gelişmelerinden hareketle çevrede yerine getirdikleri hizmetlere karşılık gelen biçimler almaları gerektiği yönünde şaşırtıcı bir düşünce ortaya çıktı. Öyleyse, davranış (içgüdüler için zaten düşünüldüğü gibi) kalıtsal olmakla kalmıyor, aynı zamanda organların canlının çevresindeki davranış döngüsüne göre şekillendiği yönünde yeni bir düşünce de doğuyordu.

Aslında organların biçimleri ile yerine getirdikleri görevler arasında, bunun canlıya herhangi bir yararı olmasa bile, yakın bir karşılıklılık olduğunu gösteren hayranlık verici örnekleri doğada sürekli görürüz. Belirli bir tür çiçeğin nektarını emen böceklerde çiçeklerin taç yaprak uzunluğuna uygun hortumlar gelişmiştir. Öte yandan, bu hortumlarda, böcek için aslında pek de bir yararı olmayan, ancak polenlerin toplandığı ve böylece bir sonraki çiçeğin döllenmesini sağlayan bir tabaka da bulunur. Karıncayiyenin ağzı o kadar küçüktür ki yalnızca solucana benzeyen uzun dili dışarı çıkabilir ve bu dil karıncaları yiyebilmesini sağlayan yapışkan bir maddeyle kaplıdır vb.

Peki, ama hayvanların davranışları neden bu şekilde kısıtlanmıştır? Neden bazı hayvanlar sürünürken, diğerleri sıçrar, bazıları tırmanır? Neden biri karınca yerken, diğeri yalnızca tek bir çiçek türünün döllenmesini sağlayacak şekilde bir uyum göstermiştir? Neden bazıları canlıları yerken, diğerleri yalnızca çürümüş et yiyebilir? Bazıları yalnızca çayırlarda yaşayabilir, bazıları ancak ağaçta serpilir, bazıları da bedenlerinde toprağın humusunu taşıyarak zaman geçirir? Peki, ya bu denli çok türün olması? Neden? Neden hepsi kendine özgü değişmeyen bir davranış tipine sahip ve bu davranışlar neden bir türden diğerine

EMBRİYOLOJİ VE DAVRANIŞ

bunca farklılık gösteriyor? Neden bazılarının içgüdüleri acımasız ve saldırgan olmayı, diğerlerininki ürkek ve çekingen olmayı gerektiriyor? Canlıların bu dünyadaki tek amacı, Darvinci evrim açıklamasında öngörüldüğü gibi yalnızca yaşamak, var olma savaşında hayatta kalmak, herkese açık bir mücadelede çevresinden kendi çıkarına olabildiğince yararlanmak olamaz. Öyle görülüyor ki "yaşam gücü"[13] gittikçe gelişen bir dizi yapının daha da kusursuz olması için dümdüz gitmesi değildir. Kusursuzluk, tek başına, yaşamın gerçek hedefi olamaz.

İşte, bu da düşüncelerimizde yeni ve büyük bir değişikliktir! Bu yeni bakış açısına göre öyle görülüyor ki canlıların amacı çevre için gereken işi yapmak adına ilişki içinde olmaktır. Canlılar âdeta yaratılışın özneleridir ve hepsine belirli bir görev verilmiştir, tıpkı büyük bir evdeki hizmetçiler ya da bir iş yerindeki çalışanlar gibi. Yeryüzündeki doğanın dengesi, hepsinin de kendine özgü bir görevi olan sayısız canlının gösterdiği çabanın bir sonucudur. Bunlar gözlemlediğimiz davranış biçimleridir ve bu tip davranışların amacı, yalnızca kendi yaşamsal gereksinimlerini karşılamaktan çok daha fazlasıdır.

Öyleyse, bilim dünyasını bunca zamandır sallayan evrim kuramları için ne demeli? Yok olup gidecekler mi? Hiç de değil. Sadece genişletiliyorlar. Hiç kuşkusuz evrim düşüncesi belirsiz bir kusursuzluğa doğru ilerleyen bir dizi adımdan oluşan o eski doğrusal biçimiyle savunulamaz. Evrim görüşü günümüzde genişlemiş, yakın ve uzak farklı yaşam biçimlerinin etkinliklerini birbirine bağlayan birçok işlevsel ilişkiyi içeren iki boyutlu bir alana yayılmıştır.

Bu bağlantılar basit bir yardımlaşma örneği olarak yorumlanamaz. Bunlar dünyanın tüm çevresini ilgilendiren evrensel bir amaçla, bir anlamda doğanın bir olması ile ilişkilidir. Bunun sonucu olan düzen de her şeye varoluşu için gerekli öğeleri verir.

---

[13] Bergson'daki *élan vital*.

Geçen yüzyılın jeologları yaşamın yeryüzü ile bağlantılı bir işlevi olabileceğini zaten kabul etmişti. Darvin'in çağdaşı Lyell[14] jeolojik zamanın farklı dönemlerinde farklı türlerin yeryüzüne çıkışını göstermişti. Çeşitli düzeylerdeki kaya katmanları arasında bulunan fosilleşmiş hayvan kalıntılarına bakarak canlıların çok uzun zamandır yeryüzünde olduğunu kanıtlayabilmişti. O gün bugündür diğer jeologlar hayvan davranışlarının bizzat yeryüzünün oluşumundaki etkilerini ortaya koydular. Alman jeolog Friedrich Ratzel'in[15] *Yeryüzü ve Yaşam* adlı bilimsel incelemesi ülkemde bu yüzyılın başında ün kazandı, bunu çeşitli keşif ve çıkarımları içeren çok sayıda başka yayın izledi.

İlk başta Himalayalar ya da Alpler gibi yüksekerdeki kayalarda deniz canlısı kalıntılarına rastlamak genel bir hayret uyandırdı. Dağlardan sularla birlikte inen çeşitli madde katmanlarında da bulundu aynı kalıntılar. Hiç kuşkusuz bunlar toprağın oluşmasına yardım eden hayvanlardı, tıpkı bugün engin okyanuslarda çiçek gibi serpilen sayısız mercan adasında gördüğümüz gibi. Bu kalıntılar kendi çöküşüyle dünyaya beden veren bilinmeyen bir kurucu ordunun "imzasıdır."

Yeni kanıt ve çalışmalar sürekli olarak birikmeye devam ediyor. Yeryüzünün şekli yalnızca rüzgâr ve suya atfedilemez. Hayvan, bitki ve insanların oynadığı önemli roller de hesaba katılmalı. İtalyan jeolog Antonio Stoppani[16] yeryüzü şartlarının nasıl canlılara dayandığını gösterdikten sonra, şöyle der: "Hayvanlar doğanın dengesini korumak için savaş veren eğitimli ve disiplinli bir ordu oluşturur."

Bugünlerde artık tekil ve kısmi gözlemlere değinmeye gerek yok, çünkü canlıların birbirleriyle olan ilişkilerini inceleyen özel bir bilim olan ekoloji kuruldu. Türlerin birbirleriyle etki-

---

14 Charles Lyell, *Principles of Geology* (1836). *Elements of Geology* (1838); *Travels in America* (1845).
15 F. Ratzel, *Earth and Life* (1901-2).
16 Doktor Montessori kendisi ve Stoppani arasındaki aile ilişkilerinden keyifle söz ederdi.

leşim kurduğu davranışları, o kadar ayrıntılı bir şekilde ortaya koyuyor ki bunu ekonomi biliminin doğaya uygulanması gibi düşünebiliriz. Bu bilimin yardımıyla bilimsel tarımda olduğu gibi, köylerde yaşanan pratik yerel sorunlar çözülebiliyor. Örneğin, bir araziyi, insanlar tarafından denetlenemeyecek denli çok yayılan dışarıdan gelmiş bir bitkiye karşı korumak adına ekolojinin yardımına başvurduğunuzda, gerekli dengenin yeniden kurulabilmesi için araziye bu bitki için zararlı bir böceğin getirilmesi önerilebiliyor. Bunun örneklerine özellikle Avustralya'da rastlanıyor.[17]

Her türün kendi karakteristik özelliklerini ayrı ayrı ele almak yerine, türler arasındaki ilişkileri inceleyen ekoloji, uygulamalı biyoloji olarak da anılabilir.

Modern bilginin en yararlı ve aydınlatıcı yönü uygulamalı olmasıdır, çünkü böylece evrim düşüncesi canlıların çevre üzerindeki eylemi ile tamamlanır ve bu da bizi doğrunun birliğine yakınlaştırır. Bu anlamda canlıların en etkileyici ve en kesin yanları işleyişleridir. Yeryüzündeki yaşamın amacı, sadece kendi varlığını korumak değil, tüm yaratılış açısından yaşamsal olan bir süreci sürdürmektir ve bu nedenle de her canlı için gereklidir.

Günümüzdeki bilimsel başarıların getirdiği keşifler de, kuramlar da yaşamın gizemlerini açıklamaya yeterli değil, ancak bu başarılarla birlikte aydınlığa kavuşan her yeni ayrıntı anlayışımıza bir katkıda bulunuyor.

Bütünüyle gözlemlenebilen dış olgular peşinden gitmeye değer pratik bir yön gösteriyor bize. Bizim gibi, yaşama eğitim yoluyla yardım etmek isteyen herkesin, çocuğu, gelişimi süresince diğer canlılarla aynı ışıkta görmesi gerekiyor. İşte, bu yüzden insan bebeğinin biyolojideki, bütün canlıların dünyasındaki

---

[17] Bütün yönleriyle yaşamı ele alan büyük bir araştırma için *bkz.* H.G. Wells, Julian Huxley ve G.P. Wells, *The Science of Life,* Londra, 1931.

yerini merak ediyoruz. Evrimin, kalıtımı uyum, kalıtsallık ve kusursuzluğa ulaşma itkisi olarak ele alan doğrusal yaklaşımı artık yeterli değil. Yalnızca hayatta kalma itkisi olmayan, bütün çabaları ortak bir hedefe doğru çalışacak şekilde birleştiren başka bir güç, ahenk kurma gücü de var.

İşte, bu yüzden de çocukta yaşamsal kendini yaratma ve kusursuzlaşma itkisinin yanı sıra, başka bir hedef, ahenk yaratma görevi de olmalı. Çocuk da birleşmiş bütünlük için bir şeyler yapıyor olmalı.

Herhâlde siz de şimdiden şu soruyu sormaya başladınız: "Çocukluk döneminin gerçek amacı nedir o hâlde?" İşte, bu sorunun yanıtını bulmaya çalışmadan, bilimsel eğitim yolunda güvenle ilerlemek çok zor olacaktır, çünkü çocuğun görevi iki yönlüdür ve bunun yalnızca tek bir yönünü, büyüme görevini göz önüne alırsak, enerjisinin en önemli bölümlerini bastırma tehlikesi baş gösterir.

Yeni doğan bir çocuğun çevresiyle olan etkinliği yoluyla açığa çıkacak oluşturucu olanakları kendi içinde taşıdığı görüşü makul bir düşüncedir. Bunu zaten gördük.

Tinsel bir niteliği ya da önceden oluşmuş hareket gücü olmaması anlamında hiçten gelir, ancak gelişimini belirleyen potansiyeli içinde barındırır ve bu gelişim de özelliklerini çevresindeki dünyadan alır.

Yeni doğan bebeğin bu "hiçliği," tohum hücresinin görünüşteki "hiçliği" ile karşılaştırılabilir.

Kuşkusuz bu kabullenmesi kolay bir düşünce değil. Wolff, sadece canlı bedenin kendini oluşturmasını ve dönemin filozoflarının düşündüğünün aksine, bundan önce hiçbir şeyin biçimlenmediğini göstererek büyük bir şaşkınlık yaratmıştı.

Çocuğun dünyaya halkının ve ırkının, hatta ailesinin hiçbir kazanımıyla gelmemesi, tüm bunları kendisinin yapmak zorunda olması ne kadar hayret verici, değil mi? Bu da her yerde, yeryüzünün her köşesinde oluyor, en ilkel ve dağınık ırklarda da en uygar toplumlarda olduğundan daha az görülmüyor. Bütün bebeklerin görünüşü aynıdır; hareketsiz, boş, önemsiz.

Yine de bu atıl varlığın içinde küresel bir güç, bir "yaratıcı insan özü" bulunur ve bu da onu çağının insanını, uygarlığının insanını yaratmaya götürür. İşte, sahip olduğu bu emme yetisi ile büyümenin bütün insanlar için evrensel olan yasalarını izler.

Görevi evrim geçiren bir toplumun mevcut düzeyini gerçekleştirmektir. Bu toplum geçmişte kaybolup gitmiş yüz binlerce yıldan bugünlere gelmiştir ve önünde de binlerce, belki de milyonlarca yıl uzanır. Ulaşması gereken bu geçmiş ya da gelecekle sınırlı olmayan düzey ise hiçbir zaman aynı kalmaz.

Bu eşsiz olguda yetişkinle çocuk arasındaki uygun iş bölümünü ve ilerlemeyi, edinilmiş özelliklerin kalıtımsal aktarımı olmadan gerçekleştirmek zordur.

Sonra çocuğun yansızlığı, içine almaya karşı biyolojik kayıtsızlığı ve çevresinde bulduğu her şeyi karakterine işlemesi gelir. İşte, insanlığın birliğinin gerçek kanıtını burada görüyoruz.

Bu şaşırtıcı gerçeğin, özellikle son birkaç yıl içinde kavranmış olması, daha fazla kanıt bulma amacıyla geri kalmış kabileler üzerine çalışmaları harekete geçirdi.

Dr. Ruth Benedict son çalışması *Patterns of Culture*'da (*Kültürün Örüntüleri*, New York, 1948) modern etnoloji çalışmaları yapan bir Fransız misyoner grubunun, hâla dünyanın en ilkel topluluklarını barındırdığı düşünülen Patagonya'ya gelişini anlatır. Düzeyleri ve toplumsal alışkanlıkları Taş Devri'ndekine denk olan bu insanlar beyaz adamı görünce dehşete kapılıp kaçar. Bununla birlikte telaş içinde kaçarken, yeni doğmuş bir kızı geride bırakırlar. Misyonerlerin kurtardığı bu çocuk bugün iki Avrupa dilini konuşan, Batılı alışkanlıklarına sahip bir Katoliktir ve üniversitede biyoloji okumaktadır. Geçen on sekiz yıl içinde gerçek anlamda Taş Devri'nden Atom Çağı'na geçmiştir.

Demek ki bir insan yaşamının başında, çaba harcamadan ve oldukça bilinçdışı bir şekilde harikalar yaratabilir.

Karakteristik özelliklerin dış dünyadan emilmesi yaşamsal bir olgudur ve bize biyolojik taklit olgusunu hatırlatır. Bu, ender olsa da eskiden zannedildiği kadar sıradışı bir durum değildir. Örneklerine gittikçe daha çok rastlıyoruz. Öyle ki Berlin'deki Zooloji Müzesi'nin bir kanadı bütünüyle bunun zengin bir koleksiyonunu sergilemeye ayrılmıştır. Taklit, bir savunma yöntemidir ve kişinin çevresindeki görünümü kendi bedenine emmesini içerir. Kutup ayısının beyaz kürkü, bazı kelebeklerin yaprak biçimindeki kanatları, bazı böceklerin tahta parçalarına ya da bitkilerin yeşil saplarına benzemesi, bazı balıkların düz ve kuma benzer görünümü bunun örnekleridir.

Çevredeki özelliklerin bu şekilde yeniden üretilmesi bu özelliklerin geçmişi ile ilgili değildir ve bunlara dair bilinçli bir bilgiye de dayanmaz. Birçok hayvan sadece çevresindeki çeşitli özelliklere bakar, bazıları bunları emer.

Doğası bakımından bütünüyle farklı olsa da diğer yaşam biçimleriyle ilgili bu örnek çocukta gerçekleşen tinsel olguyu anlamamıza yardım ediyor.

7

TİNSEL EMBRİYO

Demek ki embriyonun fiziksel anlamda yaptıklarına karşılık, yeni doğan çocuğun psikolojik bağlamda yapması gereken oluşturucu bir çalışma söz konusudur. Ana rahmindeki yaşamından farklı, ama gelecekteki yaşamına da benzemeyen bir yaşam dönemi onu beklemektedir. Bu doğum sonrası çalışma "biçimlendirici dönem" olarak adlandırılabilecek dönem boyunca süren oluşturucu bir etkinliktir ve bu da bebeği bir çeşit "Tinsel Embriyo" yapar.

Öyle görülüyor ki insan iki embriyo dönemi yaşar. Biri doğum öncesidir ve bu hayvanların embriyo dönemine benzer; diğeriyse doğum sonrasıdır ve bunu yalnızca insanlar yaşar. İnsanın uzun bebeklik dönemi onu hayvanlardan bütünüyle ayırır ve bu dönemin anlamını burada, insanı diğer tüm canlılardan farklı kılan bu aşılmaz engelde bulmamız gerekiyor. Onun güçleri hayvanlarda olanların devamı ya da türevi değildir. Yeryüzüne çıkışı yaşamda bir sıçrayış, yeni yazgılar için bir dönüm noktası olmuştur.

Türleri birbirinden ayırt etmemizi sağlayan şey benzerlikleri değil, farklılıklarıdır. Bir türü kuran şey hep *yeni bir şey* olmuştur. Bu öyle basitçe eskiden türeyen bir şey değildir, özgünlük gösterir. Daha önce hiç var olmamış karakteristik özellikler taşır. Canlılar âleminde yeni bir itki ortaya çıkmıştır.

Memeliler ve kuşlar ortaya çıktığında böyle olmuş, bu canlılar *yenilikleri* de beraberinde getirmişti. Önceki canlıların kopyaları, uyarlamaları ya da devamları değildiler. Dinozorların nesli tükendiğinde, kuşlarda ortaya çıkan yeni özellikler yumurtalarını ateşli bir şekilde korumaları, yuva yapmaları, yavrularına bakmaları ve onları yürekli bir şekilde savunmalarıydı. Buna karşılık duyarsız sürüngenler yumurtalarını hep terk ediyordu. Memeliler türlerini koruma konusunda kuşları bile geride bıraktı. Memeliler yuva yapmıyordu, ama yavrularını kendi bedenlerinde taşıyor ve onları kendi kanlarıyla besliyorlardı.

Bunlar oldukça yeni biyolojik özelliklerdi.

Sonra yeni bir karakter, insan ortaya çıktı. İnsan türü iki embriyo hayatı yaşar. Yeni bir tasarıma göre kurulmuştur ve diğer canlılara göre yazgısı da yenidir.

İşte, bu noktada durmamız ve çocuk gelişimiyle insanın psikolojik yönü üzerine bütün çalışmalarımızda yeni bir başlangıç yapmamız gerekiyor. İnsanın yeryüzündeki çalışması tini, yaratıcı zekâsıyla ilişkiliyse, tini ve zekâsı varoluşunun ve bütün bedensel işleyişinin dayanak noktası olmalı. Davranışları, hatta fiziksel ekonomisi bu dayanak noktasının çevresinde örgütlenir. İnsan bir çeşit tinsel hale içinde bütünüyle gelişir.

Hint felsefesinin her zaman önemli bir parçası olan bu düşünce, bugün Batı dünyasında bile kabul görmeye başladı. Deneyimlerimiz, psikolojik durumların ve tinin gerekli denetimi sağlayamamasının, fiziksel rahatsızlıklara neden olduğunu görmeye zorladı bizi.

İnsanın doğasını "onu saran tinsel hale" yönetiyorsa, insan buna dayanıyorsa ve bütün davranışları da buradan geliyorsa, yeni

TİNSEL EMBRİYO

doğan bir bebeğin bugünkü kuralın aksine, yalnızca bedeniyle değil, diğer her şeyden önce zihinsel gelişimiyle ilgilenmek gerekir. Gelişen çocuk insanın yetilerini, yani gücünü, zekâsını ve dilini almakla kalmaz, aynı zamanda oluşturduğu varlığı çevresindeki dünyanın koşullarına uydurur. Yetişkinlerden çok farklı olan kendine özgü psikolojisinin en önemli özelliği de işte budur. Çocuğun çevresiyle ilişkisi bizimkinden farklıdır. Yetişkinler çevrelerini takdir eder, onu hatırlar ve düşünürler; çocuksa emer. Gördüğü şeyleri hatırlamakla kalmaz, bunlar ruhunun bir parçasını oluşturur. Çevresinde gözleriyle gördüğü, kulaklarıyla duyduğu dünyayı bütünüyle kendinde somutlaştırır. Bizde herhangi bir değişiklik yaratmayan şeyler çocuğu dönüştürür. Bilinçli olarak hatırlamayan, ama imgeleri bizzat bireyin yaşamına emen bu yaşamsal bellek tipini Sir Percy Nunn özel bir terimle "Mneme" olarak adlandırır.[18]

Bunun örneklerinden biri gördüğümüz gibi dildir. Çocuk sesleri "hatırlamaz," onları bedeninde somutlaştırır ve daha sonra bunları kusursuz bir şekilde üretebilir. Dilini, karmaşık kurallarına, bütün istisnalarına uygun bir şekilde konuşabilir ve bunun nedeni bu dili çalışmış olması ya da belleğini bildik şekilde kullanması değildir. Belki de belleği bu dili hiçbir zaman bilinçli olarak tutmaz, ama bu dil yine de tinsel yaşamının ve kendisinin bir parçasını oluşturur. Saf mnemonik etkinlikten farklı bir olguyla bebek zihninin en ilginç yönlerinden biriyle karşı karşıya olduğumuz kesin. Çocukta, onu çevresindeki her şeyi emmeye yönlendiren özel bir duyarlılık bulunur ve yaşama uyum sağlaması da yalnızca bu gözlem ve emme yoluyla gerçekleşebilir. Bunu da yalnızca çocuklukta var olan bilinçdışı bir güç sayesinde yapar.

---

18 *Mneme* sözcüğünü, bu düşünceler bağlamında ilk ortaya atan kişi Alman biyolog Richard Semon olmuştur, ancak Sir Percy Nunn *Hormic Theory* adlı çalışmasında bu düşünceyi geliştirmiş ve genişletmiştir. *Horme* ve *Engram* kavramlarında olduğu gibi, bu kavramı da bu anlamda kullanıyoruz. Daha fazla bilgi için Sir Percy Nunn'ın *Education, its Data and First Principles* (Londra, 1. bs., 1920) adlı muhteşem çalışmasına bakabilirsiniz.

Çocuğun yaşamındaki ilk dönem uyum sağlamadır. Uyum sağlamanın bu anlamını net bir şekilde kavramamız ve bunu yetişkinlerin uyum sağlama tipinden ayırmamız gerekiyor. Doğduğu yeri hep yaşamak istediği yer yapan ve yalnızca ana dilini kusursuz bir şekilde konuşabilmesini sağlayan şey, çocuktaki bu özel uyum sağlama yeteneğidir. Yurtdışında yaşayan bir yetişkinin hayatında hiçbir zaman aynı derecede ve aynı şekilde bir uyum sağlama görülmez. Misyonerleri düşünün. Görevlerini yerine getirmek için gönüllü olarak uzak ülkelere giderler ve sorulduğunda, "Burada yaşayarak hayatımızı feda ediyoruz." derler. Bu da yetişkinlerin uyum sağlama kapasitesinin sınırlı olduğunu ortaya koyan bir itiraftır.

Biz yine çocukluğa dönelim. Çocuk, neresi olursa olsun, doğduğu ülkeyi sever. Yaşam ne kadar zor olursa olsun, başka bir yerde aynı mutluluğu bulamaz. Kimi Finlandiya'nın buz tutmuş düzlüklerini sever, kimi de Hollanda'nın kumullarını. Hepsi de bu uyumu, bu ülke sevgisini çocukluklarından almıştır.

Bunu meydana getiren çocuktur ve yetişkin kendisini bunun içinde bulur. Daha sonra kendini bu ülkeye ait hisseder; onu sevmek, duyduğu hayranlık bir yükümlülüktür; başka hiçbir yerde aynı huzur ve mutluluğu bulamaz.

Bir zamanlar İtalya'daki köylerde doğanlar orada yaşar ve ölür, uzaklara hiç gitmezlerdi. İtalya bir ülke olduktan sonra, birçokları evlilik ve iş gibi nedenlerle doğum yerlerinden ayrıldı, ancak yaşamlarının sonraki dönemlerinde kendine özgü bir hastalık çektiler: solgunluk, depresyon, zayıflık, anemi. Birçok tedavi denendi ve doktorlar son çare olarak hastalığı çekene, doğduğu yere dönüp memleket havası almayı salık verdiler. Bu öneri hemen her zaman işe yarıyordu; hastaların rengi ve sağlığı yerine geliyordu. İnsanın doğduğu yerin havasını almasının en iyi tedavi olduğu söylenirdi, gittiği yerin iklimi doğduğu yerin ikliminden çok daha iyi bile olsa. Aslında bu insanların asıl ihtiyaç duyduğu şey, çocukken yaşadıkları bu sade yerlerin bilinçdışında zihinlerine verdiği huzurdu.

TİNSEL EMBRİYO

Bizim için hiçbir şey yetişkini şekillendiren ve her türlü toplumsal düzen, iklim ya da ülkeye uyum sağlamasına neden olan bu emici zihin kadar önemli değildir. İncelememiz bir bütün olarak işte buna dayanıyor. "Ülkemi seviyorum." diyen bir kişinin yüzeysel ya da yapay bir şey söylemediğini, benliğinin ve yaşamının temel bir parçasını ortaya koyduğunu düşünmek yerinde olur.

Çocuğun, kendine özgü tini sayesinde, yaşadığı topraklardaki gelenek ve görenekleri kendi zamanına ve yerine ait tipik bireyi oluşturana dek emmesini, işte böyle anlayabiliriz. Yerel davranış tarzı da insanın çocukluk döneminde kurduğu gizemli yapılardan biridir. Bir bölgenin kendine özgü gelenek ve görenekleriyle zihniyetini sonradan edindiğimiz yeterince açık, çünkü bunların hiçbiri doğal ya da doğuştan geliyor olamaz.[19] Böylece çocukluktaki etkinlikleri çok daha kapsamlı bir şekilde görmeye başlıyoruz. Çocuk yalnızca zamanına ve bölgesine değil, aynı zamanda yerel zihniyete de uygun davranışlar geliştirir. İşte, bu yüzden de Hindistan'da yaşama duyulan büyük saygı, hayvanların da insanların kalbine kök salmış bir hürmet görmesine neden olur. Yetişkin bir insanda bu denli güçlü bir duygu asla sonradan kazanılamaz. "Yaşama saygı duymak lazım." demek bu duyguyu insana ait kılmaz. Hindistanlıların haklı olduğunu, hayvanlara saygı göstermem gerektiğini düşünebilirim, ama bu yalnızca kendi içimdeki bir muhakeme olur, duygularımı harekete geçirmez. Örneğin, Hindistanlıların inek için duyduğu bu hürmeti biz Avrupalılar asla hissedemeyiz. Hindistan'ın yerel sakinleri de hiçbir zaman bu duygudan kurtulamaz. Bu zihinsel özellikler kalıtsal gibi gözükür, ancak aslında çocuğun çevresine dayanan, bebeklikten gelen oluşumlardır. Bir keresinde yerel Montessori okulunun bahçesinde iki yaşından biraz daha büyük Hindu bir çocuk gördük. Yere dikkatle bakıyor, bir çizgiyi par-

---

[19] Ruth Benedict, *Patterns of Culture* (New York, 1948) adlı kitabında bu gerçeği ikna edici bir şekilde açıklıyor.

mağıyla izliyor gibi görünüyordu. Yerde iki bacağını kaybetmiş, güçlükle yürüyebilen bir karınca vardı. Çocuk karıncanın yaşadığı güçlüğü fark etmiş, parmağıyla bir yol çizerek ona yardım etmeye çalışıyordu. Bu Hindu çocuğun hayvan sevgisinin "kalıtımsal" olduğunu düşünmek işten bile değildi.

Daha sonra aynı şey başka bir çocuğun ilgisini çekti ve gidip karıncayı ayağıyla ezdi. Bu ikinci çocuk Müslüman'dı. Muhtemelen Hristiyan bir çocuk da aynı şeyi yapar ya da kayıtsızca geçer giderdi. Burada da sevgi ve saygıyı yalnızca insanların hak ettiği düşüncesine dayanan ve bizi hayvanlardan ayıran bu duygusal engelin zihinsel kalıtımın bir örneği olduğu düşüncesi affedilemeyecek bir şey değildir.

Dünyanın farklı ulusları farklı bölgelerde yaşıyor, ama bir halkın zihninde eski öğretilerinden birini reddetme noktasına geldiğinde bile, insan kalbinde tuhaf bir kaygı hissediyor. Bu inanç ve duygular benliğimizin tamamlayıcı bir parçasını oluşturuyor. Avrupa'da dediğimiz gibi, "Bunlar kanımıza işlemiş." Bir insanın kişiliğini şekillendiren bütün toplumsal ve ahlaksal alışkanlıklar, kast duyguları ve onu tipik bir Hint, tipik bir İtalyan ya da tipik bir İngiliz yapan her türlü duygu bebeklik döneminde, psikologların "Mneme" olarak adlandırdığı o gizemli zihin gücü sayesinde oluşur.

Aynı şey birçok ırk tipini birbirinden ayıran duruş, davranış ve yürüyüş alışkanlıkları için de geçerlidir. Vahşi hayvanlarla mücadele etmek zorunda olan Afrikalı yerliler kendilerine özgü bir fizik edinmiştir. Bazıları da işitme duyularını keskinleştiren egzersizleri içgüdüsel olarak yapar ve bu işitsel keskinlik kabilelerinin ayırıcı özelliği olur. Çocuğun emdiği kişisel her ayırıcı özellik sonsuza dek sabitlenir ve sonradan aklı bunları reddetse bile, bilinçdışı zihninde bundan bir parça kalır, çünkü bebeklik döneminde oluşan hiçbir şey bütünüyle silinemez. Bir üst bellek tipi olarak düşünebileceğimiz "Mneme," bireyde kendine özgü özellikleri yaratmakla kalmaz, bunları içinde yaşatır da. Ço-

TİNSEL EMBRİYO

cuğun emdiği her şey kişiliğinin nihai bir bileşeni olarak kalır. Aynı şey kolları, bacakları ve organları için de geçerlidir ve böylece her yetişkin, yaşamının erken dönemlerinde onun ayrılmaz parçası olan bir bireysellik kazanır.

Bu nedenle de yetişkinleri değiştirme umudu boştur. "Bu kişi iyi bir terbiye almamış." dediğimizde ya da birisinin hırpani davranışlarından dem vurduğumuzda, onu kolaylıkla incitebilir ya da küçük düşürebilir, kusurlarının bilincine varmasına neden olabiliriz. Yine de bu kusurlar değişmez, çünkü kökleşmişlerdir ve değiştirilemezler.

Aynı şey insanların, deyim yerindeyse farklı tarihsel devirlere uyumu için de geçerlidir, çünkü eski zamanlara ait bir yetişkin günümüz dünyasında yaşayamaz, ama bir çocuk içine girdiği uygarlık düzeyine uyum sağlayabilir. Hangi düzeyde olursa olsun, bu devrin gelenek görenekleriyle uyum içinde yaşayan bir insan yaratır. Bu da insanın birey oluşunda bebeklik döneminin gerçek işlevinin uyumsal olduğunu, çevresindeki dünya üzerinde eylemde bulunma ve bu dünyayı etkileme konusunda özgür kılan bir davranış modeli oluşturmak olduğunu gösteriyor.

İşte, bu nedenle de bugün çocuğu, bir birleşme noktası, tarihin farklı dönemlerini, uygarlığın farklı düzeylerini bir araya getiren bir bağ olarak düşünmemiz gerekiyor. Bebeklik dönemi gerçek anlamda önem taşır, çünkü yeni düşünceler aşılamak, ulusal özelliklere yeni bir dinçlik katmak için bir halkın alışkanlıklarıyla gelenek ve göreneklerini değiştirmek ya da iyileştirmek istediğimizde, araç olarak çocuğu görmemiz gerekir, çünkü yetişkinlerle başarılabilecek şeyler çok kısıtlıdır. Daha iyi şeylere esin kaynağı olmak, belirli bir topluluk içinde uygarlık ışığını yaymak istiyorsak, bu amaca ulaşmak için çocuklara dönmemiz gerekiyor.

Hindistan'daki İngiliz işgalinin sonlarına doğru, bir İngiliz diplomat ailesi iki çocuğunu Hint bir bakıcı kadınla birlikte Hint *hotels de luxe*'de yemek yemeye gönderiyordu. Hint bakıcı burada yere oturuyor ve çocuklara Hindistanlıların yaptığı gibi pilavı elleriyle yemeyi öğretiyordu. Bunun amacı Hindistanlıların bu ulusal alışkanlığının genel olarak Avrupalılarda yarattığı aşağılama ve tiksinme duygusundan özgür büyümelerini sağlamaktı, çünkü insanlar arasındaki çatışmaların ana nedeni gündelik yaşamdaki farklılıklar ve bunların yarattığı düşmanca duygulardır. Yine modern alışkanlıkların yozlaşmış olduğu ve eski alışkanlıkların yeniden canlandırılması gerektiği düşünülüyorsa, bunu yapmanın tek yolu çocuklardan geçer.

Toplumu etkilemek istiyorsak, dikkatimizi çocukluk dönemine çevirmemiz gerekiyor. Bu da ana okullarının önemini gösteriyor, çünkü insanlığı kuranlar çocuklardır ve bunu da ancak onlara verdiğimiz materyallerle yapabilirler.

Eğitimin çocuklar yoluyla yaratabileceği büyük etkinin aracı çevredir, çünkü çocuk çevresini emer, çevresindeki her şeyi alır ve onu kendi bedeninde somutlaştırır. Sonsuz olasılıklarıyla yaratıcısı olduğu insanlığı pekâlâ dönüştürebilir. Çocuk bize büyük bir umut ve yeni bir vizyon getirir. Öğretmenler olarak insanlığa daha derin bir anlayış, daha yüksek bir esenlik ve daha fazla tinsellik getirebilmek için yapabileceğimiz çok şey var.

Bu da çocuğu doğumundan itibaren önemli bir zihinsel yaşama sahip bir varlık olarak görmemiz ve ona bu doğrultuda davranmamız gerektiği anlamına geliyor. Günümüzde yeni doğmuş çocukların zihinsel yaşamı gerçekten de daha fazla ilgi görüyor. Bu konu psikologlar için öyle ilgi çekici bir konuma geldi ki çocuğun bedensel yaşamı bakımından hijyen ve pediyatride zaten olduğu gibi, bu konuda da yeni bir bilim doğacak gibi görünüyor.

Peki, ama yeni doğmuş bir bebeğin zihinsel bir yaşamı varsa, bu zaten orada olduğu, aksi takdirde var olamayacağı anlamına gelmiyor mu? Gerçekten de zihinsel yaşam embriyoda zaten var olmalı ve bu düşünce ilk kez kabul gördüğünde, doğal olarak zihinsel yaşamın embriyonun yaşamındaki hangi noktada başladığı sorusunu da beraberinde getirdi. Bildiğimiz gibi bazı

TİNSEL EMBRİYO

çocuklar gebeliğin dokuzuncu değil, yedinci ayında doğar ve bu bebek bile hayatta kalabilecek durumdadır. Bu da tininin dokuz aylık bir çocuk gibi, işlev sahibi olduğunu gösteriyor. Üzerinde bir süre durmam gereken bu örnek, yaşamın bütünüyle tinsel olduğunu söylerken, ne demek istediğimi gösteriyor. Her canlı türüne, bu canlı ne kadar ilkel olursa olsun, belirli tipte bir psikoloji ile birlikte belirli düzeyde bir tinsel enerji verilmiştir. Tek hücreli canlıları gözlemlersek, onlarda bile farkındalık izlenimleri görebiliriz; tehlikeden uzaklaşırlar, besine doğru giderler vb.

Oysa kısa bir süre öncesine dek bebeğin zihinsel yaşamı yoktur deniyordu ve daha önce fark edilmeyen zihinsel özellikleri bilimsel resme ancak yakın bir geçmişte girebildi.

Bazı gerçekler ortaya çıkmaya başladı ve bunlar yetişkin vicdanına yeni bir ışık veriyor, bize sorumluluklarımızı gösteriyor. Doğum olayı birdenbire insanların imgelemi üzerinde büyük bir etki yarattı ve bunun sonuçlarını yalnızca psikoterapide değil, edebiyatta da görüyoruz.

Bugün psikologlar "zorlu doğum macerası" derken, anneden değil, itiraz etme şansı olmadan acı çekmek zorunda kalan ve ancak ıstırabı ve doğum sancıları sona erdikten sonra ağlayabilen bebekten söz ediyor.

Yaşamakta olduğu çevreden bütünüyle farklı bir çevreye birdenbire uyum sağlamak zorunda bırakılan, daha önce hiç denemediği işlevleri benimsemek zorunda kalan ve bunu da kendini bulduğu inanılmaz bitkinlik sonrasında yapması gereken bebeğin durumu insan yaşamının en zorlu ve en dramatik sınavıdır. "Doğum dehşeti"[20] ifadesini kullanan modern psikologlar çocuğun zihin yaşamındaki bu kritik ve belirleyici anı anlatmak istiyor.

---

20 Bu ifadeyi ilk olarak, Freud'un ilk öğrencilerinden biri olan Otto Rank 1923 yılında "doğum travması" kuramında kullanmıştır. Kuram bütünüyle genel kabul görmediyse de doğum korkusu ya da dehşeti kavramı günümüzde derinlik psikolojisi alanına yerleşmiştir.

Elbette bilinçli bir korkudan söz etmiyoruz, ancak çocuğun zihni konuşabilseydi, bu durumu anlatmak için şuna benzer şeyler söylerdi: "Beni neden bu korkunç dünyanın içine attınız? Ne yapacağım burada? Bu yeni hayatta nasıl yaşayabilirim? Bugüne dek duyduklarım bir fısıltıdan bile zayıftı, şimdi bu korkunç gürültüye nasıl dayanacağım? Annemin benim için yaptığı tüm bu zor işlevleri ben nasıl üstlenebilirim? Yemekleri nasıl sindirebilirim, nasıl soluk alabilirim? Bugüne dek anne karnında ılıman ve değişmeyen bir sıcaklıkta yaşadım hep, şimdi bu müthiş iklim değişikliklerine nasıl dayanacağım?"

Çocuk olup bitenlerin farkında değildir. Doğumun acılarını çektiğini bilemez. Yine de ruhunda, bilinçdışı da olsa bir iz kalmış olmalı; bilinçaltı zihninde hisseder ve bu anlatmaya çalıştığım şeyleri ağlayarak dışarıya vurur.

Bu yüzden de bu alanda çalışanlar dünyaya ilk uyumu sırasında çocuğa yardım etmenin yolları olması gerektiğine inanır. En küçük bebeklerin bile, korku deneyimini yaşayabileceğini unutmayalım. Yaşamın ilk saatlerinde hızlı bir şekilde banyoya daldırıldıklarında sıklıkla düşüyormuş gibi tutunma hareketleri yaptıkları görülür. Bu tipik bir korku tepkisidir. Doğa yeni doğana nasıl yardım eder? Bazı önlemleri olduğu kesin: Örneğin, anneye bebeği bağrına sıkıca bastırma içgüdüsü vermiştir. Bu da onu ışıktan korur. Anne de bir süre için çaresiz bırakılır. Kendi yararına sakinleşir ve çocuğa da bu gerekli sükûneti hissettirir. Her şey anne, sanki çocuğun gördüğü zararı bilinçdışında fark etmiş gibi gerçekleşir. Onu sıkıca tutarak sıcaklığını aktarır ve onu fazla heyecandan korur.

İnsanlarda anneler, bu koruyucu önlemleri hayvanlarda olduğu kadar güçlü bir şekilde uygulamaz. Örneğin, anne kedilerin yavrularını karanlık köşelere sakladığını ve bir yabancı yaklaştığında huzursuzlandığını görürüz. İnsanlarda, annenin koruyucu içgüdüsü bu kadar güçlü değildir ve bu nedenle de daha kolay kaybolur. Çocuk doğduktan kısa bir süre sonra birisi gelir

TİNSEL EMBRİYO

ve onu alır, yıkar, giydirir, gözlerinin rengini görebilmek için ışığa tutar ve ona hep bir canlı gibi değil, cansız bir nesne gibi davranır. Artık yönetim doğada değil, insan aklındadır ve bu da anlayış tarafından aydınlatılmadığı ve çocukların zihin yaşamı olmadığını düşünmeye alıştığımız için temelsiz davranır.

Bu dönemi, daha doğrusu bu kısa doğum anını ayrı düşünmemiz gerektiği açıkça görülüyor.

Genel olarak çocuğun tinsel yaşamını ilgilendirmez. Bu bir epizot, çocuğun dış dünya ile ilk karşılaşmasıdır. Doğa tarihi doğanın memelileri bu dönem için ne kadar akıllıca donattığını gösteriyor. Anne, yavrusunu ışığa çıkarmadan hemen önce, sürünün geri kalanından ayrılır ve doğumdan bir süre sonrasına kadar yavrusuyla birlikte ayrı kalır. Bu durum özellikle at, inek, fil, kurt, geyik ve köpek gibi büyük sürüler hâlinde yaşayan hayvanlarda görülür. Hepsi aynı şeyi yapar. Bu ayrılık döneminde küçük yavrular çevreye uyum sağlamaya zaman bulur. Onları sevgiyle sarmalayan, gözeten ve koruyan anneleriyle yalnız kalırlar. Bu aşamada yavru hayvan aşama aşama türünün diğer örnekleri gibi davranmaya başlar. Bu kısa ayrılık döneminde yavru çevresel uyarıcılara sürekli tepki verir ve bu tepkiler türüne uygun genel bir davranış planını izler. Böylece anne yeniden diğerlerinin arasına döndüğünde, yavru bir parçası olacağı topluluğa katılmaya hazırdır, yalnızca fiziksel olarak değil, aynı zamanda psikolojik anlamda; artık küçük bir at, küçük bir kurt, küçük bir buzağı vb. gibi davranmaktadır.

Evcilleştirilmiş memelilerin bile, bu bakımdan eski içgüdülerini koruduğunu ekleyebiliriz. Evlerimizdeki köpeklerle kedilerin yavrularını bedenleriyle sakladığını görürüz. Bunu yaparak yaban hayatının içgüdülerini sürdürürler ve yavruyla anneyi bir arada tutan yakınlık da böylece korunmuş olur. Süt emen yavru annenin bedeninden ayrılmıştır, ama hâlâ onunla birdir diyebiliriz. Yaşamın ilk biçiminin yerini ikincisine bırakması için bundan daha pratik bir yardım olamazdı.

İşte, bu nedenle bugün bu yaşamsal aşamayı şöyle yorumlamamız gerekiyor: Hayvanda ırk içgüdüleri yaşamının ilk günlerinde uyanır.

Bu, zorlu koşulların duruma uygun ve bu durum tarafından sınırlandırılmış içgüdüsel tepkileri uyandırmasından ve uyarmasından ibaret değildir; gördüğümüz davranışlar bizzat yaratma planının bir parçasını oluşturur.

Hayvanlarda olduğuna göre, buna benzer bir şeyi insanlar da yaşıyor olmalı. Burada yalnızca zorlu bir an değil, bir bütün olarak gelecek açısından *belirleyici* bir an söz konusu. Yaşanan şey potansiyel güçlerin bir anlamda uyanışıdır. Bunların görevi, çocuğun bu "tinsel embriyonun" yerine getireceği devasa yaratma işini yönlendirmektir. Doğa tinin gelişimindeki her önemli değişimi fiziksel bir işaretle belirginleştirdiği için de çocuğu anneye bağlayan göbek bağının doğumdan birkaç gün sonra düştüğünü görürüz. Bu ilk aşama son derece önemlidir, çünkü bu ilk aşamada gizemli güçler hazırlık hâlindedir.

İşte, bu nedenle de yalnızca doğum *travmasını* değil, aynı zamanda bunu zorunlu olarak izlemesi gereken etkinlikleri başlatma olasılığını da unutmamamız gerekiyor, çünkü çocukta hayvanlarda olduğu gibi, önceden oluşturulmuş kesin davranış biçimleri olmasa da davranışı yaratma gücüne sahip olması gerekir. Atalarından onu yönlendirecek anılar almaz, ama yine de *biçimlenmemiş belirsiz dürtüler* yaşar ve bunlar potansiyel bir enerjiyle yüklüdür. Bunların görevi çevresindeki insan davranışları biçimini yönlendirmek ve onun bedeninde somutlaştırmaktır. Bu biçimlenmemiş dürtülere "bulutsu"[21] diyoruz. Bir hayvan doğduğunda kalıtımla donatılmıştır; doğru davranış tipleri, gerekli denetim, uygun besinleri seçmesi, türüne uygun savunma biçimleri doğasından gelir.

---

[21] (Nebula) "Bulutsunun" uyanışı hayvanlarda "davranış içgüdülerinin" uyanışına karşılık gelir ve zihinsel hijyenin en önemli olduğu yaşamın ilk günlerinde gerçekleşir, bkz. Dr. Maria Montessori, *The Formation of Man: Nebulae and World Illiteracy*, T.PY., Adyor, Madras, 1955.

TİNSEL EMBRİYO

İnsansa tüm bunlara toplumsal yaşamının genel aşamalı gelişimi sırasında hazırlanmak zorundadır ve dolayısıyla, çocuğun doğumdan sonra toplumsal grubunun tüm bu uygulamalarını kendine katması gerekir. Bunlara sahip olarak doğmaz, bunları dışarıdan emmesi gerekir. Bebeklik döneminin yaşamsal görevi, hayvan embriyosunda var olan kalıtımsal "davranış örüntülerinin" yerini alan bu uyum çalışmasıdır.

Şimdi, yerine getirdiği bu özel işlevi göz önüne alarak çocuğun insan yaşamının "genel işleyişi" olarak gelişimini inceleyebiliriz. Bu çok ilginçtir.

Fiziksel açıdan bile tamamlanmış olmaktan çok uzak olan bu bebeğin dönüşeceği gelişmiş insanı kendi başına kurması gerekir. Yeni doğan hayvanlardaki dünyayla bağ kurmalarının ilk aşamasında var olan "içgüdülerin uyanışı" onda yoktur. Doğmuş olmasına karşın embriyo hayatı yaşamaya devam eder ve buradan "insan içgüdüleri kümesi" diyebileceğimiz şeyi kurar.

Onun adına önceden belirlenmiş hiçbir şey olmadığı için, bir insanın zihinsel yaşamını ve bunun ifade aracı olan bütün motor işleyişleri kendi başına sağlaması gerekir.

Kendi başını bile dik tutmaktan aciz, atıl bir varlıktır, ama kısa sürede, İsa'nın dirilttiği çocuk gibi davranmaya başlayacaktır. Hikâyeye göre çocuk önce oturur, sonra ayağa kalkar, sonra da İsa onu "annesine geri verir." Hareketsiz bebek de aynı şekilde yeryüzündeki etkinlik yaşamında en sonunda "insanlığa geri verilecektir."

Çocuğun kas durağanlığı Coghill'in keşfini hatırlatıyor; organlar sinir merkezleri oluştuktan *sonra*, yapacakları işe hazır olarak oluşur. Ayrıca çocukta, o hareket etmeye başlamadan *önce* başlaması gereken tinsel davranış örüntüleri bulunur. Dolayısıyla, bebeklerde devinimin başlangıç noktası motor değil, zihinseldir.

İnsan gelişiminin en önemli yanı zihinsel olandır, çünkü insanın hareketleri zihin yaşamının rehberliğinde ve yönetiminde düzenlenir. Zekâ insanı diğer hayvanlardan ayırır ve insanın ilk önce zekâsı oluşur. Diğer her şey önce onun oluşmasını bekler.

Çocuk doğduğunda organları tamamlanmış değildir; iskeleti henüz kemikleşmemiştir; motor sinirleri henüz onları birbirinden ayıran ve beynin komutlarını aktarmaya yarayan miyelinle kaplanmamıştır. Bu nedenle de bedeni, âdeta kabataslağı verilmiş bir beden tasarımı gibi atıldır.

Demek ki insanda ilk önce zekâ gelişirken, gelişimin geri kalanı biçimini ve hareket tarzını bütünüyle zihinden alır.

Bu da ilk yılın önemini ve insanın karakteristik özelliği olarak gelişimde zekânın önceliğini en iyi gösteren şeydir.

Çocuğun gelişimi birçok parçadan oluşur ve bunların hepsi belirli bir düzeni izler, çünkü hepsi ortak bir yasaya uyar. Doğum sonrası embriyo gelişimi üzerine ayrıntılı bir çalışma, kafatası gelişiminin ne zaman tamamlandığını, kıkırdaklı parçaların birleşmesi ile bıngıldağın aşama aşama kapanışını ve frontal eklem yerleri gibi belirli bazı eklem yerlerinin ne zaman ortadan kalktığını ve daha sonra da bütün bedendeki görece oranların nasıl değiştiğini, kolla bacaklarda ve diğer dış organlarda son kemikleşmenin nasıl gerçekleştiğini gösterir. Omur sinirlerinin ne zaman miyelinleştiğini, doğumda çok küçük olan denge organı olan beyinciğin ani ve hızlı bir şekilde gelişip beyin yarım kürelerine oranla normal büyüklüğüne ne zaman eriştiğini de biliyoruz. Son olarak, iç salgı bezlerinin ve sindirimde rol oynayan salgı bezlerinin nasıl değiştiğini de biliyoruz.

Fiziksel gelişimde birbirini izleyen ve sinir sisteminin fizyolojisindeki değişikliklere karşılık gelen ve bunlarla yan yana ilerleyen "olgunluk" düzeylerini gösteren bu olgular bir süredir iyi biliniyor. İşte, bu nedenle de örneğin, sinirler ve beyincik ya da art beyin (serebellum) doğru olgunluk düzeyine erişmeden, çocuğun dengesini koruması ve dolayısıyla da oturabilmesi ya da ayakta durabilmesi mümkün olmuyor.

TİNSEL EMBRİYO

Hiçbir zaman ne eğitim ne de egzersiz bu olasılığa başka sınırlar çizebilir. Olgunlaşan motor organlar kendilerini azar azar zihnin komutlarına sunar ve bu da onları çevrede deneyim kazanmalarını sağlayacak şekilde belirsiz hareketler sergilemeye yönlendirebilir.

Bu deneyimler ve bu alıştırmalar sayesinde çocuğun hareketleri eş güdüm kazanır ve en sonunda çocuk bunları amaçları doğrultusunda kullanabilmeye başlar.

İnsan, hayvanların tersine hâlihazırda eş güdümlü devinimle doğmaz. Kendi hareketlerini şekillendirmesi ve bir eş güdüm kurması gerekir. Önceden belirlenmiş bir hedefi de yoktur ve bunu da kendi başına bulmak zorundadır. Doğar doğmaz türlerine uygun şekilde yürüyebilen, koşabilen ve sıçrayabilen diğer çoğu memeli yavrusundan ne kadar da farklıdır. Bu canlılar en zorlu manevraları yapmaya, örneğin, kalıtım, tırmanmalarını gerektiriyorsa tırmanmaya, engellerin üzerinden sıçramaya ya da hızlı bir şekilde uçmaya neredeyse hemen başlarlar.

İnsansa dünyaya yetenekleriyle birlikte gelmez, ancak hareketleri öğrenme yetisi eşsizdir. Beceri gerektirenler söz konusu olduğunda, hayal edilebilecek en çeşitli hareketleri bir zanaatkârın, akrobatın, dansçının, müzisyenin ya da birçok spor alanındaki şampiyonların hareketlerini edinir.

Oysa bunların hiçbiri sadece hareket organlarının olgunlaşmasından ibaret değildir. Her zaman için eylemde, uygulamada deneyim kazanma, diğer bir deyişle eğitim söz konusudur. Her insan kendi becerilerinin yazarıdır, bununla birlikte herkes aynı fiziksel yapıyla yola çıkar. İnsan kendi kusursuzluğunu yaratır.

Çocuklara dönersek, yapılarındaki çeşitli bölümleri birbirinden ayırmak önemli.

Yönümüzü şaşırmamak için öncelikle çocuklar bedenleri onlara hareketin fiziksel temelini verdiğinde, hareket edebilmelerine ve bunun yeterli olgunluk düzeyine ulaşılmasından kaynaklanmasına karşın, çocukların zihinsel durumları buna bağlı değildir. Gördüğümüz gibi insanın önce zihinsel yanı gelişir. Organlar bu gelişimin gerçekleşmesi için ne kadar gerekiyorsa bekler ve daha sonra da zihin onlardan yararlanmaya başlar. Öte yandan, organlar eyleme başladığında, yeni zihinsel gelişmeler de gerçekleşmeye başlar, ancak hep çevresel deneyimler sırasında yapılan hareketlerin yardımıyla. Bu nedenle de çocuğun devinim gücünü hazır olduğu anda kullanmaya başlaması engellenirse, zihinsel gelişimi de sekteye uğrar. Zihinsel gelişim sınırsız olsa da büyük oranda hareket araçlarının kullanılabilmesine, bu sayede kendi güçsüzlüğünün bağlarını aşabilmesine dayanır. Öte yandan, bu sırada kendi başına da gelişmektedir.

Zihin gelişimi tek bir gizeme, gelecekteki yazgısının görünmeyen sırrına bağlıdır. Her birey meyvesini toplayacağı farklı güçlere sahiptir ve bunları çocuk henüz psikoembriyo evresindeyken incelemek mümkün olmaz.

Bu dönemde yalnızca dünyadaki bütün bebeklerin şaşırtıcı tek biçimliliğini gözlemleyebiliriz. "Doğum sonrasında bütün çocuklar birbirine benzer, aynı şekilde ve aynı yasalar doğrultusunda kendilerini açarlar" da diyebiliriz. Embriyo aşamasındaki bedenlerinde olduğu gibi, zihinlerinde de bir şeyler olur. Bu noktada hücrelerin bölünmesi hep aynı aşamalardan geçer ve bu öyle doğrudur ki bir embriyo ile diğeri arasındaki farkı söylemek güçtür. Yine de hücreler çoğaldıkça kertenkele, kuş ya da tavşan gibi birbirinden çok farklı canlılar üretir. Bunların hepsi başlangıçta aynı şekilde oluşur, ancak neden sonra en bariz farklılıklar ortaya çıkar.

Demek ki sonradan dâhi bir sanatçı, bir toplum lideri, aziz ya da oldukça sıradan biri olacak kişi "tinsel embriyo" ile birlikte ortaya çıkmaktadır. Sıradan insanlar da farklı zevkleri nedeniyle toplum içinde farklı konumlara dağılabilir. Etkinlikleri kalıtımları ile sınırlı olan daha alt düzey canlılar gibi "aynı şeyi yapmak," "aynı şekilde davranmak" gibi bir yazgıları olmadığı çok açıktır.

TİNSEL EMBRİYO

Öte yandan, bu sonraki gelişim, bu farklı yazgılar asla öngörülemez ve insanın meydana geldiği doğum sonrası oluşturucu embriyo dönemi sırasında hesaba katılamaz.

Bu dönemde yapabileceğimiz tek şey yaşamın kendini açmasına yardım etmektir ve bu herkeste aynı şekilde gerçekleşir. Herkes bir ilk uyum dönemi yaşar; herkesin yaşam macerası zihinsel yanıyla birlikte başlar. Bu döneme insan yaşamının gerekleri doğrultusunda ne kadar yardım edilirse, herkes bundan, daha sonra kendi bireysel kapasitesini geliştirebilmesi bakımından o kadar çok yararlanır.

İşte, bu nedenle küçük bebeği eğitmenin tek bir yolu, ona karşı sergilenebilecek tek bir davranış şekli vardır. Eğitim doğumla birlikte başlıyorsa, bu dönemde yalnızca tek bir eğitim tipi olabilir. Hintli bebeklere, Çinli bebeklere ya da Avrupalı bebeklere yönelik farklı işlemlerden söz etmek anlamsızdır; farklı toplumsal sınıflardan gelen bebekler için de öyle. Tek bir yöntemden söz edebiliriz, o da insanın kendini doğal olarak açmasına uygun olan yöntemdir. Bütün bebeklerin psikolojik gereksinimleri aynıdır ve insanı oluştururken hepsi aynı olaylar dizisinden geçer. Hepimiz gelişimin aynı evrelerinden geçeriz.

Bu, kanaatlere bağlı bir şey olmadığı için de bir filozof, düşünür ya da laboratuvar araştırmacısının öneriler getirmesi, şu ya da bu davranışı salık vermesi mümkün değildir.

Ancak insanın gelişim sürecindeki gereksinimlerini belirli yasalar doğrultusunda belirlemiş olan doğa, izlenmesi gereken eğitim yöntemini söyleyebilir, çünkü bunlar onun amacına, yaşamın gereksinim ve yasalarını karşılamaya yönelik oluşturulmuştur.

Çocuk bu yasa ve bu gereksinimleri kendiliğinden belirtilerle ve kaydettiği ilerlemelerle gösterecektir. Sakinliği ve mutluluğu, çabalarının yoğunluğu ve özgürce seçtiği tepkilerinin sürekliliği bunlara tanıklık eder.

Bizim tek görevimiz ondan orada bir şeyler öğrenmek ve ona olabildiğince iyi hizmet etmektir.

Medikal psikoloji bugünlerde kısa, ama belirleyici bir dönemi, doğum anını, bunu izleyen gelişim döneminden ayırıyor. Getirdiği yorumlar şimdilik yalnızca Freudcu görüşe dayansa da ortaya koyduğu veriler gerçek ve kayda değer bir ayrımı gösteriyor. Bu da doğrudan doğum travmasıyla ilgili olan "gerileme belirtileri" ile bunu izleyen gelişim döneminde ortaya çıkabilecek "bastırma belirtileri" arasındaki ayrımdır. Gerileme, bastırma ile aynı şey değildir ve yeni doğan çocukta bilinçdışı verilen bir kararı gösterir: Gelişim yolunda ilerlemek yerine geriye doğru gitme kararı.

Bugün görüyoruz ki "doğum travması" çocuğun ağlamaları ve protestolarından çok daha kötü bir şeye yol açmakta, çocuğun normal olmayan bir şekilde gelişmesine neden olmaktadır. Bunun sonucu da tinsel bir değişim, daha doğrusu tinsel güçlerde bir sapmadır. Çocuğun gelişimi bizim normal olarak adlandırdığımız yolda gitmez, talihsiz bir yöne sapar.

Doğum şokuna olumsuz tepki verenler ilerleme kaydetmek yerine, doğumdan önceki duruma bağlı kalmış izlenimi verir. Gerileme çeşitli belirtiler gösterir, ancak hepsinin ortak yanı çocuğun bu anı değerlendirip şöyle demiş gibi görünmesidir: "Geldiğim yere döneceğim." Küçük bebeğin uzun saatler uyuması normal görülür, ancak çok uzun bir uyku yeni doğmuş bir bebek için bile normal değildir ve Freud bunu çocuğun çekildiği bir çeşit sığınak, yaşama ve dünyaya karşı duyduğu olumsuz tepkinin bir ifadesi olarak görür.

Bunun yanı sıra bilinçaltı âlemi uykuda ortaya çıkmaz mı? Derin tasalar yaşadığımızda uykuya döneriz, çünkü uykuda gerçekler değil, düşler vardır; uykudaki yaşamda mücadele etmeye gerek yoktur. Uyku bir sığınak, dünyadan çekilmedir. Bedenin uyku sırasındaki duruşunu da belirtmek gerek. Yeni doğan bir bebek için doğal duruş ellerini yüzünün yakınında tutması ve bacaklarını kendine doğru çekmesidir. Öte yandan, bazı örneklerde bu duruş büyüklerde de görülür ve ana rahmindeki duruşa bir dönüş olarak düşünülebilir. Gerilemenin diğer bir belirtisi de çocuğun uyanır uyanmaz ağlama nöbetine girmesidir. Korkmuş gibidir, sanki bu nahoş dünyaya geldiği korkunç anı bir kez daha yaşamaktadır. Küçük çocuklar sık sık kâbus görür ve bu da yaşama karşı duydukları hoşnutsuzluğu oldukça artırır.

Gerileme yaşamın ilerleyen dönemlerinde yalnız kalmaktan korkuyormuş gibi, başkalarına takılıp kalma şeklinde kendini gösterebilir. Bu bağlılık duygusallığın değil, korkunun bir işaretidir. Çocuk ürkektir ve hep birilerine, tercihen de anneye yakın olmak ister. Dışarı çıkmayı sevmez, evini ve dünyadan ayrı kalmayı yeğler. Dünyada onu mutlu etmesi gereken ne varsa, onda telaş yaratır ve yeni deneylere girişme düşüncesine karşı isteksizdir.

Büyüyen bir canlı için çekici olması gereken çevresi ona itici gelir ve çocuk gelişmek için gerek duyduğu çevresine karşı bebekliğin erken dönemlerinden beri bir iticilik hissediyorsa, bu onun normal bir şekilde büyümesini kaçınılmaz olarak engelleyecek demektir. Bu çocuk çevresini keşfetmek, dünyasını kendi parçası hâline getirecek bir şekilde emmek istemez. Emme işi ona hep zor gelecek ve asla tam olmayacaktır. "İnsan acı çekmek için doğar." deyişinin canlı ifadesi olduğu bile söylenebilir. Her şey yorar onu. Âdeta nefes almak için bile çaba harcaması gerekir ve yaptığı her şey eğilimlerin aksinedir. Bu tipteki insanlar dinlenmeye ve uyumaya diğerlerinden daha fazla gereksinim duyar. Sindirimleri genellikle zayıftır. Bu tip çocukları nasıl bir geleceğin beklediğini tahmin etmek zor değildir, çünkü bu belirtiler geçici değildir; yaşam boyu onlara eşlik eder. Bu tipteki çocuklar hemen ağlayıverir, kendilerine yardım edilmesi için sürekli yaygara koparırlar, tembel, üzgün ve depresif görünürler. Büyüdüklerinde dünyaya karşı yine hoşnutsuz olurlar, yabancılarla tanışmaktan çekinirler, temel olarak ürkektirler. Bu insanlar varoluş mücadelesi bakımından aşağıdır. Toplumsal yaşamda neşe, cesaret ve mutluluğa muhtaç olurlar.

Bu da psikolojik bilinçdışının korkunç intikamıdır. Bilinçli belleğimiz unutur, ancak bilinçdışı hiçbir şey hissetmiyor ve hatırlamıyor gibi görünse de daha kötü bir şey yapar, çünkü bu düzeydeki izlenimler "*mneme*"ye aktarılır. Bizzat kişiliğe kazınır.

İnsanın karşı karşıya olduğu büyük tehlike budur. Normal oluşumu bakımından korunmayan çocuğun oluşturacağı yetişkin daha sonra toplumdan intikam alacaktır. Körlüğümüz yetişkinler arasında olduğu gibi isyana neden olmaz, ama olması gerekenden daha zayıf insanlar yaratır.

Bireyin yaşamında engeller hâline gelen iç değişiklikler ve dünyanın ilerlemesine ket vuran kişilikler yaratır.

Yukarıda anlattıklarım bugün zihin uzmanlarının insanın tinsel yaşamı açısından doğum anına atfettiği önemi vurguluyor, ancak bu noktaya kadar yalnızca gerilemenin tehlikesini ortaya koyan önceki gözlemlere değindik. Bunlarla birlikte şimdi tüm memelilerin yavruları için aldığı koruyucu önlemlere bakmak gerekiyor. Doğabilimciler doğumdan sonraki ilk günlerde son derece ayrıntılı ve karakteristik olan anne ilgisinin yeni doğanda türünün genel içgüdülerinin uyanmasıyla yakından bağlantılı olduğu sonucuna varmıştır. Buradan yola çıkarak küçük çocuğun psikolojini daha derinden anlamaya yönelik yararlı katkılarda bulunabiliriz.

Hem çocuğun dünyasına uyum sağlamasına gereken önemi vermemizin hem de anne kadar, çocuğa da özel bir muamele gösterilmesi gerektiğini işaret eden doğum şokunu göz önüne almamızın ne kadar gerekli olduğunu görüyoruz. Anne ve çocuk farklı risklerle karşı karşıyadır, ancak ikisi de büyük zorluklar yaşar. Çocukta bedensel yaşam açısından riskler çok büyük olsa bile, zihinsel yaşam açısından olduğu kadar ciddi değildir. Gerileme belirtilerinin tek nedeni doğum travması olsaydı, bu belirtiler bütün çocuklarda görülürdü. İşte, bu yüzden hem insanlara hem hayvanlara dayanan daha kapsayıcı bir hipotezi izliyoruz. Yaşamın ilk günlerinde son derece önemli bir şeyin

TİNSEL EMBRİYO

yaşandığı çok açık. Yukarıda da değindiğimiz gibi, memelilerde kalıtımsal davranışa karşılık gelen bir şey çocukta da olmalı, çünkü çocuğun izleyeceği kalıtımsal modeller olmasa bile, gelişimini ortaya çıkarabilecek "potansiyelleri" vardır ve bunu da dış dünyayı kullanarak yaparlar.

Buradan yola çıkarak çocuğa çevresini emmesinde yol gösteren yaratıcı enerjileri, göksel cisimlerin kökenindeki yıldızlı "bulutsulara" benzeterek "bulutsu" kavramını oluşturduk. Göksel bulutsulardaki parçacıklar birbirlerinden o kadar uzaktır ki bulutsularda gerçek anlamda bir tutarlılık yoktur, ama yine de büyük uzaklıklardan bir yıldız topluluğu gibi görülebilen biçimi oluştururlar. Tıpkı bu bulutsu gibi, zamanla daha olumlu bir şeye dönüşür ve bu nedenle de kalıtımsal olmayan, ancak kalıtımsal *olan* bir içgüdü tarafından üretilen bir şeyin yavaş yavaş ortaya çıktığını düşünebiliyoruz. Örneğin, çocuk kendi içinde ana dilini oluştururken, dille ilgili bulutsudan uygun uyarıcıları ve rehberliği alır. Dil doğuştan gelmemiş, onu çevresinde bulmuş ve değişmez yasalar doğrultusunda emici zihni yoluyla almıştır. Dilin bulutsu enerjisi sayesinde çocuk konuşulan dildeki sesleri, bu seslerle birlikte ona ulaşan diğer ses ve gürültülerden ayırt edebilir. Bu sayede de duyduğu dili âdeta ırksal bir özelliğiymiş gibi kendi bedeninde somutlaştırabilir. Aynı şekilde onu dünyanın yaşadığı bölümüne ait kılan toplumsal özellikleri ve görenekleri de alır.

Bu bulutsu, çocuğun geliştireceği özel dil tipini içinde taşımaz, ama çocuk doğumdan sonra çevresinde bulduğu her dili buradan oluşturulabilir ve bunların hepsi aynı zaman diliminde, aynı işlemlerden geçerek ve dünyanın bütün ülkelerindeki çocuklarda gelişir.

Burada insanlarla hayvanlar arasında temel bir fark olduğunu görüyoruz. Yeni doğmuş hayvanlar kalıtımının bir parçası olarak modelini taşıdığı ırkına özgü sesleri neredeyse hemen çıkarırken, çocuk oldukça uzun bir süre sessiz kalır ve bu süreden sonra çevresinde konuşulan dili konuşmaya başlar. Bu yüzden de İtalyanlar arasında büyüyen Hollandalı bir çocuk, soy ağacında ne kadar çok Hollandalı olursa olsun, İtalyanca konuşur.

Demek ki çocuğun dilin önceden oluşturulmuş bir modelini kalıtımsal olarak almadığı, ancak bilinçdışı bir emme etkinliğiyle bir dil oluşturma gücünün kalıtımsal olarak geldiği açıkça görülüyor. Gelişen dokuları tam ve karmaşık bir organ oluşturacak şekilde denetleyen tohum hücresindeki *genlere* benzetilebilecek bu potansiyeli "dil bulutsusu" olarak adlandırdık.

Aynı şekilde çevreye uyum sağlama gücüyle ve doğumdan sonra çevredeki toplumsal davranışların çocukta da görülmesiyle ilgili bulutsu, ulusunun mevcut uygarlık düzeyine ulaşırken geçtiği önceki davranış modellerini kalıtım yoluyla üretmez, çocuğa doğumdan sonra çevresinde bulunan belirli modelleri emme gücü verir. Bu diğer tüm zihinsel kazanımlar için de aynı şekilde geçerlidir. Carrel'in[22] sözleri doğruyu yansıtıyor: "Bir bilim insanının oğluna, babasının bilgileri kalıtım yoluyla geçmez. Issız bir adaya bırakılsa, Cro-Magnon atalarımızdan daha ileri olmayacaktır."

Burada durup bir noktayı açıklayayım: Bulutsulardan söz ederken okuyucu her biri ayrıca var olan çeşitli içgüdüsel güçleri anlatmak istediğimizi düşünebilir ve bunun zihnin temel birliğini belirsizleştiği konusunda itiraz edebilir. Bulutsu benzetmesini yalnızca anlatım aracı olarak kullanıyoruz ve aklımızda atomcu bir zihin kavramı yok. Bizim düşüncemize göre zihinsel organizma, yapısını çevresinden edindiği etkin deneyimle dönüştüren dinamik bir bütündür; bulutsular ona yardımcı olan bir enerjinin (*horme*)[23] farklılaşmış ve uzmanlaşmış biçimleri ya da aşamalarıdır.

---

22 Dr. Alexis Carrel, *L'Homme cet Inconnu*, Paris, 1947.
23 Yunanca heyecanlandırmak, heyecan uyandırmak anlamına gelen *horme* bir gücü ya da yaşamsal bir uyarıcıyı anlatmak için kullanılıyor; *bkz.* 8. Bölüm'ün başındaki dipnot.

TİNSEL EMBRİYO

Dil bulutsusunun işlevini yerine getirmediğini ya da bilinmeyen bir nedenle açığa çıkmadığını düşünelim. Bu durumda dil gelişmeyecektir. Sıradışı bir durum olmayan bu anormallik konuşma ve işitme organlarının yanı sıra, beyinleri de son derece normal olan çocuklarda bir çeşit dilsizliğe neden olur. Bu tip çeşitli vakalarla karşılaştım ve kulak ve sinir uzmanları, sanki doğal bir bilmeceyle karşılaşmış gibi şaşkına döndüklerini itiraf ediyordu. Bu vakaları incelemek ve bu talihsizlerin yaşamlarının ilk günlerinde neler olduğunu incelemek ilginç olurdu.

Bu düşünceler diğer alanlarda, örneğin, topluma uyum konusunda hâlâ çözülemeyen birçok duruma da açıklık getirecektir. Uygulamalı bilim açısından, doğum travmasının varsayılan sonuçlarına oranla daha değerli bile olabilir. Birçok gerileme eğiliminin, çocuğu toplumsal uyum sağlamada yönlendiren yaşamsal dürtünün olmamasından kaynaklandığını düşünüyorum. Bu örneklerde tam duyarlılıktan yoksun olan çocuk, çevresindeki hiçbir şeyi ememez ya da emiciliği kusursuz değildir. Çevresini çekici değil, itici bulduğu için de çevresi üzerindeki bir dizi keşif sayesinde, bağımsızlığını kazanacağı "çevreye yönelik sevgi" olarak adlandırılan şey onda gelişmez.

O zaman da elbette ırk tipinin, gelenek ve göreneklerin, din vb.'nin karakteristik özellikleri normal bir şekilde emilmez ve bunun sonucu da tam anlamıyla ahlaksal bir anormallik, yerini bulamamış bir kişilik, yukarıda söz ettiğimiz gerileme belirtilerinin birçoğunu sergileyen dışlanmış bir insan olur. İnsan kalıtımsal davranış modellerine değil, *yaratıcı duyarlılıklara* sahiptir ve çevresine uyum sağlaması bunun sayesinde gerçekleşiyorsa, bireyin bütün tinsel yaşamı bunların ilk yıllarda attığı temel üzerinde yükseliyor demektir. Şimdi kendimize şu soruyu sormamız gerekiyor: Bu yaratıcı duyarlılıkların uyanmasını geciktiren ya da engelleyen nedenleri söyleyebilir miyiz? Bu sorunun yanıtı henüz bulunamadı ve herkesin yanıtı, bu talihsizlerin yaşamlarında araması gerekiyor. Bilim bu durum karşısında yanıtsız kaldığını kabul ediyor ve bilmecelerle konuşuyor.

Şu ana dek bir araştırma çizgisi akla getiren tek bir vakayla karşılaştım. Disiplin kuramayan ve kendini çalışmaya veremeyen genç bir adamdı bu: Zor bir çocuktu ve kötü karakteri onu inatçı bir kişi yapmış, yalnızlığa mahkûm etmişti. Dış görünüşü iyi ve sağlıklıydı. Akıllıydı da. Öte yandan, yaşamının ilk on beş gününde şiddetli bir beslenme yetersizliği yaşamıştı ve bu onda öyle büyük bir kilo kaybına yol açmıştı ki âdeta iskelete dönmüştü, özellikle de yüz çevresinde. Emzirmesi için gönderilen sütanne tiksindirici bulduğu çocuğa "sıska" diye sesleniyordu. İlk iki haftanın ardından yaşamının geri kalan bölümünde normal bir gelişim göstermişti. Ayrıca güçlü bir çocuktu (yoksa ölürdü), ama yaşı ilerledikçe suç onun kaderi olmuştu.

Artık doğrulanmayı bekleyen hipotezler üzerinde durmayalım. Çok önemli bir gerçek var. Duyarlılık bulutsuları yeni doğan bebeğin gelişimini, tıpkı döllenmiş yumurtayı bedeni oluşturmaya koşullayan *genler* gibi yönlendirir. Öyleyse, yeni doğan çocuğa üst düzeydeki hayvanların doğumdan sonraki kısa dönemde, türünün tinsel özellikleri uyanırken, yavrularına gösterdiği özel bakımı gösterelim. Bunu söylerken yalnızca yaşamın ilk yılındaki ya da ilk aylarındaki çocuk bakımını kastetmiyoruz ve bunu kesinlikle yalnızca beden sağlığı ile sınırlandırmıyoruz. Bizim amacımız akıllı anneler ve genel olarak ev için özel bir öneme sahip bir ilke ortaya koymak: Doğumda ve doğumu izleyen ilk birkaç gün içinde çocuğun bakımı ile ilgili özel, kesin ve eksiksiz kurallar belirlenmeli.

8

ÇOCUĞUN BAĞIMSIZLIĞI FETHİ

Çocuk, gerileme eğilimleri olmadığı sürece, doğası gereği doğrudan ve enerjik bir şekilde işlevsel bağımsızlığı hedefler. Gelişim daha da fazla bağımsızlığa doğru bir dürtü şeklini alır. Düz bir çizgide, hızlı ve kesin bir şekilde ilerleyen yaydan çıkmış bir oku andırır. Özgürlüğünü daha yaşama ilk adım attığında fethetmeye başlar. Gelişimi boyunca kendini kusursuzlaştırır ve önüne çıkan bütün engelleri aşar. İçindeki yaşam gücü etkindir ve bu da onun hedefine yönelik çabalarını yönlendirir. Sir Percy Nunn bu gücü *"horme"*[24] olarak adlandırır.

Çocuğun bağımsızlık kazanımları "doğal gelişimi" olarak adlandırdığımız şeyin ilk temel adımlarıdır. Diğer bir deyişle yeterince dikkatli bir şekilde gözlemlersek, doğal gelişimin aşama aşama bağımsızlık kazanılması olarak tanımlanabileceğini görürüz. Bu yalnızca zihinsel değil, fiziksel alan için de geçerlidir,

---

[24] Bergson'un *élan vital* ya da Freud'un *libido* kavramını andıran bu terim ilk olarak, Nunn tarafından ortaya atılmış, daha sonra Wm. McDougall tarafından da benimsenmiştir; bkz. yazarın *An Outline of Psychology*, Londra, 1948 (1. bs. 1923) s. 71 ve bunu izleyen sayfalar.

çünkü beden de gelişme eğilimi sergiler ve itkileri, dürtüleri o kadar güçlüdür ki onları ancak ölüm durdurabilir.

O zaman bu yolu ve aşamalarını inceleyelim. Çocuk doğumda kodesinden, ana rahminden çıkar ve bu da onu annesinin bedensel süreçlerinden bağımsız kılar. Daha sonra bebek dış dünyayla yüzleşme ve onu emme dürtüsüne kavuşur. "Dünyayı fethetme psikolojisi" ile doğduğunu söyleyebiliriz. Çevresinde bulduklarını emerek kendi kişiliğini oluşturur.

Bu da dünyadaki ilk döneminin işaretidir. Çocuğun çevresini fethetmeye yönelik bir itki hissetmesi, bunun onu en çok çeken şey olması gerektiği anlamına gelir. Yani (bu sözcükler anlamı pek vermese de) çocuğun dünyaya "âşık" olduğunu söyleyebiliriz. Bunu Katz'ın[25] deyişiyle, "Dünya çocuğa duygusal uyarıcılar açısından zengin yönünü sunar." şeklinde de anlatabiliriz.

Çocuğun işlev kazanmaya başlayan ilk organları duyu organlarıdır. Peki, ama bunlar içeri alma organlarından başka nedir ki? Duyu organları izlenimleri yakalamamızı ve çocuğun bunları "kendi bedeninde somutlaştırmasını," kişiliğinin bir parçası hâline getirmesini sağlayan araçlardır.

Çevremize bakınca ne görüyoruz? Görünürde olan her şeyi görürüz. Dinlediğimizde neler işitiyoruz? İşitme uzaklığında olan her şeyi işitiriz. Yani öyle görünüyor ki dayanabileceğimiz alan son derece geniş, neredeyse evrenseldir ve doğanın işleyişi böyledir. Önce şu sesi, sonra diğer sesi ya da çeşitli gürültüleri sırasıyla özümlemeyiz. Hepsini bir kerede, tam bir bütün olarak emmeye başlarız. Bir şeyle diğeri, bir gürültüyle bir nota ya da bir notayla diğer bir nota arasındaki ayrım, sanki bunlar küresel bir birikimden evriliyormuş gibi sonradan gelir. Tüm bunlar Gestalt psikolojisine ne kadar da uygun!

Normal bir çocuğun tinsel resmi, işte, budur. Önce dünyayı bir bütün olarak alır, sonra da çözümler.

---

[25] Prof. D. Katz, *The Psychology of Form* (İt. bs., Einaudi, 1950, s. 188).

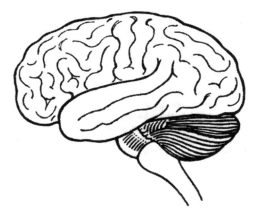

Şekil 6. Beynin tabanındaki beyincik (serebellum).

Çocuk tam altı aylık olduğunda, beyincik büyük bir hızla gelişmeye başlar. Bu hızlı büyüme on dört ya da on beşinci aya dek sürer ve bundan sonra hızı azalsa da çocuk dört buçuk yaşına basana dek büyümeyi sürdürür. Ayakta durma ve yürüme bu gelişime bağlıdır. Çocuğu izlemek kolaydır. Aslında birbirini izleyen iki gelişim söz konusudur. Çocuk altı aylıkken oturmaya, dokuz aylıkken emeklemeye ve kendini elleri ve ayakları üzerinde ileri kaydırabilmeye başlar.

Bu karmaşık sürecin diğer parçası da belirli sinirlerin tamamlanmasıdır. Omur sinirleri, komutları bacak kaslarına iletir ve bu sinirler tamamlanmadan komutlar iletilemez. Söz konusu sinirler bu dönemde tamamlanır ve bacak kaslarının denetlenebilmesi için gereklidir. Yani yürüyebilmek için gelişimin karmaşık bir bölümünün birçok öğesi arasında uyumun olması gerekir. Üçüncü nokta da iskelet gelişimidir. Daha önce de belirttiğimiz gibi, doğumdan sonra çocukların bacakları henüz tam olarak kemikleşmemiştir. Henüz kıkırdaksı, dolayısıyla, yumuşak olurlar. Bu durumda da çocuğun bedenini destekleyemezler. Çocuk yürümeye başlamadan önce iskeletin sertleşmesi gerekir. Bir noktayı daha belirtmek gerekiyor. Doğum anında birbirine bitişik olmayan baştaki kemikler birbirine yaklaşmaya ve birleşmeye başlar. Böylece çocuk düşse bile, ciddi bir beyin hasarı riski olmaz.

Çocuğa yürümeyi bu dönemden önce öğretmek için eğitimden yararlanmak sonuçsuz kalır, çünkü yürüme eş zamanlı bir dizi fiziksel gelişime bağlıdır. Önce lokal olgunluk durumlarına ulaşılması gerekir ve çocuğun doğal gelişimini zorlamak, ona ancak zarar verebilir. Onu yönlendiren doğadır. Her şey doğaya bağlıdır ve onun kesin kurallarına uyar. Aynı şekilde yürümeye başlayan çocuğu durdurmaya çalışmak da işe yaramaz, çünkü bir organ oluştuktan sona, doğası gereği kullanılması gerekir. Doğanın dilinde "yaratmak," "bir şey yapmak" anlamına gelmez, yapılan şeyin işlemesine de izin verilmesi gerekir. Bir organın gelişir gelişmez kendine uygun biçimde eylemde bulunması gerekir. Bu işlevsel çalışma modern terminolojide "çevre deneyimi" olarak anılır. Bu tip bir deneyim kazanılmadığı takdirde, organlar normal gelişemez, çünkü en başta tamamlanmış değildir. Yalnızca kullanılarak tamamlanabilir.

Demek ki çocuk yalnızca çevresi üzerinde kazandığı deneyimler sayesinde tam olarak gelişebilir. Biz bu tip deneyimleri "çalışma" olarak adlandırıyoruz. Dil edinildiği anda çocukta konuşkanlık baş gösterir ve kimse onu susturamaz. Çocuğun yürümesi ve konuşması engellenirse, normal bir gelişim gösteremez. Gelişimi durur. Oysa çocuk yürüyecek, koşacak, atlayıp zıplayacak ve böylece bacaklarını kullanarak geliştirecektir.

İşte, bu yüzden de kazandığı yeni güçler sayesinde bağımsızlığını artıran çocuk, ancak bu güçleri kullanmasına izin verildiği takdirde gelişebilir, kazandığı bağımsızlıkla alıştırmalar yaparak gelişir. Kısacası modern psikolojinin de gösterdiği gibi, gelişim kendi başına gerçekleşmez. "Her bireyin sergilediği davranışlar çevresel deneyimlerinin bir ürünüdür."

Dolayısıyla, eğitim derken anlatmak istediğimiz şey, çocuğun gelişen yaşamına yardım etmekse, çocuğun yeni bir bağımsızlık düzeyine ulaştığını göstermesi bizi mutlu etmelidir. İlk kez konuştuğunda, ne büyük bir mutluluk yaşarız, üstelik buna doğrudan yardım etmek için bir şey yapamayacağımızı görürüz.

ÇOCUĞUN BAĞIMSIZLIĞI FETHİ

Bununla birlikte çocuğun kaydettiği bu ilerlemeyi durdurmak zor olsa da gerekli çevresel deneyime ulaşamama nedeniyle geri kalması ya da yavaşlamasına neden olmak mümkündür.

Bu yüzden de eğitimin ilk gerekliliği çocuğa doğanın verdiği güçleri geliştirmesini sağlayan bir çevre sunmaktır. Bunun anlamı yalnızca çocuğun gönlünü hoş tutmak ve ne istiyorsa yapmasına izin vermek değildir. Yapmamız gereken şey doğa ile iş birliği içinde çalışma düşüncesinden yola çıkarak doğanın yasalarından birine, gelişimin çevresel deneyimle gerçekleşeceğini söyleyen yasaya uymaktır.

Çocuk attığı ilk adımla birlikte daha üst bir deneyim düzeyine ulaşır. Bu dönemde çocuğu gözlemlediğimizde, bağımsızlığını gittikçe artırma eğilimi sergilediğini görürüz. Kendi başına hareket etmek, bir şeyler taşımak, kendi başına giyinip soyunmak ister ve bunun nedeni bizim telkinlerimiz değildir. İtkileri o kadar enerji doludur ki genellikle onları denetlemeye yönelik bir tepki gösteririz. Oysa bunu yaptığımızda, aslında çocuğu değil, doğanın kendisini denetim altına almış oluruz, çünkü çocuğun iradesi doğanın iradesiyle aynı doğrultudadır ve o, aslında doğanın yasalarına uymaktadır.

Çocuk çevresindeki insanlardan önce bir açıdan, sonra diğer bir açıdan gittikçe özgürleşir ve en sonunda zihinsel açıdan da bağımsız olma isteği kendini gösterir. Daha sonra da başkalarıyla olan değil, çevresinde edindiği deneyimler yoluyla kendi zihnini geliştirmekten hoşlanmaya başlar. Olanların nedenlerini araştırmaya başlar. İnsan böylece çocukluk döneminde birey olmaya başlar. Bunlar bir kuram ya da kanaat meselesi değil, kolayca gözlemlenebilen olgulardır. Çocuğun özgürlüğünün *tam* olabilmesi için toplumun çocuğun bağımsızlığını ve normal işleyişini *temin etmesi* gerekir derken, belirsiz bir idealizmin sözlerini tekrarlamıyoruz. Bunlar yaşam ve doğa üzerine pozitif gözlemlerin ortaya çıkardığı gerçeklerdir. İnsan gelişimi, ancak özgürlük ve çevresel deneyim yoluyla pratik olarak mümkün olabilir.

Her durumda yetişkin dünyasında ideal görülen bağımsızlık ve özgürlük ideallerini çocukların dünyasına yansıtmamalıyız. Yetişkinlerden kendilerini sorgulamaları ve özgürlük ve bağımsızlığın bir tanımını yapmaları istense, doğru bir tanım yapamazlar, çünkü özgürlük düşünceleri çok talihsizdir. Doğanın bağımsız ufukları onlarda yoktur. Özgürlük ve bağımsızlık vererek yaşamın kendisini sunan doğanın muhteşemliği, ancak çocuklarda yansıma bulur. Doğa bu özgürlüğü de aynı zamanda yaş ve bireyin gereksinimleriyle ilgili değişmez kurallar doğrultusunda verir. Özgürlüğü bir yaşam yasasına dönüştürür: Ya özgürlük ya ölüm!

Doğanın bu şekilde bize yardım ettiğine, toplumsal yaşama dair yeni bir yorumun temelini sunduğuna inanıyorum. Âdeta büyüyen çocuk toplumsal yaşamımızda yalnızca birkaç küçük ayrıntısını aldığımız bütün bir manzarayı önümüze koyuyor. Doğayla ilgili olarak keşfedilen her gerçek kuşkuyu dağıtıyor ve bu nedenle de çocuğun gelişim ve büyüme yoluyla kazandığı özgürlüğü bizim için en yararlı olacak bir çizgide düşünmemizi sağlıyor.

Bu sürekli büyüyen bağımsızlık kazanımının amacı aslında ne olabilir? Nereden gelir? Büyüyen kişilikten kaynaklanır ve daha sonra da bu kişilik kendini koruyabilmeye başlar. Öte yandan, bu bütün doğada olur; her canlı birbirinden ayrı işleyiş sergiler ve işte, bu yüzden de çocuğun doğal bir plana uyduğunu görürüz. Yaşamın bütün canlılar için ilk kuralı olan özgürlüğe ulaşır. Bu bağımsızlığı nasıl elde eder? Bunu sürekli bir etkinlik yoluyla yapar. Nasıl özgürleşir? Sürekli bir çaba ile. Yaşamın yapamayacağı tek şey durağan kalmaktır. Bağımsızlık statik bir koşul değil, sürekli bir edinimdir ve yalnızca özgürlüğü değil, aynı zamanda gücü de elde edebilmek ve güçlerini kusursuzlaştırabilmek için bu aralıksız uğraşı sürdürmek gerekir.

Çocuğun ilk içgüdüsü eylemlerini kimsenin yardımı olmadan tek başına sürdürmektir. Bağımsızlık yolunda ilk bilinçli adımını da bir eylemi onun yerine gerçekleştirmek isteyenlere karşı kendini savunarak atar. Kendi başına başarılı olabilmek için çabalarını yoğunlaştırır.

Birçoklarının düşündüğü gibi, en iyi yaşam tarzı oturup hizmet edilmeyi beklemek olsaydı, çocuğun doğmadan önceki yaşamından daha ideali olabilir miydi? Ana rahmindeyken annesi her şeyi onun yerine yapar. Bir de büyüyen insanın başkalarıyla konuşmasını sağlayan dili öğrenmeyi düşünün. "Dinlenmek" gerçekten yaşamın ideali olsaydı, çocuk konuşmayı öğrenmekten ya da normal beslenmeye uyum sağlamaktan vazgeçmez miydi? Çevresindeki dünyayı tanımanın vereceği tüm o hazları getiren yürüme ve kendi zihnini kullanma zahmetine katlanır mıydı?

Oysa bunlar çocuğun bize kanıtladığı gerçeklere çok uzak. Böylece doğanın öğretilerinin toplumun kendine biçtiği ideallerden farklı olduğunu görüyoruz. Çocuk çalışarak bağımsızlığının, bedensel ve zihinsel bağımsızlığının peşine düşer. Başkalarının bildiklerini pek de önemsemez; bilgiye kendi başına ulaşmak, dünyada deneyim kazanmak ve onu yardım almadan, kendi çabasıyla algılamak ister. Çocuğa özgürlük ve bağımsızlık vererek eyleme geçmeye dünden hazır olan, çalışmadan ve etkin olmadan duramayan bir işçiyi özgür kıldığımızı anlamamız gerekiyor. İşte, bu diğer tüm yaşam biçimleriyle ortak yanıdır ve bunu engellemek onu yozlaştırır.

Canlılar dünyasında her şey etkindir. Yaşam etkinliğin doruğa ulaşmasıdır ve yaşamın kusursuzluğu, ancak etkinlik yoluyla aranıp bulunabilir. Geçmiş kuşakların bize aktardığı toplumsal özlemler, minimum çalışma saatleri ideali, başkalarının bizim için çalışması ve gittikçe daha fazla aylaklaşma ki bunlar doğanın çocukta bıraktığı izlere ihanet eder, onu yozlaştırır. Bu özlemler, yaşamının ilk günlerinde çevresine uyum sağlamaya çalışırken yardım almayan ve bu nedenle de çevresine, çaba harcamaya karşı hoşnutsuzluk sergileyen bir kişide görülen gerilemenin işaretleridir. Çocukluğunun ilk günlerinde sürekli kendisine yardım ve hizmet edilmesinden, birisinin kollarında ya da bir bebek arabasında taşınmaktan hoşlanmıştır; uzun uzun uyumak istemiş ve yanında birilerinin olması onu ürkütmüştür. Yozlaşmanın, bugün bilimsel açıdan ana rahmine dönme eğilimi olarak kabul edilen ve tanımlanan yönünü sergiler. Normal doğan ve normal büyüyen çocuk bağımsızlığa doğru ilerler. Bundan kaçınansa yozdur.

Bu talihsiz çocukların eğitimiyse oldukça ayrı bir sorundur. Normal gelişimi gerileten ve bozan gerilemeyi nasıl düzeltebiliriz? Yolundan sapan çocuk çevresinde bir sürü güçlük olduğunu hisseder ve bu nedenle de çevresine karşı sevgi beslemez. Bu çevre onun için çok katı ve dirençlidir. Bugün belki de çocukluk psikolojisi olarak adlandırılması gereken bilimsel çocuk psikolojisi çalışmalarının odak noktası bu çocuklardır. Rahatsızlık yaşayan ve sayıları gittikçe artan bu çocuklar için kurulan Çocuk Rehberlik Klinikleri'nin ve *oyun terapisi* gibi yeni tekniklerin sayısı her geçen gün artıyor. Pedagoji çevrenin daha az direnç göstermesini, böylece çevrede bulunan ve savuşturulabilecek engellerin giderek daha fazla saf dışı bırakılmasını, belki de bütünüyle ortadan kaldırılmasını salık veriyor. Günümüzde her şeyin çocuk için olabildiğince çekici olması için çaba gösteriliyor, özellikle de çevrenin kendisini itici bulan çocuklar için. Bu sayede sempati ve sevgi duyguları uyandırarak kayıtsızlık ve tiksinme duygularının üstesinden gelinmesi umut ediliyor. Hoşa giden etkinlikler de sunuluyor, çünkü gelişimin etkinliğin bir sonucu olduğunu biliyoruz. Çevrenin ilgiyi etkinliğe çeken ve çocuğu kendi deneyimlerini yaşamaya çağıran motifler açısından zengin olması gerekiyor. Bunlar yaşamın ve doğanın dikte ettiği ve gerileme özellikleri sergileyen çocuklarda eğilimin tembellikten çalışma isteğine, uyuşukluk ve atıllıktan etkinliğe, korku durumundan neşeli bir özgürlüğe, yaşamı fethetmeye başlama özgürlüğüne dönüşmesi için gereken ilkeler.

Atıllıktan çalışmaya! İyileşmenin yolu budur, tıpkı normal çocukta gelişim yolunun atıllıktan çalışmaya geçmek olması gibi. Yeni eğitimin temeli bu olmalı. Bunu bizzat doğa gösteriyor ve kuruyor.

Uzun kuramsal tartışmalara girmek istemiyorum, ancak devam etmeden önce "olgunlaşma" sözünü ne anlamda kullandığımı açıklamak istiyorum, çünkü bu konudaki görüşümü tam olarak anlatmanın yalnızca bundan sonraki bölümlerin değil, aynı zamanda kitabın diğer kısımlarında üzerinde durulan noktaların da anlaşılması açısından önemli olduğunu düşünüyorum. "Olgunlaşma" ilk olarak, genetik ve embriyolojide ilk tohum hücresinin, olgunlaşmamış bir hücrenin döllenme gerçekleşmeden önce, olgun bir hücreye dönüşmesini anlatmak için kullanılmıştır.[26]

Çocukluk dönemi psikolojisindeyse, aynı terim çok daha geniş bir anlamda kullanılıyor ve büyümeyle ilgili organizmanın bir bütün olarak dengesini sağlayan ve organizmayı büyümeye yönlendiren bir çeşit düzenleyici işleyişi anlatıyor. Özellikle kesin bir tanım getirmese de Arnold Gesell bu kavramı geliştirmiştir. Öte yandan, anladığım kadarıyla Gesell bireysel büyümenin uyulması gereken değişmez kurallara tabi olduğunu, çünkü çocuğun "*nasıl, neyi* ve bir dereceye kadar da *ne zaman* öğreneceğini belirleyen ve büyük oranda doğuştan gelen yapısal ayırıcı özelliklerle eğilimler taşıdığını" savunuyor.[27]

Diğer bir deyişle Gesell çocukta öğretimin etkileyemeyeceği işlevler olduğunu söylüyor.[28]

Fiziksel yaşam açısından doğru. Yukarıda da değindiğim gibi, çocuğa belirli lokal olgunlaşma düzeyleri ortaya çıkmadan önce,

---

[26] Bu süreç H.S. Jennings, *Genetics*'te (New York, 1935) açık bir şekilde anlatılıyor.
[27] Arnold Gesell, M.D., *Infant and Child in the Culture of Today*, New York ve Londra, 1948, s. 40.
[28] Arnold Gesell, M.D., *Stair-climbing Experiment in Studies in Child Development*, New York ve Londra, 1948, s. 58.

yürümeyi öğretemezsiniz. Aynı şekilde çocuklar belirli bir yaştan önce konuşmayı öğrenemez ve konuşmaya başladıktan sonra da onu durduramazsınız. Çalışmalarımı takip eden herkes, çocuğun doğal yasalar doğrultusunda büyüdüğü düşüncesini savunanlar arasında ön sıralarda yer aldığımı bilir. Bununla birlikte bana kalırsa, Gesell'in ifadeleri çocukların zihinsel gelişimine uygulanamayacak denli biyolojiktir. Gesell'in monistik öğretisine göre "çocuğun zihni, tıpkı bedeni gibi gelişim süreçlerinin bir sonucu olarak serpilir."[29] Oysa bu kesin olmaktan uzaktır.

Bir çocuğu insanlardan uzak, yalıtılmış bir yere getirsek ve fiziksel besinden başka bir şey vermesek, bedensel gelişimi normal seyrederken, zihin gelişimi ciddi bir yoksunluk duyar. Dr. Itard'ın o zamanlar "Aveyron'un Yabani Çocuğu"[30] olarak tanınan çocuğa sabırla bir şeyler öğretmeye çalışması bunun ikna edici örneklerinden biridir.

Sıklıkla belirttiğimiz gibi, biz bir dâhi yaratamayız. Biz, ancak her bireye kendi potansiyel olasılıklarını gerçekleştirme şansı tanıyabiliriz. Öte yandan, "biyolojik olgunlaşma" sürecinden söz edeceksek, "psikolojik olgunlaşma" sürecini de kabullenmeye hazır olmamız gerekiyor. Bunun embriyolojide gözlemlenen olgularla paralellik sergilediğini önceki bölümlerde göstermeye çalışmıştık.

Bir organizmanın oluştuğu yaşamsal süreçte bir bütün olarak büyüyen bir bütünselliği hiçbir yerde ayırt edemeyiz; büyüme de düzenli ve aşamalı değildir. Her bir organın gelişimi etkinlik noktalarının çevresinde ayrı ayrı gerçekleşir. Bu noktaların etkinlikleri zamanla sınırlıdır ve organ ortaya çıktıktan sonra sona erer. Organların oluşumu ile ilişkili bu noktalara ya da etkin merkezlere ek olarak dış dünyada yaşayabilecek düzeye

---

[29] Gesell'in kitabının önsözü: *The Embryology of Behavior*, New York ve Londra, 1945.
[30] Dr. J.M. Itart, *Rapports et Mémoires sur le Savage de l'Aveyron, l'Idiotie et la Surdi-mutité*, Paris, 1807.

gelene dek, hayvanın *davranışlarına* rehberlik etmede önemli bir rol oynayan duyarlı dönemler söz konusudur. Bunu da Hollandalı biyolog De Vries ortaya koymuştur ve çocuğun psikolojik gelişiminin de buna tam anlamıyla paralel olduğunu görüyoruz. Bu da insan doğasının yaşamın yöntemlerine bütünüyle uyduğunu gösteriyor.

Demek ki "olgunlaşma," yalnızca "kendinde sınırlı bir zaman döngüsü içinde işleyen gen etkilerinin net toplamından" ibaret değildir,[31] çünkü genlerin etkilerinin yanı sıra, bunların kendini gösterdiği çevrenin etkileri de söz konusudur. Bu çevre olgunlaşma sürecinde baskın bir rol oynar.

Psikolojik olgunlaşma bakımından bu, ancak çevresel deneyimler yoluyla olabilir ve bu da her gelişim düzeyiyle birlikte değişiklik gösterir, çünkü *horme* tipini değiştirir ve bireyde tekrarlanan belirli eylemlere uzun süreli ve görünüşte nedensiz yoğun bir ilgi olarak ortaya çıkar ve bu ilgi tekrarlama sayesinde yeni bir işlev patlayıcı bir güçle aniden ortaya çıkana dek sürer. Böylece işlevin kendine özgü modeli dışarıdan görünür olmayan bir olgunlaşma tarafından oluşturulmuş olur. Bu tekrarlanan eylemlerle ürettikleri işlem arasında görünürde doğrudan bir ilişki yoktur ve işlev ortaya çıkar çıkmaz ortadan kalkarlar. Bu sırada çocuğun buna karşılık gelen ilgisi, şimdi başka bir etkinliğe kaymıştır ve bu da yeni bir işlevin hazırlayıcısı olacaktır. Çocuğun bu deneyimlerin hazzını doğanın planladığı zamanda yaşaması engellenirse, onu bu deneyimlere çeken özel duyarlılık yok olur ve bu da gelişimi, sonuç olarak da olgunlaşması üzerinde rahatsız edici bir etki yaratır.

Güncel bir psikoloji ders kitabında[32] olgunlaşmanın geniş bir tanımına baktığımızda, şöyle dediğini görüyoruz: "Olgunlaşma temelde kalıtsal olan, yani kökenleri döllenmiş yumurtadaki

---

[31] A. Gesell, *The Embryology of Behaviour*, s. 23.
[32] E.G. Boring, H.S. Langfeld ve H.P. Weld, *Introduction to Psychology*, New York, 1939.

kromozomlara dayanan yapısal değişiklikleri içerir, ancak bu değişiklikler aynı zamanda kısmen organizma ile çevresi arasındaki etkileşimlerden kaynaklanır."

Bunları kendi bulgularımızın ışığında yorumlarsak, insan *emici zihnin* genel yapısında "bulutsu" başlığı altında, anlattığımız özellik ve ayrımlarla zaten var olan bir yaşam gücüyle (*horme*) doğar, diyebiliriz.

Bu yapı (De Vries'i izleyerek) *duyarlı dönemler* olarak adlandırdığımız dönemlerin yönetiminde çocukluk dönemi boyunca değişir.[33] Dolayısıyla, büyüme ve tinsel gelişimi emici zihin, bulutsu ve duyarlı dönemler ve bunların kendi işleyişleri yönetir. İnsanın kalıtsal ve karakteristik özellikleri bunlardır. Öte yandan, bunların vaatleri, ancak çevrede gerçekleştirilen özgür etkinlik deneyimi sayesinde yerine getirilebilir.

---

[33] Dr. Maria Montessori, *The Secret of Childhood*, Orient Longmans, Bombay, Calcutta, Madras, 1951. (*Çocukluğun Sırrı*, Kaknüs Yayınları, baskıda)

9

YAŞAMIN İLK GÜNLERİ

Yapmamız gereken şey, insanın zihinsel yaşamına yardım etmekse, öğrenmemiz gereken ilk ders, küçük çocuğun *emici zihninin* bütün besinini çevresinden aldığıdır. Kendini burada konumlandırması ve aldıkları ile kendini oluşturması gerekir. O hâlde, özellikle yaşamın başında çevreyi çocuk için olabildiğince ilginç ve çekici kılmak gerekir.

Yukarıda değindiğimiz gibi, çocuk birbirini izleyen gelişim aşamalarından geçer ve bunların her birinde çevresi birbirinden farklı olmakla birlikte önemli bir rol oynar. Bunların hiçbiri doğumdan hemen sonrası kadar önemli değildir. Bunun bilincinde olanların sayısı da çok az, çünkü henüz kısa bir süre öncesine dek yaşamın ilk iki yılındaki çocukların zihinsel gereksinimleri olabileceği düşünülmüyordu bile. Öte yandan, bu zorunluluğun göz ardı edilmesinin etkisini her zaman gösterecek zararlı sonuçlar doğuracağını artık biliyoruz.

Eskiden bilim insanları, yalnızca bebeklerin fiziksel esenliğiyle ilgileniyordu. Tıp ve hijyen alanlarında bugüne dek hüküm süren yüksek ölüm oranlarını düşürmek için, özellikle bu yüzyılda titiz uygulamalar geliştirildi. Öte yandan, amaç ölüm oranlarını düşürmek olduğu için, bu uygulamalar yalnızca fiziksel anlamdaki sağlıkla sınırlıydı. Zihin sağlığı alanı hâlâ neredeyse bütünüyle incelenmemiş olarak kaldı ve bu alana ilgi gösterenler, doğa tarihi ve bebekliğin temel amacının günün toplumsal yaşamına uyum sağlamış bireyi oluşturmak olduğu inancı dışında fazla bir rehber bulamadı kendine.

Peki, doğa tarihi bize ne gösteriyor? Öncelikle bir yalıtılma ve dış dünyaya zihinsel uyum dönemi ki bu da gelecekteki davranışları önceden belirlenmiş diğer memelilerde bile bir zorunluluktur.

Oysa insanlarda doğuştan, önceden belirlenmiş bir davranış olmadığını ve çocuk için meselenin zihinsel uyanış değil, zihinsel yaratma olduğunu hatırlarsak, çevrenin çocuğun yaşamında oynuyor olması gereken rolün ne kadar büyük olduğunu görebiliriz. Barındırıyor olabileceği tehlikelerin yanı sıra, değeri ve önemi de çok daha büyük, devasadır. İşte, bu nedenle de yeni doğmuş bir bebeğin itilip gerileme eğilimleri sergilememesi, geldiği yeni dünyayı çekici bulması için bütün koşulların sağlanması gerekir. Bu da ona büyük görevinde ilerleme, büyüme ve gelişmenin dayandığı emme görevinde yardımcı olacaktır.

Yaşamın ilk yıllarında hepsi kendine özgü bir ilgi gerektiren çeşitli dönemler söz konusudur.[34] Bunlardan ilki olan dramatik doğum epizodu çok kısadır. Ayrıntılara girmeden, belli başlı ilkelerden söz edebiliriz. Çocuğun ilk birkaç gün boyunca anne ile olabildiğince temas hâlinde olması gerekir. Kusursuz bir sessizlik, karanlık ve istikrarlı bir ısının hâkim olduğu ana rahmine oranla ısı, ışık ve ses bakımından doğumdan önceki koşullar ile doğum sonrası koşullar arasında çok fazla karşıtlık olmaması gerekir. Modern pediyatri kliniklerinde anne ve çocuk ısının sabit kalacak şekilde denetlendiği cam duvarlı odalarda kalır

---

[34] Bu konuda kapsamlı bir çalışma için *bkz.* Florence Brown Sherbon, *The Child*, New York ve Londra, 1941.

ve böylece ısının yavaş yavaş dışarıdaki normal ısıya ulaşması sağlanır. Camlar mavi olduğundan içerideki ışık güçlü değildir. Bebeği tutarken ve taşırken katı kurallara uyulur. Bu da bebeğin geleneksel olarak yerdeki küvete daldırıldığı ve bu nedenle şiddetli bir şok yaşadığı eski uygulamalardan oldukça değişik bir yaklaşımdır. Son günlerde, bebekler âdeta duyguları olmayan nesnelermiş gibi ne hissettikleri önemsenmeden hemen giydirilmiyor. Bilimsel yaklaşımlar bebeğe olabildiğince az dokunmak gerektiğini ve bebeğin giydirilmeden, yeterince sıcak kalmasını sağlayacak, hava akımı olmayan bir odada tutulmasını söylüyor. Çocuğu taşıma tarzı da değişti. Hamağa benzer kuş tüyü bir şilteye nazikçe yatırılıyor; aniden kaldırmaktan ya da yatırmaktan kaçınılıyor ve yaralı bir insana yaklaşırmış gibi özenle yaklaşılıyor. Bu yaklaşımın tek nedeni hijyen değil. Hemşireler burunlarının üzerine bir sargı bezi takıyor ve böylece havadaki mikropları solumamaları sağlanıyor. Çocukla anneye de âdeta organları birbiri ile iletişim içindeki tek bir beden gibi davranılıyor. Böylece anne ile çocuğu âdeta manyetik bir çekim gücüyle birleştiren özel bir bağ kuruluyor, çocuğun dünyaya uyumu doğal bir çizgide ilerliyor.

Anne çocuğun alışık olduğu görülmez bir güç yayar çevresine ve bunun amacı da zorlu uyum günlerinde bebeğe yardım etmektir. Çocuğun konumunun annesi bakımından pek de değişmediğini söyleyebiliriz. Şimdi bedeninin içinde değil, dışında olsa da diğer her şey aynıdır ve aralarındaki iletişim de kopmamıştır. Anne çocuk ilişkisi bugün böyle algılanıyor. Oysa daha birkaç yıl önce en iyi kliniklerde bile anne ile yeni doğan çocuk doğumdan hemen sonra birbirinden ayrılıyordu.

Bu anlattıklarım bilimsel açıdan bebek bakımında "son söz" olarak kabul ediliyor. Bununla birlikte doğa bize bu uç önlemlerin bütün bebeklik dönemi boyunca gerekli olmadığını gösteriyor. Kısa bir süre sonra anne ve çocuk yalnızlıklarından çıkıyor ve toplumsal yaşama katılıyor.

Bir çocuğun karşılaştığı toplumsal sorunlar yetişkinlerinkinden farklıdır. Toplumsal eşitsizlikler çocuklar ve anne babalar üzerinden birbirinin tersi etkiler yaratmıştır. Yetişkinlerin yoksullar arasında, çocukların ise zenginler arasında sıkıntı çektiğini söylemek çok da yanlış olmaz. Giyim kuşam, görgü kuralları, arkadaş ve akrabalardan oluşan kalabalık ziyaretçi grupları bir yana, varlıklı anneler genellikle çocuklarını bir sütanneye verir ya da başka bir şekilde kendinden uzaklaştırır. Oysa yoksulluğun hüküm sürdüğü koşullarda yaşayan anneler doğal yollara uyar ve çocuğu yanından ayırmaz. Bunun gibi çeşitli küçük örnekler yetişkin dünyasında değer verilen şeylerin çocukların dünyasında ters etki yaratabileceğini gösteriyor.

Bu dönem geçtikten sonra çocuk çevresine sakin bir şekilde ve duraksamadan uyum sağlar. Anlattığımız bağımsızlık yolunda ilerlemeye başlar ve kollarını çevresine açar. Çevresindeki dünyayı emer ve âdetlerini benimser.

Bu yoldaki ilk etkinliklerinden biri, duyularını kullanmaya başlamasıdır ve bunu da bir fethetme olarak adlandırabiliriz. Kemiksi dokuları tamamlanmamış olduğu için atıl durur ve kollarıyla bacakları hareketsizdir. Demek ki yaşamı hareketle ilgili değildir. Yalnızca zihni etkindir, duyularından gelen izlenimleri emer.

Gözleri parlak ve heveslidir, bilimin son zamanlarda gösterdiği gibi çocuğun gözlerini yalnızca ışığın etkilemediğini unutmamalıyız. Kesinlikle edilgin değildir. İzlenimleri aldığı kesindir, ancak aynı zamanda dünyasında etkin bir arayış içindedir. İzlenimlerin peşine bizzat düşer.

Bir hayvanın gözü incelendiğinde görsel aygıtının bizimkinden farklı olmadığı, bir çeşit *karanlık oda* olduğu görülür. Bununla birlikte hayvanlar doğaları gereği gözlerini daha sınırlı bir şekilde kullanır. Bazı şeyler ilgilerini diğerlerinden daha çok çeker. Yani çevreyi bütün olarak almazlar. Etkinliklerini belirli kanallara yönlendiren bir iç rehbere uyarlar ve gözlerini de bu doğrultuda kullanırlar.

YAŞAMIN İLK GÜNLERİ

İçlerindeki rehber daha ilk günden varlığını gösterir. Duyuları oluşmuştur ve kusursuzdur. Böylece duyularını izleyebilirler. Bu nedenle bir kedinin gözleri (diğer gece avcıları gibi) karanlığa uyum sağlar, ancak karanlıkta avlansa da kedinin dikkatini hareket eden şeyler çeker, durağan şeyler değil. Karanlıkta bir şey hareket eder etmez kedi üzerine atlar ve çevrenin geri kalanına en ufak bir ilgi göstermez. Çevreye genel bir etkisi yoktur, çevrenin belirli yönlerine içgüdüsel bir itkiyle yaklaşır. Aynı şekilde belirli renklerdeki çiçekler de bazı böcekleri kendine çeker, çünkü böceklerin besini bu renkteki çiçeklerdedir. Oysa krizalit döneminden henüz yeni çıkmış bir böcek bu yönde bir deneyim kazanmış olamaz. Onu, içgüdüsü yönlendirir ve gözleri de uygun davranışları sergilemesine yardım eder. Türlerin davranışlarını denetleyen, işte bu rehberdir. Birey hiçbir şekilde duyularının mekanik bir kölesi değildir. Duyularının peşinden sürüklenmez. Var olan duyular efendilerine hizmet eder ve onların gösterdiği yola göre davranan odur.

Özellikle çocuklar ayrıcalıklıdır. Yine bir rehbere uyan duyuları hayvanlarda olduğu gibi sınırlı değildir. Kedinin itkisi çevrede hareket eden şeylerle sınırlıdır ve ilgisini çeken de bunlardır. Çocuktaysa böyle bir sınırlandırma yoktur. Görünürdeki her şeyi gözlemler ve bunları eşit bir şekilde emdiği, deneyime dayanarak söylenebilir. Ayrıca yalnızca gözünün mekanik kamera özelliği bakımından emmez. Çocukta bir çeşit psikokimyasal bir tepkime ortaya çıkar ve böylece izlenimler kişiliğinin bir parçası olur. Bilimsel kanıtlar bir yana, yalnızca arzularına uyan, kendini bunların merhametine bırakan bir kişinin içsel bir kusurdan mustarip olduğu bile söylenebilir. İç rehberi yine oradadır, ancak davranışlarını etkileme gücü zayıflamıştır. Bu da onu mekanikleştirir ve duyularının kurbanı hâline getirir, yitmiş ve terk edilmiş bir varlık olur.

Bu nedenle de her çocuğun içindeki rehberle ilgilenmek ve onu uyanık tutmak en önemli konulardan biridir.

Daha önce yaptığımız karşılaştırma çocuğun çevresini emme gücünü anlamamıza da yardım edecektir. Kimi böcekler yapraklara, bazıları da dallara benzer. Hayatlarını onlara ayırt edilemeyecek şekilde benzeyen bu dallar ve yapraklar üzerinde geçirirler. Buna benzer bir şey çocuklarda da olur. Çevresine akıp giden yaşamı emer ve onunla bir olur, tıpkı böceklerin üzerinde yaşadıkları bitkilerle bir olması gibi. Çocukta o denli derin izlenimler oluşur ki biyolojik ya da psikokimyasal bir değişim ortaya çıkar ve sonuç olarak da çocuğun zihni en sonunda bizzat çevresine benzer. Çocuklar sevdikleri şeylere benzemeye başlarlar. Bütün yaşam tiplerinde bu gücün, çevreyi emme ve ona benzemeye başlama gücünün olduğu keşfedilmiştir.

Sözünü ettiğimiz böcekler ve diğer hayvanlarda bu, fiziksel açıdan gerçekleşir; çocuktaysa *psikolojik* açıdan.

Bunu canlıların en önemli eğilimlerinden biri olarak görmemiz gerekir. Çocuk dünyaya bizim gibi bakmaz. Biz bir şeyi görüp, "Ne güzel!" dedikten sonra yolumuza devam edip bu anı yalnızca silik bir anı olarak taşıyabiliriz. Çocuk ise edindiği izlenimlerin yarattığı derin hislere dayanarak en içsel benliğini kurar, özellikle de yaşamının ilk döneminde. Çocuk bebeklik döneminde, yalnızca bu döneme ait güçleri aracılığıyla her zaman izini taşıyacağı kişisel karakteristik özelliklerini -dilini, dinini, ırkını vb.- edinir. Bu, onun çevresindeki dünyaya uyum sağlama biçimidir. Böyle mutlu olur ve zihni olgunlaşır.

Bununla da kalmaz, daha sonra içine girebileceği her türlü çevre biçimine uyum sağlar. "Uyum sağlamak" ne anlama geliyor? Bununla kişinin benliğini çevresindeki ortama uygun bir şekilde dönüştürmesini ve bunun benliğinin bir parçası olmasını anlatmak istiyoruz. O hâlde çocuğa yardım etmek istiyorsak, ne yapmamız ve ne tip bir çevre oluşturmamız gerekiyor sorusunu kendimize sormalıyız.

Söz konusu olan üç yaşındaki bir çocuk olsaydı, bize kendisi anlatabilirdi. Çevresinde çiçeklerin ve hoş şeylerin eksik olmamasını sağlardık. Gelişim aşamasına uygun etkinlik motiflerini tahmin eder ve bunları ona sunardık. Artan güçleri ile alıştırma yapmasına olanak verecek etkinlik motiflerinin ne olduğunu keşfetmek zor olmayacaktır. Peki, ya uyum sağlama sürecini kurması gereken yeni doğmuş bir bebek söz konusu olduğunda, nasıl bir çevre hazırlayabiliriz?

Bugünün düşüncesine göre bu sorunun bir yanıtı yok. Oysa bebeğin doğal çevresi aslında dünya, çevresinde bulunan her şeydir. Bir dili öğrenmesi için bu dili konuşanlarla birlikte yaşaması gerekir, yoksa öğrenemez. Özel zihinsel güçler edinebilmesi için bu güçleri sürekli kullanan insanlarla yaşaması gerekir. Bir grubun davranış tarzı, alışkanlıkları, âdetleri, ancak bunlara sahip olan insanların arasına karışarak edinilebilir.

Bu aslında devrim niteliğinde bir düşüncedir, çünkü son yıllarda öğretilen ve yapılan her şeye karşı yalnızca fiziksel hijyene dayanan kısmi bir mantıkla çocuğun yalıtılması gerektiği sonucuna ya da yanlış sonucuna varıldı! Sonuç olarak da çocuklara ayrılmış özel bir oda ya da çocuk odası ortaya çıktı. Bunun da "hijyenik olmadığı" görülünce hastaneler model alındı. Çocuk yalnız bırakıldı, sanki hastaymış gibi olabildiğince uyumasına izin verildi.

Bunun, bedensel hijyen bakımından bir ilerleme olsa bile, zihinsel yaşam açısından tehlikeli olduğunu görmemiz gerekiyor. Çocuk yanında bir hemşire dışında hiç kimse olmadan bir çocuk odasına kapatılırsa, anne sevgisinin dışa vurumu ona hiçbir şekilde ulaşamazsa, normal büyümesi ve gelişimi durur. Bu da onda zararlı olacak bir gecikme, memnuniyetsizlik, zihinsel açlık duygusu yaratıyor olmalı. O, özel bir duygudaşlık bağı olan annesi ile birlikte olmak ister, oysa yanında onunla ancak arada sırada konuşan bir hemşireden başkası yoktur. Çoğu zaman da çevresindeki dünyada olup bitenleri göremediği bir "çocuk arabasına" kapatılır.

Çocuğun doğduğu aile ne kadar zenginse, aleyhine olan koşullar da o denli ağırlaşır. Neyse ki savaştan bu yana bu duruma gittikçe daha az rastlanıyor. Yoksullaşma ve yeni toplumsal düşünceler anne babaların yine sevecen ve yararlı bir ilişki içinde çocuklarının yanında olmasını sağladı.

Çocuklara yaklaşım gerçekten de toplumsal önemi bakımından ele alınmalı. Modern gözlemler ve çocuklar üzerine çalışmalar, çocuğun evden dışarı çıkabilecek duruma gelir gelmez onları da yanımıza almamız, çevrelerine olabildiğince bakabilmelerini sağlamamız gerektiğini gösterdi. Bu da bizi, eski günlerde olduğu gibi yüksek çocuk arabalarını kullanmaya ve çocuk odalarını yeniden tasarlamaya yönlendiriyor. Çocuk odaları hijyenik kurallara yine sıkı sıkıya bağlı kalırken duvarları resimlerle donatılıyor ve çocuk, çevresini bütün olarak seyredebileceği, gözlerini tavana dikmek zorunda kalmayacağı hafif eğimli bir "ana kucağı" üzerine konuyor.

Dilse daha zorlu bir sorun oluşturuyor, özellikle de genellikle çocuktan farklı bir toplumsal tabakadan gelen çocuk bakıcıları söz konusu olduğunda. Sorunun diğer bir yönü de anne baba arkadaşlarıyla konuşurken çocuğun yanlarında olup olmayacağı konusu. Olası birçok itirazın tersine, çocuğa yardım etmek istiyorsak, onu yanımızda tutmamız, böylece yaptıklarımızı görmelerini ve söylediklerimizi duymalarını sağlamamız gerektiğini ifade etmeliyiz. Olup bitenleri bilinçli olarak kavramasa bile, bilinçaltındaki izlenimleri korunacaktır. Bunlar emilir ve büyümesine yardım eder. Çocuk dışarı çıkarıldığında neyi tercih eder? Bunu kesin olarak söyleyemeyiz, ama çocuğu gözlemlememiz gerekir. İşinin ehli anneler ve çocuk bakıcıları çocuğun bir şeye özel bir ilgiyle baktığını gördüklerinde, bunu istediği kadar uzun bir süre yapmasına olanak tanırlar. Çocuğu bakışlarının takıldığı yerle aynı düzeye gelecek şekilde kaldırır ve dikkatlerini çeken her neyse, onun yarattığı ilgi ve sevgiyle yüzlerinin ışıldadığını görürler. Çocuğun ilgisini neyin çekeceğine nasıl olur da biz karar vermeye çalışırız? Bizim yapmamız gereken şey kendimizi onun hizmetine sunmaktır. Bu da bütün eski düşüncelerin tersine çevrildiği ve bu devrimsel bilginin bütün yetişkinler arasında yayılması gerektiği anlamına geliyor. Çocuğun kendi içinde çevreye yönelik yaşamsal bir uyum sağladığını ve bu nedenle de çevresiyle tam ve eksiksiz bir bağlantı içinde olması gerektiğini hepimiz bilmeliyiz. Çocuğun bunda başarısız olması ağır toplumsal sorunlarla karşı karşıya kalacağımız anlamına gelir.

Günümüzde karşılaşılan toplumsal sorunların kaçı bireyin gerek ahlak alanında, gerekse diğer alanlarda uyum sağlayamamasından kaynaklanmıyor diyebiliriz? Bu temel bir sorundur, dolayısıyla da uygar toplumların çocuk bakımı bilimiyle nihai olarak en kalıcı ve en derin biçimde ilgilenmesi gerektiğini görüyoruz.

Bu denli büyük ve bariz bir gerçeğin nasıl bu denli uzun bir süre ihmal edildiğini sorabiliriz kendimize. Yeniliklere güvenmeyenler yine o bildik yanıtı verecek ve geçmiş kuşakların bu bilgiler olmadan da ayakta kalabildiğini söyleyecektir. Şöyle diyecekler: "İnsan ırkı çok eskidir; binlerce insan geldi geçti; ben bu tip kuramların yardımı olmadan büyüdüm, çocuklarım da öyle. Bizim zamanımızda da çocuklar konuşmayı öğrendi, hatta sonunda önyargılara dönüşecek en inatçı alışkanlıkları da edindiler!"

Bir an durup bizimkinden farklı kültür düzeylerinde yaşayan halkları düşünelim. Konu çocuk yetiştirme olduğunda, bunların hepsi bizden, Batı'nın ultra modern ideallerinden daha gelişmiş görünüyor. Dünyanın başka hiçbir yerinde çocukların doğal gereksinimlerine bu denli aykırı davranıldığını görmüyoruz. Hemen her ülkede anne nereye giderse, bebek de oraya gider. Anne ve çocuk birbirinden ayrılmaz. Bir arada oldukları tüm bu zaman boyunca da anne konuşur, bebek dinler. Anne bir satıcıyla fiyatları tartıştığında, bunu çocuğun önünde yapar ve o da olup bitenleri görüp işitir. Bu yakın birlikteliğin nedeni olan memeden kesilene dek de bu böyle devam eder. Anne çocuğu beslemek zorunda olduğu için dışarıya çıkarken onu evde bırakamaz. Böylece çocuğun beslenme ve sevgi gereksinimi iki varlığı birleştirir. İkisi çocuğun dünyaya uyum sağlama sorununu çözmede birlikte hareket eder ve bu da olabilecek en doğal şekilde gerçekleşir. Anne ve çocuk birdir.

Uygarlığın bu âdeti kırdığı yerler dışında, hiçbir anne çocuğunu bir başkasına teslim etmez. Çocuk annenin yaşamını paylaşır ve her zaman dinler. Genellikle annelerin konuşkan olduğu söylenir, ama bu aynı zamanda çocuğun gelişimine ve uyum sağlama çalışmasına da yardım ediyor olmalı. Oysa yalnızca kendisine söylenenleri işitiyor olsaydı, çok az şey kazanırdı. Ancak yetişkinlerin söylemlerini bütün olarak duyduğunda ve eylemlerini görebildiğinde, bunların anlamı açıklığa kavuşur. O da cümle kuruluşunu bile azar azar öğrenmeye başlar. Yaşayan düşüncenin dili olan ve eylem kisvesine bürünen bu dil annesinin ona söylediği tek heceli sözcüklerden çok daha önemlidir.

Bireysel farklılıklar büyük insan gruplarının hepsinde, uluslarda ve ırklarda kendini gösterir. Örneğin, bebeği kendilerine özgü bir biçimde taşırlar. Bu konudaki incelemeler modern etnoloji biliminin en ilginç alanlarından biridir. Dünyanın çoğu yerinde anneler bebeği küçük bir yatağa ya da geniş bir çantaya koyar, onu kollarında taşımaz. Bazı ülkelerde bebek bir tahta parçasına ilmeklerle bağlanır ve anne bunu sırtına alıp çalışmaya gider. Bazıları çocuğu boynuna asar, bazıları sırtına bağlar, bazılarıysa küçük bir sepete koyar. Öyle ya da böyle, bütün ülkelerde anneler çocuklarını yanlarında taşımanın bir yolunu bulmuştur. Bebek yüzü sırta dönük bir şekilde taşındığında soluk alma sorununu çözmek ve boğulma riskini ortadan kaldırmak için özel önlemler alınır. Örneğin, Japonlar çocuklarını, boyunları, bağlı oldukları kişinin omuz hizasını geçecek şekilde taşırlar. Japonya'ya ilk seyahat edenlerin bu halkı "iki başlı ırk" olarak anlatmasının nedeni budur. Hindistan'da çocuklar belde taşınır, Kızılderililer ise çocuklarını taşımak için çocuğu anne ile sırt sırta tutan bir çeşit beşiğe bağlar ve bu da çocuğun annenin sırtında çevresini seyredebilmesini sağlar. Çocuğu bırakma fikri bu annelerin zihnine o kadar uzaktır ki bir Afrika kabilesinde yeni kraliçenin taç giyme törenine bebeğiyle birlikte gelmesi törene katılan misyonerleri hayrete düşürmüştür.

Diğer bir nokta da emzirme süresinin uzatılmasıdır. Bu bazen bir buçuk yılı, bazen de iki, hatta üç yılı bulur. Bunun çocuğun beslenme gereksinimleri ile hiçbir ilgisi yoktur, çünkü çocuk bir süredir diğer besin tiplerini özümlemeye başlamıştır, ancak emzirme süresinin uzatılması annenin çocukla birlikte kalmasını gerektirir ve bu da zihnini oluşturacak tam bir toplumsal yaşam konusunda çocuğuna yardım ediyor olma bakımından bilinçdışını tatmin eder. Anne çocukla bizzat konuşuyor olması da onu yanında dolaştırıyor olması bile, çocuğun dünyayla bağlantı kurmasını sağlar; çocuk sokaktaki, pazardaki, arabalardaki insanları, hayvanları ve adlarını bilmese bile, zihninde yer edecek diğer şeyleri görür ve işitir. Annesi bir tezgâhtarla meyvelerin fiyatı konusunda satıcıyla tartışırken, yüzünün nasıl aydınlandığına bir bakın. Sözcüklerle jestlerin onda uyandırdığı ilginin derinliğini hemen göreceksiniz.

Annesiyle birlikte dolaşan ufaklığın hasta olmadığı ya da canı yanmadığı sürece hiç ağlamadığını göreceksiniz. Arada bir uykuya dalar, ama ağlamaz. Özellikle bir ülkenin toplumsal yaşamını belgelemek için çekilmiş fotoğraflara bakarsanız, anneleriyle birlikte olan çocuklardan hiçbirinin ağlamadığını görebilirsiniz.

Oysa Batılı ülkelerde çocuğun ağlaması bir sorundur. Anne babaların çocukların sürekli ağlaması konusunda yakındığını çok sık duyarız. Bebeği susturmak ve mutlu etmek için ne yapılması gerektiğini tartışırlar. Modern psikolojinin yanıtı şöyle: "Bebek zihinsel bir açlık çektiği için ağlar, rahatsız olur, ağlama ve öfke nöbetleri geçirir." Bu doğrudur. Çocuk sıkılmıştır. Güçleri ile alıştırma yapmasını engelleyen ve başkaca bir şey sunmayan bir alana hapsedildiği için, zihni açlık çekmektedir. Bunun tek çaresi de onu bu yalnızlıktan kurtarmak ve toplumsal hayata katılmasına izin vermektir. Bu yaklaşım birçok ülkede doğal bir şekilde, bilincinde olmadan uygulanıyor. Bizdeyse bilinçli düşünmenin sonunda anlaşılması ve farkında olarak uygulanması gerekiyor.

10

DİL ÜZERİNE BAZI DÜŞÜNCELER

Şimdi, çocukta dil gelişimi konusuna dönelim. Bu konu üzerinde durmak gerekiyor, yoksa toplumsal yaşamla bağlantısını gözden kaçırabiliriz. Dil insanları insan grupları ve uluslar ile birleştirmekle kalmaz, aynı zamanda insanlar ile diğer canlı türleri arasındaki en önemli farkı oluşturur. Uygarlık olarak adlandırdığımız çevre dönüşümünün kökeninde dil bulunur.

İnsan yaşamı hayvanlardaki gibi bütünüyle içgüdüsel değildir. Belirli bir bebeğin dünyada ne yapacağını kimse öngöremez. Öte yandan, başkalarıyla karşılıklı kavrama içinde olmadığı sürece, pek bir şey yapamayacağı da açıktır! Düşünme gücü yeterli değildir. İnsanlar ne kadar akıllı olursa olsun, başarı için gereken düşünme ve anlaşma için bu tek başına yeterli olmaz. Dil *toplu düşünmenin* aracıdır.

İnsan yeryüzüne çıkmadan önce dil yoktu. Peki, nedir dil? Yalnızca bir soluk! Birbirine bağlanmış birkaç ses.

Dildeki sesler tek başlarına anlamsızdır. Kullandığımız araç ile "bardak" sözcüğü arasında mantıksal bir bağ yoktur. Bu seslere anlam veren tek şey insanların bunlara belirli bir anlam verme konusunda anlaşmış olmasıdır. Bu bütün sözcükler için geçerlidir. Sözcükler, bir insan grubunun kendi içinde yaptığı anlaşmanın ifadeleridir ve bu sözcükleri de yalnızca "bilgisi olanlar" anlayabilir. Diğer gruplar aynı düşünceleri aktarmak için oldukça farklı ses kümelerinden yararlanabilir.

Demek ki dil belirli bir insan topluluğunu çevreleyen ve onları diğerlerinden ayıran bir çeşit duvardır. "Sözün" insan zihninde hep gizemli bir değerinin olması belki de bundan kaynaklanır; söz insanları ulus anlayışından da daha çok birleştirir. Sözler insanlar arasında bağ kurar ve kullandıkları dil zihinlerinin gereksinimlerine göre gelişir ve dallanıp budaklanır. Dilin insan düşüncesiyle birlikte geliştiği söylenebilir.

Bu denli çok sözcüğü oluşturabilmek için az sayıda sesin kullanılması ilginçtir. Sesler o denli farklı şekillerde bir araya getirilebilir ki bunlarla sayısız sözcük oluşturulabilir. Bir ses bir diğerinden önce ya da sonra gelir, kimisi vurgulanır, kimisi vurgulanmaz, bazıları dudaklar kapalı bir şekilde, diğerleri açık bir şekilde söylenir. Belleğin bu denli çok sayıda farklı birleşimi ve bunların anlamlarını hatırlayabilmesi daha da şaşırtıcıdır. Burada yine sözcükleri bir araya getirip cümleler hâlinde ifade etme sorusu söz konusudur. Bu cümlelerdeki sözcüklerin belirli bir sırada düzenlenmesi gerekir. Bir odadaki eşyalar gibi gelişigüzel yerleştirilemezler. Dinleyene konuşanın amacı doğrultusunda yol gösteren kurallar bulunur. Konuşan kişi bir şey hakkındaki düşüncesini ifade edebilmek için adını kullanır ve bunun yanına bir sıfat koyar. Özne, eylem ve nesne cümlede uygun yerlerde bulunur. Sözcükleri doğru anlamak yetmez, sıraları da aynı derecede önemlidir. Bunun doğruluğunu sınamak için açık bir şekilde ifade edilmiş bir cümleyi bir kâğıt parçasına yazabiliriz. Daha sonra sözcükler ayrı ayrı kesilip karıştırıldığında anlam da ortadan kalkar. Aynı sözcükler farklı bir düzende hiçbir anlam ifade etmez. Demek ki sözcüklerin düzeni üzerinde de bir anlaşma olması gerekir.[35]

---

[35] Ayrıca *bkz.* G. Revesz, *Ursprungund Vorgeschichte der Sprache*, Berne, 1946.

DİL ÜZERİNE BAZI DÜŞÜNCELER

Öyleyse, dil gerçekten de bir çeşit üst zekânın ifadesidir. Tarihteki diller bazen öyle hantallaşmıştır ki uygarlık çöktüğünde, kullanımdan da kalkarlar ve hatırlanmaları çok zor olduğu için yok olup giderler. İlk bakışta dil bize doğanın verdiği bir şey gibi görünebilir, ancak dilin doğanın üstünde ve üzerinde olduğu sonucuna varmak durumundayız. Dil doğanın üzerine bindirilen bir yaratım, kitlesel zihnin bir zekâ ürünüdür. Her şeyi ifade edebilecek sınırsız bir ağ gibi dört bir yana yayılır. Sanskritçe ya da Latince gibi bir dil üzerine yıllarca çalışsak bile, bu dil üzerinde uzmanlaşamayabiliriz. Bu çözülmesi olanaksız bir gizemdir. İnsanların bir projeyi yürütebilmek için anlaşabilmesi gerekir ve bunun için de ortak bir dile gereksinim duyarlar. Konuşma gerçek bir şeydir, ancak insanın kullandığı araçlar arasında en az somut olanıdır.

Bu soruna, insanın bu aracı nasıl edindiğine eğilmemiz, bizi dili "emenin" çocuk olduğu sonucuna götürüyor. Bu, emmenin gerçekliği üzerinde henüz yeterince durulmamış derin ve kafa karıştırıcı bir sorundur. Genel olarak söyleyebildiğimiz tek şey, "Konuşan insanlarla birlikte yaşayan çocukların kendilerinin de doğal olarak konuşmaya başlayacağı" oluyor. Öte yandan, çoğu dilde bulunan bu sayısız karışıklık düşünüldüğünde, bu düşünce çok yüzeysel kalıyor. Yine de alanda binlerce yıldır bu düşünce hâkim olmuş ve üzerinde en ufak bir değişiklik bile yapılmamış.

Sorunun incelenmesi bir gözlemi daha ortaya koyuyor: Bize ne kadar zor gelirse gelsin, bir dil, kökeni olan topraklarda bir zamanlar eğitimsiz sınıflar tarafından kullanılmıştır. Örneğin, bugün modern türevlerinden birini konuşan bizlere bile zor gelen Latince ilk olarak, İmparatorluk Roması'ndaki köleler tarafından kullanılmıştır ve o zamanlar da tıpkı bugün olduğu gibi karmaşıktır. Tarlalarda çalışan eğitimsiz işçiler de Roma saraylarında yaşayan üç yaşındaki çocuklarla aynı dili kullanmıyor muydu?

Hindistan'da da uzun yıllar önce toprağı işleyenler, ormanlarda yaşayanlar kendilerini Sanskritçe yoluyla doğal bir şekilde ifade etmiyor muydu?

Bu soruların yarattığı merak bugünkü çocuklarda gelişimi gözlemlenebilen dil üzerine titiz çalışmalara önayak oldu. Öğretim değil, gelişim diyorum, çünkü anne çocuğa dili öğretmez. Dil doğal olarak kendiliğinden bir yaratım gibi gelişir. Ayrıca gelişimi de bütün çocuklarda aynı olan, değişmez yasalara uyar. Çocuğun yaşamındaki çeşitli dönemler ulaşılan düzeyde aynı aşamaları sergiler ve bu da dil ister basit, isterse karmaşık olsun, dünyanın dört bir yanındaki çocuklarda yinelenir. Bugün de ilkel halkların konuştuğu son derece basit birçok dil var ve çocuklar bu dillerde de çok daha zor dillerdeki aynı düzeylere ulaşıyor. Bütün çocuklar yalnızca heceleri söyleyebildikleri bir dönemden geçiyor; daha sonra tam sözcükleri söyleyebiliyorlar ve en sonunda da sözdizimi ve dilbilgisinin bütün kurallarını kusursuz bir şekilde kullanmaya başlıyorlar.[36]

Eril ile dişil, tekil ile çoğul, zamanlar ile kipler, ön ekler ile son ekler arasındaki bütün farklar çocukların konuşmalarına uygulanıyor. Karmaşık da olsa, kuralların birçok istisnası da olsa, çocuğun emici zihni dili bir bütün olarak öğreniyor ve birkaç sözcükten ibaret olan ilkel bir dili öğrenen Afrikalı bir çocukla aynı yaşta dili kullanmaya başlıyor.

Farklı seslerin üretilmesini izlediğimizde, bunların da kurallara bağlı olduğunu görüyoruz. Sözcüklerdeki bütün sesler belirli işleyişler kullanılarak üretiliyor. Bazen burun gırtlakla birlikte çalışıyor, bazen de dil kasları ile yanak kasları arasında eş güdüm kurmak gerekiyor. Bu işleyişin oluşturulmasında bedenin çeşitli parçaları rol oynuyor ve bunlar ana dilin, çocuğun öğrendiği dilin kullanılmasında kusursuz bir işleyiş sergiliyor. Biz yetişkinlerse yabancı bir ülkedeyken, işittiğimiz sesleri yeniden üretmek bir yana, saptayamıyoruz bile. Yalnızca kendi dilimizin işleyişini kullanabiliyoruz; yalnızca bir çocuk kendi

---

[36] Çocukta dil gelişiminin farklı aşamaları üzerine bir özet için bkz. W. Stern, *Psychology of Early Childhood*.

DİL ÜZERİNE BAZI DÜŞÜNCELER

işleyişini kurup çevresinde kullanılan dillerin hepsini kusursuz bir şekilde öğrenebilir.

Bu bilinçli bir çalışmanın ürünü değildir. Zihinde bilinçdışı bir düzeyde gerçekleştirilir. Bilinçdışının en karanlık derinliklerinde başlar ve kendini açar, değişmez bir kazanım olarak ortaya çıkar. Biz yetişkinler bir dili bilinçli olarak öğrenmek istemenin nasıl bir şey olduğunu, ancak hayal edebiliriz. Daha sonra da kendimizi istemli olarak bu göreve veririz. Oysa bir düşüncenin üzerinde durmaya çalışmamız gerekiyor. Bu da doğal işleyişler, daha doğrusu bilinçten ayrı hareket eden ve doğa üzerine bindirilen işleyişler düşüncesidir ve bu harika işleyişler ya da işleyiş dizileri gözlem yoluyla doğrudan erişemeyeceğimiz derinliklerde gelişir. Bunlarla ilgili, ancak dış verilere ulaşabiliriz ve bu da bütün insanlarda ortaktır ve bütünüyle görülebilir.

Bu resmin bütünü çok şaşırtıcı, ancak bazı ayrıntıları daha da etkileyici. Bunlardan biri de bütün halklarda bir kuşaktan diğerine söyleyiş sürekliliği olmasıdır. Bir diğeriyse karmaşık dillerin de basit diller kadar kolaylıkla emilmesidir. Ana dilini öğrenmek hiçbir çocuğa yorucu gelmez; ne olursa olsun, çocuğun "işleyişi" bu dili tek bir bütün olarak var eder.

Çocuğun dili bu şekilde emmesi, çok yakın bir benzetme olmasa da çocuğun zihninde olup bitenler hakkında fikir verebilecek bir örneği getiriyor aklıma.

Bir şeyin resmine gereksinim duyduğumuzu düşünün. Bu resmi kalem ve boya kullanarak kendimiz de yapabiliriz, oldukça farklı bir ilkeye dayanan fotoğraf tekniğinden de yararlanabiliriz. Bu durumda resim duyarlı plakaya kaydedilecektir ve resimde on kişinin olması ya da bir kişinin olması fark etmez. Bin kişi de olsa, her şey bir anda olup bitecektir. Bir kitabın kapaktaki adını da, yabancı karakterler içeren bir baskıdaki sayfasını da kopyalarken yapılacak iş aynıdır. İster basit, isterse karmaşık olsun, kimyasallar her şeye saniyenin çok küçük bir bölümünde tepki verir. Oysa bir insan figürünü çizmek zaman alır. Figürlerin sayısı arttıkça, harcanan zaman da artar. Bir kitabın başlığını kopyalamak zaman alırken, bir sayfasını çok küçük harflerle kopyalamak çok daha uzun sürecektir.

Bunun yanı sıra fotoğraf imgesi plakaya tamamıyla karanlık bir ortamda basılır; film yine karanlıkta banyo edilir, karanlıkta sabitlenir ve ancak bundan sonra aydınlıkta sergilenebilir. Bununla birlikte artık değiştirilemez.

Çocuktaki tinsel dil öğrenme işleyişi de böyledir. Çalışma bilinçdışı zihnin en karanlık gölgelerinde başlar, burada gelişir ve ürün yine burada sabitlenir. Ancak bundan sonra açığa çıkabilir. Tüm bunların olmasını sağlayan bir işleyiş olduğu yadsınamaz.

Buna ikna olduktan sonra, tam olarak nelerin gerçekleştiğini merak etmek son derece doğaldır. Günümüzde bu konuda birçok heyecan verici teknik araştırma yürütülüyor. Bununla birlikte, çalışmanın yalnızca gözleme dayalı bölümünü biz de yapabiliriz. Bunun için de görünürdeki olayları izlememiz gerekir, sonuçta ancak bunlardan emin olabiliriz. Eksiksiz olması gereken bu çalışmalar günümüzde doğumdan başlayarak iki ya da üç yaşa kadar titizlikle yürütülüyor. Her gün yaşananların yanı sıra, gelişimin durağan kaldığı dönemler de not ediliyor. Bu notlar da dönüm noktası niteliğinde olgular ortaya koyuyor. İç çalışma nicelik açısından engin olsa da bunların dış belirtileri genellikle küçüktür. Bu da ifade güçleriyle çocuğun içindeki çalışma arasında büyük bir oransızlık olduğu anlamına gelir. Ayrıca görünür ilerlemenin aşama aşama değil, sıçramalar hâlinde olduğu bulunmuştur. Örneğin, belirli bir zamanda heceleri söyleyebilme gücü ortaya çıkar ve bundan sonra çocuk aylar boyunca yalnızca heceleri söyler. Dışarıdan bakılınca bir ilerleme varmış gibi görünmez, ama birdenbire bir sözcük söyler. Daha sonra yine uzun bir süre yalnızca bir ya da iki sözcük söyler ve ilerleyişi çok yavaş görünür. Buna karşın diğer etkinlik biçimleri iç yaşamının sürekli ve etkileyici bir genişlemeden geçtiğini gösterir.

DİL ÜZERİNE BAZI DÜŞÜNCELER

Peki, bizim deneyimlerimiz bundan çok mu farklı? İlkel halkların yüzyıllar boyunca çok alt düzeylerde yaşadığını, dışarıdan bakınca herhangi bir ilerleme kaydedemeyecekmiş gibi göründüklerini tarihte okuyoruz; oysa bu yalnızca dış görünüştür, tarihçiye öyle görünür. Aslında sürekli bir iç gelişim söz konusudur ve bu da ani ve hızlı değişimlere yol açan bir dizi keşif şeklinde gösterir kendini. Bunu da bir sonraki güçlü patlamadan önceki sakin ve gelişimin yavaş seyrettiği bir dönem izler.

Çocukluk dönemindeki dil gelişimi de aynı böyledir. Düzgün bir yolda yavaş yavaş, sözcük sözcük gerçekleşen bir ilerleme değil, psikologların deyişiyle patlamaları söz konusudur ve bunun nedeni de bir öğretmenin yaptıkları değildir. Bunlar, görünürde herhangi bir neden olmadan kendi başlarına gerçekleşir. Her çocuk, yaşamının belirli bir döneminde kusursuz bir şekilde söylediği çeşitli sözcüklerle bir patlama yaşar. Daha önce âdeta dilsiz olan çocuk üç ay içinde tüm ad, ön ek, son ek ve eylem biçimlerini kolaylıkla ve kusursuz bir şekilde öğrenir ve bu da bütün çocuklarda iki yaşın sonlarına doğru gerçekleşir.

Biz de çocukları örnek alıp cesaret bulabilir, beklemeye razı olabiliriz. Tarihteki durağan dönemlerde ilerlemenin gerçekleşeceği umudunu taşıyabiliriz. Belki insan göründüğü kadar budala değildir. Gelecekte gerçekleşecek harika şeyler bizden gizli olan iç yaşamda patlamayı bekliyor olabilir.

Çocuğun ifade güçlerindeki patlamalar ve sıçrayışlar iki yaştan sonra da bir hayli devam eder. Basit ve karmaşık cümlelerin kullanılması, yüklemlerin zaman ve kipleriyle birlikte kullanılması kendini gösterir ki buna dilek kipi de dâhildir. Sıralı cümleler ve yan cümleler yine beklenmedik bir şekilde ortaya çıkar. Çocuğun ait olduğu ulus ya da toplumsal sınıfa özgü zihinsel yapılar ve dilsel ifade işleyişleri böylece yerleşir. Bu, bilinçdışında hazırlanan ve daha sonra bilince aktarılan bir hazinedir. Bu güce sahip olan çocuk hiç durmadan konuşur da konuşur.

İnsanın zihinsel oluşumunda bir sınır çizgisi olan iki buçuk yaşından sonra, dilin örgütlenişinde yeni bir dönem başlar ve gelişim artık patlamalar olmadan, ancak büyük bir canlılıkla kendiliğinden devam eder. Beş ya da altı yaşındaki bir noktaya dek süren bu ikinci dönemde, çocuk birçok yeni sözcük öğrenir ve cümle kurma yeteneğini kusursuzlaştırır. Çocuğun içinde bulunduğu ortamda az sayıda sözcük kullanılıyorsa ya da konuşulanlar bir lehçeden ibaretse o da bu şekilde konuşmaya başlar. Öte yandan, sözcük dağarcığı geniş olan kültürlü insanlar arasında yaşıyorsa, o da bunların hepsini eşit derecede alır. Dolayısıyla, çocuğun içinde bulunduğu ortam çok önemlidir, ancak bu dönemde çocuğun dili çevresi nasıl olursa olsun zenginleşmeye devam eder.

Belçikalı psikologlar iki buçuk yaşında, yalnızca iki ya da üç yüz sözcük bilen çocukların altı yaşına geldiğinde binlerce sözcük bildiğini bulmuştur. Tüm bunlar bir öğretmen söz konusu olmadan gerçekleşir. Bu kendiliğinden olan bir kazanımdır. Biz de çocuk tüm bunları tek başına başardıktan sonra, büyük ödül olarak alfabeyi öğrensin diye çocuğu okula göndeririz.

İzlenen bu çifte yolu hiç aklımızdan çıkarmamız gerekiyor. Konuşmayı hazırlayan bilinçdışı etkinliği yavaş yavaş uyanan ve bilinçdışının sunduklarını alan bilinçli bir süreç izler.

Peki, ya sonuç? Sonuç *insandır*. Doğru konuşmayı öğrenmiş olan, ana dilinin kurallarını bilen ve kullanan altı yaşındaki çocuk kendisini ortaya çıkaran bilinçdışı çalışmayı hiçbir zaman anlatamaz. Yine de konuşmanın yaratıcısı odur, yani *insandır*. Bunu bütünüyle tek başına yapar, ama bu güçten yoksun olsaydı ve konuştuğu dilde kendiliğinden ustalaşamasaydı, insanlık dünyasının bugüne dek yaptığı hiçbir etkili çalışma gerçekleştirilemezdi. Uygarlık diye bir şey olmazdı.

İşte, çocuğu bu bakış açısıyla görmemiz gerekiyor. Onun önemi budur. Her şeyi olanaklı kılan odur. Uygarlık onun çalışması üzerinde yükselir. İşte, bu yüzden çocuğa gereksinim duyduğu yardımı vermeli ve yalnız yürümemesi için onun hizmetinde olmalıyız.

11

DİL ÇOCUĞA NASIL SESLENİR?

Dilin işleyişinin harikalarını örneklerle anlatmaya çalışalım. Merkezî sinir sisteminin canlılarda dış dünyaya uyum sağlama mekanizması olduğunu ve çeşitli duyu organlarının, sinirlerin ve sinir merkezlerinin ve devinim ya da hareketle ilgili kaslı organların da bunda rol oynadığını biliyoruz. Bununla birlikte, dil işleyişinin varlığı -bir açıdan- maddesel etkenlerin ötesinde bir şeyin de olduğu anlamına geliyor. Yüzyılın sonlarına doğru, beyin zarındaki sinir merkezi bölgelerinin ya da "merkezlerin" dil ile bağlantılı olduğu görüldü. Bunların ikisi özellikle konuşmanın *işitilmesi* (işitsel alıcı merkez) ve konuşmada sözcükleri seslendirmek için gerekli hareketlerin *üretilmesi* ile ilgilidir. Dolayısıyla, bunlardan biri duyusal merkez, diğeriyse motor merkezdir.

Dil aygıtının görünür yönlerinde, aynı bölümlerin görülebildiği organlar bulunur. Kulağın organik merkezi konuşma seslerini alır, ağız, gırtlak, burun vb. ise konuşma seslerini üretir. Bu iki merkez hem fizyolojik hem de psikolojik olarak ayrı ayrı gelişir. İşitme organları bir anlamda çocukta dilin bilinçdışı zihnin derinliklerinde geliştiği zihinsel yaşamın gizemli konumuyla bağlantılıdır. Motor bölümün etkinlikleriyse söylenen sözcükleri üretmek için gereken son hareketlerin şaşırtıcı karmaşıklığı ve kesinliğinden çıkarılabilir.

Bu ikinci bölümün daha yavaş geliştiği ve diğerinden daha sonra ortaya çıktığı çok açıktır. İnsan bunun nedenini merak ediyor. Bunun tek nedeni, işitilen seslerin çocukta bu sesleri yeniden üretmek için gereken hassas hareketleri *kışkırtması* olabilir.

Bu da son derece mantıklı, çünkü insana önceden kurulmuş bir dil verilmediyse (bu dili kendi başına yaratması gerekiyorsa), doğal olarak çocuğun içinde bulunduğu halkın kullandığı sesleri yineleyebilmesi için önce bunları işitmesi gerekir. Öyleyse, sözcükleri yeniden üretmek için gereken hareketlerin zihine kaydedilmiş seslerden oluşan bir alt tabakaya dayanması lazımdır, çünkü çocuğun yapacağı hareketler önceden işittiği ve zihninde tutulmuş seslere dayanacaktır. Bu kadarını zaten anlayabiliyoruz, ancak unutmamamız gereken bir şey var. Konuşma doğal bir işleyişle üretilir, mantıksal muhakeme yoluyla değil. Mantıksal olan aslında doğadır. Doğayı incelerken olan da budur. Önce olguları fark ederiz. Bu olguları anladıktan sonra da bunların ne kadar mantıklı olduğunu söyleriz. Bu da doğal olarak şu düşünceyi doğurur: "Bu olayları yöneten akıllı bir güç olmalı!" Böyle bir akıllı ve yaratıcı yönlendirmenin görünürdeki etkisi genellikle sadece fiziksel olan olaylardan çok psikolojik olanlara atfedilir, ancak yine de yeterince şaşırtıcıdır; insanın aklına tüm o renkleri ve biçimleriyle çiçeklerin güzelliği geliyor. Çocuk doğduğunda ne işitir ne de konuşur. Bu çok açık. O zaman var olan nedir? Hiçbir şey, ancak her şey ortaya çıkmaya hazırdır.

Bu iki merkez, belirli bir dil açısından düşünüldüğünde, her sesten ve bütün kalıtımsal etkilerden muaftır. Bununla birlikte bu merkezler bir dili kavrama ve bu dilin sözcüklerini üretmek için gereken hareketleri geliştirme gücüne sahiptir. Bunlar doğanın bir dili bütün kullanımlarıyla geliştirmek için kullandığı işleyişin parçalarıdır.

Daha derine inildiğinde, bu iki sinir merkezinin yanı sıra, yine merkezî nitelikte özel bir duyarlılık ve harekete geçmeye hazırlık olması gerektiği açıkça görülür. Dolayısıyla, çocuğun etkinliği işitme duyumlarını izler; her şey doğan çocuğun uyum ve konuşmaya hazırlık çalışmasına başlayabilmesi için kusursuz bir şekilde düzenlenmiştir.

Organlar da bu karmaşık hazırlıkların bir parçasını oluşturur. Organları gözlemlediğimizde, psikolojik açıdan gerçekleşenler kadar muhteşem bir işleyişin olduğunu görürüz. Konuşulan dili işitme organı olan kulak, rahimdeki gizemli koşullarda doğal olarak oluşur ve o kadar hassas ve karmaşık bir araçtır ki bir müzik dehasının kurduğu bir düzeneğe benzer. Kulağın merkezdeki parçası çeşitli seslere uzunluklarına göre tepki verip titreyen telleriyle bir harpı andırır. Kulağımızdaki harpta derecelerine göre ve alan çok dar olduğu için bir deniz kabuğu gibi spiral şeklinde düzenlenmiş altmış dört tel bulunur. Alan bu denli dar olsa da doğa müzik notalarının alınması için gereken her şeyi sağlar. Peki, ama bu telleri titreten nedir? Bu tellere hiçbir şey çarpmadığı sürece, kullanılmayan bir piyano gibi yıllar boyunca sessiz kalabilirler. Oysa bu harpın önünde titreşen bir zar bulunur ve bir davulun gergin yüzeyine benzeyen ve sesleri yansıtan bu zara ne zaman bir ses çarpsa, harpın telleri de titreşir ve işitme duyusu konuşmanın müziğini toplar.

Kulak yeterince teli olmadığı için, evrendeki bütün seslere tepki vermez. Bununla birlikte karmaşık müzikler bu tellerde bir tını yaratır ve bir dilin tamamı tüm hassaslığı ve inceliğiyle aktarılabilir. Kulaktaki araç mucizevi doğum öncesi yaşamda oluşur. Çocuk gebeliğin yedinci ayında doğmuş olsa bile, kulak tamamlanmıştır ve işini yapmaya hazır durumdadır. Bu araç nasıl olup da ona ulaşan sesleri iletiyor, küçük sinir fibrilleri üzerinden beyinde bu sesleri algılayan özel merkezlere gönderiyor? Bu da doğanın gizemlerinden biri.

Peki, doğumdan sonra konuşma nasıl oluşuyor? Yeni doğan bebekler üzerinde özel çalışmalar yürüten psikologlar en yavaş gelişen duyunun işitme olduğunu söylüyor. Bu duyu o kadar ağır bir şekilde gelişir ki birçokları çocukların sağır doğduğunu söyler. Beraberinde şiddet de olmadığı sürece seslere tepki vermezler. Bence bunun gizemli bir anlamı olabilir. Çocuğun duyarsız olması için bir neden göremiyorum, sesler derinden toplanıyor, dil merkezlerinde, özellikle de sözcüklerin biriktirildiği yerlerde bir duyarlılık yoğunlaşması yaşanıyor olmalı. Bu merkezlerin dili yakalayacak özel bir tasarıma sahip olduğunu, böylece bu güçlü işitme mekanizmasının yalnızca belirli türde seslere, konuşma seslerine tepki verdiğini ve bunlarla ilişkili olarak harekete geçtiğini düşünüyorum. Bunun sonucunda da çocuğun duyduğu sözcükler, bunların yeniden üretilmesi için gereken hareketleri yapmasını sağlayacak karmaşık işleyişi harekete geçirecektir. Bunu yöneten duyarlılık özel bir şekilde yalıtılmış olmasaydı, merkezler her türlü sesi almakta özgür olsaydı, çocuk çok şaşırtıcı sesler çıkarmaya başlardı. İçinde bulunduğu yere özgü bütün sesleri taklit ederdi ve buna insanlara ait olmayan sesler de dâhil olurdu. Çocuğun bir dili öğrenmesini sağlayan şey doğanın bu merkezleri dile yönelik olarak oluşturmasından ve yalıtmasından başka bir şey değildir. Ormanda terk edilmiş ve daha sonra mucizevi bir şekilde kurtarılmış "kurt çocuklar" bulunmuştur. Bu çocuklar hayvanların ve kuşların bağırış çağırışları, su sesleri, yaprak hışırtıları arasında yaşamış olmasına karşın, bütünüyle dilsiz kalmıştır. Herhangi bir ses çıkarmazlar, çünkü konuşma mekanizmasını harekete geçirebilen tek güç olan insan konuşmasını daha önce hiç duymamışlardır.[37]

Dil için özel bir mekanizma olduğunu göstermek için, bu noktayı vurguluyorum. İnsanı diğer canlılardan ayıran şey kendi başına dile sahip olması değil, kendine özgü bir dilinin olması-

---

[37] Bunun ilginç örneklerinden biri Aveyron Yabani Çocuğu'dur, bkz. 8. Bölüm'ün sonundaki dipnot.

nı sağlayan bu işleyişe sahip olmasıdır. Öyleyse, sözcüklerin bir çeşit ürün olduğunu, çocuğun hazırda bulduğu işleyiş sayesinde, bu sözcükleri üretebildiğini söyleyebiliriz. Doğumu izleyen gizemli dönemde, özel bir şekilde işlenmiş bir çeşit duyarlılığa sahip tinsel bir varlık olan çocuk uyuyan bir *ego* olarak görülebilir. Öte yandan, birdenbire uyanacak ve tatlı bir müzik duymaya, bütün lifleri titreşmeye başlayacaktır. Bebek kulaklarına başka bir sesin ulaşmadığını düşünebilir, ancak aslında bunun nedeni ruhunun diğer seslere tepki vermemesidir. Ancak insan konuşması içinde bir şeyleri harekete geçirme gücüne sahiptir.

Yaşamı yaratan ve koruyan büyük zorlayıcı güçleri anımsarsak, bu müzikten kaynaklanan yapıların neden sonsuza dek varlığını sürdürmesi gerektiğini ve dilin sürekliliğini koruyan aracın neden dünyaya arka arkaya gelen yeni varlıklar olduğunu anlayabiliriz. Çocuğun *mnemesinde* bu dönemde oluşan her şey sonsuza dek sürme gücüne sahiptir.

Ritmik şarkı ve danslar için de aynı şey geçerlidir. Bütün insan toplulukları müziği sever. Hepsi kendilerine özgü diller gibi, kendi müziklerini de yaratır. Her grup beden hareketleri ve bunlara eşlik eden sözcüklerle kendi müziğine tepki verir. İnsan sesi bir müziktir ve sözcükler onun notalarıdır. Kendi başlarına sözcüklerin bir anlamı yoktur. Her grup sözcüklere kendine özgü bir anlam yükler. Hindistan'da yüzlerce dil insan gruplarını birbirinden ayırır, ama müzik hepsini birleştirir ve bu da çocukluktaki "zihinsel tutma"nın kanıtıdır. Bunun anlamını düşünelim; hiçbir hayvanda müzik ya da dans görülmez. Oysa dünyanın dört bir yanında yaşayan bütün insanlar dans ve şarkıları bilir ve üretir. Konuşmanın sesleri bilinçdışında sabitlenir. Canlıların içinde olup bitenleri göremeyiz, ancak dışarıda olanlar bize yol gösterir. Küçüklerin bilinçdışına ilk olarak, dilin tekil sesleri yerleşir ve bu da ana dilin temel parçasıdır: Buna alfabe de diyebiliriz. Bunu heceler, daha sonra da sözcükler izler, ancak çocuk bunları anlamadan kullanır; bazen çocukların ilk okuma kitaplarını okurken olduğu gibi. Bu çalışma ne kadar da bilgece gerçekleştirilir! Âdeta çocuğun içinde öğrencilerine önce alfabeyi ezberleten, sonra heceleri ve ardından da sözcükleri söylemeyi öğreten o eski tarz öğretmenler gibi çalışan küçük bir öğretmen vardır. Aradaki fark, *öğretmenin* bunu yanlış zamanda, çocuk tüm bunları tek başına yaptıktan, dile bütünüyle hâkim olduktan sonra yapmasıdır! İç öğretmen ise doğru zamanda harekete geçer. Çocukta önce sesler, sonra heceler yerleşir ve bunu aşamalı, dilin kendisi kadar mantıksal bir süreç izler. Bunu sözcükler izler ve en sonunda dilbilgisi alanına gireriz. İlk öğrenilen sözcükler şeylerin adları, varlık bildiren adlardır. Doğanın öğretisinin düşüncemizi nasıl harika bir şekilde aydınlattığını görebiliyoruz. Doğa öğretmendir ve onun gözetimindeki çocuk, biz yetişkinlere dilin en donuk gelen bölümlerini, hem de büyük bir ilgiyle öğrenir. Bu da gelişimin bir sonraki dönemine dek, üç yaş ile beş yaş arasında devam eder. Doğa yöntemsel olarak adları ve ön adları, bağlaçları ve belirteçleri, şimdiki zamandaki eylemleri, sonra da eylem çekimlerini ve ad çekimlerini, ön ek ve son ekleri bütün istisnalarıyla birlikte öğretir. Bu bir okula benzer ve en sonundaki sınavda çocuk konuşmayı bütün parçalarıyla uygulayabildiğini gösterir. İşte, o zaman ne kadar iyi bir öğretmenin iş başında olduğunu, çocuğun ne kadar gayretli bir öğrenci olduğunu ve tüm bunları doğru bir şekilde öğrendiği için ne kadar akıllı olduğunu görürüz. Yine de hiç kimse bu harika çalışmayı durup takdir etmez. Ancak çocuk okula gitmeye başladığında, öğrendikleriyle ilgilenmeye ve gurur duymaya başlarız. Oysa yetişkinler, çocuklara yönelik sevgiyi içeren mesleğimiz konusunda içtense, gözlerini asıl kamaştırması gereken şey bu büyük başarılardır, sözde kusurlar değil.

Çocuk gerçekten de mucizevi bir varlıktır ve eğitimcinin bunu derin bir şekilde hissetmesi gerekir. Başlangıçtaki zerre iki yıl içinde her şeyi öğrenmiştir. Bu iki yıl içinde bilincin yavaş yavaş, ama gittikçe hızlanan bir ritimle uyandığını ve birdenbire âdeta uçuşa geçtiğini ve her şeye egemen olmaya başladığını görürüz. Dört aylıkken (bazıları daha önce olduğunu söylüyor ve ben de bu görüşe daha yakınım) onu çevreleyen ve insan ağzından çıkan gizemli müziğin farkına varır ve bu onu ta derinden etkiler. Ağız ve dudak hareketleriyle bu sesleri çıkarır. Bebeğin konuşan bir insanın dudaklarını yakından izlemesi genellikle gözümüzden kaçar; çocuk bütün ilgisiyle dudaklara bakar ve bunların hareketini taklit etmeye çalışır.

Daha sonra bilinci bu çalışmada etkin bir rol oynamak için sahneye çıkar. Hareketler, elbette, bilinçdışında hazırlanmıştır. Konuşmayı üretmek için en ince kas lifleri arasında eş güdüm kurmak gerekir ve bu eş güdüm henüz tam değildir, ancak bilinçli ilgi artık uyanmıştır ve bu da dikkati pekiştirir ve bir dizi heyecanlı ve akıllıca denemeye yol açar.

Konuşanların ağzını iki ay boyunca izleyen çocuk, altı aylık olduğunda, hece seslerini üretmeye başlamıştır artık. Bundan önce tek bir konuşma sesi bile çıkarmamıştır, ama bir sabah uyanır ve "ba... ba... ma... ma" dediğini duyarsınız. "Baba," "mama" sözcüklerini üretmiştir. Bir süre boyunca yalnızca bu iki heceyi söyleyecektir. İşte, bu dönemde, "Bir bebeğin yapabileceği bundan ibarettir." demeye başlarız. Oysa bu noktaya büyük çabalar sonucunda ulaştığını unutmamak gerekir. *Egosunun* önerdiği amaç bu olmuştur ve bu keşfi yaptıktan sonra, gücünün farkına varmıştır. Artık karşımızda küçük bir insan durmaktadır, bir makine değil; elinin altındaki makineyi kullanabilen bir insan.

Bu, yaşamının ilk yılının sonuna dek sürer, ancak bundan önce, onuncu ayda çocuk bir keşifte daha bulunmuştur: İnsanların ağızlarından çıkan müziğin bir amacı olur; yalnızca müzikten ibaret değildir. Çocukla sevecen bir şekilde konuştuğumuzda, bu sözcüklerin ona sarf edildiğini anlar ve bunları bilerek söylediğimizi kavramaya başlar. Böylece birinci yılın sonunda iki şey olur: Bilinçdışının derinliklerinde dili anlamış, ulaştığı bilinç düzeyinde de -henüz agulama düzeyinde- sesleri yinelemek ve bir araya getirmekten ibaret olsa da dili yaratmıştır.

Bir yaşındaki çocuk ilk *istemli* sözcüğünü söyler. Yine önceki gibi agular, ancak bu kez bir amacı vardır ve bu da bilinçli zekânın kanıtıdır. İçinde neler olmuştur? Ayrıntılı bir inceleme, yeteneğinin bu alçak gönüllü ifadesinden çok daha fazlasının olup bittiğini gösterir. Dilin çevresini anlattığını gittikçe daha fazla fark etmeye başlar. Dilde bilinçli olarak ustalaşma isteği de daha fazladır. İşte, tam bu noktada içinde büyük bir savaş patlak verir. Bu da bilincin makineye karşı mücadelesidir. Bu insanın yaşadığı ilk çatışma, kendi parçaları arasındaki ilk savaştır! Olanları anlatmak için kendi deneyimlerimden yararlanacağım. Ben ifade etmek istediği birçok düşüncesi olan bir insanım ve yabancı bir ülkedeyken sıklıkla olduğu gibi, dinleyicilerime daha fazla ulaşabilmek için bunları ana dilim olmayan bir dilde anlatmak istiyorum. Oysa yabancı bir dilde söylediğim sözcükler bir bebeğin agulamasından ileri gidemiyor. Dinleyicilerimin akıllı olduğunu biliyorum ve görüşlerimi onlarla paylaşmak istiyorum, ama ifade araçlarından yoksun olduğum için bu ayrıcalıktan yararlanamıyorum.

Zihinde başkalarına aktarılmak istenen birçok düşüncenin olması, ancak dil kullanılamadığı için bunların ifade edilememesi çocuğun yaşamında çok dramatik bir dönemi belirler ve beraberinde çocuğun yaşadığı ilk hayal kırıklıklarını getirir. Bilinçaltında ve yardım görmeden öğrenmek için çabalar ve bu gayret ulaştığı başarıyı daha da hayret verici kılar.

Kendini ifade etmek isteyen bir insan, sözcükleri onun yerine kesin bir şekilde ifade edebilecek bir öğretmene büyük bir gereksinim duyar. Aile bunu neden yapamaz? Genellikle alışkanlığımız bizi hiçbir şey yapmamaya yöneltir. Biz de çocuğun agulamalarını taklit ederiz ve çocuğun içinde bir öğretmen olmasa, sonuçta öğrenmesi olanaksızdır. Bu öğretmen çocuğu, onunla ilgilenmedikleri zamanlarda bile, konuşan yetişkinleri dinlemeye yönlendirir. Bu kesinlikle, ona vermek için hiçbir çaba harcamadığımız dili üzerinde ustalaşmaya ittirir onu.

Bununla birlikte okullarımızda yaptığımız gibi, bir yaşındaki çocuklarla akıllıca konuşacak zeki insanlar da ayarlanabilir. Çocuğun bir ile iki yaş arasında karşılaştığı zorluklar yeterince anlaşılmıyor. Ona kusursuz bir öğrenme olanağı vermenin ne kadar önemli olduğunu da görmüyoruz. Çocuğun dilbilgisini tek başına öğrendiğini anlamamız gerekiyor; bununla birlikte bu onunla doğru bir dilbilgisi ile konuşmamamız ya da ona cümlelerini kurarken yardım etmememiz için bir neden olamaz.

Sıfır ile iki yaş arasına yönelik yeni "Evdeki Yardımcılar"[38] dil gelişimi üzerine bilimsel bilgilere sahip olmak zorunda. Çocuklara yardım ederek onu yaratan doğaya hizmet ediyoruz, onunla iş birliği yapıyoruz ve çalışma programının önceden belirlenmiş olduğunu görüyoruz.

Verdiğimiz örneğe dönersek, yabancı bir dilde konuşurken, özellikle önemli bir şey söylemek istediğimde, nasıl davranmam gerekir? Sinirlerime hâkim olamayarak öfkelenebilir, hatta bağırabilirim. Aynı şey bir ya da iki yaşındaki çocuklara da olur. Bize bir şey anlatmaya çalıştıklarında, onları anlayamadığımızda öfkelenirler. Öfke nöbetine girerler ve bu bize anlamsız gelir. Aslında genellikle de şöyle deriz: "İşte! İnsan doğasının doğuştan bozuk olduğunu kendi gözlerinle görüyorsun!"

Oysa karşınızdaki yanlış anlaşılmış ve bağımsızlık mücadelesi veren küçük bir insandır. Dili olmadığı için tek yapabildiği şey öfkesini göstermektir. Oysa bir dil kurma gücüne sahiptir ve öfkesi de elinden geldiğince ifade etmeye çalıştığı doğru sözcüğü üretme çabalarının engellenmesinden kaynaklanmaktadır. Yine de bu hayal kırıklıkları ve yanlış anlamalar onu denemekten vazgeçirmez ve kullanılan sözcüklere biraz da olsa benzeyen sözcükler yavaş yavaş ortaya çıkmaya başlar.

Bir buçuk yaşlarında bir gerçeği, her şeyin bir adı olduğunu keşfeder. Bu da işittiği onca sözcük arasından adları, özellikle de

---

[38] Roma'daki Montessori Derneği bu yaşlardaki çocukların bakımında uzmanlaşacak "Yardımcılar"a yönelik özel eğitim kursları düzenliyor. (Scuola Assistenti Infanzia Montessoriane, 116 Corso Vittorio Emanuele, Roma.)

somut adları ayırt edebildiğini gösterir. Attığı bu adım ne muhteşemdir! Şeylerle dolu bir dünyada olduğunun farkında olan bu çocuk şimdi de bunların her birinin özel bir sözcüğü gösterdiğini görmüştür. Evet, her şeyi adlarla anlatmak mümkün değildir ve çocuk en başta bütün düşüncelerini ifade ederken yalnızca bir sözcük kullanmak durumundadır. Psikologlar çocukların cümleler yerine kullandığı bu sözcüklerle çok ilgileniyor. Bu "tek sözcüklü cümleler" "kaynaştırıcı" sözcükler ya da "portmanto" sözcükler olarak anılır. Örneğin, annesinin yemeğini hazırladığını gören çocuk, "Anne, mama istiyorum." anlamında "Manne" diyebilir.

Bu yoğunlaştırılmış konuşmanın belirgin bir özelliği de bizzat sözcüklerin değiştirilmesidir. Genellikle kısaltılmış bir form, köpeğe hav hav derken olduğu gibi, yansımalı bir sesle birleştirilir ya da yeni bir sözcük uydurulur. Bu etkinin bütününe biz bebek konuşması desek de bu konu olduğundan çok daha fazla incelenmeyi hak eder ve bunu da işi çocuk bakımı olanlar yapmalıdır.

Çocuk bu yaşta yalnızca dili oluşturmaz. Oluşturduğu diğer şeyler arasında düzen duygusu da bulunur. Bu çoğu zaman zannedildiği gibi yüzeysel ya da geçici bir şey değildir, gerçek bir gereksinimden kaynaklanır. Tininde etkin bir oluşturma evresinden geçen çocuk genellikle kendi mantığına göre, karmaşa içinde olduğunu düşündüğü duruma bir düzen getirmek için derin bir itki hisseder.

Çaresizliği kolaylıkla zihinsel bir acı çekmesine neden olabilir ve onun dilini anlamamız onu bu acıdan kurtarmamıza ve zihnini sakinleştirmemize çok yardım edebilir.

Bunun örnekleri her gün yaşansa da daha önce de değindiğim ve bu noktayı özellikle aydınlatan bir anı aklıma geliyor.[39]

---

[39] Çocukların kendilerini ifade edebilmeye başlamadan önce konuşmaların bütününü anlayabildiğini gösteren bu ve buna benzer örneklere *The Secret of Childhood*'da, (Orient Longmans, 1950) yer vermiştim.

DİL ÇOCUĞA NASIL SESLENİR?

İspanyol bir çocuk palto anlamına gelen *"abrigo"* yerine *"go,"* omuz anlamına gelen *"espalda"* yerine de *"palda"* diyordu. Çocuğun kullandığı bu *"go"* ve *"palda"* sözcükleri bağırıp çağırmasına ve mücadele vermesine neden olan zihinsel bir çatışmadan ortaya çıkmıştı. Annesi üzerinden çıkardığı paltosunu koluna atmıştı. Bunun üzerine çocuk çığlıklar atmaya başlamış, hiçbir şey onu sakinleştirememişti. En sonunda anneye paltosunu yeniden giymesini önerdim. O paltosunu giyer giymez sakinleşen çocuk mutlu bir şekilde *"Go palda"* demişti, yani "Şimdi oldu, paltoyu omuzların üzerine giymek gerekir." demek istemişti. Bu öykü, çocuğun düzen istediğini ve düzensizliği itici bulduğunu gösteren çok yararlı bir örnek. İşte, bu yüzden bir bir buçuk yaşlarındaki çocuklara yönelik özel bir tür "okulun" önemini yeniden vurgulamak istiyorum. Anneler ve genel olarak toplum çocukların, yalıtılmış bir hayat yerine, yetişkinlerle temas içinde yaşamasına ve en iyi konuşmaların net bir şekilde dile getirildiğini sıklıkla işitmesine olanak tanıması gerekiyor.

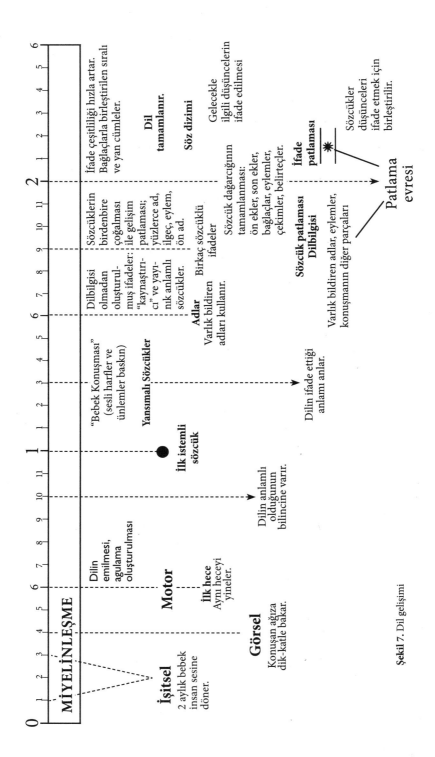

Şekil 7. Dil gelişimi

12

GELİŞİMİN ÖNÜNDEKİ ENGELLERİN ETKİLERİ

Çocukların zihinlerindeki derin duyarlılık biçimlerinden söz etmenin çocuklardaki gizli eğilimlerin daha iyi anlaşılmasını sağlayacağını düşünüyorum. Bebek zihninin bir çeşit psikanalizi gibi düşünülebilir bu. Şekil 8'de, düşüncemizi daha iyi açıklayabilmek için, çocukta dil gelişimini gösteren simgelerden yararlandım.

Siyah üçgenler varlık bildiren adları (şeylerin adlarını), siyah daireler eylemleri gösteriyor. Konuşmanın diğer parçaları da Şekil 8'deki anahtarda görülüyor. Şimdi, çocuğun belirli bir yaşta iki ya da üç yüz sözcük kullandığını bildiğimizi düşünürsek, önerdiğim bu yöntem bunu resimsel olarak ortaya koymayı amaçlıyor. Böylece dilin gelişimini bir bakışta görebiliriz, çünkü çocuğun dili ister İngilizce olsun, ister Tamil, Gujarati, İtalyanca ya da İspanyolca, konuşmanın parçaları hep aynı simgelerle gösteriliyor.

Şeklin en solunda bebeğin ilk konuşma çabalarını gösteren bulutsu parçalar bulunuyor: ünlemler, nidalar, vb. Bunu iki se-

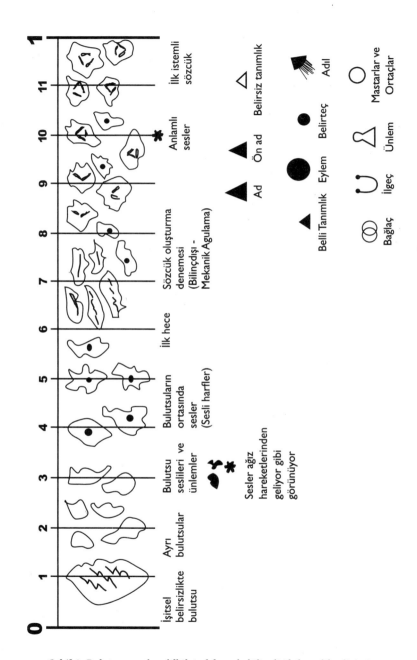

Şekil 8. Bulutsu evreden dilbilgisel formda bilinçli ifadeye dil gelişimi

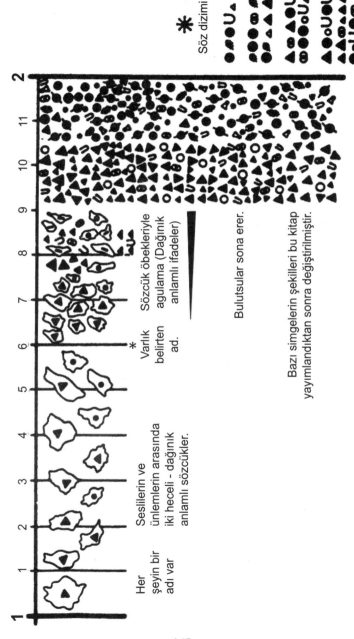

sin birleştirilip hece oluşturulması izliyor; daha sonra da üç ses ile sözcükler oluşturuluyor. Bunu da şeklin sağına doğru çeşitli sözcük grupları izliyor. Bunlar çocuğun sıklıkla kullandığı belirli adları içeriyor ve bundan sonra da her biri iki sözcüklü, yayınık anlamlı, her bir sözcüğün birden çok sözcük yerine geçtiği ifadeler geliyor.[40] Bundan kısa bir süre sonra da yoğun "patlama" meydana geliyor ve çok sayıda yeni sözcük kullanılmaya başlıyor. Ben psikologların mevcut tahminî sayısına yer verdim.

Bundan hemen önce, şekilde çoğu adlardan oluşan bir grup sözcük ve bunların yanında rastgele dağıtılmış çeşitli konuşma parçaları görülüyor, ancak iki yaşından hemen sonra sözcüklerin düzenli gruplar oluşturduğu ikinci bir evre ortaya çıkıyor. Bu da cümle patlamasıdır. Öyleyse, birinci patlama sözcüklerle ilgiliyken, ikinci patlama düşünce patlamasıdır.

Bununla birlikte bu patlamalardan önce bir çeşit hazırlık olması gerekir. Bu gizli ya da sır olabilir, ancak varlığı yalnızca bir tahmin ya da hipotezden ibaret değildir, çünkü sonuçlarına bakarak çocuğun düşüncelerini ifade edebilmek için harcadığı çabayı görebiliriz! Yetişkinler küçük çocuğun anlatmaya çalıştıklarını her zaman anlayamadığı için, çocuklarda sinir ve öfke nöbetleri de tam olarak bu dönemde ortaya çıkar. Buna daha önce değinmiştik. Bu yaşlarda küsmek çocuğun yaşamının bir parçasıdır. Çabalarının başarıya ulaşmaması öfkeyi kışkırtır. Sağır ve dilsizlerin genellikle son derece huysuz olduğu bilinir ve bunun nedeni kendilerini ifade edememeleri olabilir. Dışarıya çıkmayı bekleyen büyük bir iç zenginlik söz konusudur ve normal çocuk bunu yapmanın yollarını bulsa da bu sırada büyük güçlüklerle karşılaşır.

Çocuk için zor bir dönemdir, çünkü karşılaştığı engellerin hepsi ya çevreseldir ya da kendi güçlerinin sınırlı olmasından kaynaklanır. İkinci kez uyum sağlamakta zorlanmaktadır. Birin-

---

[40] *bkz.* Bölüm 11.

GELİŞİMİN ÖNÜNDEKİ ENGELLERİN ETKİLERİ

cisi doğumdan hemen sonrasıdır. Daha önce annesi onun yerine her şeyi yaparken çocuğun artık tek başına işlev göstermesi gerekmektedir. Uygun bakım ve anlayış olmadığı takdirde, doğum şokunun çocukta zihinsel bir travma ve buna bağlı gerileme belirtileri yaratacağını görmüştük. Bazı çocukların diğerlerinden daha güçlü ya da içinde bulunduğu koşullar bakımından daha talihli olduğunu ve bunun da normal gelişimin temeli olan bağımsızlığa doğrudan ilerlemelerini sağladığını da söylemiştik. Mevcut durum bunların hepsine paralel özellikler sergiler. Dil arayışı zahmetli bir yolculuktur ve bu da konuşmanın getireceği daha fazla bağımsızlığa yöneliktir. Pusuda yatmış gerileme tehlikesi burada da söz konusudur.

Bu yaratıcı dönemin okuyucunun anımsayacağı bir özelliği daha bulunur. Çocuğun zihninde, alınan izlenimler de, bunların tetiklediği duygusal sonuçlar da kalıcı olarak kaydedilme eğilimindedir. Konuşma dilindeki sesler ve dilbilgisi bakımından bu yararlı bir şeydir, ancak çocuk bu dönemde öğrendiklerini hayatı boyunca koruyacağı için, engellerin yarattığı talihsiz etkiler de varlığını sürdürecektir. Yaratıcı yaşamın her evresi doğası bakımından ikilidir. Bir çatışma, korku, bir çeşit terslik, hesaplanamaz sonuçlar doğurabilir, çünkü bu engellere verilen tepkiler, tıpkı ilerlemenin olumlu etkilerine verilen tepkiler gibi emilir. Bu da fotoğraf plakasında bir ışık sızıntısı sonucunda ortaya çıkan ve bundan sonra yapılacak bütün baskılarda görülen bir izi getiriyor insanın aklına. İşte, bu yüzden de bu dönemde yalnızca karakterde normal bir gelişim beklenmez. Kişilikte belirli kusurlar veya "sapmalar" da söz konusu olabilir ve bunlar gelişimin sonraki aşamaları bakımından önemlidir.

Bu oluşum döneminde hem yürüme hem de konuşma yerleşir ve iki buçuk yaşına dek sürer, ancak yoğunluğu ve verimliliği azalmaya başlar. Hem bu güçler hem de kökenleri aynı döneme dayanan kusurlar ve güçlükler büyümeyi ve gelişmeyi sürdürür. Gerçekten de yetişkin yaşamında kendini gösteren zihinsel rahatsızlıkların izlerini bu erken yıllarda aramak psikanalizde sık görülen bir durumdur.

Normal gelişimle yakından ilişkili güçlükler, genel olarak psikolojide kullanılan, ancak özellikle psikanaliz ile ilişkilendirilen "gerilemenin" yörüngesine düşer. Artık herkesin haberdar olduğu "gerilemelerin" kökleri bebeklik dönemindedir. Etkinliklerimizin bütün alanlarında sıkça görülseler de özellikle konuşmada çok sayıda örneğine rastlanır. "Sözcük patlaması" yaşandığında, sözcük kitlesinin kendine bir çıkış bulması gerekir. Çocuğun düşüncelerini dilbilgisi biçimine sokmaya başladığı bir sonraki evrede, cümleler için de aynı şey geçerlidir. Eğitim kuramı bugünlerde ifade özgürlüğüne çok önem veriyor ve bunu yalnızca konuşma işleyişinin anlık gereksinimleri ile değil, aynı zamanda bireyin gelecekteki yaşamıyla da ilişkilendiriyor. Normal patlamanın doğru yaşta gerçekleşmediği örnekler var. Örneğin, üç ya da üç buçuk yaşlarındaki bir çocuk normalde çok daha küçük yaşlara özgü bir şekilde, yalnızca birkaç sözcük kullanabiliyor ya da konuşma organları normal olsa da bütünüyle dilsizmiş gibi görünebiliyor. Nedenleri bütünüyle zihinsel olduğu için de bu psikopatolojik durum "zihinsel dilsizlik" olarak adlandırılıyor.

Modern tıbbın gerçek bir dalı olan psikanalizde ele alınan diğer zihinsel rahatsızlık tipleri de bu dönemde başlıyor. Bu dilsizlik birdenbire, mucizevi bir şekilde ortadan kalkabiliyor. Çocuk beklenmedik bir şekilde, iyi ve sakin bir şekilde konuşmaya başlıyor ve konuşması dilbilgisi bakımından da kusursuz oluyor. En derinlerdeki varlığında, her şeyin zaten hazırlanmış olduğu, ancak bir engelin bunların gün ışığına çıkmasını engellediği çok açık.

Okullarımızda üç dört yaşlarında ve konuştuğu daha önce hiç duyulmamış çocuklarımız oldu. Hatta iki yaşındaki çocukların kullandığı "kaynaştırıcı" sözcükleri bile hiç kullanmamışlardı. Öte yandan, buldukları özgürlük ve çevrelerindeki uyarıcılar sayesinde, aslında daha önce de konuşabilecek olduklarını birden-

GELİŞİMİN ÖNÜNDEKİ ENGELLERİN ETKİLERİ

bire göstermişlerdi. Bu nasıl olmuştu? Herhâlde ağır bir zihinsel yaralanma ya da bir çeşit kalıcı engel etkili olmuş ve aslında çocukların sahip olduğu dil zenginliğinin açığa çıkmasını önlemişti.

Konuşmakta zorlanan ne çok yetişkin var! Ancak büyük bir çaba harcayarak konuşuyorlar ve sanki hep ne söyleyeceklerini düşünüyormuş gibi görünüyorlar. Bu duraksama çeşitli biçimlerde kendini gösteriyor:

a. konuşma cesaretinin hiç olmaması,

b. sözcükleri oluşturma cesaretinin olmaması,

c. cümleleri kullanmada zorluk çekme,

d. konuşmanın normalden yavaş olması ve -ee, aa, hım- gibi duraksamalarla kesilmesi.

İçte yatan bu güçlükler artık alt edilemez olmuştur. Bunlar kalıcı gerilik biçimleridir ve yaşam boyu sürerler.

Psikolojik kökenli diğer engeller kendini açık bir şekilde ifade etmenin önüne geçer; kurban kekeler ya da telaffuzu kusurludur. Bu eksiklikler konuşma işleyişinin oluştuğu dönemlerden ileri gelir. Yani her kazanım döneminin kendine özgü bir gerileme biçimi olduğu açıkça görülüyor.

Birinci Dönem. sözcük oluşturma işleyişinin kazanılması.

Karşılık gelen gerileme: telaffuz zayıflığı, kekeleme.

İkinci Dönem. cümle oluşturma işleyişinin kazanılması (düşünceleri ifade etme).

Karşılık gelen gerileme: cümle kurarken duraksama.

Bu gerileme biçimleri çocuğun duyarlılığı ile bağlantılıdır. Yaratma ve güçlerini artırma hedefi bakımından, özellikle alıcı olduğu gibi, tersine de fazlasıyla açıktır ve bu engellenmiş yaratıcılığın sonuçları yaşamının geri kalan bölümünde kusur olarak değişmeden kalır. Öyleyse, çocuğun duyarlılığının hayal edebileceğimiz her şeyden büyük olduğunu her zaman hatırlamamız gerekiyor.

Çocuğa genellikle biz engel oluruz ve böylece yaşam boyu süren anormalliklerin sorumlusu da biz oluruz. Onlara her zaman olabildiğince nazik davranmamız, şiddetten kaçınmamız gerekir, çünkü farkında olmadan çok şiddetli ve sert davranabiliyoruz. Kendimizi son derece dikkatle izlemeliyiz. Eğitime gerçek hazırlık, insanın kendini incelemesidir. Yaşama yardım edecek öğretmenin eğitimi düşüncelerin öğrenilmesinden çok daha fazlasını, karakter eğitimini ve ruhsal bir hazırlanmayı da içerir.

Çocuklarda birçok farklı tipte duyarlılık görülür, ancak *travmaya* duyarlılık konusunda hepsi birbirine benzer. Onları yaralamak ne kadar da kolaydır! Yetişkinlerin soğuk ve acımasız sakinliğini çok derinden hissederler: "Haydi bakalım tatlım, annen ne diyorsa onu yap." Çocuklarını bir bakıcıya bırakma alışkanlığı olan anne babaların bakıcılarda sık görülen soğuk, otoriter tavra karşı özellikle dikkatli olması gerekir. Üst sınıf insanların sorunları genellikle bundan kaynaklanır. Fiziksel cesaret kaynakları çok fazla olsa da konuşurken ürkek, tereddütlü ya da kekeme olurlar.

Ben kendim de bazen bir çocuğa çok şiddetli davranmışımdır ve bu örneğe başka bir kitabımda yer vermiştim.[41] Bir çocuk dışarıda giydiği ayakkabılarıyla yatağının güzelim ipek örtüsünün üzerine çıkmıştı. Ayakkabılarını kararlı bir tavırla çıkardım ve yatak örtüsünün tozunu ellerimle sertçe silkeleyerek ayakkabılarını çıkarması gerektiğini göstermek istedim. Bu çocuk iki ya da üç ay boyunca ne zaman bir çift ayakkabı görse, önce onları alıp bir yere kaldırdı, sonra da tozunu alabileceği bir örtü ya da minder aradı. Diğer bir deyişle abartılmış dersime verdiği tepki hınç dolu ya da isyankâr değildi. Çocuk, "Bana böyle davranamazsın, ayakkabılarımı nerede istersem giyerim!" dememişti. Yanlış davranışıma verdiği yanıt davranışlarındaki anormallikti. Çocukların şiddetli tepki vermedikleri sık görülür.

---

[41] *The Secret of Childhood/Çocukluğun Sırrı* (Kaknüs Yayınları, baskıda)

GELİŞİMİN ÖNÜNDEKİ ENGELLERİN ETKİLERİ

Oysa şiddetli tepki vermeleri daha iyi olabilir, çünkü öfkelenen çocuk kendini savunabileceğini keşfeder ve böylece normal bir gelişim gösterebilir. Oysa yanıtı karakterini değiştirmek ya da anormalliğe sığınmak olduğunda, bütün yaşamı hasar almış demektir. Yetişkinler bunun farkında değildir ve çocuk öfkelenene dek telaşlanacak bir şey olmadığını düşünürler.

Yetişkinlerde görülen diğer bir anormallik grubu da duyarsız korku ve "tikler" biçiminde kendini gösterir. Bunların da çoğu küçük çocuğun aşırı duyarlılığından kaynaklanır. Bazıları kedi ya da tavuk gibi hayvanlarla yaşanan talihsiz deneyimleri yansıtır, bazıları da çocuğun bir odaya kilitlenmekten duyduğu korkuya dayanır. Tıpta *fobi* olarak anılan bu korkular konusunda kurbanlara ne muhakeme ne de ikna yoluyla yardım edilebilir. Bazıları o kadar yaygındır ki kilit altında ya da kapalı yerlerde kalma korkusunu anlatan "klostrofobi" gibi özel adlarla anılır.

Tıbbi deneyimlerden birçok örnek verilebilir, ancak benim bunları anlatmamın nedeni, çocuğun bu yaştaki zihin yapısını göstermek ve onlara davranış şeklimizin sonuçlarının yalnızca o anda değil, gelecekte olacağı insanda da kendini göstereceğini vurgulamak.

Bebeğin zihnini anlamak için gözlem ve keşif yolunu seçmek kesinlikle çok önemlidir. Psikanalizde yetişkin zihninde bilinçdışı düzeylere ulaşmak için yapılanlara benzer bir şey yapmamız gerekiyor. Bu kesinlikle kolay bir şey değil, çünkü "bebek konuşması" üzerine bilgimiz nadiren yeterince iyi; çocuğun sözcüklerine verdiği özel anlamı da kavramayabiliriz. Güçlüklerle boğuşan bu küçük canlıyı sakinleştirmek için, bazen bütün yaşamını bilmemiz ya da en azından anlık geçmişini araştırmamız gerekir. Ne demek istediğini bize anlatacak bir tercüman olmasını ne çok isteriz!

Bu konu üzerinde uzun bir süre çalıştım ve çocuklara bizzat tercüman olmaya gayret ettim. Bunu yapmaya çalıştığımda, onlara yardım edebilecek birisi olduğunu anlamış gibi, bana koşarak geldiklerini görmek beni hep şaşırtmıştır.

Çocukların kendilerini sevip okşayanlara gösterdiği duygusal yakınlıktan farklı bir düzlemdedir bu coşku. Çocuğun umudu bu tercümana bağlıdır. Dünyanın kapılarını kapattığı keşif bahçesine açılan kapıdır bu tercüman. Çocuk, yardımcısıyla duygusal yakınlıktan öte bir yakınlık kurar, çünkü yardım teselliden daha önemli bir armağandır.

Bir zamanlar yaşadığım evde sabahları işe çok erken başlamayı alışkanlık edinmiştim. Bir gün, herhâlde bir buçuk yaşından daha büyük olmayan bir çocuk sabahın bu erken saatlerinde odama girdi. Acaba bir şey mi yemek istiyor diye sevecen bir ses tonuyla sorular sordum. O ise, "Kurtçuklar." dedi. Şaşırmıştım, "Kurtçuklar mı?" diye tekrarladım. Anlamadığımı görünce buna bir sözcük daha ekleyerek bana yardım etmeye çalıştı: "Yumurta." Kendi kendime, "Sabah içeceğini istiyor olamaz. Acaba ne anlatmaya çalışıyor?" diye düşündüm. Bunun üzerine, "Nina, yumurta, kurtçuklar." dedi ve işte, o zaman anladım, çünkü bir gün önce ablası Nina'nın renkli kalemle yumurta şeklini yaptığını hatırlamıştım (bu da yine çocuğun yaşamını bütün olarak bilmenin ne kadar önemli olduğunu gösteriyor). Çocuk renkli kalemi isteyince sinirlenen ablası onu uzaklaştırmıştı. Şimdi çocuğun zihninin nasıl çalıştığını görmek gerekiyor. Ablasıyla irade çatışmasına girmek yerine, yeniden denemek için olanak bulana dek beklemişti, hem de büyük bir sebat ve sabırla. Çocuğa renkli kalemi ve oval şeklindeki kalıbı verince yüzü aydınlandı, ama yumurta şeklini yapamadı. Şekli onun yerine ben yaptıktan sonra içine dalgalı çizgiler çizmeye başladı. Ablası bildik düz çizgilerle çalışmıştı, ama onun daha iyi bir fikri vardı ve kurtçuklara benzeyen dalgalı çizgiler yapıyordu. Yani bu bebek, tercümanı dışında herkes uyuyana dek beklemiş, sonra kendisine yardım edeceğinden emin olduğu tercümanının yanına gitmişti.

Çocukların yaşamındaki bu dönemin belirgin özelliği öfke ve şiddet değil, sabırdır. Doğru anı sabırla beklerler. Çocuk, ancak kendini ifade edemediği, isteklerinin önünde iç engeller ol-

GELİŞİMİN ÖNÜNDEKİ ENGELLERİN ETKİLERİ

duğunu gördüğünde, şiddet ve öfke nöbetleri sergiler. Yukarıdaki örnek bu ufaklıkların nasıl kendilerinden büyük çocuklar gibi davranmaya çalıştığını da gösteriyor. Üç yaşındaki bir çocuk bir şey üzerinde çalışmaya başlayınca, onlar da aynı şeyi yapmak ister. Zor gelse de denerler.

Evimizde, henüz bebeklik dönemindeki erkek çocuk yeni bir dansın adımlarını öğrenmeye çalışan ablasını taklit etmeye çalışıyordu. Zaten öğretmen bu kadar küçük yaştaki bir kıza bale adımlarını öğretmesi istendiği için yakınıyordu. Biz de çocuğun ne kadar öğrendiği konusunda endişelenmemesi, yalnızca denemesi için yalvarmıştık. Asıl düşüncemizin çocuğun gelişimine yardım etmek olduğunu bildiği için ikna olmuş ve derslere başlamıştı. Bir buçuk yaşındaki diğer çocuk da hemen ileri fırlamış, "Ben de!" diye haykırmıştı.

Bunun üzerine öğretmen iyiden iyiye ayak diremiş, bu kadar küçük yaşta birine ders vermesinin kesinlikle olanaksız olduğunu, üstelik bunun bir bale öğretmeni olarak onurunu lekeleyeceğini söylemişti. Biz yine de gururunu bir yana bırakmasını ve bunu bizim hevesimize vermesini söyleyip onu ikna ettik. O da oturup bir marş çalmaya başladı. Bunun üzerine bebek öfkelendi ve yerinden bile kıpırdamak istemedi. Öğretmen bunun kendi haklılığını kanıtladığını düşünüyordu. Oysa çocuğun canını sıkan dans değildi. Öfkesinin nedeni öğretmenin şapkasının divanın üzerinde olmasıydı. Ne "şapka" ne de "öğretmen" diyordu, ama yoğunlaşmış bir öfkeyle iki sözcüğü yineleyip duruyordu: "hol" ve "askı." Söylemek istediği şuydu: "Şapkanın burada olması kesinlikle yanlış. Holdeki askıda olması gerekiyor." Dansa duyduğu ilgiyi bütünüyle unutmuştu. Sanki bu kargaşaya son verip bir düzen kurmak için çok yükseklerden bir çağrı almıştı. Şapka askıdaki yerini alır almaz, öfkesi yatıştı ve artık dans etmeye hazırdı. Öyle görünüyor ki küçük çocuğun düzene duyduğu temel gereksinim dünyanın ona yönelik bütün olası toplumsal taleplerinden önce gelmektedir.

Sözcüklerin ve çocuklardaki duyarlılığın incelenmesi sayesinde çocukların, psikologların nadiren ulaşabildiği derinliklerine inebiliriz.

İlk örnekteki çocuğun sabrı ve ikincisindekinin de isteği çok ilginç ve üzerinde düşünülmesi gereken bir konu. Bütün bir konuşmayı anlayan, ancak son konuşmacının bir öykünün mutlu sonuyla ilgili vardığı sonuca katılmayan çocuğun hikâyesini eklersek[42] çocuğun zihninde, Şekil 7'de görülen olguların yanı sıra, bütün yaşamın, bizim dâhil olmadığımız tam bir zihinsel dramın sürüp gittiğini görürüz.

Bu yaşlardaki çocukların zihinlerinde olup bitenlerle ilgili her keşif yayımlanmalı ki bebeklerin çevrelerindeki koşullara daha iyi uyum sağlayabilmesine nasıl yardım edebileceğimizi aydınlatsın. Bize ne kadar yorucu gelirse gelsin, insan yaşamına yardım eden her şey önemlidir ve en büyük değere sahiptir. Çocuğa erken bebeklik döneminde yardım etmek soylu bir görevdir. Zihinsel gelişim ve karakter oluşumunun dayanması gereken gelecekteki bilimin ilk adımları, bu bilimle yapılan bir iş birliğidir. Bu arada bize düşen de bebeğin kişiliğinde kendini gösterebilecek ve gerileme gösteren yetişkinler ortaya çıkmasına neden olacak sapma ve kusurları önlemek üzere bu yükü omuzlamaktır. Bu doğrultuda şunları unutmamamız gerekiyor:

1. Yaşamın ilk iki yılı bütün bir yaşamı etkiler.

2. Bebek bugüne dek çok az ilgi konusu olmuş büyük zihinsel güçlere sahiptir.

3. Bebek son derece duyarlıdır ve bu nedenle de her türlü şiddet, anlık tepki doğurur ve yaratacağı hasar kalıcı olabilir.

---

[42] bkz. *The Secret of Childhood/Çocukluğun Sırrı* (Kaknüs Yayınları, baskıda)

13

HAREKETİN GENEL GELİŞİM AÇISINDAN ÖNEMİ

Eğitim kuramında, hareketi yeni bir bakış açısıyla değerlendirmenin tam zamanı. Özellikle çocukluk döneminde hareketin doğasını yanlış anlıyoruz ve çeşitli yanlış fikirler hareketi olduğundan daha az soylu görmemize neden oluyor. Ne yazık ki akla öncelik veren okul yaşamının bir parçası olan hareketin rolü hep ihmal edilmiştir. Kabul gördüğünde ise bu da ancak "egzersiz," "beden eğitimi" ya da "oyunlar" adı altında olmuştur. Oysa bu bakış açısı hareketin gelişen zihin ile olan yakın ilişkisini gözden kaçırıyor.

İnsanın sinir sistemini tüm o hayret verici karmaşıklığı içinde gözden geçirelim. İlk olarak, beynimiz ya da "merkez" var. Sonra da izlenimleri toplayan ve bunları beyne aktaran çeşitli duyu organları var. Üçüncü olarak da kaslar. Peki, ya sinirler, onlar ne yapıyor? Sinirler sinir enerjisini kaslara iletmede kullanılan kablolara benzer. Kasların hareketlerini denetleyen de işte, bu enerjidir. Demek ki bu örgütleniş üç temel bölümden oluşuyor: Beyin, duyular ve kaslar. Hareket de işte, bu hassas işleyişin bütün olarak çalışmasının son ürünüdür. Gerçekten de kişilik kendini, ancak hareket yoluyla ifade edebilir. En büyük felsefeciler düşüncelerini konuşarak ya da yazarak aktarır ve bu da kas hareketlerini içerir. Kendini ifade edemeyen bir felsefecinin düşüncelerini nasıl değerlendirebilirdik? Felsefeci bunu ancak kaslarını kullanarak yapabilir.

Hayvanlar üzerine gözlemlere gelince ilk fark edeceğimiz şey hayvanların kendilerini sadece hareketler yoluyla ifade edebilmesidir. Öyleyse, insan söz konusu olduğunda, varlığının bu yönünü bütünüyle göz ardı etmek hiç de mantıklı bir davranış değildir.

Fizyologlar kasları merkezî sinir sisteminin bir parçası olarak görüyor ve bir bütün olarak bu işleyişin insanın çevresi ile ilişki kurabilmesini sağladığını söylüyor. Gerçekten de beyin, duyular ve kaslardan oluşan bu aygıt bir bütün olarak genellikle *ilişki sistemi* olarak adlandırılır. Bununla da insan ile canlı ve cansız dünya arasındaki ve dolayısıyla da diğer insanlar arasındaki bağlantının bu sisteme dayandığı anlatılmak istenir. Bu sistemin yardımı olmadan insan çevresiyle ve diğer insanlarla ilişki kuramaz.

Bu açıdan bakıldığında, insan bedenindeki diğer tüm düzenlemelerin bir anlamda bencilce olduğu, çünkü yalnızca kişinin kendisine hizmet ettiği söylenebilir. Bunlar insanı hayatta tutmaya, diğer bir deyişle "bitkisel yaşamı" sürdürmeye yarar ve bu nedenle de "bitkisel yaşam organları ve sistemleri" olarak adlandırılır. Bitkisel sistemler, yalnızca kişinin büyümesine ve var olmasına yardım eder. Oysa ilişki sistemi insanın dünya ile bağlantı kurmasını sağlar.

Bitkisel sistem insanın fiziksel esenliğini sağlar ve sağlığını korur. Oysa sinir sistemi hakkında oldukça farklı düşünmemiz gerekir. Bu sistem izlenimlerimizin güzelliğini, düşüncelerimizin kusursuzluğunu sağlar. Bütün esinlerimizin kaynağıdır. Dolayısıyla, bitkisel sisteme indirgenmesi yanlış olur. Tutunduğumuz standartlar yalnızca kendimizi kusursuzlaştırmakla, benliklerimizi ruhsal doruklara çıkarmakla ilişkili olduğunda,

HAREKETİN GENEL GELİŞİM AÇISINDAN ÖNEMİ

ruhsal gururun alanına girdik demektir. Bu büyük bir hatadır, belki de insanın en büyük hatası. Hayvanların davranışları onları yalnızca güzel bedenlere sahip olmaya ve zarif hareketler yapmaya yönlendirmez. Başka, çok daha uzak hedefleri de vardır. Aynı şekilde insan yaşamının da bir amacı vardır. Hep ruhsal arınmanın ve içsel güzelliğin daha üst düzeylerine erişmeye çalışmak yeterli değildir. Elbette insan fiziksel ve zihinsel kusursuzluğun en üst düzeylerini amaçlayabilir ve amaçlamalıdır da, ancak isteklerinin bu noktada bitmesi anlamsız ve değersiz olurdu. Gerçekten de bir beyninin ya da kaslarının olması ne işe yarar o zaman? Evrensel ekonomide rol oynamayan hiçbir şey yoktur dünyada ve bize ruhsal zenginliklerin, estetik duygusunun ve arınmış bir vicdanın bahşedilmesi kendimiz için değildir. Bu armağanları herkesin yararına kullanmamız ve ruhsal yaşamın evrensel ekonomisindeki yerlerini alması içindir.

Ruhsal güçler bir zenginlik biçimidir. Başkalarının da yararlanabilmesi için dolaşıma girmesi gerekir; insan ilişkilerindeki döngünün tamamlanabilmesi için ifade edilmeleri, kullanılmaları gerekir. Ruhsallığın yüksek düzeyleri bile, kendi yararına kullanıldığında değersizdir ve yalnızca bunları hedeflersek, yaşamın daha büyük bölümünü ve amaçlarını ihmal etmiş oluruz. Öldükten sonra dirilmeye inanıp, "Şimdi iyi yaşarsam, bir sonraki hayatımda daha iyi durumda olurum." dediğimizde, asıl konuşan içimizdeki bencilliktir. O zaman ruhsal düzeyi bitkisel düzeye indirgemiş oluruz. Hep kendimizi, sonsuzlukta bile kendimizi düşünürsek, sonsuz bencil oluruz. Bunun yerine diğer bakış açısını benimsemeliyiz ve bu yalnızca gündelik yaşam için değil, eğitim için de geçerlidir. Doğa bize birçok yetenek vermiştir ve bunların geliştirilmesi gerekir. Yalnızca geliştirilmeleri değil, aynı zamanda kullanılmaları da gerekir.

Şu benzetme yararlı olabilir. Sağlığımızın yerinde olması için kalbin, akciğerlerin ve midenin hep birlikte, bir arada çalışması gerekir. Aynı kuralı neden ilişki sistemine, merkezî sinir sistemine de uygulamayalım ki? Bir beynimiz, duyu organlarımız ve kaslarımız olduğuna göre bunların iş birliği yapması gerekir. Sistem bütün parçalarıyla işlemeli, hiçbiri ihmal edilmemelidir. Örneğin, beyin gücümüzün üstün olmasını istiyorsak, diğer parçaları da buna dâhil etmemiz gerekir. Herhangi bir etkinliğin kusursuz olması isteniyorsa hareket, döngünün son aşaması olmak durumundadır. Diğer bir deyişle üst düzey ruhsallığa, ancak eylem yoluyla ulaşılabilir. Hareketin işte, bu bakış açısıyla değerlendirilmesi gerekir. Hareket merkezî sinir sisteminin toplam etkinliğine aittir ve bu nedenle de göz ardı edilemez. İlişkiler sistemi üç parçadan oluşsa da tek bir bütündür. Birim olduğu için de ancak birim olarak işlediğinde kusursuz olabilir.

Günümüzdeki en büyük yanlışlardan biri hareketin kendi başına, üst düzey işlevlerden ayrı bir şeymiş gibi düşünülmesidir. Kasların, yalnızca sağlıkla ilgili amaçlar için kullanılacağını düşünüyoruz. Formda kalmak, nefesimizi güçlendirmek, daha iyi beslenip daha iyi uyuyabilmek için "egzersiz" ya da jimnastik yapıyoruz. Aynı yanlış, okullara da yansımış. Fizyoloji açısından bu, büyük bir prensi bir çobana uşak yapmaya benziyor. Prens, yani kas sistemi yalnızca bitkisel yaşama yardım etmek için kullanılıyor.

Bu denli büyük bir hata, ancak hasara yol açabilir: Hareketin yaşamı ile düşüncenin yaşamı arasında bir ayrılık ortaya çıkar. Çocuğun zihni gibi bir de bedeni olduğundan dolayı, doğanın verdiği hiçbir şeyi ihmal etmemek için ders programına oyunları da dâhil ediyoruz, ama hep zihni bir yanda, bedeni ayrı bir yanda düşünüyoruz ve bu ikisi arasında olması gereken sürekliliği bölüyoruz. Bu da eylemi düşünceden uzak tutuyor. Oysa hareketin gerçek amacı akciğerleri ya da iştahı güçlendirmekten çok daha fazlasıdır; doğanın evrensel ve ruhsal ekonomilerinin, varlığın amaçlarına hizmet etmektir.

Hareketlerimizin merkezle, yani beyinle eş güdüm içinde olması gerekir. Onları ancak bu şekilde doğru yerlerine koyabiliriz. Düşünce ve eylem aynı görünüşün iki parçası olduğu gibi,

HAREKETİN GENEL GELİŞİM AÇISINDAN ÖNEMİ

üst yaşam kendini ancak hareket yoluyla ifade edebilir. Aksini düşünmek insan bedenini beyinsiz bir kas yığını olarak kabul etmektir. Bitkisel yön gelişse de zihin ile kas arasındaki karşılıklı bağlantı buna uyum sağlamaz. Karar gücü, kendini ifade etmesinin tek yolu olan kas denetiminden yoksundur. Bu da bağımsızlığa ulaşmanın değil, doğanın kendi bilgeliği içinde ulaşmak istediği birliğin bozulmasıdır.

Zihin gelişimi söz konusu olduğunda birçokları, "Hareketin bununla ne ilgisi var? Biz zihinden bahsediyoruz." diyor. Zihinsel etkinlik denildiğinde hareketsiz, kıpırdamadan oturan insanları gözümüzün önüne getiriyoruz. Oysa zihinsel gelişimin hareketle bağlantılı ve harekete bağımlı olması *gerekir*. Eğitim kuramı ve uygulamalarının bu düşünceye dayanması son derece önemlidir.

Bugüne dek eğitimcilerin hemen hepsi hareketi ve kas sistemini, solunum ya da dolaşım sistemlerine yardımcı ya da fiziksel gücü artırmanın bir yolu olarak görmüştür. Bizim yeni anlayışımızda hareketin bizzat zihinsel gelişim açısından çok önemli olduğu görüşü benimsenmiştir, çünkü gerçekleştirilen eylem *sürmekte olan zihinsel etkinlik ile bağlantılıdır*. Bu da hem zihinsel hem de ruhsal gelişimi teşvik eder ve bu ikisi olmadan ne en üst düzeyde ilerleme ne de en üst düzeyde sağlık (zihinden söz ederken) olabilir.

Doğada bunun birçok kanıtı bulunabilir ve çocukların gelişimi titizlikle ve dikkatle izlendiğinde, tartışmasız bir konu olduğu görülür. Bir çocuğu izlediğimizde, zihinsel gelişiminin hareketleri *yoluyla* gerçekleştiğini açıkça görürüz. Örneğin, konuşmanın gelişiminde artan anlayış gücünün ses ve sözcükleri oluşturan kasların daha fazla kullanılması ile birlikte ilerlediğini görürüz. Dünyanın dört bir yanında gözlemlenen çocuklar, çocuğun anlayışını genişletmek için hareketlerini kullandığını doğruluyor. Hareket zihin gelişimine yardım eder ve bu da yeni hareket ve etkinliklerde ifade bulur. Demek ki bir döngü söz konusu, çünkü zihin ve hareket aynı bütünün parçalarıdır. Duyular da bir rol oynar ve duyusal etkinlik olanağı az olan çocuklar düşük bir zihin düzeyinde kalır.

Beynin yönetimindeki kaslar istemli kaslar olarak adlandırılır, yani bu kaslar iradenin denetimi altındadır ve irade gücü zihnin en üst ifadelerinden biridir. İstem enerjisi olmadan, zihinsel yaşam da pek var olamazdı diyebiliriz. Öyleyse, irade tarafından yönetildiklerine göre istemli kaslar zihnin bir çeşit organı olmalıdır.

Bedenin büyük bir bölümü kaslardan oluşur. İskelet yapısı ve kemiklerin görevi kasları desteklemekten ibarettir. Bununla birlikte yine bu nedenle aynı sistemin bir parçasını oluşturmaları gerekir. İnsanlarda ve hayvanlarda dış biçimi kemikler ve kaslar oluşturur. İstemli kaslar da göze en çok çarpan şekli oluşturur. Bunların sayısı hesaplanamayacak kadar çoktur ve aralarındaki farklılıklar çok ilginçtir. Bazıları iri, bazıları son derece kırılgandır; bazıları oldukça kısa, diğerleri uzun ve şerit gibidir ve hepsi farklı bir amaca hizmet eder. Biri bir yöne uzandığında, bir diğeri mutlaka karşı yöne doğru uzanır ve karşıt güçler arasındaki bu oyun ne kadar güçlü ve kesin olursa, gerçekleştirilen hareketler de o kadar hassas olacaktır. Yeni bir hareketi, olabildiğince kusursuzlaştırmak amacıyla birçok kez yinelersek, yani "alıştırma" yaparsak, karşıt güçler arasında mükemmel bir uyum sağlamaya yönelik bir egzersiz yapmış oluruz. Sonuç da bir anlaşmadan çok ahenkli bir karşıtlık, anlaşmalı bir anlaşmazlık olur.

Biz bu karşıt güçlerin hepsinin farkında olmayız. Yine de bilinçli olarak gerçekleştirdiğimiz hareketlerin denetimi bunlara dayanır. Hayvanlarda bu iç uyumu doğa sağlar: Bir kaplan ya da sincabın sıçrayışındaki zarafet bu keskin etkilerin ortaya çıkardığı kusursuz dengeli karşıtların zenginliğine dayanır. Bu da bütün o farklı yönlerde dönen çarklarıyla kusursuz bir şekilde işleyen ve ayarlarındaki doğruluk sayesinde, zamanı kusursuz bir şekilde gösteren saat gibi karmaşık bir mekanizmayı akla getiriyor.

HAREKETİN GENEL GELİŞİM AÇISINDAN ÖNEMİ

Bütün hareketler işte, böyle son derece hassas ve karmaşık bir işleyişe dayanır. Öte yandan, insanda bunların hiçbiri doğuştan oturmuş değildir. Çocuğun dünyadaki etkinlikleri yoluyla oluşturulmaları ve kusursuzlaştırılmaları gerekir. Hayvanların tersine, insanların kasları o kadar zengindir ki öğrenemeyecekleri hemen hiçbir hareket yoktur ve bunu yaparken kasların güçlenmesinden değil, kaslar arasında eş güdüm kurulmasından söz ederiz ve bu ikisi birbirinden çok farklıdır. Burada önemli olan insanın hiçbir kası başlangıçta eş güdümlü değildir ve öğrendiği hareketlerin sinir düzenlemeleri zihninin başlattığı eylemlerle kurulmalı ve kusursuzlaştırılmalıdır. Diğer bir deyişle eş güdüm gücü çocuğun içindedir ve o da bu sayede kendini yaratır ve bunlar bir kez var olduktan sonra, pratik yoluyla sürekli kusursuzlaştırılırlar. Bunların üretilmesindeki ana yaratıcı etkenlerden biri hiç kuşkusuz çocuğun kendisidir.

İnsanın hareketlerinin hayvanların tersine sabit ve sınırlı olmaması, insanın hareketlerine karar verebilmesi ve öğreneceği hareketleri seçebilmesi harika bir şeydir. Tırmanma, koşma ya da yüzme konusunda özel yetenekleri olan hayvanlar vardır, ama insanda doğuştan gelen yetenekler değildir bunlar. Buna karşılık onun yeteneği de bunların hepsini öğrenebilmesi ve hayvanlardan bile daha iyi yapabilmesidir.

Yine bu zenginlik çalışmaya dayanır. Birçok yineleme, "pratik" ile çaba harcaması gerekir ve bu süreçte kaslar birlik içinde hareket etmeye başlar, çünkü iradenin başlattığı bu süreçte sinir bağlantıları bilinçdışı bir şekilde gerekli uyumu bulur.

Aslında hiç kimse potansiyel kas güçlerinin hepsini edinmez. İnsan âdeta doğuştan çok zengin olan ve kendisine kalan mirasın, ancak bir bölümünü harcayabilen birisine benzer, ama bu mirasın hangi bölümünü harcayabileceğini seçebilir. İnsan meslek olarak jimnastik yapmayı seçebilir, ama bu kaslarının doğuştan özel olduğu anlamına gelmez. Profesyonel bir dansçının kasları da doğuştan, özellikle dans için biçilmiş kaftan olmaz.

Jimnastikçi de, balerin de iradesini kullanarak kendini geliştirir. Yaptığı ne olursa olsun, herkes geniş bir kas gücü seçeneğine sahiptir ve bu sayede kendine bir yol seçip bu yola koyulabilir. Zihni, bir gelişim yolu önerip gidişatı yönlendirebilir. Hiçbir şey önceden belirlenmemiştir, ama her şey olasıdır. Tek gereklilik iradesinin iş birliği yapmasıdır.

Aynı türdeki hayvanların tersine, aynı gelişim çizgisini izlemek insan doğasına özgü bir nitelik değildir. Birçok insan aynı sanatta ustalaşsa da hepsi öyle ya da böyle farklı bir yolda ilerler. Bunu yazıda da görürüz. Hepimiz yazabiliyoruz, ama herkesin kendine özgü bir el yazısı var. İnsan kişiliği her şeyi kendine özgü bir şekilde yapmaya dayanır.

İnsanın hareketleri yaptığı işin doğasını ele verir, çünkü yaptığı çalışma zihninin ifadesidir, zihinsel yaşamıdır ve bu da iç varlığının bu merkezî ve yönetici parçasının hizmetinde gelişen bütün bir hareket hazinesine erişebilir. Birisi bütün kas yapısını geliştiremezse ya da kimi zaman olduğu gibi, yalnızca ağır bedensel çalışma için gerekli kaslarını geliştirirse, zihni de hareketlerin takılı kaldığı bu düşük düzeyde kalır. Öyleyse, insanın olanak bulduğu ya da yeğlediği çalışma tipi zihinsel yaşamını kısıtlayabilir. Hiç çalışmayan bir insanın zihinsel yaşamı büyük bir tehlike altındadır, çünkü bütün kas güçleri kullanılamıyor olsa bile, kullanılan kas güçleri bakımından belirli bir sınırın altında kalmak tehlikelidir. Bu sınırın altında kalan kişinin bütün yaşamı zayıflar. İşte, bu yüzden de jimnastik ve oyunlar okullarda ders programının zorunlu bir parçasıdır. Kas sisteminin büyük bir bölümünü kullanmama tehlikesinin doğmasını önler.

Çocuklarımızın sergilediği zihinsel yaşam kas yapısını bütün olarak kullanmayı gerektirmeseydi, biz de bu yöntemde, sıradan okullarda olduğu gibi, zihinsel ve fiziksel etkinlikleri birbirinden ayıran bir planı izleyebilirdik. Bunun belirli becerilerin öğrenilmesiyle bir ilgisi yoktur ve çocuğun bir yazman olacak kadar iyi yazmayı öğrenmesini ya da daha iyi bir işçi olması için

HAREKETİN GENEL GELİŞİM AÇISINDAN ÖNEMİ

kazma kürek çalışmasını sağlayan bazı modern eğitim trendlerinden bütünüyle ayrılır. Bu tip bir mesleki eğitim, hareketin bizim anladığımız şekliyle eğitimdeki gerçek amacına hizmet etmez. Bizim aklımızda bütünüyle farklı bir kavram var ve bu da çocuğun zihinsel yaşamında zorunlu bir rol oynayan hareketleri arasında eş güdüm kurması ve böylece uygulayıcı ve yönetici yönlerini zenginleştirmesiyle ilgilidir.

Hareketin eşliği olmadığında, beyin kendi başına, âdeta kendi çalışmasının sonuçlarına yabancılaşmış bir şekilde büyür. Zihnin yönlendirmediği hareketler gelişigüzel gerçekleşir ve zarar verir. Oysa hareket çevresi ile teması olan ve diğer insanlarla ilişki kuran herkes için o kadar önemlidir ki bu düzlemde gelişmesi gerekir.

Hareketin amacı, insan ve yaşamına dış dünya ile ilişkisinde bir bütün olarak hizmet etmektir.[43]

Günümüz ilkeleri ve düşünceleri fazlasıyla *kendini* mükemmelleştirmeye ve *kendini* gerçekleştirmeye dayanıyor. Hareketin gerçek amaçlarını anladığımızda, bu ben merkezlilik de ortadan kalkacaktır. Kavrayışımızı bütün gerçekleştirilebilir potansiyelleri içerecek şekilde genişletmek zorundayız. Kısacası "hareket felsefesi" olarak adlandırılabilecek düşünceye sımsıkı sarılmamız gerekiyor. Canlıyı cansızdan ayıran şey harekettir. Bununla birlikte canlılar asla rastgele hareket etmez. Hedeflere yönelirler ve yaşamları doğal yasaları izler. Bu konuya açıklık getirmek için her şey oldukça devinimsiz olsaydı, nasıl olurdu hayal etmeye çalışalım. Bitkiler bütünüyle hareketten yoksun kalsaydı çiçek açmaz, meyve vermezlerdi. Havadaki zehirli gazlar çoğalır, sonuç felaket olurdu. Bütün devinim dursaydı, kuşlar ağaçlarda hareketsiz kalsa, böcekler yerlere dökülse, avlanan hayvanlar vahşi ormanlarda gezinmeseydi ve balıklar sularda yüzmeseydi, dünya ne kadar korkunç bir yer olurdu!

---

[43] Bu konuda açıklayıcı ve ikna edici bir yaklaşım için *bkz*. Prof Dr. J. J. Buytendijk, *Erziehung durch lebendiges Tun*.

Devinimsizlik olanaksızdır. Hareket bütünüyle dursaydı, hatta canlılar bütün varlıkların onlara verdiği yararlı hedefe yönelmeden, amaçsızca gezinmeye başlasaydı, dünya kaotik bir yer olurdu. Her canlının kendine özgü karakteristik hareketleri ve önceden belirlenmiş hedefleri vardır ve bir hedefe yönelik olarak eş güdüm içindeki tüm bu farklı etkinlikler arasında yaratılıştan gelen uyumlu bir denge bulunur.

Çalışma hareketten ayrılamaz. İnsanın ve büyük insan topluluğunun yaşamı hareketle doludur. Herkes tek bir ay için bütünüyle çalışmayı bıraksa, insanlık yok olurdu. İşte, bu yüzden hareketin toplumsal bir yönü de vardır; yalnızca hijyenle ilgili değildir. İnsandaki hareket kapasitesi bütünüyle "egzersiz yapmaya" harcansaydı, insanlığın toplam enerjisi tüketilir ve hiçbir şey üretilmezdi. Toplumsal düzenin varlığı yapıcı amaçlara yönelik hareketlere dayanır. Toplumsal yaşamın rahmindeki birey eylemlerini hem bireysel hem de toplumsal amaçlar için gerçekleştirir. "Davranış" derken, insan ve hayvanların davranışlarından söz ederken, bu tipteki amaca yönelik hareketlerden bahsediyoruz. Etkinliklerinin özünde bu tip davranışlar bulunur ve bunlar, temiz olmak ya da evde yapılan işler gibi, yalnızca kişisel gereksinimlere hizmet edenlerle sınırlı değildir, ancak bunun yapılması başkalarının yararına olduğunda, çok daha uzak hedeflere hizmet edebilir, yoksa insanın çalışması bir jimnastik egzersizinden daha fazlası olmazdı. Dans en bireysel hareketlerden biridir, ama izleyici olmasa, yani toplumsal ya da aşkın bir hedef olmadan, dans da anlamsızlaşırdı.

Her yaşam biçiminin kendi bilinçli amacının ötesinde, etkiler yaratan yönlendirilmiş davranışlara dayandığı kozmik planı görmek, aynı zamanda çocuğun çalışmasını anlamak ve bu çalışmaya daha iyi yol gösterebilmek anlamına gelir.

14

ZEKÂ VE EL

Hareketin mekanik gelişimini incelemek çok ilginç. Hem çok karmaşık olduğu için hem de her bir aşaması açık bir şekilde görülebildiği için.

Şekil 9'da hareketin gelişimini, üzerinde çeşitli kesitler bulunan iki yatay çizgiyle gösterdim. Koyu çizgiler altı aylık dönemleri gösteriyor. Alttaki çizgi ellerin, üstteki çizgi de denge ve yürümenin gelişimini belirtiyor. Böylece şekil ikişerli olarak kol ve bacakların gelişimini içeriyor.

Alt düzeydeki hayvanlarda kol ve bacaklar birlikte gelişir ve işler, ancak insanda bu çiftler birbirlerinden ayrı olarak gelişir ve bu da farklı işlevlere hizmet ettiklerini açık bir şekilde ortaya koyar. İnsanın yürüyebilmesi ve dengesini sağlayabilmesi her insanda o kadar düzenli bir şekilde gelişir ki bunu biyolojik bir olay olarak düşünebiliriz. Her doğan insanın mutlaka yürüyeceğini ve herkesin ayaklarını benzer şekilde kullanacağını rahatlıkla söyleyebiliriz. Oysa herhangi bir insanın elleriyle neler yapacağını önceden söyleyemeyiz. Bugünkü bebeğin bir gün

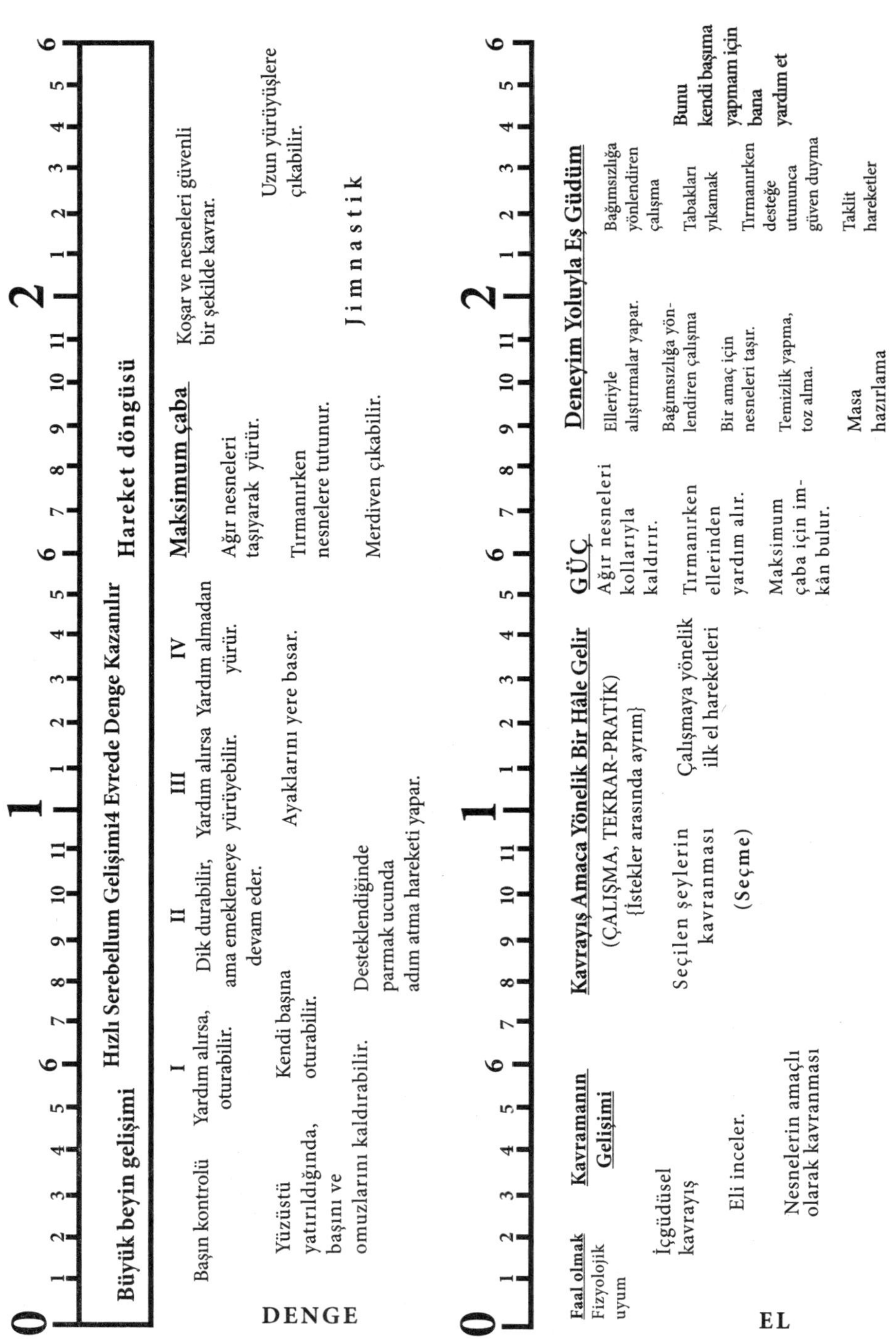

Şekil 9

Büyük beyin gelişimi — Hızlı Serebellum Gelişimi 4 Evrede Denge Kazanılır — Hareket döngüsü

Ölçek: 0 — 1 — 2

I (Yardım alırsa, oturabilir.)
II (Dik durabilir, ama emeklemeye devam eder.)
III (Yardım alırsa yürüyebilir.)
IV (Yardım almadan yürür.)

Maksimum çaba

- Başın kontrolü
- Yüzüstü yatırıldığında, başını ve omuzlarını kaldırabilir.
- Kendi başına oturabilir.
- Desteklendiğinde parmak ucunda adım atma hareketi yapar.
- Ayaklarını yere basar.
- Ağır nesneleri taşıyarak yürür.
- Tırmanırken nesnelere tutunur.
- Merdiven çıkabilir.
- Koşar ve nesneleri güvenli bir şekilde kavrar.
- Uzun yürüyüşlere çıkabilir.
- Jimnastik

DENGE

Faal olmak / Fizyolojik uyum — Kavramanın Gelişimi — Kavrayış Amaca Yönelik Bir Hâle Gelir (ÇALIŞMA, TEKRAR-PRATİK) {İstekler arasında ayrım} — GÜÇ — Deneyim Yoluyla Eş Güdüm

Ölçek: 0 — 1 — 2

- İçgüdüsel kavrayış
- Eli inceler.
- Nesnelerin amaçlı olarak kavranması
- Seçilen şeylerin kavranması
- (Seçme)
- Çalışmaya yönelik ilk el hareketleri
- Ağır nesneleri kollarıyla kaldırır.
- Tırmanırken ellerinden yardım alır.
- Maksimum çaba için imkân bulur.
- Elleriyle alıştırmalar yapar.
- Bağımsızlığa yönlendiren çalışma
- Bir amaç için nesneleri taşır.
- Temizlik yapma, toz alma.
- Masa hazırlama
- Bağımsızlığa yönlendiren çalışma
- Tabakları yıkamak
- Tırmanırken desteğe utununca güven duyma
- Taklit hareketler
- **Bunu kendi başıma yapmam için bana yardım et**

EL

hangi özel becerilere sahip olabileceğini kim söyleyebilir? Geçmiş kuşaklar oldukça farklı becerilere sahipti. İşte, bu nedenle şekildeki iki çizgi el ya da ayakları incelememize bağlı olarak farklı anlamlara gelecektir.

Ayakların işleyişi hiç kuşkusuz biyolojik bir temele dayanır, hatta beynin iç gelişimiyle de bağlantılıdır. Öte yandan, insan iki ayağı üzerinde yürüyen tek memelidir. Diğer memelilerin hepsi dört ayak üzerinde yürür. İnsan bir kez dengesini kurduktan sonra yalnızca iki ayak üzerinde yükselerek bu zorlu duruşunu korur. Oysa bu dengeyi edinmesi kolay olmamıştır; bu aslında uzun bir pratik gerektiren gerçek bir beceri biçimidir. İnsanın bunu başarabilmesi için ayağını tam olarak yere basması gerekir. Oysa hayvanların çoğu toynakları üzerinde yürür. Elbette dört ayak da kullanıldığı için çok sayıda küçük destek noktası söz konusudur. Dolayısıyla, insanın ayağı üç bakış açısıyla incelenebilir: fizyolojik, biyolojik ve anatomik. Bu üç konu da son derece ilginçtir.

Peki, ama ellerde ayakların aksine biyolojik bir yönlendirme yoksa, hareketleri önceden belirlenmiyorsa, gelişimine yol gösteren nedir? Biyoloji ya da fizyoloji olmadığına göre ellerin rehberi zihin olmalıdır. El insanın ruhuyla doğrudan bağlantılıdır ve bu bağ yalnızca bireyin ruhunu değil, aynı zamanda insanın yeryüzünde farklı yer ve farklı zamanlarda benimsediği farklı yaşam biçimlerini de içerir. İnsan elinin becerisi zihninin gelişimi ile yakından bağlantılıdır ve tarihe bakınca uygarlığın gelişimiyle de bağlantılı olduğunu görürüz. İnsanın elleri düşüncesini dışa vurur ve yeryüzüne ilk çıktığı günden bugüne dek eliyle yaptığı eserleri tarihe kaydetmiştir. Her büyük uygarlık dönemi ardında tipik eserler bırakmıştır. Hindistan'daki el işçiliği o kadar ilerlemişti ki bugün bile benzerlerini yapmakta zorlanıyoruz. Mısır'da da muhteşem çalışmaların kanıtlarına rastlıyoruz. Daha alt düzeydeki uygarlıklar da daha basit olsa da geride eserler bırakmıştır.

Öyleyse, el becerileri de zihinle birlikte aynı hızda gelişmiştir. Hiç kuşkusuz, bir iş ne kadar hassassa, bunu yönlendirecek zeki bir zihnin ilgi ve dikkatine de daha fazla gereksinim duyacaktır. Orta Çağ'da Avrupa'da büyük bir zihinsel uyanışın gerçekleştiği ve güzel resimlerle bezenmiş yeni fikirleri yansıtan kitap ve el yazmalarının ortaya çıktığı bir dönem yaşanmıştır. Dünyevi şeylerden çok uzak görünen tinsel yaşam bile, bu görkemden nasibini almıştır. İnsanları tapınmaya çeken tapınaklardaki mucizevi işlemeler içimizde hayranlık uyandırır ve bu tapınaklar tinsel yaşamın ortaya çıktığı her yerde bulunur.

Assisili Aziz Francis'in, yaşayan belki de en yalın ve saf insan ruhunun şöyle dediği söylenir: "Şu büyük tepelere bakın! İşte, bunlar tapınağımızın duvarları ve yüreklerimizin esin kaynağıdır!" Günün birinde ondan ve din kardeşlerinden bir kilise yapması istenir.

Yoksul oldukları için ellerinin altındaki işlenmemiş taşları sırtlarında taşıyarak çalışırlar. Doğrusu, özgür bir ruh ortaya çıktığında, bu kendini bir çeşit çalışma ile somutlaştırmak ister ve bunun için de elleri kullanmak gerekir. İnsan elinin eserlerini her yerde görürüz ve bunlara bakarak dönemin ruhunu ve düşüncelerini az da olsa görebiliriz.

Karanlık ve uzak geçmişi, geride kemiklerin bile kalmadığı geçmişi düşünmeye çalıştığımızda, bu dönemi yeniden oluşturmamıza ve dönemin insanlarının yaşamını resmetmemize ne yardım eder? Sanatları. Tarih öncesi çağların bazılarında fiziksel güce dayalı ilkel bir uygarlığın olduğuna dair işaretler var. Büyük taş bloklarından anıtlar ve yapılar oluşturulmuş ve biz hayretle bunların nasıl yapıldığını merak ediyoruz. Başka yerlerde kesinlikle daha üst düzeyde bir uygarlığın ince sanat eserleri kendini gösteriyor. İşte, bu yüzden de insan elinin insanın zihnini, ruhsal yaşamını izlediğini, duygularının ve geride bıraktığı izlerin varlığını ele verdiğini söylüyoruz. Bu psikolojik bakış açısı olmadan bile, insanın çevresindeki bütün değişimi elleriyle yarattığını söyleyebiliriz. Gerçekten de zekânın bütün işi ellerin çalışmasına rehberlik etmekmiş gibi görünüyor. İnsan düşüncelerini aktarmak için yalnızca konuşmayı kullansaydı, bilgeliğini yalnızca sözcüklerle ifade etseydi, bunların izi geçmiş kuşaklardan bugüne gelmezdi. Uygarlıklar zihnin yoldaşı eller sayesinde yükselmiştir. El, bize miras kalan bu büyük armağanın organıdır.

İşte, bu yüzden de eller zihinsel yaşamla bağlantılıdır. Eski el falcılığı sanatına göre de ırkların geçmişi ele kazınır ve el tinsel bir organdır. Öyleyse, çocuklarda psikolojik gelişim üzerine çalışmalar, zihnin uyardığı ellerin etkinlikleriyle yakından bağlantılı olmalıdır. Bunların ne kadar iç içe geçtiğini en iyi gösterecek olan da budur.

Şöyle diyebiliriz: Çocuğun zekâsı ellerin yardımı olmadan, ancak belirli bir düzeye kadar gelişebilir. Oysa ellerinin yardımıyla ulaşacağı düzey daha yüksektir ve çocuğun karakteri de daha güçlü olacaktır. Öyleyse, burada, yalnızca psikolojik bir konu olarak düşündüğümüz bu noktada bile, çocuk hareket güçlerini çevresine uygulama olanağı bulamadığı sürece karakteri tam gelişmemiş olarak kalacaktır. Kendi deneyimlerimde de belirli bir nedenle ellerini kullanamayan bir çocukta karakter oluşumunun alt düzeylerde kaldığını gördüm: Söz dinleme yeteneği yoktu, inisiyatif alamıyordu, uyuşuk ve üzgün görünüyordu. Oysa ellerini kullanabilen çocuklar gelişme kaydetmiş ve karakterleri de gözle görülür şekilde güçlenmişti.

Bu da Mısır tarihindeki ilginç bir dönemi, beceri gerektiren el işinin dört bir yanda sanat, mimari ve dinde görülebildiği zamanı akla getiriyor. Bu döneme ait mezar taşlarındaki yazılardan anlaşıldığı üzere, o zamanlar bir insan için en büyük övgü, karakterli bir insan olduğunu söylemektir. Demek ki el işleri bakımından en büyük işleri çıkaran bu insanlara göre karakter gelişimi çok önemliydi. Bu da yine el hareketlerinin tarih boyunca karakter ve uygarlık gelişimiyle bir arada ilerlediğini ve elin kişilikle olan ilişkisini ortaya koyuyor.

Buna karşılık bu insanlar da tahmin edilebileceği gibi, hep iki ayakları üzerinde, dik ve dengeli yürüyordu. Belki bizden biraz farklı dans ediyor ve koşuyorlardı, ama yürürken yalnızca iki ayaklarını kullanıyorlardı.

Demek ki hareketin gelişimi ikili olmuştur; kısmen biyolojik yasalara, kısmen de iç yaşama bağlıdır, ancak her iki gelişim türü de kasların kullanılmasına bağlıdır. İşte, bu yüzden de çocukları incelerken iki gelişim çizgisini izlememiz gerekir: elin gelişimi ve yürüme ve dengede kalmanın gelişimi. Şekil 9'a bakınca bu ikisi arasında, ancak bir buçuk yaşındayken bir bağlantı ortaya çıktığını görüyoruz. Çocuk bu yaşta ağır nesneleri elleriyle taşımak ister ve bacaklarının da onu desteklemesi gerekir. Ayaklar insanın doğal ulaşım aracıdır ve bu ayaklar onu çalışabileceği yerlere götürür, ama sonuçta elleriyle çalışacaktır. Çok uzaklara yürüyebilir ve gerçekten de yeryüzüne bütünüyle yayılmış, bu fetih boyunca yaşamış ve ölmüştür. Yine de arkalarında bıraktıkları iz yine ellerinin ürünüdür.

Dili incelerken konuşmanın öncelikle işitme ile birlikte çalıştığını gördük. Eylem ise görme ile bağlantılıdır, çünkü ayağımızı koyduğumuz yeri, ellerimizle yaptığımız işi görmemiz gerekir. Bu iki duyu, işitme ve görme, çocuğun psikofiziksel gelişimi ile en ilgili olanıdır. Çocuğun zihinsel yaşamında içinde ilk uyanan güç, çevresindekileri gözlemleme gücüdür ve içinde hareket edeceği dünyayı önce tanıması gerektiği çok açıktır. Gözlem çalışması ilk hareketlerinden önce gelir ve hareket etmeye başladığında bildikleri ve artık algılayabildikleri ona yol gösterecektir. Hem yönünü bulma hem de hareket etme önceki zihinsel gelişim derecesine bağlıdır. İşte, bu yüzden yeni doğmuş bir bebek hareketsiz bir şekilde olduğu yerde yatar. Daha sonra hareket etmeye başladığında, zihninin rehberliğinde ilerleyebilir.

Hareketin ilk işareti çocuğun bir şeyleri kavramak ya da almak için gösterdiği çabadır. Kavrama gerçekleşene dek bebeğin dikkati bunu yapmasını sağlayan ele yönelmez. İlk başta bilinçdışı olan kavrama artık bilinçli yapılır ve çocuğu izlediğimizde gördüğümüz gibi dikkatini ilk olarak, ayakları değil, elleri çeker. Bu bir kez gerçekleştikten sonra kavrama hızlanır ve artık başlangıçta olduğu gibi içgüdüsel değil, istemlidir. On aylık çocuğun çevresindeki dünyaya dair gözlemleri çocuğun içinde bu dünyaya ilgi uyandırır ve ona hâkim olmak ister. İsteklerinin harekete geçirdiği istemli kavrama sonuçta saf ve basit kavramaya indirgenir ve özellikle nesneleri çevrede hareket ettirme şeklinde ifade bulan el alıştırmalarına yerini bırakır. Çevresini net bir şekilde gören ve çevresine yönelik istekle dolu olan çocuk eyleme geçer. Yıl dolmadan elleri, onun için çok çeşitli çalışmaları içerdiğini söyleyebileceğimiz şekillerde meşgul olmaya başlar: Dolap kapaklarını, kutuları açıp kapar, sürmeli dolap kapılarını kaydırır, şişelerdeki mantarları ve kapakları takıp çıkarır, sepetlerdeki eşyaları dışarı çıkarır ve geri koyar. İşte, bu çabalarla atılan çentiklerin birikmesiyle elleri üzerindeki denetimi gittikçe artar.

Peki, bu arada ayakları ne durumdadır? Burada ne zekâ ne de bilinç henüz dâhil olmuştur. Dengede durmamızı sağlayan kasları denetleyen özel bir organımız olan beyinciğin hızlı gelişimi şeklinde gerçekleşen anatomik bir değişim söz konusudur.

Âdeta bir zil çalmış ve atıl bedeni kalkıp dengesini bulmaya çağırmıştır. Burada çevre hiçbir rol oynamaz. Komutlar beyinden gelir. Çocuk çaba ve biraz da yardımla önce oturur, sonra da yalpalayarak ayakta durur.

Günümüzde psikologlar insanın dik duruşa geçmesinin dört aşamada gerçekleştiğini söylüyor. Önce oturur, sonra karnının üzerine yuvarlanır ve emekler ve bu dönemde birisi ona tutunması için parmaklarını uzatırsa, ayaklarını sırayla basabilir, ama yere yalnızca ayak parmakları dokunur. En sonunda tek başına ayakta durabildiğinde, ayağının tamamı yere basar. Böylece insanın normal dik konumunu alır ve bir şeylere, örneğin, annesinin elbisesine tutunarak yürüyebilir. Bundan kısa bir süre sonra da kendi başına yürüyebildiği dördüncü aşamaya ulaşır.

Bu da sadece içsel olgunlaşma sürecinden gelir. Çocuğun bir sonraki eğilimi, "Artık ayaklarım olduğuna göre, ben gidiyorum. Güle güle!" demektir.

Artık bağımsızlığın başka bir düzeyine ulaşmıştır, çünkü bağımsızlığın özünde insanın kendi başına bir şeyler yapabilmesi yatar. Bağımsızlık yolunda birbirini izleyen bu kazanımların altında yatan felsefi kavram şudur: İnsan bağımsızlığa çaba harcayarak ulaşır. Bir şeyi başkalarından yardım almadan yapabilmek bağımsızlıktır. Bu olduğunda çocuk hızlı bir şekilde ilerleme kaydedebilir, aksi takdirde ilerleme yavaş olacaktır. Çocuğa yönelik davranışlarımız konusunda bize rehberlik yapan bu düşüncelerin ışığında çocuğa nasıl davranılması gerektiğini görebiliriz. Doğal eğilimimiz gösterdiği çabada çocuğa yardım etmek olsa da bu felsefeye göre çocuğa kesinlikle gerekli olandan fazla yardım etmemek gerekir. Kendi başına yürümek isteyen çocuğun bunu denemesine izin vermek gerekir, çünkü herhangi bir gelişim gücünün artmasını sağlayan tek etmen pratiktir ve temel güç edinildikten sonra da pratiği sürdürmek gerekir. Üç yaşına kadar çocuğu birileri hep kucağında taşırsa (bunu çok sık gördüm), bu onun gelişimine yardım etmez, engel olur. Bağımsızlığa ulaşıldıktan sonra yardım etmeye devam eden yetişkin, bir engele dönüşür.

Öyleyse, çocuğu sürekli taşımamamız, yürümesine izin vermemiz gerektiği açıktır. Elleri çalışmak istiyorsa, akıllıca bir etkinlikle alıştırma yapabilmesi için ona bir şeyler vermemiz gerekir. Küçük çocuğun bağımsızlık yolunda ilerlemesini sağlayan şey kendi eylemleridir.

Yapılan gözlemler bir buçuk yaşında hem kol hem de ayakların gelişimi açısından büyük öneme sahip yeni bir etkenin ortaya çıktığını gösteriyor. Bu da güç etkenidir. Etkinleşen ve beceri kazanan çocuk güçlendiğini hisseder. Düşüncesinin temelinde yaptığı her işte, yalnızca pratik yapmak değil, en fazla çabayı harcamak yatar (bizden ne kadar da farklı)!

ZEKÂ VE EL

Âdeta doğa ona, "Çeviksin, beceriklisin ve şimdi de güçlenmen gerekiyor. Yoksa her şey boşa." der. İşte, bu noktada ellerin becerisi ve ayaklar üzerinde dengede durabilme gücü bir hedefte birleşir. Çocuk yürümekle yetinmez, uzun yürüyüşlere çıkmaya ve oldukça ağır eşyalar taşımaya başlar. İnsan yalnızca yürüme değil, aynı zamanda yük taşıma yeteneğine de sahiptir. Kavramayı öğrenen el kendini ağırlık kaldıracak ve taşıyacak şekilde de eğitmelidir. Böylece henüz bir buçuk yaşındaki bir çocuk büyük bir su şişesini kollarıyla yakalar ve taşıyabilir, ancak dengesini güçlükle koruyabilir ve ağır ağır yürür. Ayrıca yerçekimi kurallarına meydan okumaktan, karşı koymaktan da hoşlanır. Tırmanmaya ve bunu yaparken elleriyle tutunup kendini yukarıya çekmeye bayılır. Artık yalnızca tutmak için değil, tırmanmak için de kavramaya başlar. Bunların hepsi güç denemesidir ve yaşamın bir dönemi bütünüyle buna adanır. İşte, burada da doğanın mantığını görüyoruz, çünkü insanın fiziksel açıdan güçlü olması gerekir.

Bundan sonra artık yürüyebilen ve gücünden emin olan çocuk çevresindekilerin eylemlerini fark eder ve aynı şeyleri yapmaya çalışır. Bu dönemde birileri ona söylediğinden değil, içinden gelen derin bir gereksinimden dolayı taklit eder. Bunu ancak çocuk özgür olduğunda fark edebiliriz. Öyleyse, doğanın mantığını oluşturan şunlardır diyebiliriz:

1. Çocuğa dik duruşu vermek,
2. Çocuğun yürümesini ve güçlenmesini sağlamak,
3. Çevresinde süren yaşamın bir parçası olmak.

Buradan da hazırlık evrelerinin nasıl birbirini izlediğini görüyoruz. Çocuğun önce kendini ve bedensel araçlarını hazırlaması, sonra güçlenmesi, sonra da çevresindekileri gözlemlemesi ve son olarak da kendi başına bir şeyler yapmaya başlaması gerekir. Doğa ona seslenir, hatta sandalyelere ve merdivenlere tırmanmak gibi jimnastik egzersizleri yapmaya teşvik eder. Ancak bundan sonra çocuğun kendi başına bir şeyler yapma gereksinimini duymaya başladığı yeni evre başlayabilir. "Hazırım ve özgür olmak istiyorum artık."

Çocuğun müthiş bir yürüyücü olmasını ve uzun yürüyüşlere çıkma gereksinimini yeterince açıklayabilen bir psikolog henüz yok. Genellikle çocuğu biz taşırız ya da bir çocuk arabasına oturturuz. Çocuğun yürüyemediğini, o yüzden onu taşımamız gerektiğini düşünürüz; çalışamıyorsa onun yerine biz çalışırız. Yani yaşama girdiği anda, ona aşağılık kompleksi aşılarız.

15

GELİŞİM VE TAKLİT

Son bölümde çocuğu bir buçuk yaşında bırakmıştık. Bu yaş ilgi odağı olmuştur ve eğitimde de dönüm noktası olabilir. Bu noktada kollardaki hazırlık bacaklardaki hazırlıkla birleşir. Çocuğun kişiliği de gelişmeye yakındır, çünkü "dil patlaması" ile birlikte iki yaşında, kısa bir sürede tamamlanmışlık aşamasına ulaşacaktır. Bir buçuk yaşında bu olayın eşiğindeyken zihnindekileri ifade etme çabaları başlamıştır bile. Bu büyük bir çaba ve yapıcı çalışma dönemidir.

Çocuğun gelişimindeki bu evrede yaşamın doğal eğilimlerine zarar vermeme konusunda, özellikle dikkatli olmak gerekir. Doğa bunun yoğun bir çaba dönemi olduğunu açık bir şekilde gösterdiğine göre, bu çabaya yardım etmeye hazırlanmış olmamız gerekir. Bu çok genel bir iddia olsa da çocukları inceleyen birçok araştırmacı bunu daha ayrıntılı bir şekilde ifade edebilir. Bu araştırmacılara göre, yaşamın bu döneminde çocuk taklit etmeye başlar. Bu, kendi içinde, yeni bir düşünce değildir, çünkü çocukların büyükleri taklit ettiği hep söylenegelmiştir. Bununla birlikte bu da çok yüzeysel bir ifadedir. Çocuğun taklit etmeye başlamadan önce, ilk olarak, *anlaması* gerektiğini görüyoruz. Eski düşünceye göre biz büyüklerin yapması gereken tek şey her zaman olduğu gibi davranmaktır; çocuk da taklit yoluyla benzer şekilde gelişir, biz de sorumluluğumuzu yerine getirmiş oluruz. Doğal olarak "iyi bir örnek olma" düşüncesi de buna eklenmiş ve yetişkinlerin, özellikle de öğretmenlerin bu şekilde davranmasının önemi de vurgulanmıştır. İnsanlığın iyiliği bu örnek olmaya bağlıdır. Aynı düşünceye göre, annelerin de kusursuz olması gerekir. Oysa doğanın mantığı böyle işlemez. Doğa yetişkinlerin kusursuzluğuyla ilgilenmez. Önemli olan taklit etmeye başlamadan önce, çocuğun buna hazırlıklı olmasıdır ve hazırlık da harcamakta olduğu çabalara bağlıdır. Bu her insan için geçerlidir. Yetişkinlerin örnek olması taklit açısından, ancak bir hedef ya da güdü sunabilir. Sonucun başarılı olmasını sağlamaz. Aslına bakılırsa çaba harcamaya başlayan çocuk genellikle önündeki örneğin de ötesine geçer. Ona esin kaynağı olan her şeyi daha iyi ve kesin olarak yapar. Bazı eylem biçimlerinde bu gerçeklik kendini belli eder. Bir çocuğun piyanist olmak için piyano çalanları taklit etmekten çok daha fazlasını yapması gerektiğini herkes bilir. Parmaklarının gerekli beceriyi kazanabilmesi için durmadan çalışması gerekir. Oysa taklide duyulan bu *naif* inancı daha da yüksek alanlara uygulamaktan vazgeçmeyiz. Çocuğa kahramanlar ya da azizlerle ilgili öyküler okur ya da anlatır, onun da bir kahraman ya da aziz olacak şekilde etkilenmesini bekleriz. Oysa çok daha derin tinsel bir hazırlık olmadan, bu da olmaz. Hiç kimse sırf taklit yoluyla büyük olamaz. Örneğin, kendisi bir umut doğurabilir, ilgi uyandırabilir. Taklit etme isteği çabayı tetikleyebilir, ancak yükseklere ulaşabilmek için önce geniş çaplı bir çalışma gerekir. Eğitim alanında, taklit için hazırlığın gerekli olduğunu doğa bizzat öğretir. Çocuğun ilk çabaları taklit etmeye değil, *taklit kapasitesini kendi içinde biçimlendirmeye* yöneliktir, *kendini* isteği doğrultusunda değiştirmeyi amaçlar. Bu da dolaylı hazırlığın evrensel önemini gösterir. Doğa bize yalnızca taklit gücü vermez, kendimizi dönüştürme, örneğin, simgelediği şey olma gücü de verir. Eğitimciler olarak çocuğun yaşam güçlerinin hedefe ulaşmasına yardım edebileceğimize inanıyorsak, yardımımızın hangi noktalarda yararlı olacağını bilmemiz önemlidir.

GELİŞİM VE TAKLİT

Bu yaştaki bir çocuğu izlediğimizde kesin bir şey yapmaya çalıştığını görürüz. Yapmaya çalıştığı şey bize saçma gelebilir, ama bunun bir önemi yoktur. Çocuğun yaptığı işi bitirmesi gerekir. Bunun komutunu içindeki yaşam isteği verir. Bu etkinlik döngüsü kırılırsa, sonuç kişilikte sapma, amaçsızlık ve ilgi yitimi olur. Son zamanlarda bu etkinlik döngülerinin kendi yolunda gitmesine çok önem veriliyor. Dolaylı hazırlanma biçimleri de bunlardan daha önemsiz değildir; aslında bunların hepsi onun farklı biçimleridir. Yaşamın bütünü bizi dolaylı yoldan geleceğe hazırlar. Temel öneme sahip bir şeyler yapmış olan herkesin yaşamında yoğun çaba harcanan bir dönem olduğunu ve bunu gerçek çalışmanın izlediğini görebilirsiniz. Bunun illa da aynı tipteki bir çalışma olması gerekmez, ancak şu ya da bu çizgide yoğun bir çaba harcanmış olması gerekir ve kendini bütünüyle tüketme olanağı bulması kaydıyla bu da bir tinsel hazırlık işlevi görür. Döngünün tamamlanması gerekir. Böylece çocukta tanıklık etme olanağı bulduğumuz zihinsel etkinlik ne olursa olsun, bize saçma ya da isteklerimize karşı görünse de (elbette çocuğun kendisine bir zarar vermemesi koşuluyla) müdahale etmememiz gerekir, çünkü çocuğun gerçekleştirmek istediği etkinlik döngüsünü her zaman tamamlaması gerekir.

Önceki bölümde de değindiğimiz gibi, bu yaştaki çocuklar hedeflerine ilginç yollardan ulaşır. Güçlerini fazlasıyla aşan ağırlıkları görünürde herhangi bir neden olmadan yüklenmeye çalışan çocuklar görürüz. Bir arkadaşımın evinde ağır iskemleler vardı ve bir buçuk yaşındaki bir çocuğun bunlardan birini gözle görülür çabayla odanın bir ucundan diğer bir ucuna taşıyışını izlemiştim. Çocuklar sofranın hazırlanmasına yardım etmekten hoşlanır ve o kadar büyük ekmek somunlarını taşırlar ki aşağıya baktıklarında ayaklarının uçlarını bile göremezler. Bunu da yorulana dek yapmaya devam eder, bir şeyleri bir yukarı bir aşağı taşırlar. Yetişkinler bildik kaygılarla çocukları bu ağırlıktan kurtarmak ister, ama günümüz psikologları bu tip bir yardımın çocuğun kendi seçtiği etkinliği böldüğünü ve bunun da en zararlı baskılayıcı davranma biçimi olduğunu düşünüyor. Birçok "zor" çocuğun yaşadığı sinirsel sıkıntıların kaynağında bu tip bir müdahale bulunabilir.

Merdivenlerden tırmanmak da çocukların çaba harcamak isteğini duyduğu etkinliklerden biridir. Biz bunu belirli bir amaçla yaparız, ama çocuğun herhangi bir amacı yoktur. Yukarıya ulaştığında bununla yetinmez ve tekrar tırmanmak üzere yine aşağı iner ve bu döngüyü birçok kez yineler. Okullardaki oyun bahçelerinde sıklıkla görülen ahşap ya da beton kaydıraklar ya da "kaydırma olukları" da bu amaca çok iyi hizmet eder; ama çocuk için önemli olan aşağıya kaymak değil, yukarıya tırmanmak, çaba harcamanın hazzını yaşamaktır.

Küçük çocukların etkinliklerine müdahale etmeyen yetişkinlere o kadar az rastlanıyor ki çocukların müdahale olmadan çalışabilecekleri ayrı yerlere sahip olması gerektiği konusunda tüm psikologlar aynı fikirde. İşte, bu nedenle de kreşler ve ana okulları çok önemli, özellikle de bir buçuk yaş ve üzeri çocuklar için. Bu okullar için her türlü özel şey yapılıyor. Bir ağaç ev ve buraya inip çıkmak için merdiven olabiliyor. Bununla birlikte bu ev yaşanacak ya da dinlenilecek değil, ulaşılacak bir yerdir. Amaç oraya ulaşmak için çaba harcamaktır, ev yalnızca ayrıntıdır. Yürüme çağına gelmiş çocuk bir şey taşımak istediğinde hep bulabileceği en ağır şeyi seçer. Çok göz önünde olan tırmanma içgüdüsü bile, gerekli çabayı harcama isteğinden başka bir şey değildir. Üzerine çıkması "zor" olan bir şeyler, örneğin, bir iskemle arar, ama en çok merdivenlerden hoşlanırlar, çünkü yukarı tırmanmak çocukların doğuştan sahip olduğu bir eğilimdir.[44] Herhangi bir dış amacı olmayan bu etkinlik tipi çocuğun hareketleri arasında eş güdüm kurabilmesi için gereken pratiği yapmasını sağlar. Çocuğun bizim eylemlerimizi taklit edebilmesini sağlayan şey eş güdümlü hareketlere (birçok kasın iş birliği içinde çalıştığı hareketlere) sahip olmasıdır. Çocuğun çalışmasının görünürdeki hedefi çalışmanın nihai amacı değildir; çocuğun yaptığı tek şey iç itkilerini dinlemektir. Ancak hazırlandıktan sonra yetişkinleri taklit edebilir. Ancak o zaman çevresi ona esin kaynağı olabilir. Yerleri süpüren ya da pasta yapan birisini gördüğünde, artık o da katılabilir; yeni düşünce başarılı bir eylemi tetikleyebilir.

---

[44] *The Secret of Childhood*'da (*Çocukluğun Sırrı*, Kaknüs Yayınları, baskıda) bu etkinlik döngüsüne dair birçok örnek bulunuyor.

GELİŞİM VE TAKLİT

Şimdi iki yaşındaki çocuğa ve bu çocuğun yürüme gereksinimine dönelim. Çocuğun bu gereksinimi hissetmesi doğaldır, çünkü geleceğin insanını hazırlaması, dolayısıyla, insana özgü bütün temel yetenekleri kendi içinde kurması gerekir. İki yaşındaki çocuk iki ya da üç kilometreyi rahatlıkla yürüyebilir ve canı isterse tırmanabilir de. Yürüyüşün zorlu kısımları onu daha çok çeker. Çocuktaki yürüme düşüncesinin bizdekinden oldukça farklı olduğunu unutmamalıyız. Uzun bir yürüyüşün ona göre olmadığı düşüncesi onu bizim hızımızla yürümek zorunda bırakmamızdan kaynaklanır. Bu da bir atla yürüyüşe çıkıp ona ayak uydurmaya çalışmak kadar budalaca bir beklentidir. Nefesimizin kesildiğini gören at, "Böyle olmayacak. Sırtıma bin de gideceğimiz yere birlikte varalım." dese bizim çocuklara söylediklerimizi yinelemiş olurdu. Oysa çocuk "oraya varmaya" çalışmaz. Onun yapmak istediği tek şey yürümektir. Bacakları bize göre daha kısa olduğu için de onu bize ayak uydurmaya zorlayamayız. Ayak uydurması gereken birisi varsa, o da biziz. Bu örnekte tempomuzu çocuğa uydurmamız gerektiği açıkça görülüyor, ancak bu kuralın küçük çocukların eğitiminde her konuda geçerli olduğunu belirtmek gerek. Çocuğun gelişim yasaları kendine özgüdür ve büyümesine yardım etmek istiyorsak, kendi kurallarımızı dayatmamız değil, bu kurallara uymamız gerekir. Çocuk yalnızca bacaklarıyla yürümez, gözlerini de kullanır. Gördüğü ilginç şeyler onu yoluna devam etmeye dürter. Otlayan koyunları gördüğünde, yanlarına oturup izlemeye başlar. Neden sonra kalkar ve biraz daha gider; bir çiçek görür, koklar; bir ağaç görür, yanına gider ve çevresinde birkaç tur atar; sonra da oturup ağaca bakmaya başlar. Bu şekilde kilometrelerce dolaşabilir. Dinlenmek için yürüyüşüne aralar verir ve aynı zamanda birçok ilginç keşifte bulunur. Hele ki yoluna bir engel, yuvarlanmış kaya parçaları ya da bir ağaç gövdesi çıkmaya görsün, keyfine diyecek olmaz. Suya bayılır. Küçük bir derenin yanına çömelip, "Su, su!" diye mırıldanmaya başlar. Yetişkin yoldaşına gelince, o hemen bir yerlere varmak ister ve bu yüzden de yürüyüşün amacı konusundaki düşünceleri apayrıdır.

Çocuğun yolu yeryüzünde gezinen ilk kabile adamının yoluna benzer. Ona hiç kimse, "Haydi, Paris'e gidelim." dememiştir, çünkü Paris diye bir yer henüz yoktur. "Trene binelim." ... Tren de yoktu. İnsanlar yararlı ya da ilginç bir yere, odun toplayabilecekleri bir ormana, hayvanlarını otlatabilecekleri bir çayıra gelene kadar yürürdü. Çocuklar da böyledir. Çevrede dolaşmak, bir keşiften diğerine ilerlemek doğalarının bir parçasıdır ve eğitimlerinin de bir parçası olmalıdır. Eğitimcinin gözüyle yürüyüşe çıkan bir çocuk bir kâşiftir. Günümüzde okul çalışmalarına verilen bir ara ya da bir değişiklik olarak görülen keşif ya da izcilik, eğitimin düzenli bir parçası olmalı ve yaşamın çok daha erken bir döneminde başlamalıdır. Çocukların hepsi böyle yürüyüşlere çıkabilmeli ve onları ne çekiyorsa, ona yönelebilmelidir. Okul bu durumda sınıfta hazırlık niteliğinde yardım sunabilmelidir. Örneğin, renk adları, yaprak şekilleri ve damar ağları, böceklerin, kuşların ve diğer hayvanların alışkanlıkları öğretilebilir. Bunların hepsi ilgi çekici alanlar açar: Çocuk ne kadar çok bilirse, o kadar çok şey görür ve o kadar uzağa gider. Keşif için insanın zihinsel ilgi alanlarıyla dolu olması gerekir ve bunu sağlamak da *bizim* işimizdir.

Yürüyüş kendi içinde tam bir egzersizdir. Buna kasları içeren başka bir çaba eklenmesi gerekmez. Yürüyen insanların solunumları ve sindirimleri daha iyi olur. Bizim sağlık açısından spor yoluyla yapmaya çalıştığımız her şeyden yararlanır. Yürüyüş bedeni güzelleştiren bir egzersiz biçimidir ve bu sırada toplayacak ve sınıflandıracak ilginç bir şeyler, üzerinden atlanacak bir hendek, ateş yakmak için toplanacak odun da bulunursa, bu hareketler sırasında kolların uzanması, bedenin bükülmesi sayesinde, yürüyüş kusursuz bir jimnastik olur. İnsanın bilgisi azar azar arttıkça zihinsel ilgi alanları da genişler ve bununla birlikte bedensel etkinlikleri de çoğalır. Eğitimin yolu evrimin yolunu izlemeli, gittikçe daha geniş ufukları yürümeli ve tatmalıdır. Böylece çocuğun yaşamı gittikçe daha da zenginleşir.

Bu ilkeyi eğitimin bir parçası hâline getirmek, özellikle bugünlerde önem kazanmıştır, çünkü insanlar daha az yürüyor ve her yere onları taşıyan çeşitli taşıtlarla gidiyor. Yaşamı ikiye ayırıp kol ve bacakları oyun, başı kitaplar için kullanmak iyi bir şey değil. Yaşamın tek bir bütün olması gerekir, özellikle de çocuğun, büyümenin yasaları doğrultusunda kendini biçimlendirdiği erken yıllarda.

16

BİLİNÇSİZ YARATICIDAN BİLİNÇLİ İŞÇİYE

Buraya kadar çocuğun gelişiminde, rahimdeki yaşamıyla birçok ortak noktası olan bir dönemi ele aldık. Bu gelişim tipi üç yaşa dek sürer ve -son derece yaratıcı olan- bu dönemde birçok önemli değişiklik gerçekleşir. Yine de bu dönemi yaşamın unutulup giden bir parçası olarak düşünmemiz gerekiyor. Doğa âdeta bir hat çizgisi çekmiştir; bir yanda artık anımsanmayan olaylar bulunur, diğer yanda ise belleğin başlangıcı. Unutulan parçayı, hiç kimsenin anımsayamadığı *fizyo*embriyo, yani doğum öncesi yaşamdan ayırmak için *psiko*embriyo dedik.

Bu psikoembriyo döneminde çeşitli güçler birbirinden ayrı ve bağımsız olarak gelişir; örneğin, dil, kol hareketleri ve bacak hareketleri. Bazı duyusal güçler de bu dönemde şekillenir. Bu da fiziksel organların birbirlerinden bağımsız olarak kendi başlarına geliştiği doğum öncesi dönemi anımsatıyor. Psikoembriyo döneminde denetimle ilgili zihinsel güçlerin ayrı ayrı ortaya çıktığını görürüz. Olanları anımsayamamamız da şaşırtıcı değildir, çünkü kişilikte henüz birlik oluşmamıştır -bu birlik ancak parçalar tamamlandığında ortaya çıkar.

İşte, bu yüzden de üç yaşında yaşam yeniden başlıyor gibi görünür; artık bilinç tamamlanmış olarak zaferle parıldar. Bilinç ve bunu izleyen bilinçli gelişim dönemleri arasında belirgin bir sınır var gibi görünüyor. Birincisinde bilinçli anı olasılığı yoktur. Ancak bilinç ortaya çıktığında kişilikte birlik ve dolayısıyla da anımsama gücü olabilir.

Üç yaşından önce işlevler yaratılır; üç yaşından sonra ise bu işlevler gelişir. Bu iki dönem arasındaki sınır Yunan mitolojisinde Unutuş Nehri olan Lethe Nehri'ni akla getiriyor. Üç yaşından önce olanları hatırlamakta çok zorlanırız, iki yaşından öncekileri ise daha da zor hatırlarız. Psikanaliz zihni geçmişe götürmek için bütün araçları kullanır, ama hiç kimse genel bir yönteme başvurarak belleğini üç yaş öncesini anımsamaya zorlayamaz. Bundan daha dramatik bir şey olabilir mi? Tam bu dönemde hiçbir şeyden bir şeyler yaratılır ve bizzat bunu yapan kişi bile, bununla ilgili hiçbir şey söyleyemez!

Bilinçsiz yaratıcı, bu unutulmuş varlık, insan belleğinden silinip atılmış gibidir ve üç yaşında bizi selamlayan kişiyi anlamak bize olanaksız gelir. Doğa bizi ona bağlayan bağları kesmiştir. İşte, bu nedenle de doğanın yapmaya çalıştığını yetişkinin bozması gibi büyük bir tehlike söz konusudur. Bu ilk dönemde çocuğun bize bütünüyle bağlı olduğunu anımsamamız gerekir. Kendini koruyamaz ve yetişkinler, çocuğun zihin gelişimi konusunda -doğal yollardan ya da bilim aracılığıyla- bilgi sahibi olmadığı takdirde, gelişimi önündeki en büyük engel olabilir.

Bu dönemin sonunda ise çocuk kendini korumasına izin veren güçleri kazanmıştır. Yetişkinin onu baskı altına aldığını hissettiğinde, buna sözlerle karşı çıkabilir, kaçıp gidebilir ya da haylazlık yapabilir. Onun yapmak istediği şey çevresine egemen olmak, burada gelişimine yarayacak araçlar bulmaktır. Peki, geliştirmesi gereken (tam olarak) nedir? O güne dek geliştirmekte olduğu güçlerin hepsi. Bu nedenle de üç yaş ile altı yaş arası, artık çevresinde kasıtlı ve bilinçli olarak bir şeyler yapabildiği

BİLİNÇSİZ YARATICIDAN BİLİNÇLİ İŞÇİYE

için, gerçek anlamda bir oluşturma evresidir. Önceden geliştirdiği gizli güçler çevresindeki dünyada bulduğu bilinçli deneyim olanakları sayesinde artık kendini gösterebilir. Bu deneyimler yalnızca bir oyundan ya da bir dizi rastgele etkinlikten ibaret değildir. Bunlar, büyümek için çocuğun yapması gereken çalışmadır. Zekâsının rehberliğindeki elleri tam anlamıyla insana özgü işleri yapmaya başlar. Çocuk başlangıçta neredeyse bütünüyle düşünceler içinde bir varlıkken -dünyaya belirgin bir edilgenlikle bakıyor ve bunu zihninin temelini oluşturmak için kullanıyorken- bu yeni dünyada iradesini kullanmaya başlar. Başlangıçta ona içinde gizliymiş gibi görünen kişisel olmayan bir güç rehberlik ederken şimdi bilinci, "Ben" kişisel benliği ile yol gösterir ve ellerinin meşgul olduğunu görürüz. Daha önce bir çeşit bilinçdışı zekâ ile dünyayı emen çocuk âdeta artık "dünyayı ele geçirmiş" gibidir.

Tam da bu dönemde başlayan diğer bir gelişim türü de daha önceki kazanımların kusursuzlaştırılmasıdır. Dil bunun en belirgin örneklerinden biridir. Çocuk zaten hem sözcükleri oluşturabilmekte hem de dilbilgisi açısından doğru cümleler kurabilmektedir, ancak çocuğu sesleri daha da doğru bir şekilde oturtmaya ve hepsinden önemlisi daha geniş bir sözcük *dağarcığı* ile zenginleştirmeye iten bu özel duyarlılık (bizim deyişimizle dil duyarlılığı dönemi) varlığını sürdürür.

Demek ki iki eğilim söz konusu: çevrede gerçekleştirilen etkinlikler yoluyla bilincin genişletilmesi ve daha önceden oluşturulmuş güçlerin kusursuzlaştırılması ve zenginleştirilmesi. Bunlar da üç ile altı yaş arası dönemin etkinlik yoluyla "oluşturucu kusursuzlaştırma" dönemi olduğunu ortaya koyuyor.

Zihnin dünyayı yorulmadan emmesi devam etmektedir, ancak şimdi etkin deneyim emici zihni destekler ve zenginleştirir. Artık yalnızca duyularla ilgili değildir, ellerin oynadığı rol de işin içine girer. El "zihnin kavrayabilen organı" olur. Başkaları tarafından taşınan çocuk dünyayı izleyerek emerken şimdi her şeye dokunmak ve farklı şeylerin karşısında bir süre duraksamak için karşı konulmaz bir istek duyar. Sürekli meşgul ve mutludur, sürekli olarak elleriyle bir şeyler yapar. Zekâsı artık yalnızca var olarak gelişmez, ona etkinlik güdüsü veren bir dünya dolusu şeye gereksinim duyar, çünkü bu oluşturucu dönemde hâlâ gerçekleşmesi gereken psikolojik gelişimler söz konusudur.

İnsanlar "kutsanmış oyun çağı" olarak adlandırılan bu dönemin hep farkındaydı, ancak bilimsel inceleme konusu olması yakın döneme denk gelir.

Uygar yaşamın insanla doğa arasındaki uçurumu iyiden iyiye derinleştirdiği Avrupa ve Amerika'da, insanlar bu gereksinimi çocuklara çok sayıda oyuncak vererek doyurmaya çalışıyor. Oysa çocukların gerçek gereksinimi oldukça farklı türlerde uyaranlardır. Bu yaşlardaki çocuklar çok farklı şeyleri tutmak, ellemek ister, oysa ellerinin altında bulunanların hemen hiçbiri doğal değildir ve görebildikleri çoğu şeye de dokunmaları yasaktır. Modern çocuk yalnızca tek bir şeye rahatça dokunabilir: kum. Artık dünyanın her yerinde çocuğun kumla oynamasına izin veriliyor. Bazen suyla da oynayabiliyorlar, ama çok fazla değil, çünkü hem çocuk ıslanıyor hem de suyla karışan kum çamur oluyor. Yetişkinler de bunun sonuçlarından pek hazzetmiyor!

Buna karşılık, oyuncak imalatının daha az geliştiği ülkelerde çok farklı zevkleri olan çocuklar görülebiliyor. Aynı zamanda daha sakin, duyarlı ve mutlu oluyorlar. Çevrelerindeki etkinliklere katılmaktan başka bir şey düşünmüyorlar. Sıradan halka daha fazla benziyorlar, yetişkinlerle aynı şeyleri kullanıyor, aynı şeylere dokunuyorlar. Anne çamaşır yıkarken ya da ekmek pişirirken, kurabiyeler hazırlarken çocuk da ona katılıyor. Bu eylem bir taklit olmakla birlikte seçici ve zeki bir taklittir ve çocuk böylece dünyada yer almaya kendini hazırlar. Çocuk her ne yapmaya gereksinim duyarsa duysun, bunların onun kendine ait amaçlarına, kendini geliştirmeyle ilişkili içsel hedeflerine hizmet ettiğine kuşku yok. Biz okullarımızda çocuğun evde ya da

BİLİNÇSİZ YARATICIDAN BİLİNÇLİ İŞÇİYE

yaşadığı ülkede yapılanları taklit etmesini sağlayan her şeyi bulunduruyoruz, ama özellikle, çocuğun boyuna ve gücüne uygun olan, görece küçük donanımları kullanıyoruz. Çocuk bütünüyle ona ait olan bu odada özgürce hareket edebiliyor, konuşabiliyor ve kendini zekâ gerektiren oluşturucu işlere verebiliyor.

Bunlar son günlerde insanları şaşırtmıyor, ama bu düşünceyi ilk kez öne sürdüğümde insanlar hayrete düşmüştü. Yardımcılarımla birlikte üç ile altı yaş arasındaki çocuklar için kendi boyutlarına uygun mobilyaların bulunduğu, içinde sanki kendi evlerindeymiş gibi yaşayabilecekleri bir dünya hazırladığımızda, insanlar bunun kesinlikle harika bir şey olduğunu düşündü. Küçük masa ve iskemleler, yıkanacak minik tabak çanaklar, sofrayı hazırlamaya yönelik "gerçek hayat" etkinlikleri, şöminenin temizlenmesi, yerleri süpürme ve toz almanın yanı sıra giyinip soyunmayı öğrenmeye yönelik çerçeveler eğitim alanında olağanüstü yenilikler olarak görüldü.

Daha sonra bu çocukların sürdüğü toplumsal yaşam ortaya beklenmedik eğilim ve zevklerin çıkmasını sağladı. Çocuklar birlikte olmayı oyuncak bebeklere, küçük "gerçek hayat" mutfak eşyalarını oyuncaklara yeğlediklerini bizzat gösterdiler.

Tanınmış Amerikalı eğitimci Profesör John Dewey, Amerika'daki hayatın merkezi olan New York'ta çocuklar için yapılmış küçük mutfak eşyaları satın alabileceğini düşündüğünü ve şahsen New York'taki dükkânlarda küçük süpürgeler, iskemleler, tabaklar vb. aramaya çıktığını anlatır. Gelin görün ki bu tarzda hiçbir şey bulamaz. Kimse böyle bir şey yapmayı düşünmemiştir bile. Tek bulabildiği şey sayısız türde oyuncak olmuştur. Şaşkınlıkla şöyle der: "Çocuklar unutulmuş!"

Ne yazık ki çocuklar yalnızca bu bakımdan değil, birçok açıdan unutulmuştur. Başka herkes için birçok şeyin olduğu, onun içinse hiçbir şeyin bulunmadığı bir dünyada yaşayan Unutulmuş Yurttaş'tır o. Boş dünyasında amaçsızca gezinerek sürekli yaramazlıklar yapar, oyuncaklarını kırar, ruhu için boş yere bir tatmin arar. Bu arada yetişkinler onun gerçek gereksinimlerini hiçbir şekilde anlamaz.

Biz okullarımızda bu engeli kaldırdık ve doğruyu gizleyen perdeleri çekip açtık ve çocuğa gerçek dünyaya ait gerçek şeyleri verdik. Beklentimiz bunları kullanırken çocuğun yaşadığı hazzı ve neşeyi görmekti, ama aslında bundan çok daha fazlasını gördük. Çocuğun bütün kişiliği değişmişti ve bunun ilk işareti de bağımsızlığını ortaya koymasıydı. Sanki şöyle diyordu bize: "Her şeyi kendim yapmak istiyorum. Şimdi, lütfen bana yardım etmeyin."

Bir anda kendine yetmek isteyen, her türlü yardım girişimine içerleyen bir insana dönüşmüştü. Çocukta böyle bir tepkiyi ve çocuğun, yetişkinin *rolünü* gözlemcilikle sınırlamak zorunda kalacağını kim bilebilirdi? Çocuk kendi boyutlarındaki bu dünyaya girer girmez onu sahipleniyordu. Toplumsal yaşam ve karakter oluşumu bunu kendiliğinden izliyordu.

Yani sonuçta çocuk mutlu olmakla kalmıyor, insanı oluşturma işine de başlamış oluyordu. Eğitimin bütün amacı mutluluk değildir. Bir insanın güçleri ve karakteri bakımından bağımsız olması, ona bağlı olan her şey üzerinde çalışması ve egemenliğini kurması gerekir. *Bilinç doğup denetimi ele almaya başladığında, çocukluk dönemi de işte, bu ışıkta kendini bize açtı.*

17

KÜLTÜR VE İMGELEMİN GELİŞİME KATKISI

Çevrelerindeki dünyada etkin deneyimler bulmak bu yaşlardaki çocuklar için bir doğa yasasıdır. Bunun için de ellerini yalnızca pratik amaçlarla değil, aynı zamanda bilgi toplamak için kullanırlar. Çocukları sunduğumuz bu yeni tip çevrede özgür bırakırsak, doğaları ve yetenekleriyle üzerimizde oldukça beklenmedik bir izlenim bırakırlar. Daha mutlu görünürler ve ilgileri o kadar derindir ki yorulmadan uzun bir süre çalışabilirler. Sonuç olarak zihinlerinin açıldığı ve bilgiye daha hevesli yaklaştıkları görülür.

Küçük çocuklardaki bu bilinmeyen zihinsel yaşamın ilk kez geniş bir ilgi görmesini sağlayan "yazma patlamasının" ardında da bu yatıyordu.

Aslında yazma patlaması buz dağının görülen kısmıdır. Asıl patlama içsel kişilikte gerçekleşir. Bu da insanın aklına içten içe kaynayan dağları getiriyor. Bu dağlar dışarıdan sağlam ve değişmez görünür, ama günün birinde bir patlama olur, bu devasa kayanın içinden alevler püskürmeye başlar. Uzmanlar da bu alevlerin yapısını, dumanları ve açığa çıkan maddeleri inceleyerek yeryüzünün içindekilerin doğasını belirler.

Öyle görülüyor ki çocuklar kendilerini doğrudan, kullanabilecekleri ciddi ve boylarına uygun eşyalar olan gerçek yaşam koşullarının ortasında bulduğunda, içlerinde beklenmedik etkinlikler doğar. Bu şaşırtıcı olduğu kadar istisnasız bir durumdur aynı zamanda ve bu eğitim yöntemini ortaya çıkaran da bunları izleme, yorumlama ve başka etkinliklerin de ortaya çıkmasına yardım etme çabalarımız olmuştur.

Kabul edilebilir hiçbir eğitim yöntemi bunların ortaya çıkmasına yol açmamıştır. Tam tersine çocuklara nasıl davranmamız gerektiği konusundaki yol göstericimiz ve öğretmenimiz kendilerini gittikçe açan çocuklar olmuştur. Her şey, gelişimin önündeki engellerin kaldırıldığı ve çocukların sunduğumuz çeşitli etkinlik araçları arasında seçme özgürlüğüne sahip olduğu tatminkâr yaşam koşulları sunma çabamızla başladı. Yani çocuk psikolojisi alanında bir keşif yaptığımızı söylemek yanlış olmaz. Gerçekten de o sırada Kuzey Kutbu gezisinden yeni dönen kâşif Peary de çalışmamızı "insan ruhunun keşfi" olarak tanımlamıştır. Bir eğitim yöntemi olarak adlandırmak yerine, bunun insan doğasını daha iyi anlamamızı sağlayacağını söylüyordu.

Daha en başta iki ayrı olgu grubu kendini açıkça gösteriyordu. Bunlardan biri, çocuğun zihninin kültürü düşünülenden çok daha erken bir yaşta edinebileceği, ancak bilginin bu şekilde alınmasının hareketi de kapsayan belirli etkinlik tiplerini içermesiydi. Bu yaştaki bir çocuk, ancak eylem yoluyla öğrenebilir. Kendini açmasını geliştiren bir şeyler yapması gerekir. Üç ile altı yaşlar arasında alma yeteneğinin ne kadar büyük olduğunu artık biliyoruz. Öyleyse, bu konuda da artık kuşku kalmamıştır.

İkinci olgu grubu ise karakter oluşumu ile ilgilidir, ancak bu konuyu ileriki bölümlerde ele alacağız. Bu bölümde yalnızca ilk grup, kültürün kendiliğinden etkinlik yoluyla alınması üzerinde duracağız. Çocuklar daha erken bir dönemde (emici zihinleri yoluyla) tanıştıkları şeylere karşı özel bir ilgi gösterir. Zihinlerini bunlara kolaylıkla odaklayabilirler. Örneğin, çocuktaki yazma patlaması çocuğun dile karşı özel duyarlılığı ile yakından bağlantılıdır ve bu da konuşmaya ilk başladığı dönemde işleyişe geçmiştir. Bu duyarlılık beş buçuk altı yaşlarında ortadan kalkar; öyleyse, yazma da ancak bu yaştan önce haz ve coşku duyarak öğrenilebilir. Daha büyük yaşlardaki çocuklar, doğanın onlara bahşettiği bu olanağı, yazmayı özel ve bilinçli bir uygulama ve irade çabası harcamadan öğrenme olanağını artık yitirmiştir.

Bununla birlikte bu kolayca yazmanın yalnızca duyarlı dönemi kullanmamızdan kaynaklanmadığını, çocuğun daha da önceki yaşlarda yaptığı ve duyusal ayrım güçleri ile pratik yapabilmesi amacıyla dikkatle tasarlanmış gerecimizi kullandığı belirli hazırlık egzersizlerine dayandığını da deneyimlerimizden biliyoruz. Yöntemimize yeni bir ilkenin, "dolaylı hazırlık" ilkesinin katılması da böyle olmuştur.

Doğanın kendisi de bu ilkeye göre işler. Embriyoda bile organlar bireyin ileride duyacağı gereksinimlerin beklentisi ile oluşur ve ancak işleyiş var olduğunda eyleme geçirilir.

O hâlde çocuk ilk dönemde kurduğu oluşumları ikinci dönemde ayrıntılı olarak geliştirme eğilimi sergiliyorsa, ilk dönemi bunu izleyen dönemin yol göstericisi olarak kabul edebiliriz. Örneğin, dilin edinilmesinde çocuğun ilk dönemde bir dilbilgisi kitabındaki kadar kesin bir dizi aşamadan geçtiğini gördük. Sırasıyla ayrı sesleri, heceleri, adları, eylemleri, ön adları, belirteçleri, ilgeçleri, bağlaçları ve diğerlerini telaffuz eder. Dolayısıyla, ikinci dönemde aynı sırayı izleyerek ona yardım edebileceğimizi biliyoruz. Evet, en başta ona dilbilgisini öğreteceğiz! Günümüzdeki düşünceye göre, ilk doğrudan dil öğretimine dilbilgisi ile başlamak ve çocuğun bunu okuma yazma öğrenmeden *önce* öğrenmesi gerçekten de kulağa saçma geliyor.

Evet, ama daha dikkatli düşünelim. Anlamlı konuşmanın temeli nedir? Dilbilgisi değil midir? Bizim gibi, çocuklar da konuşurken her zaman dilbilgisini kullanır. Çocuk dört yaşındayken, yani dil işleyişini kusursuzlaştırırken ve sözcük dağarcığını zenginleştirirken ona dilbilgisi konusunda yardım ederek çalışmasına uygun koşullar sunmuş oluyoruz. Dilbilgisini öğreterek emmekte olduğu sözlü dil üzerinde kusursuz bir şekilde ustalaşmasına yardım ediyoruz. Deneyimlerimiz, küçük çocukların dilbilgisi ile son derece canlı bir şekilde ilgilendiğini ve bunun dilbilgisini sunmak için doğru bir zaman olduğunu gösteriyor. İlk dönemde (0-3 yaş arası) dilbilgisi edinimi bilinçdışıdır; şimdi ise bilinçli bir şekilde kusursuzlaştırılabilir. Bir şeyi daha görüyoruz: Bu yaştaki çocuk birçok yeni sözcük öğrenir. Sözcüklere karşı özel bir duyarlılığa sahiptir; sözcükler çocuğun ilgisini çeker ve o da çok sayıda sözcüğü kendiliğinden toplar.

Birçok deneyde bunun sözcük dağarcığının en hızlı geliştiği yaş olduğu sonucuna varılmıştır. Âdeta çocuk yeni sözcüklere açıkmıştır. Çocuğa yardım edilmezse, bunları çaba harcayarak ve rastgele alır. İşte, bu yüzden de gereksinim duyacağı sözcükleri toplayarak ve bunları sistematik bir şekilde sunarak çalışmasını kolaylaştırıyoruz.

Bu arada bu da kalıcı olarak benimsediğimiz başka bir prosedüre götürdü bizi. Çalışmamın ilk aşamalarında bana yardım eden öğretmenlerin yüksek eğitimi yoktu. Çocukların okuması için her biri ayrı bir karta olmak üzere birçok sözcük yazıyorlardı. Kısa bir süre sonra giysiler, evdeki eşyalar, sokaklardaki nesneler, ağaç adları gibi bütün sözcükleri kullandıklarını söylediler. Oysa çocuklar fazlasını istiyordu. Ben de daha üst seviyedeki sözcükleri, örneğin, çocukların duyusal aygıtla birlikte kullandıkları çokgen, yamuk, çeşitli üçgenler gibi geometrik şekil adlarını kullanmaya başladım. Çocuklar hepsini öğrendi! Biz de bilimsel gereçlerin adlarını yazdık: termometre, barometre vb. Daha sonra da çanak yaprağı, taç yaprağı, ercik, pistil gibi botanik terimlere geçtik. Bunları da coşkuyla öğrendiler ve yine daha fazlasını istediler. Bu öğretmenler çocukları yürüyüşe çıkardığında, çocuklar bütün otomobil tiplerini öğretmenlerine öğretiyordu. Öğretmenler kendi bilgisizliklerinin bu şekilde ortaya çıkmasına içerliyordu!

Bu çağdaki çocuk sözcüklere karşı doymaz bir açlık içindedir ve öğrenme kapasitesinin de sonu yoktur. Bir sonraki dönem için aynı şey söylenemez. Bu kez yeni yetenekler ortaya çıkmaya başlar ve çocuk yeni sözcükleri çok daha zor öğrenir. Biz, bu sözcükleri yaşamlarının erken yıllarında öğrenen çocukların bunları koruduğunu ve geleneksel okullara gittikten sonra, sekiz ve dokuz yaşlarında ve daha sonraki yıllarda, bunları akıcı bir şekilde kullandığını gördük. Bu sözcükleri sekiz ya da dokuz yaşlarındaki ve daha sonraki yıllarda ilk kez öğrenen çocuklarda alınan sonuçlar ise bunun çok gerisindeydi. Çocuklara bilimsel sözcükleri öğretmek için en iyi yaşların üç ve altı yaş arası olduğu sonucuna varıyoruz. Elbette bunu da mekanik bir şekilde değil, ilgili nesnelerle bağlantı içinde ya da keşifler sırasında yapmak gerekiyor ki sözcük dağarcıkları deneyimlerine ayak uydursun. Örneğin, gerçek bir yaprak ya da çiçeğin parçalarını ya da yerküre üzerindeki coğrafi birimleri (burun, körfez, ada vb.) gösteriyoruz. Çocukların erişebileceği somut modeller ya da resim ve çizelgeler konusunda zorluk yaşanmıyor. Çocuklar da bu konuda güçlük çekmiyor, ancak genellikle öğretmenler bu sözcükleri bilmiyor ya da sözcükleri anımsamakta zorlanıyorlar ve kafaları karışıyor.

Kodaikanal'da geleneksel okullarda okuyan ve bir çiçeğin parçalarını nasıl adlandıracakları konusunda kararsız kalan on dört yaşındaki okul çocuklarıyla karşılaşmıştım. Üç yaşındaki bir çocuk yanlarına geldi ve bu çocuklara yardım etti. "Pistil." dedi ve koşarak yine işinin başına döndü.

Bir keresinde de ders kitaplarındaki bitki kökleri sınıflandırmasını incelemiş ve duvarlardaki resimlere bakarak bunların resimlerini yapmıştık. Bu sırada küçüklerden biri yanıma gelip bu resimlerin ne olduğunu sordu. Ben de ona açıkladım. Kısa bir süre sonra bahçeye çıktığımda birçok bitkinin köklerinden söküldüğünü gördüm. Öğrendiklerinden büyülenen çocuklar dışarıdaki bitkilerin köklerini görmek istemişti! Bunun üzerine doğrudan dersler yapmanın iyi olacağını düşündük, ama bu da sonuçta anne babaların tepkisini çekecekti. Çocuklar evlerine gittikten sonra bahçelerindeki bitkileri köklemiş, sonra da biçimlerini görmek için yıkamışlardı.

Çocukların zihin ufku gördükleriyle mi sınırlıdır? Hayır. Somutun ötesine geçen bir zihin tipine, büyük bir imgelem gücüne sahiptir çocuklar.

Fiziksel olarak var olmayan şeyleri resmetme ya da canlandırma üst düzeyde ve özel bir zihinsel yetenek gerektirir. İnsan zihni aslen gördükleri ile sınırlı olsaydı görüşü de gerçekten çok kasvetli olurdu. Yalnızca gözlerimizle görmeyiz ve kültür de yalnızca gördüklerimizden oluşmaz. Dünyayla ilgili bildiklerimizi düşünün örneğin. Karşımızda bir göl ya da karlı tepeler olmasa bile, bunları "zihin gözümüzün" önüne getirebiliriz. Bunu da ancak özel bir zihinsel etkinlik tipine sahip olmak olanaklı kılabilir.

İmgelem çocuklarda hangi yaşlarda vardır? Yanıtı bilmediğimiz için altı yaşındaki çocukları incelemeye başladık, ama küçük coğrafya birimleriyle (akarsu, körfez, ada vb.) başlamak yerine, bütün yeryüzünü bir anda sunmanın yarattığı etkiyi denemeye karar verdik. Yani karaları ve suyu içeren yerküreyi, "dünyayı" gösterdik çocuklara.

Dünya çocukların çevrelerine bakarak duyusal bir imge oluşturabilecekleri bir şey değildir. Öyleyse, bu konuda bir fikir oluşmuşsa bu ancak zihnin somut olmayan bir gücü, imgelem gücü sayesinde olabilir. Deniz yüzeyinin düz ve çivit mavisi olduğu, karaların da parıldayan ince bir tozla kaplı[45] pürüzlü bir

---

[45] Örneğin, gümüş kum. Bu kum yapışkan reçineli bir yüzeye serpiştirildikten sonra boyanabilir ve kurumaya bırakılabilir.

yüzey oluşturduğu küçük bir yerküre verdik çocuklara. Yerkürenin üzerinde bildik işaretler, isimler ya da yerler yoktu, ama çocuklar hemen konuşmaya başladılar:

"Burası kara."

"Burası deniz."

"Bak, Amerika burada."

"Burası Hindistan." vb.

Yerküreyi o kadar sevdiler ki sınıfın en sevilen parçası oldu. Üç ile altı yaş arasındaki çocuğun zihni, şeyler arasındaki ilişkileri zekâ yoluyla görmekle kalmaz, aynı zamanda doğrudan görülmeyen şeyleri zihinsel imgelemde oluşturmak gibi daha üstün bir güce de sahiptir. İmgelem çocukluk psikolojisinde de öne çıkar ve dünyanın dört bir yanında insanlar çocuklarına masallar anlatırken çocuklar gerçekten de büyük bir armağan olan imgelemlerini kullanmak istiyormuşçasına bu masallardan büyük bir zevk alır. Çocukların imgelem güçlerini kullanmayı sevdiğini biliyoruz da bu güçlerini uygulayabilmeleri için onlara neden yalnızca masallar ya da oyuncaklar veriyoruz? Bir çocuk bir periyi ve periler ülkesini imgeleminde canlandırabiliyorsa, aynı şeyi Amerika için de kolaylıkla yapabilir. Bu sözcüğü konuşmalarda belli belirsiz duymak yerine, yalnızca yerküreye bakmak bile Amerika üzerine düşüncelerinin netleşmesine yardım edecektir. İmgelemin doğruyu keşfetmeye yönelik bir güç olduğunu çok sık unutuyoruz. Zihin edilgen değildir; hep eylem hâlinde olan doymak bilmez bir alevdir.

Birkaç çocuk yerkürenin çevresinde toplanmış tartışıyordu ve üç buçuk yaşındaki bir çocuk diğerlerinin arasından öne çıkarak şöyle dedi:

"Ben de bakayım. Bu dünya mı?" Diğerleri biraz şaşkınlıkla, "Evet." dedi. Bunun üzerine küçük çocuk şunları söyleyecekti: "Şimdi anlıyorum. Benim amcam dünyanın çevresini üç kez dolaşmış!" Yine de bunun bir model olduğunu anlamıştı, çünkü dünyanın çok büyük olduğunu biliyordu. Herhâlde bunları da kulak kabarttığı konuşmalarda duymuştu.

Dört buçuk yaşındaki bir çocuğumuz da yerküreyi görmek istemişti. Yakından baktıktan ve onu fark etmeyen büyük çocukların Amerika hakkında söylediklerini dinledikten sonra, aniden araya girmişti:

"Peki, New York nerede?" Diğerlerinin şaşırdığı rahatlıkla görülebiliyordu, ama yine de sorusunu yanıtlamışlardı. Sonra da "Hollanda nerede?" diye sordu. Bu daha da büyük bir şaşkınlık yarattı. Hollanda'yı gösterdiklerinde de şöyle demişti:

"Demek burası deniz!" Bunun üzerine onu merakla sorgulamaya başladılar ve o da şu öyküyü anlattı:

"Babam her yıl iki kez Amerika'ya gidiyor ve New York'ta kalıyor. O gittikten sonra annem birçok gün 'Baban denizde.' diyor. Sonra da 'Baban New York'a vardı.' diyor. Yine birkaç gün sonra, 'Baban yine denizde.' diyor. Sonra da 'Baban şimdi Hollanda'da, biz de Amsterdam'a gidip onu karşılayacağız.' diyor. O zaman çok seviniyorum."

Bu çocuk Amerika'yı o kadar çok duymuştu ki yerkürenin önünde Amerika'dan bahsedildiğini duyunca yüzünde "Amerika'yı buldum!" der gibi bir ifadeyle hemen durmuştu.

İşittiklerini düşünce dünyasında boş yere anlamlandırmaya çalışan bu çocuk için, daha önce olduğu gibi, söylenenlerin anlamını maddesel dünyada bulmak çok rahatlatıcı olmuştur herhâlde. O güne dek, çocukların genellikle yaptığı gibi, işittiği sözcükleri yanlış bir hayalle bezemek zorunda kalmıştı.

Küplerle oynamanın ve hayal gücünü masallar yoluyla çalıştırmanın bu yaşlardaki çocuklar için iki temel gereksinim olduğu düşünülmüştür hep. Birincisinin çocuğun zihni ile çevresi arasında doğrudan bir ilişki kurması ve böylece çocuğun çevresini tanıyıp bu çevre üzerinde uzmanlaşması ve böylece büyük bir zihinsel gelişim sergilemesi bekleniyordu. İkincisi ise çocuğun oynadığı oyunlarda sergilediği hayal gücü zenginliğinin kanıtı olarak görülüyordu. Oysa elinin altında bu güçlü yeteneği çalışabileceği gerçek bir şey olmasının ona çok büyük bir yardımda bulunacağını, böylece zihninin dış dünya ile bağlantı kuracağını düşünmek çok mantıklı.

Bu çağdaki çocuklar bizden sürekli bir şeyler açıklamamızı ister. Ne kadar meraklı olduklarını herkes bilir ve biz de soru yağmuruna tutulduğumuzu hissederiz. Oysa bunu bir işkence olarak değil, bilme özlemi duyan bir zihnin kendini ifade etmesi olarak görmek çok aydınlatıcı olacaktır. Bu yaşlardaki çocuklar uzun açıklamaları izleyemez ve biz de genellikle çok fazla ayrıntıya gireriz.

Küçük bir çocuk babasına yaprakların neden yeşil olduğunu sormuş. Bunu büyük bir zekânın işareti olarak gören babası da klorofili ve bunun güneşten nasıl yararlandığını uzun uzadıya anlatmaya girişmiş. Bir süre sonra çocuğun, "Ben sadece yaprakların neden yeşil olduğunu bilmek istiyordum, klorofili, güneşi falan sormadım ki!" diye mırıldandığını duymuş.

Oyun, imgelem ve sorular bu yaşların özellikleridir ve bunu herkes bilir, ama genellikle yanlış anlaşılırlar. Bazen de sorular zordur.

Bir çocuk kafasını kurcalayan bir sorunun yanıtını öğrenmek ister. "Anne." der, "Ben nereden geliyorum?" Bu sorunun bir gün geleceğini tahmin eden akıllı bir anne gerçeği söylemeye karar vermiş. Dört yaşındaki küçük çocuk bu soruyu sorunca hemen yanıtlamış: "Sen benim çocuğumsun, seni ben yaptım."

Bu hızlı ve kısa yanıt çocuğu hemen sakinleştirmiş. Bir yıl kadar sonra da çocuğa, "Şimdi bir çocuk daha yapıyorum." demiş ve doğumevindeyken de eve dönerken bebeği yanında getireceğini söylemiş. Eve döndükten sonra da çocuğa bebeği gösterip, "Bu senin kardeşin. Onu da seni yaptığım gibi yaptım." demiş.

Oysa altı yaşına girmeye yaklaşan çocuk bu kez ayak diremiş. "Neden bana dünyaya gerçekten nasıl geldiğimi söylemiyorsun?

Artık büyüdüm ben, öğrenecek yaşa geldim. Neden doğruyu söylemiyorsun? Bir çocuk daha yapıyorum dediğinden beri seni izliyorum, ama sen hiçbir şey yapmadın!"

Doğruyu söylemek bile göründüğü kadar kolay değildir. Anne babaların ve öğretmenlerin çocukların imgelemini doyurabilmek için özel bir bilgeliğe sahip olmaları gerekir.

Öğretmenler eğitim görmelidir, çünkü bu sorunları kendi mantığımızla çözmeyiz. Çocukların nasıl geliştiğini bilmemiz, önceden edindiğimiz fikirleri bir yana bırakmamız gerekir. Üç ile altı yaş arasındaki çocukların zihnini izlemek büyük bir incelik ve hassaslık gerektirir ve bu da büyüklerde ender bulunur. Neyse ki çocuklar daha çok bizden değil, çevresinden öğrenir, ama onlara olabildiğince yardım edebilmek için psikolojik bir kavrayışa ulaşmamız gerekir.

Çocukların davranış biçimleri bizim için tükenmez bir aydınlanma kaynağı oldu. Ayrıca çocuk psikolojisinin gerçek doğasını görmemizi bugüne dek engelleyen önyargının büyüklüğünü ve çocuk bilinmeyen bir nicelik olduğu için ona önceden belirlenmiş ilkelerle rehberlik etmenin olanaksızlığını gösterdi. Çocuğu tanımayı yine ancak çocuk öğretebilir bize ve bunu da davranışlarıyla yapar.

Çocukların yalnızca yapacak ilginç bir şeylere gereksinim duymadığını, aynı zamanda bunu tam olarak nasıl yapacaklarının gösterilmesinden de hoşlandığını binlerce örnekte gördük. Kesinliğin onu derinden etkilediğini ve çalışmaya devam etmesini sağladığını gördük. Öyleyse, elle yapılan bu görevlerin bilinçdışı bir hedefi olduğu sonucuna varmamız gerekiyor. Hareketleri arasında eş güdüm kurmak ve bunları denetlemek çocuğun içgüdüsüdür.

Son derece önemli diğer bir gözlem de bir çalışmaya kendini kaptıran çocukların aynı hareket dizilerini defalarca yinelediğini gösteriyor. Çocuklardan birinin "pratik yaşam egzersizi" olarak adlandırılan çalışmaya kendini nasıl verdiğini görmek-

KÜLTÜR VE İMGELEMİN GELİŞİME KATKISI

ten daha şaşırtıcı bir şey olamaz: Çocuk, örneğin, pirinç bir kabı parlatmaya kendini bütünüyle kaptırır ve kap ışıl ışıl olana dek bütün talimatları titizlikle izler; sonra hiç duraksamadan bir sonrakini alır ve zaten parıldayan kabın üzerinden her bir ayrıntıyı yineleyerek birkaç kez daha geçer! Bu da dış amacın yalnızca bir uyaran olduğunu kanıtlar. Asıl amaç bilinçdışı bir gereksinimi doyurmaktır ve işlemin oluşturucu olmasının nedeni de budur, çünkü çocuğun yaptığı tekrarlar sinir sisteminde yepyeni bir denetimler sistemi oluşturur. Diğer bir deyişle, kasları arasında, doğa tarafından önceden verilmemiş, edinilmesi gereken bir eş güdüm kurar. Spor yaparken, coşkuyla yinelediğimiz bütün oyunlarda aynı şeyi biz de yaşarız. Tenis, futbol gibi oyunlarda tek amaç topu doğru bir şekilde hareket ettirmek değildir. Bu sporlar bizi daha önce sahip olmadığımız yeni beceriler edinmeye yöneltir ve yeteneklerini zenginleştirme duygusu bu oyunlardan alınan hazzın asıl kaynağıdır.

Evet, bu etkinliklerin hepsinde çocuğun oyun oynadığı söylenebilir, ancak bu oyun tipi çaba gerektirir ve çocuğun gelecekte gereksinim duyacağı yeni güçler edinmesini sağlar.

İçgüdüsü, çocuğun günün gereksinimlerine uyum sağlaması için uyanmıştır ve zahmetli bir içsel kurma biçimini almıştır. Sanki birisi ona şunları söylemiştir: "Öyle gelişigüzel değil, şöyle yapacaksın, çünkü yapman gereken hareketler bunlardır, başkası değil." Bununla birlikte, bu tip bir çaba çocukluğa uygundur ve taklidin çocukları kendini kurma çalışmasına yönelten bir çeşit esin kaynağı olduğunu da işte bu yüzden söylüyorum.

Öyleyse, burada çocuğun güçlerini kuran gerçek bir dinamizm görüyoruz. Çocuğun çevresindekilerde gördüğü eylemler bunları kendi içinde yapma gücünü yerleştirecek etkinlikleri gerçekleştirmeye yönelik uyarıcılara dönüşür. Peki, nedir bu yerleşen güç? Dilin öğrenilmesinde olduğu gibi, dokuma tezgâhına önce çözgü, yani dokunacak kumaş değil, bu kumaşın temeli yerleştirilir. Bu çözgü, ritimleri ve ses uyumları ve dilbilgisel biçimde düzenlenme sıralarıyla birlikte sözcüklerin seslerine karşılık gelir. Yani belirli bir ulus ya da ırka özgü genel davranış çözgüsü bu pratik yaşam egzersizleri ile yerleştirilir. Üç ile altı yaş arasındaki dönemde kumaşın kendisi dokunur ve kusursuzlaştırılır. Bu nedenle de altı yaştan önceki dönem belirleyicidir. Bu dönemde çocuğun kurduğu yetenekler neyse, bunlar yaşam boyu somut olarak kalır. Hareket ve davranış tarzı yerleşir ve kişiliğinin değişmez parçası olur ve bunlar ona ya toplumun alt tabakasına ya da daha üst bir toplum düzeyine ait bir insan olarak damga vurur, çünkü bu farklılıklar, neredeyse dillerin ulusları ayırmasıyla aynı biçimde sınıfları birbirinden ayırır.

İşte, bu nedenle de doğuşta altta olan bir insan, koşullar onu daha üst düzeye taşısa bile, kökenindeki damgadan kurtulamaz. Bir aristokrat kendini bir işçi gibi göstermek istediğinde, davranış biçimi ve alışkanlıkları onu kesinlikle ele verir.

Dilde olduğu gibi, lehçeler de bu çağda yerleşir. Çok teknik bir sözcük dağarcığı kullanmaya alışmış bir üniversite profesörü bile aksanıyla geldiği şehri belli eder.

İnsan ne kadar yüksek bir eğitim alırsa alsın, bir zamanlar bebekliğinde oluşanı ortadan kaldıramaz. Bu da bu çağlarda toplumsal eğitimin ne kadar önemli olduğunu gösteriyor. Bu dönemde, yaşamın ilk üç yılında karşılaşılan engellerin kişilikte neden olduğu sapmaları düzeltmek olanaklıdır, çünkü doğa için bu işini tamamlama zamanıdır. Aynı zamanda bilimsel çizgide bir eğitim vererek insanları çeşitli ırk ve ülkeler bakımından ayıran farklılıkları etkin bir şekilde azaltabiliriz ve bu da yeryüzündeki yaşamın daha ahenkli olmasını sağlayacaktır. Diğer bir deyişle, uygarlık doğanın insana sunduğu çevreyi değiştirdiği gibi, insanın kendisinde de değişiklikler yaratabilir. Yani insanlara sihirli güçler verilmiştir.

Çocukta kişiliğin, gelişime yol gösterme ile etkin bir şekilde ilgili olan parçası bu etkinliklerin hepsinde kendini gösterir. Duyusal gereçlerimizle yaptıkları egzersizlerde bunları net bir

KÜLTÜR VE İMGELEMİN GELİŞİME KATKISI

şekilde görebiliriz. Duyusal eğitim hakkında ne düşünmeliyiz? Duyular çevre ile bağlantı noktalarıdır ve zihin, bunlardan aldıklarıyla önemli beceriler kazanabilir. Tıpkı bir piyanistin aynı tuşları kullanarak harika ezgiler çalmayı öğrenebilmesi gibi. Örneğin, ipek işçilerinin dokunma duyuları o kadar hassaslaşır ki parmaklarıyla bir ipliği iki iplikten ayırt edebilirler. Vahşi doğada yaşayan bir kabile insanı bir yılanın yerde süründüğünü işitebilir.

Bunlar gündelik yaşamın ortaya çıkardığı keskinliklerdir, ancak bunlar geniş bireysel farklılıklar gösterir. Bununla birlikte hem zekânın hem de hareketin söz konusu olduğu toplam bir etkinlik dışında duyusal bir eğitim olanaklı değildir.

Bireysel farklılıklar ilgiyi yaratan iç eğilimlere dayanır ve bu insanlarda farklı derecelerde olan bir şeydir. Diğer bir deyişle, yalnızca bizim olan doğamız doğrultusunda büyümemize ve gelişmemize neden olan ve doğuştan gelen çekimlerle doğarız.

Duyu gereçlerimizle çalışan bir çocuk ellerini kullanma becerisini büyük oranda geliştirmekle kalmaz, aynı zamanda dış dünyadan gelen uyarıcılara yönelik algı derecesini de artırır. Dış dünya da onun için aynı derecede zenginleşir, çünkü algı gücü daha az olan bir insan için âdeta var olmayan ince farklılıkları ayırt edebilir.

Her bir duyunun alabileceği izlenimleri, renkleri, notaları, sesleri, biçimleri ve büyüklükleri, dokunma duygularını, kokuları ve tatları sınıflandıran duyusal gereçlerimiz bir çeşit gözlem rehberi sunar. Bu da hem kendimize hem de çevremize dikkat etmemizi sağladığı için, kuşkusuz, kültürün bir biçimidir. Tıpkı konuşma ve yazma gibi, kültürün kişiliği kusursuzlaştıran ve doğal güçlerini zenginleştiren bir biçimidir.

Dünyanın kâşifleri olan duyular bilginin yolunu açar. Duyuları eğitmeye yönelik gereçlerimiz çocuğa dünyadaki keşiflerine yol gösteren bir anahtar sunar, karanlıkta ya da eğitimsiz durumda görebileceğinden daha ayrıntılı görmesini sağlayan bir ışık verir dünyaya.

Aynı zamanda, çocuğun üst düzey enerjilerine bağlı olan her şey bir uyarıcıya dönüşür ve yaratıcı güçlerini işletmeye başlayıp keşfeden zihninin ilgi alanlarını genişletir.

Günümüzdeki sıradan okullarda öğretmenler öğrencilere genellikle "nesne dersleri" olarak adlandırılan ve çocukların belirli bir nesnenin çeşitli özelliklerini, örneğin, rengini, biçimini, dokusunu vb. saydığı bir ders veriyor. Oysa dünyada sayısız farklı nesne bulunur ve bunların nitelikleri belirli sayıdadır. O hâlde bu nitelikler alfabedeki harflere benzer; bu harflerle sayısız sözcük oluşturulabilir.

Çocuklara bu nitelikleri ayrı ayrı sunan nesneleri vermek, bilginin kapısını açan anahtarı, alfabeyi keşfetmelerini sağlamaya benzer. Nesnelerin düzenli bir şekilde sınıflandırılmış niteliklerinin yanı sıra, bunların derecelerini de gören bir kişi çevresinin ve yeryüzü doğasının içerdiği her şeyi okuyabilir.

Bu dış dünya "alfabesi" son derece değerlidir. Aslında yukarıda da değindiğimiz gibi, kültür yalnızca bilgi toplamaktan ibaret değildir, kişiliğin genişlemesini de içerir. Duyuları eğitim görmüş bir çocuğa bir şeyler öğretmek, bu yardımdan yararlanmamış bir çocuğa öğretmekten oldukça farklı bir deneyimdir. Sunulan her nesne, verilen her fikir, her gözlem daveti ilgiyle karşılanır, çünkü çocuk yaprak biçimleri, çiçek renkleri ya da böcek bedenleri vb. arasındaki küçük farklılıklara karşı zaten duyarlı olacaktır. Her şey görebilmeye ve ilgilenmeye dayanır. Hazır bir zihin iyi bir öğretmenden çok daha önemlidir.

Daha önce de belirttiğim gibi, bizim geliştirdiğimiz gereç nesnelerin niteliklerini sınıflandırıyor ve bu da çocuğun zihninde bir düzen oluşturmasına en etkili şekilde yardımcı oluyor.

Nesneleri ve bunların niteliklerini birbirinden ayırt etmek doğal bir davranıştır. Herkes renk, ton, şekil gibi özellikleri ayırt edebilir ve bunu özel bir eğitim almadan yapabilir. Bu aslında bizzat insan zihninin kendi biçimi ile bağlantılıdır. Yalnızca imgeleme (yani o anda orada bulunmayan şeyleri düşünebilme) gücü değil, aynı zamanda bunların zihinsel içeriğini birleştirme ve yeniden düzenleme, dış dünyada karşılaştığımız tüm bu sayısız şeyden bir "nitelikler alfabesi" diyebileceğimiz şeyi çıkarma da zihnin doğasında bulunur. Bunu da sahip olduğu soyut düşünme gücüyle yapar. Bütün sözcükleri oluşturan belirli sayıda sesi seçen ve ayrı ayrı dile getiren alfabeyi bulanlar da bu güçten yararlanmıştır. Dolayısıyla, alfabe soyut bir sistemdir, çünkü sadece gerçek bir varlığı olan sözlü sesler sözcükleri oluşturur. İmgeleme ve soyutlama gücü olmasaydı, insan zeki olamazdı ya da insan zekâsı da üst düzey hayvanların zekâsına benzerdi, yani belirli bir davranış biçimi ile sınırlı ve katı olurdu ve bu da gelişmesini engellerdi.

Şimdi, soyut fikirler sayı olarak her zaman için sınırlıdır, ancak sayısız gerçek şeyle karşılaşırız. Kesinlik bu sınırlı sayıdaki soyutlamanın değerini artırır. Zihin dünyasında bunlar özel bir organ kadar değerli olur; tıpkı zamanı anlamamızı sağlayan bir saat gibi, uzayı anlamamıza hizmet eder.

Zihnin bu iki gücü (imgelem ve soyutlama) o anda mevcut olan şeylerin basit algısının ötesine geçer ve zihin içeriğinin oluşturulmasında karşılıklı bir rol oynar. Her ikisi de dilin kurulması açısından gereklidir. Bir yanda kesin bir alfabe, diğer yanda dilbilgisi kuralları çok sayıda sözcüğün oluşturduğu sayısız birikime olanak tanır. Sözcüklerin, kullanılabilmek ve dili zenginleştirebilmek için, seslerin ve dilbilgisi düzeninin temelinde yer alabilme kapasitesine sahip olması gerekir. Dil oluşturulurken ne oluyorsa zihnin oluşturulmasında da olur.

"Onun muğlak bir zihin yapısı var. Zeki bir adam, ama belirsiz." dendiğinde anlatılmak istenen, birçok fikre sahip olan, ama düzenin getirdiği netlikten yoksun kalmış bir zihin yapısıdır. Bir başkası içinse, "Zihni bir harita gibi. Yargıları sağlam." denebilir.

İşte, bu nedenle de biz çalışmalarımızda, zihnin kesinlik ile kurulmuş bu bölümüne "matematiksel zihin" adını verdik. Bu terimi, insan zihninin doğası gereği matematiksel olduğunu, bilgi ve ilerlemenin doğru gözlemlerden geldiğini söyleyen Fransız felsefeci, fizikçi ve matematikçi Pascal'dan aldım.

Tıpkı bir dilin biçimini alfabedeki seslerin ve sözcükleri düzenleyen kuralların oluşturmasında olduğu gibi, insan zihninin, algı ve imgelemin bütün zenginliklerinin işlenebileceği çözgünün biçimi de temelde düzenle ilgilidir. İnsanlığa yararlı buluşlarla dünyada iz bırakan insanların çalışmalarını incelersek başlangıç noktasının her zaman için zihinlerindeki düzenli ve kesin bir şey olduğunu ve bunun da yeni bir şey yaratmayı olanaklı kıldığını görürüz.[46] Şiir ve müziğin yaratıcı dünyasında bile "metrik" ya da ölçülü olarak adlandırılacak derecede kesin olan temel bir düzen bulunur.

Dolayısıyla, eğitimde bu iki zihin gücünü göz önüne almamız gerektiği ve genellikle kişiliğe bağlı olarak biri diğeri üzerinde egemen olsa bile, her ikisinin de var olması ve uyumlu bir şekilde birlikte çalışması gerektiği açıkça görülüyor. Yalnızca imgelemi geliştirmeye çalışmak bir dengesizliğe yol açacak ve bu da yaşamın pratik yönlerinde başarıya ulaşmaya engel olacaktır.

Matematiksel eğilim küçük çocuklarımızda birçok şaşırtıcı şekilde ve kendiliğinden ortaya çıkan bir biçimde gözleniyor. Aslında bir şeyin nasıl yapılacağını onlara tam olarak gösterdiğimizde ilgilerini çeken şey bu kesinlik oluyordu. Eylemin yöneldiği gerçek bir amacın olması için bu ilk koşuldu, ancak bir şeyi yapmanın kesin yolu çocuğun gösterdiği çabada istikrarlı olmasına destek olma işlevi gördü ve bu da çocuğun gelişiminde ilerleme kaydetmesini sağladı. Düzen ve kesinliğin okuldaki kendiliğinden çalışmanın püf noktası olduğunu gördük.

Üç ve dört yaşlar arasındaki küçük çocuklarda etkileyici bir şekilde derin bir yoğunlaşma yaratabilen duyusal gerece baktığımızda, bu gerecin yalnızca çevreyi keşfetmeye değil, aynı

---

[46] bkz. *The Advanced Montessori Method* (Cilt I) – adlı kitabım, İmgelem'in ele alındığı bölüm, Heinemann, Londra.

KÜLTÜR VE İMGELEMİN GELİŞİME KATKISI

zamanda matematiksel zekânın gelişimine de yardım ettiğine kuşku kalmıyor.[47]

Okul programlarında matematiğin, birçok zaman, zevkli olmaktan çok bir dert gibi görüldüğü düşünülürse, bizim ulaştığımız sonuçlar bir karşıtlık ortaya koyuyor. Çoğu insan matematiğe karşı zihinsel bir bariyer geliştirmiştir. Oysa kökleri *emici zihine* aşılandığında her şey kolaylaşacaktır.

Çocuk matematiksel kesinliğe dair şeyleri çevresinde bulamaz. Doğa ona ağaçlar, çiçekler ve hayvanlar sunar, ancak matematiksel materyal söz konusu değildir. İşte, bu yüzden de çocuktaki matematiksel eğilimler olanak eksikliğine maruz kalabilir ve bu da sonraki gelişimine ket vurabilir. Bu yüzden de kullandığımız duyusal gereçleri bir *cisimleştirilmiş soyutlamalar* ya da temel matematik sistemi olarak düşünüyoruz. Matematik eğitimi verme yöntemlerim yine aynı zamanda bu öğrenme alanının özel psikolojisi üzerine çalışmalar olan diğer iki kitabımda ayrıntılı olarak ele alınıyor.[48]

Gelişiminin ilk evrelerindeki çocuk, maddesel çevresinde yaptığı keşiflerden oluşan bir çeşit dokumacı çözgüsü oluşturur. Bu gerçek anlamda embriyoya özgü bir olaydır, çünkü embriyo önceden var olan örüntülerin bir ürünüdür ve bu örüntüler ister Coghill'in keşfettiği gibi davranışlarını, isterse genler yoluyla belirlenmiş gelecekteki bedensel organlarını ilgilendirsin, aynı durum geçerlidir.

Dil bakımından çocuk başka tipte bir çözgü oluşturur. Bu çözgü sabit ve kesindir, çünkü belirli seslerden ve sözcüklerin düzeni ile ilgili değişmez kurallardan oluşur. Sesler ve sözcüklerin bu düzeni önceden doğada var olmaz. Bir insan grubu tarafından geliştirilmişlerdir. Sözcükler ve bunların anlamları, daha

---

[47] Bu gereç üzerine ayrıntılı bilgi için bkz. *The Discovery of the Child* (Çocukluğun Keşfi, Kaknüs Yayınları, baskıda) adlı kitabım.
[48] Maria Montessori: *Psico-aritmetica* ve *Psico-geometrica* (Casa Editorial, Araluca, Barselona, 1934).

önce de gördüğümüz gibi, birbirini anlamak isteyen insanların karşılıklı uzlaşması yoluyla ortaya çıkmıştır.

Toplumsal grupların ortaya çıkardığı başka şeyler de var; örneğin, sonunda ahlaksal güç kazanan alışkanlıklar ve âdetler. İlginçtir, bu âdetlerin ortaya çıkma nedeni, evrim kuramında daha önceden savunulduğu gibi, nadiren yaşamı daha kolay bir hâle getirmek için ortaya çıkmış olmalarıdır. Toplumsal kurallar bu düşüncenin aksine, daha çelişkili yönlere sahiptir. "Kendini koruma içgüdüsü" yaşamdaki en iyi koşulları aramaktan ibaret değildir. Tersine, yaşamdaki kısıtlamalar insana doğuştan gelen fedakârlık içgüdüsünü düşündürür, ancak biçimsiz bir kütleyi biçimlendirmek için buna model verilmesi gerektiği de doğrudur; diğer bir deyişle, bazı parçaların kesilip atılması ya da kurban edilmesi gerekir. Âdetler ya da ilkel halklar incelendiğinde kısıtlayıcı uygulamaların (yasaklar, tabular vb.), hatta bedensel mutilasyonların bu halkların ve âdetlerin hepsinde olduğu görülüyor.

Güzellik de bazen doğal olmayan bozulmalarda aranıyor ve bunlar da sıklıkla büyük fedakârlıklar gerektiriyor (Çinli kadınların ayaklarının büyümesinin engellenmesi, daha çok görülen bir uygulama olarak da kulak ve burunların süs eşyaları takmak için delinmesi ve bu eşyaların sıklıkla yarattığı biçim bozuklukları akla geliyor).

Bununla birlikte, en önemli kısıtlamanın beslenme alanında olduğu görülüyor. Kısa bir süre önce kıtlık nedeniyle ölen milyonlarca Hindistanlı, hayvan sürülerinin dünyanın herhangi bir yerindeki kadar bol olduğu topraklarda yaşıyordu. Oysa yemek için hayvan öldürmeme geleneği o kadar derindi ki bu alışkanlık ölümden daha güçlüydü.

Şimdi, ahlak kuralları bunlara belirli bir biçim veren toplumsal yaşamın üst yapısıdır. Bu biçimlerin de ortak uzlaşma yoluyla oluşturulması gerektiğini, etkilerinin ancak bu bakımdan yayılabileceğini unutmamak gerek.

KÜLTÜR VE İMGELEMİN GELİŞİME KATKISI

Aynı şey dinler için de söylenebilir: İlahların bile toplumsal kabul görmesi gerekir. Dinler yalnızca belirli fikirler bazında insanlar arasında yapılan anlaşmalar değildir; insan türünün tinsel gereksinimlerinden doğduğu kuşkusuzdur. Bu gereksinimler de belirli inançların, yalnızca zihinsel olarak kabul görmesine değil, aynı zamanda bir tapınmaya da yol açar. Doğanın harikaları karşısında şaşkınlığa düşen ilkel insan doğanın etkileyici yönlerine tapınır ve bu harika karşısında duyduğu minnet ve korkusunu da buna ekler. Süreç de bu duygusal tepkiler bakımından, grup için kutsallaşan belirli olay ve şeylere karşı bir bağlılık ve ortak uzlaşma ile sona erer.

Bu yalnızca imgelemi uyarmaları ile ilgili değildir. Bizzat zihin bunları yakalar ve buradan kendi sentezlerini çıkarır (bu zihnin duyusal izlenimlerden kendi soyut fikirlerini türetmesine benzer); şeylerin nitelikleri temel bir zihinsel etkinlik ile ayırt edilir. Öte yandan, (tapınmaya yol açan deneyimlerde olduğu gibi) bilinçdışının işlediği bu noktada bunların soyut bir ifadesine ulaşırız ve bu da bunları kişileştiren simgeler kullanılarak yapılır. Bu simgelerin toplumsal amblemler olabilmesi için ortak uzlaşıya gerek duyulur. Böylece grubun yaşamında sabit rolleri olan tapınma ve dolayısıyla, ayinler simgesel ifadenin biçimleri olarak karşımıza çıkar.

Tüm bunlar geçen yüzyıllar boyunca yerleşir. Bunlar, ahlak sistemi gibi oturmuş, yerleşmiş sistemler yaratmakla kalmaz, aynı zamanda insanlar arasındaki birliğin kaynağı olur. Onları, gruplarını diğer gruplardan ayırt edecek bir şekilde birleştirir. İnsan grupları arasındaki bu toplumsal farklılıklar türler arasındaki farklılıklara benzer. Türler arasındaki farklılıkların kalıtım yoluyla aktarılması gibi, psikolojik oluşumlar da kuşaktan kuşağa aktarılır.

Öte yandan, grupların bu özelliklerinin genel hatlarıyla çizilmesi, kabul görmesi ve yerleşmesi yalnızca imgelem yoluyla olmaz. İmgelem, bunlar için malzemeyi tinsel gereksinimlerin eşliğinde toplar, tıpkı duyuların başka bir düzlemde yaptığı gibi, ancak o zaman soyutlama basitleştirmek ve birleştirmek için buna eklenir ki böylece zihin sonsuz enginliği belirli bir biçimde ifade edebilsin.

Bu kesin ve istikrarlı biçimler hepsinin tutunabileceği basitleştirilmiş simgelerde somutlaşır. Bu simgelerden, kesinliği bakımından neredeyse matematiksel olan bir davranış istikrarı ortaya çıkar. Böylece imgesel ve tinsel izlenimler, yöneten zihnin matematiksel güçleri tarafından yakalanır ve kristalleştirilir.

Peki, o hâlde, çocuk bir halkın âdetlerini, ahlak kurallarını ve dinini emici zihni yoluyla alırken aslında neyi emmektedir? Dilde olanlara benzetirsek, bir örüntüyü içine alır; yani soyutlamalardan türetilen ve matematiksel zihin doğrultusunda düzenlenen bir istikrar ve kesinliği kabul eder. Tıpkı biyolojik biçimlendirmelerin embriyonun bir parçasını oluşturması gibi, bu örüntü onun bir parçası olur. Örüntü güçlü ve yaratıcı bir şeydir; genlerin bedendeki kalıtımsal özellikleri ya da sinir merkezlerine oyulmuş örüntülerin davranış tiplerini şekillendirmesi gibi, o da kişiliğe biçim verir.

Embriyo yaşamının bu doğum sonrası (ya da psikolojik) döneminde, çocuk çevresindeki dünyadan içinde bulunduğu insan grubunun uyduğu ayırt edici örüntüleri emer. Yani ilk başta ırkının gerçek anlamda zihinsel zenginliklerini değil, yalnızca bunların sonucu olan örüntüleri emer. Dolayısıyla, insanların alışkanlığa dayalı yaşamlarında yinelenen temel ya da özet parçayı, kesin parçayı (yinelenmelerinin nedeni de budur) emer. Kısacası matematiksel parçayı emer. Örüntüler çocuğun içinde yerleştiğinde, tıpkı çocuğun ana dili gibi, sabit karakterler olarak kalır.

Daha sonra insan kendini önceden belirlenmemiş bir şekilde geliştirebilir, ancak her zaman bu temel üzerinde. Aynı şekilde, ana dil de önceden belirlenmemiş bir şekilde zenginleştirilebilir, ancak bu dil her zaman için embriyo döneminde oluşturulmuş bu seslerin ve dilbilgisi kurallarının oluşturduğu temel örüntüye dayanacaktır.

KÜLTÜR VE İMGELEMİN GELİŞİME KATKISI

Matematiksel zihnin en baştan etkin olduğunu gösteren tek şey (belirttiğimiz gibi) kesinliğin çocuğun gerçekleştirdiği her eylemde ortaya koyduğu çekim değildir. Bunu, çocuğun erken yaşamına egemen olan en güçlü dürtülerden birinin düzen gereksinimi olmasında da görürüz. Şeylerin düzenli olarak yerleştirilmesine, görece konumlarına gösterilen duyarlılık basit algıyla, yani çevreden ilk izlenimlerin alınmasıyla aynı zamana denk gelir. Ayrıca, çocuk amaca yönelik eylemlerini ancak izlenecek kesin bir prosedür olduğu takdirde sürdürebilir ve çalışmalarında yoğunlaşması ve tutarlı olması başka hiçbir şekilde olanaklı değildir.

Bütün bunların bir arada ele alınması, çocuk kişiliğinin zihinsel yönündeki temel biçimleniş düşüncesine götürüyor bizi. Tinsel bir organizma kendini oluşturmakta ve bunu da önceden oluşturulmuş bir örüntü çerçevesinde yapmaktadır. Böyle olmasaydı, çocuğun zihinsel ufkunu biçimlendiren şey aklı ve iradesi, yani daha sonraki dönemlere dek sahip olmadığı güçler olurdu. Bu abes düşünceyi bir yana bırakmamız gerekir.

İnsan kendi bedenini mantıksal muhakeme yoluyla yaratmaz, yani zihninin biçimini yaratırken bir mantık tartışması çizgisini izlemez. Burada, yaratmanın anlamı daha önce var olmayan bir şeyi ortaya çıkaran gizemli, yazgısı daha sonra yaşamsal yasalar doğrultusunda büyümek olan ilksel bir oluşumdur. Zaten her şey türlerin yaratılmasıyla başlar: *Omne vivum ex ovo!* Bütün yaşam bir yumurtadan gelir.

Öyleyse, insan zihni kendisi yaratıcı olan bir temel üzerinde kurulur, ancak doğumu izleyen dönem içerisinde; çünkü insan zihni kendini dış dünyadan aldıkları üzerinde biçimlendirmek zorundadır. Bunu bir temel oluşturacak şekilde somutlaştırır ve böylece her bir bireyi kendi ırk grubunu oluşturan insan tipine dönüştürür. Her biri çağlar boyunca kendi uygarlığını kuran çeşitli insan toplulukları arasındaki ayrımsal sürekliliği sağlayan da budur.

Doğanın sabit kılmadığı, toplumsal bir örüntüde olması gerektiği gibi, zamanla evrim geçiren her şeyin sürekliliği ancak bu örüntü içine doğan yeni bireylerin yaratıcı bir güce, içine doğdukları koşullara uyum sağlamalarını olanaklı kılan bir güce sahip olması durumunda mümkün olabilir. Çocuğun gerçek biyolojik işlevi budur ve toplumsal ilerlemeyi de bu sağlar. Bununla birlikte, sırf bizim denetimimiz altına girebilecek bir yaratıcı işlem olduğu için de bizim için hesaplanamaz bir öneme sahiptir.

18

KARAKTER VE ÇOCUKLUKTAKİ KARAKTER KUSURLARI

Şimdi yaşamın ilk yıllarında önem taşıyan ikinci konuyu, çocuğun karakterini ve karakter oluşumunu ele alalım. Eski pedagojik yaklaşım karakter eğitimine her zaman önemli bir yer vermiş olsa da karakter ile ne anlatılmak istendiği ya da karakter eğitiminin nasıl olması gerektiği konusu açıklanamamıştır. Tek söylenen eğitimin zihinsel ve uygulamalı yönlerinin yeterli olmadığı, bu bilinmeyen etkenin, karakter sözcüğünün gösterdiği bu "X"in de eğitime dâhil olması gerektiğidir.

Yine de bu yaklaşım, eğitimcilerin insan kişiliğinin önemli öğelerini ortaya çıkarmaya çalıştığı anlamına geldiği için, belirli bir kavrayışın söz konusu olduğunu gösteriyor. Belirli erdemlere her zaman daha fazla değer verilmiştir: cesaret, azim, görev duygusu, iyi ahlakî ilişkiler. Ahlak eğitimine de her zaman öncelik verilmiştir.

Bununla birlikte, karakterin gerçekte ne olduğu konusunda dünyanın her yerinde bir belirsizlik söz konusudur. Felsefeciler ve biyologlar bu konuyu erken dönemlerde ele almaya başlamış, ancak kesin bir tanıma ulaşılamamıştır. Yunanlardan bugüne, Theofrastus'tan Freud ve Jung'a birçok kişi bu sorunu ele almıştır, ama Rümke'nin sözleri haklılığını koruyor: "Hep deneme aşamasındayız."[49]

Herkesin kabul ettiği nihai bir kavram yok. Bununla birlikte, herkes evrensel olarak bu ad altında ele alınan niteliklerin toplamının ne kadar önemli olduğunu sezgisel olarak biliyor.

Karakter üzerine en yeni çalışmalarda karakterin fiziksel, ahlaksal ve zihinsel öğeleri, irade, kişilik ve kalıtım göze çarpıyor. Bahnsen'in 1876 yılında "karakteroloji" terimini ortaya atmasından bu yana, karakterin incelenmesine yönelik neredeyse yeni bir bilim dalı olarak adlandırılabilecek olan bu alan genişliyor. Modern öğrenci ve yenilikçilerin çoğunluğu da işte, bu -kesin bilgi olmaktan çok- kısmen spekülatif olan inceleme alanına katkıda bulunuyor. Bununla birlikte, hepsinin gerek soyut olarak, gerekse bir canlı olarak büyüklerle, yetişkin insanla işe başlaması ilginçtir. Eğitime atıfta bulunanlar bile kalıtımdan, yani doğum öncesi etkilerden fazlasıyla söz etmelerine karşın, genellikle çocuğu gözden kaçırıyor (üstelik ampirik ya da dinsel bakış açısını benimsemiş olmaları da bunu etkilemiyor). Bunun sonucu da kalıtımdan yetişkinliğe doğru bir sıçrama oluyor ve geride az sayıda kişinin doldurmaya çalıştığı keşfedilmemiş bir boşluk kalıyor.

Öte yandan, bizim çalışmalarımız tam da bu boşlukla ilgilidir ve bu da bu kötü tanımlanmış sorunlar üzerine düşünmenin yeni yollarını bize gösteren çocuklarımızın kendiliğinden bir katkısı olmuştur. Böylece, karakter gelişimini çocuğun kendi bireysel çabalarının bir sonucu olan, dış etkenlere herhangi bir göndermesi olmayan, çocuğun yaratma enerjisine ve günlük yaşamda karşılaştığı engellere dayalı doğal bir olaylar dizisinin sonucu olarak gözümüzde canlandırabiliyoruz. Dolayısıyla, ilgi

---
[49] H.C. Rümke, *Introduction to Characterology*, Haarlem, 1937.

KARAKTER VE ÇOCUKLUKTAKİ KARAKTER KUSURLARI

alanımız, doğanın insanı psikolojik yönünde kurma üzerine yaptığı çalışmanın gözlemlenmesine ve yorumlanmasına kayıyor. Bunu da karakter ve kişiliğin sıfır olduğu doğumdan, kendilerini göstermeye başladıkları yaşa dek yapmamız gerekiyor. Kuşkusuz, bilinçdışı zihinde olan doğal yasalar psikolojik gelişimi belirler ve tüm insanlarda ortaktır. Farklılıklar ise, büyük oranda, yaşamdaki değişikliklere, bireyin kendi yolunda yüzleşmek zorunda kaldığı engellerin zihinsel alanda ürettiği kazalara, aksiliklere ve gerilemelere dayanır.

Hiç kuşkusuz bu tip bir kuram, karakteri çocukluktan olgunluğa dek her aşamada yorumlayabilmelidir, ancak şu an için çocuğun aşama aşama gelişen yaşamını temel etken olarak alalım ve bunu bireylerde uyum sağlama çabalarının neden olduğu sonsuz farklılığın rehberi yapalım.

Bu bakış açısıyla, karakterle ilgili her şeyi insan davranışı bakımından değerlendirebiliriz. Yukarıda belirttiğim gibi, bireyin 0-18 yaşlar arası yaşamı üç döneme ayrılabilir: (Bu kitabın konusunu oluşturan) 0-6 yaş, 6-12 yaş ve 12-18 yaş; bunların her biri iki ikincil evreye ayrılır. Bu dönemler birbirinden ayrı olarak ele alındığında, her bir dönemde çocuğun tipik zihin yapısı o denli farklı görünür ki âdeta başka bireylere aittir.

Gördüğümüz gibi, bunların birincisi yaratıcılık dönemidir. Doğumda karakter olmasa da karakterin kökleri burada yatar. 0-6 yaş arası yaşamın en önemli bölümüdür ve bu karakter gelişimi için de geçerlidir. Herkes kucaktaki bir bebeğin ne örnek ne de dış baskı yoluyla etki altına alınamayacağını bilir; öyleyse, karakterin temellerini atan doğanın kendisi olmalıdır. Küçük çocukta doğru ve yanlış duygusu yoktur; o bizim ahlak anlayışımızın dışında yaşar. Biz de ona kötü ya da ahlaksız değil, yaramaz deriz, yani davranışlarının çocukça olduğunu anlatmak isteriz. İşte bu nedenle "iyi," "kötü" ve "ahlaklı" sözcükleri bu kitapta kullanılmayacak. 6-12 yaş arasındaki ikinci dönemde çocuk, yalnızca kendi davranışları bakımından değil, aynı zamanda başkalarının davranışları bakımından da doğru ve yanlışın bilincine varmaya başlar. Doğru ve yanlış sorunları bu yaşların karakteristik özelliğidir; ahlaksal bilinç oluşmaktadır ve bu da daha sonra toplumsal duyguya yol açar. 12-18 yaş arası üçüncü dönemde ülke sevgisi, bir ulusal gruba üye olma duygusu ve bu grubun onuru ile ilgili duygular ortaya çıkar.

Daha önce de değindiğim gibi, her bir dönem diğer ikisinden temelde farklı olsa da dönemler kendilerinden sonrakinin temellerini atar. İkinci dönemde normal bir gelişim sergilenmesi birinci dönemdeki gelişimin iyi olmasına bağlıdır. Aynı şekilde, tırtıl ile kelebek görünüşte ve davranışları bakımından çok farklı iki canlı olsa da kelebeğin güzelliği larva biçimindeki yaşamından gelir, başka bir kelebeği taklit etmeye yönelik davranışlarından değil. *Bugünü koruyarak geleceğe hizmet ederiz.* Bir dönemin gereksinimleri ne kadar fazla karşılanırsa bir sonraki dönemin başarısı o kadar yüksek olur.

Yaşam gebeliği getiren eylemlerden doğar. Gebelik alkolik ya da yoz insanların değil, iki sağlıklı insanın birleşmesinden ortaya çıktığında doğan insanda belirli kusurlar görülmez. Demek ki embriyonun gelişimi de gebeliğin ortaya çıkmasında söz konusu olan koşullara bağlıdır. Daha sonra cenin, ancak içinde bulunduğu ortamdan, yani annenin gebelik süresince yaşadığı koşullardan etkilenebilir. Embriyonun içinde bulunduğu koşullar olumluysa doğan çocuk güçlü ve sağlıklı olur. Dolayısıyla, gebe kalma da gebelik dönemi de doğum sonrası yaşamı etkiler.

Doğum *travmasından* ve bunun gerilemeye neden olma tehlikesinden söz etmiştik. Bu gerilemelerin doğası ciddi olabilir, ancak alkoliklik ya da kalıtımsal bir hastalığın (epilepsi vb.) doğum öncesi etkileri kadar ağır değildir.

Doğumdan sonra az önce incelediğimiz kritik yıllar başlar. İlk iki ya da üç yılda çocuk bütün geleceğini değiştirecek etkilere maruz kalabilir. Bu dönemde yaralanır ya da şiddet görürse veya şiddetli engellerle karşılaşırsa, bunun sonucu kişilik sapması olabilir. Demek ki çocuğun karakteri karşılaştığı engeller ya da gelişimini destekleyen özgürlük doğrultusunda gelişir. Gebe kalmada ve gebelik sırasında, doğumda ve doğumu izleyen dönemde çocuğa bilimsel davranılırsa üç yaşına geldiğinde model bir birey olur. Bu ideale hiçbir zaman ulaşılamaz, çünkü birçok engel söz konusudur. Üç yaşındaki çocuklar birbirinden farklıdır ve bu farklılıklar yalnızca bunlara neden olan deneyimlerin şiddetinden değil, aynı zamanda ve özellikle bunların gerçekleştiği yaşlardan etkilenir. Doğumdan sonra yaşanan güçlükler gebelik sırasında yaşananlar kadar şiddetli olmayacaktır, yine bunlar da gebe kalma sırasında ortaya çıkan zararlı etkiler kadar ciddi sonuçlar doğurmaz.

Prognoz açısından ya da çocuklardaki kusurların düzeltilmesi konusunda besleyebileceğimiz umut bakımından, doğum sonrası 0-3 yaş arası dönemde kaynaklananların 3 ile 6 yaşlar arası, yani doğanın yeni oluşan birçok gücü kusursuzlaştırmakla meşgul olduğu dönemde düzeltilebileceğini söyleyebiliriz.

Okullarımız bu dönemdeki deneyimler ve ulaşılan sonuçlar açısından kayda değer bir katkıda bulundu ve bunlardan yola çıkarak pozitif yardımda bulunabiliriz; diğer bir deyişle, eğitsel davranabiliriz. Öte yandan, 0-3 yaşlarda kaynaklanan kusurlar (ihmal ya da yanlış muamele nedeniyle) o zaman düzeltilmezse, hem kalıcı olurlar hem de kötüye giderler. Bu nedenle de altı yaşındaki bir çocukta üç yaşından önce ve sonra ortaya çıkan kusurlar görülebilir. Altı yaşından sonra bunlar yaşamın ikinci ana dönemi ve gelişmekte olan doğru ve yanlış farkındalığı üzerinde etkili olur.

Tüm kusurlar zihinsel yaşamda ve zekâda yankı bulur. Önceki dönemin koşulları güçlerinin açığa çıkmasına karşıt olduğunda, çocuklar öğrenmekte güçlük çeker. Dolayısıyla da altı yaşındaki bir çocukta aslında onun olmayan, daha önceki talihsizliklerden kaynaklanan karakteristik özelliklerin oluşturduğu bir birikim görülebilir. Örneğin, 6 ile 12 yaş arası ortaya çıkması gereken ahlaksal farkındalık gelişmeyebilir ya da zihinsel kapasitesi normalin altında kalabilir. Bu da karakterden yoksun ve öğrenemeyen bir çocuğun ortaya çıkmasına neden olur. Bu gerilik son dönemde bunlara eklenen başka başarısızlıklara yol açar ve çocuk kendi hatası olmadığı hâlde kusurlu olur.

Bizim okullarımızda (günümüzde başka birçok okulda olduğu gibi) her bir çocuğun fiziksel ve psikolojik özelliklerinin kaydedildiği bir biyolojik çizelge bulunur. Bu da personel için yol gösterici olabilir, çünkü çocuğun yaşamındaki her dönemde yaşanan aksilikleri bilirsek, bunların ağırlığını ve tedaviye alınacak olası yanıtı tahmin edebiliriz. Anne babanın bize bildirdiği kalıtımsal hastalıkları, çocuk doğduğunda kaç yaşında oldukları ve ayrıca (uygun bir şekilde sorularak öğrenilmiş) annenin gebelik dönemindeki yaşamı, herhangi bir kaza ya da düşme yaşayıp yaşamadığı bu çizelgeye girilir. Ayrıca, doğumun normal olup olmadığı, bebeğin sağlık durumu, doğum sırasında hayat belirtilerinin bir süre kesilip kesilmediği de işlenir. Diğer sorular çocuğun evdeki yaşamıyla ilgilidir. Anne baba aşırı kaygılı mıdır ya da şiddet içeren tavırları var mıdır? Çocuk herhangi bir ağır korku ya da benzer şoklar yaşamış mıdır? Zor ya da kaprisli bir çocuk söz konusu olduğunda bunun bugüne dek olan yaşamındaki olası nedenlerini araştırırız. Üç yaşında bize gelen çocukların hemen hepsi bir şekilde düzeltilebilecek bir çeşit anormallik sergiler. Gördüğümüz yaygın sapma tiplerini kısaca özetleyelim.

Çocuktaki kusurlar genellikle teker teker ele alınır ve her biri için ayrı ve doğrudan bir tedavi biçimi uygulanır. Bununla birlikte, sayıları çok olsa da bunları iki basit başlık altında sınıflandırmanın daha iyi olduğunu düşünüyoruz: (karşılaştıkları engellere direnen ve bunların üstesinden gelen) *güçlü* çocukların ve (olumsuz koşullara boyun eğen) *zayıf* çocukların sergilediği kusurlar.

Birinci grupta kaprisli olma ve şiddet eğilimleri, öfke nöbetleri, başkaldırma ve saldırganlık bulunur. Söz dinlememe ve "yıkıcı içgüdü" belirgindir. Sahiplenme yaygındır ve bu da bencillik ve çekememezliğe yol açar (ikincisi edilgen olarak değil, başkalarının eşyalarını ele geçirme çabası olarak kendini gösterir). Amaçta istikrarsızlık (en küçüklerde çok yaygındır); dikkati odaklayamama ya da yoğunlaşamama; el hareketleri arasında koordinasyon kurmada zorlanma ve bunun sonucunda nesnelerin kolayca düşürülmesi ve kırılması; zihinsel kargaşa; ölçüsüz düşler. Bu çocuklar bağırıp çağırabilir ve genellikle gürültücüdür. Başkalarını rahatsız eder, kızdırırlar; genellikle daha zayıf çocuklara ve hayvanlara karşı nazik olmazlar. Masada da açgözlü davranma eğiliminde olurlar.

Zayıf tipteki çocukların doğası edilgendir ve kusurları negatiftir. Uyuşuk davranır, aylaklık yaparlar ve istedikleri şeyler için ağlayıp başkalarının ilgisini çekmeye çalışırlar. Birisinin onları sürekli oyalamasını isterler ve kolayca sıkılırlar. Her şeyden korkar, büyüklere tutunurlar. Doğruyu söylemedikleri (edilgen bir savunma biçimi), bir şeyler aşırdıkları (bir başka psikolojik telafi biçimi) vb. sık görülür.

Aslında psikolojik kökenli fiziksel kusurları olduğu da görülebilir. Örneğin, yemek istemezler, görünüşte iştahları yoktur ya da anlamsızca aşırı yerler ve bu da sindirim sorunlarına neden olur. Kâbuslar, karanlık korkusu, rahatsız uyku fiziksel hasar yaratır ve kansızlığı tetikler. (Belirli kansızlık tipleri ve karaciğer sorunları kesinlikle psikolojik kökenlidir.) Ayrıca, sinirsel yakınmalar da söz konusudur ve tüm bu hastalıklar genellikle sıradan tıbbi müdahalelerle iyileştirilemez.

Dolayısıyla, normal ve sağlıklı kişilik gelişimine aykırı koşulların kişilikte yarattığı tüm bu rahatsızlık ve sapmaların, kusur ve eksikliklerin varlığı genel ahlak davranışı ve sonuç olarak da karakter resmini karmaşıklaştırıyor.

Bu çocukların birçoğu -özellikle de "güçlü" tiptekiler- evde hoş karşılanmaz. Anne babaları onlardan kurtulmaya çalışır, isteyerek ninelere emanet eder ya da okula gönderirler. Böylece anne babaları hayatta olan öksüz ve yetimlere dönüşürler. Bedenleri sağlıklı olsa da bu çocuklar hastadır ve bu da kaçınılmaz olarak kötü davranışlara yol açar. Anne babalar bu çocuklarla ne yapacaklarını düşünür. Kimileri akıl danışır, kimileri sorunu tek başına çözmeye çalışır. Bazen de her şeyi çözeceğini düşünüp şiddete başvururlar. Vurmak, bağırmak, yatağa aç göndermek gibi her yola başvururlar. Buysa çocukların yalnızca daha kötüye gitmesine, daha sıkıntılı olmasına ya da çocuğun aynı kusurun daha edilgen bir biçimini benimsemesine neden olur. Daha sonra daha ince davranışlarla ikna yoluna gidilir; çocuklara akıl verilir ya da duygularına hitap edilir: "Anneni neden üzüyorsun?" Sonuçta anne baba yenilir ve endişelenmeyi bırakır.

Daha edilgen ya da alıcı tiptki çocuklar nadiren bu denli ilgi çeker. Davranışları sorun oluşturmaz. Anne hiçbir hata yapmayan çocuğunun iyi ve uslu olduğunu düşünür. Annesine tutunup kalmasını sevgiye bağlar. "Beni o kadar seviyor ki bensiz yatağa bile gitmiyor." diye düşünür. Neden sonra hareketlerinin ve konuşmasının geri kaldığını fark eder. Çocuk ayağını yere güvenle basamaz. "Sağlığı yerinde, ama çok duyarlı. Her şeyden korkuyor. Yemekle bile ilgilenmiyor, gerçekten çok içli bir çocuk! Bir şeyler yesin diye hep öyküler anlatmak zorunda kalıyorum. Herhâlde bir aziz ya da şair olacak!" Yine de en sonunda çocuğun hasta olduğuna karar verir ve doktora başvurur. Çocuk uzmanları bu zihinsel rahatsızlıklardan bir servet kazanır.

Yapıcı etkinliklerin üzerinden geçmek her çocuğun doğasında vardır ve bu döngüyü anlayabilirsek tüm bu sorunları çözebiliriz. Karakter bozukluklarının çocuğun ilk yıllarında maruz kaldığı yanlış bir muameleden kaynaklandığını artık görüyoruz. Bu dönemde ihmal edilen çocukların zihinleri boştur, çünkü içini kurma şansları olmamıştır. Günümüzde psikologların yakından ilgilendiği bu açlık çeken zihin birçok kötülüğün temel nedenidir. Diğer bir neden de yaratıcı itkilerinin yönetimindeki kendiliğinden etkinliklerin olmamasıdır. Bu çocukların çok

KARAKTER VE ÇOCUKLUKTAKİ KARAKTER KUSURLARI

azı tam gelişim için gerekli koşulları bulabilmiştir. Genellikle bütünüyle yalnız kalırlar ve uyumaktan başka yapacakları pek bir şey yoktur ya da büyükler her şeyi onların yerine yapmıştır ve böylece kendi etkinlik döngülerini gerçekleştirmelerini engellemiştir. Bunun sonucu da edilgenlik ve eylemsizliktir. Neye bakmaya çalışsalar ellerinden alınmıştır, tutabilecekleri bir şey olmamıştır, oysa onlar birçok şey görmüş ve istemiştir. En sonunda ellerine bir çiçek ya da böcek alma şansını bulduklarında da bununla ne yapacaklarını bilemezler ve ellerindekini paramparça ederler. Akıl dışı korkuların kökenleri de bu erken dönemde bulunabilir.

Okullarımızın yayılmasındaki ana nedenlerden biri de çevrelerinde etkin deneyime izin verilen ve güçlerini özgürce kullanarak zihinlerini besleyebildikleri bir yere gelir gelmez bu çocuklardaki kusurların görünür bir şekilde ortadan kalkması olmuştur. Çevrelerinde yapacak ilginç şeyler olan çocuklar alıştırmaları istedikleri gibi yineler ve dikkatlerini çeşitli etkinliklerde toplarlar. Bu aşamaya gelen çocuklar gerçekten ilgilerini çeken bir şeye odaklanabilir, kusurları da ortadan kalkar. Düzensizler düzenli, edilgenler etkin olur, rahatsızlık veren sıkıntılı çocuklar sınıfa yardımcı olmaya başlar. Bu sonuçlar önceki kusurlarının edinilmiş olduğunu, doğuştan gelmediğini anlamamızı sağladı. Birinin yalan söylemesi, bir diğerinin söz dinlememesi birbirlerinden çok farklı oldukları anlamına da gelmiyordu. Bu sıkıntıların hepsi tek bir nedene dayanıyordu: Zihin yaşamının yetersiz beslenmesi.

Annelere vereceğimiz tavsiye ne olabilir? Çocuklar ilginç bir iş üzerinde çalışmalı: Zekice bir şey yapmaya başladıklarında gereksiz yardımdan ya da müdahaleden kaçınılmalı. Zihni aç bir çocuğa tatlılık, şiddet ya da ilaç yardım etmez. Bir insan yemek için açlık çektiğinde onun bir budala olduğunu söylemeyiz, bu adamı dövmeyiz ya da duygularına hitap etmeye çalışmayız. Bu adamın gereksinimi yemektir ve başka hiçbir şey bunun yerini doldurmaz. Aynı şey bunun için de geçerlidir. Sorunu ne şiddet ne de nezaket çözebilir. İnsan akıllı bir varlıktır ve zihinsel besine neredeyse fiziksel besinden daha fazla gereksinim duyar. Hayvanların aksine, onun kendi davranışlarını kurması gerekir. Çocuk davranışlarını örgütleyebileceği ve zihinsel yaşamını kurabileceği bir yola yerleştirilirse her şey yolunda gider. Sorunları ortadan kalkar, kâbusları kaybolur, sindirimi normalleşir ve açgözlülüğü yok olur. Zihni normalleştiği için sağlığına da kavuşur.

Demek ki bunlar ahlak eğitimiyle değil, karakter oluşumuyla ilgili sorunlardır. Karakterdeki bu eksiklikler ya da kusurlar büyüklerin vaazlarına ya da büyüklerden örneklere gerek kalmadan kendiliğinden yok olur. Gerek duyulan şey tehditler ya da kandırmacalar değil, yalnızca çocuğun yaşadığı "koşulları normalleştirmektir."

19

ÇOCUĞUN TOPLUMA KATKISI - NORMALLEŞME

Çocuklarda görülen (önceki bölümde anlattığımız ve güçlü çocuklar ile zayıf çocukları kusurlarına göre ayırdığımız) karakter kusurları halk tarafından her zaman kötü görülmez. Bazılarına değer bile verilir. Edilgen çocukların iyi olduğu düşünülür. Hayal gücü zengin, gürültücü ve canlı çocukların sıradışı bir zekâsı olduğu, hatta üstün oldukları düşünülür.

Toplumun bu çocukları şu şekilde gruplandırdığını söyleyebiliriz:

1. Kusurları düzeltilmesi gerekenler
2. İyi (edilgin) olup model alınması gerekenler
3. Üstün olduğu düşünülenler

Son iki tip sözde istenen çocuk tipidir ve bu çocuklarla birlikte olmak (son tipte olduğu gibi) hiç kolay olmasa da anne babalar bu çocuklarla çok gurur duyar.

Bu noktayı vurgulamamın ve bu sınıflandırmaya dikkat çekmemin nedeni bunun varlığını yüzyıllardır sürdürmesi. Oysa okul öncesi sınıflarımda ve bunu izleyen sınıflarda çocuk onu çeken bir parça işe kendini kaptırdığında, bu özelliklerin hemen ortadan kalktığını gördüm. Sözde kötü özelliklerle birlikte iyi ve üstün özelliklerin *hepsi yok olur* ve geriye tek bir çocuk tipi kalır, onda bu özelliklerin hiçbiri görülmez.

Bu da dünyanın çocuk karakterindeki iyi ve kötü özellikleri ve bunların yerine geçenleri henüz değerlendiremediğini gösteriyor. Öyle görülüyor ki bugüne kadar düşündüklerimiz yanlıştı. Gizemli bir deyiş aklıma geliyor: "Senden başka Doğru yok Tanrım: Diğer her şey yanılsama." Okullarımızdaki çocuklar gerçek isteklerinin hep çalışmak olduğunu bize kanıtladı. Bunu daha önce hiç kimse düşünmemişti. Çocuğun yapacağı çalışmayı kendi başına seçme gücü olduğu da fark edilmemişti. İç rehberini izleyen çocuklar onlara huzur ve neşe veren farklı bir şeyle uğraşıyordu.

Daha sonra, çocuk gruplarında daha önce hiç görülmemiş bir şey oldu. "Disiplin" kendi başına ortaya çıkıyordu. Diğer her şeyden çok, bu, insanların hayal gücünü zorlamıştı. Özgürlük içinde disiplin daha önce içinden çıkılmaz görünen bir sorunu çözmüş gibiydi. Yanıt, özgürlük vererek disiplin kurmaktı. Kendi çalışmalarını özgürce seçen bu çocukların her biri kendini farklı bir göreve veriyor, yine de aynı grupta yer alıyor ve kusursuz bir disiplin sergiliyordu. Bu durum son kırk yıl içerisinde dünyanın çok farklı yerlerinde kanıtlandı ve bu da düzenli bir etkinlik geliştirmeye izin veren bir ortamda çocukların bu yeni özelliği sergilediğini gösteriyor. Diğer bir deyişle, insanlığın bütününde görülen bir psikolojik tip ortaya çıkacak şekilde evrim geçiriyorlar. Bu da çocuğa uygun olmayan özellikler tarafından gizlendiği için daha önce görülmemişti.

Neredeyse bir tip birliği yaratan bu değişiklik zamanla değil, birdenbire ortaya çıkar. Bir etkinliğe derin bir şekilde yoğunlaşarak kendini veren her çocukta bu durum görülür. Bunun anlamı, bir yöneticinin tembel çocuğu bir şeyler yapmaya zorlaması değildir. Çocuğu onun için hazırlanmış bir çevrede kullanılmayı

ÇOCUĞUN TOPLUMA KATKISI - NORMALLEŞME

bekleyen çeşitli amaca yönelik eylem araçları içeren bir ortama koymak yeterlidir. Çocuk kendi çalışmasını bulur bulmaz, kusurları da ortadan kalkar. Çocuğa akıl vermek bir işe yaramaz. İçlerinde bir şey serbest kalmış ve kendini dış etkinliğe bağlamış gibidir. Bu da çocuğun etkin bir şekilde yinelenen sabit bir çalışmada tutulan enerjisini kendine çeker.

İnsanoğlu birleşmiş bir bütündür, ancak bu birliğin gerçek dünyadaki etkin deneyimlerle kurulması ve oluşturulması gerekir ve doğası onu buna yönlendirir. Her bir parçanın doğumdan üç yaşa dek birbirinden ayrı sürdürülen embriyo gelişimi sonunda bütünleşmelidir. Bu şekilde örgütlendiklerinde, bu parçaların hepsi bireyin hizmetinde birlikte hareket eder. Bir sonraki dönemde, zihnin rehberliğindeki elin çalışmaya başladığı 3-6 yaş arasında olan da budur.

Dış koşullar bu bütünleşmenin gerçekleşmesini engellerse aynı enerjiler bu oluşumları etkinliklerine yine diğerlerinden ayrı devam etmeye zorlar. Bu uygun amaçlarından kopmuş, denk olmayan bir gelişime neden olur.

Elin hareketleri amaçsızdır; zihin gerçeklikten uzakta dolaşır durur; dil kendinden haz alır; beden sakarca hareket eder. Kendini doyuracak bir şey bulamayan bu ayrı enerjiler kusurlu ve sapmış gelişimin sayısız kombinasyonunu ortaya çıkarır ve bu da çatışma ve umutsuzluk kaynağı olur.

Bu tip sapmalar kişiliğin kendisine atfedilemez. Bunlar kişiliğin örgütlenememesinden kaynaklanır ve geçici özelliklerdir. Buna karşın, düzeltilemezler, çünkü düzeltilmeleri bütün güçlerin bir bütün olarak bireyin amaçlarına hizmet edecek şekilde bir olarak işlemesine bağlıdır.

Yeni çevrenin çekimi yapıcı etkinlik güdüsü sunarak etkisini hissettirdiğinde, tüm bu enerjiler birleşir ve sapmalar dağıtılabilir. Kendine özgü bir "yeni çocuk" ortaya çıkar; oysa aslında olan şey çocuğun gerçek "kişiliğinin" kendini normal bir şekilde kurma özgürlüğüne kavuşmasıdır.

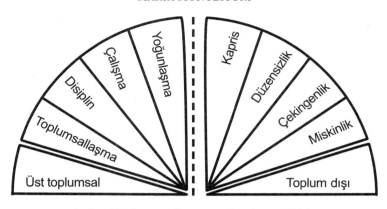

10. Çocuklarda normal ve sapmış karakter özellikleri.

Şekil 10'da sağda çocukların bildiğimiz farklı karakteristik özellikleri görülüyor. Bunlar yelpaze üzerindeki çizgilerle gösterilmiş. Ortadaki geniş ve dikey çizgi belirli bir şeye yoğunlaşmayı simgeliyor; bu, normallik çizgisi. Çocuklar yoğunlaşmaya başladığında, bu orta çizginin sağındaki bütün çizgiler yok olur ve geriye yalnızca soldaki çizgilerin gösterdiği özellikleri taşıyan tek tip kalır. Bu yüzeysel kusurların ortadan kalkmasını bir yetişkin değil, bütün kişiliğiyle merkezdeki çizgiye geçen çocuğun kendisi sağlar ve bu da normalliğe ulaşıldığı anlamına gelir.

Bu olguyu bütün okullarımızda, farklı toplum sınıflarından, ırk ve uygarlıklardan gelen bütün çocuklarda tekrar tekrar görüyoruz.[50]

Bütün çalışmanın en önemli sonucu budur.

Bir durumdan diğerine geçiş her zaman ellerin gerçek şeylerle yaptığı ve zihinsel yoğunlaşmanın eşlik ettiği çalışmayı izler.

Yetişkinlerin psikanaliz ile tedavi edilmesini akla getiren bu psikolojik olayı teknik bir terimle "normalleşme" olarak adlandırdık.

Bunca yıldan ve geniş deneyimlerden sonra bunun doğruluğu kanıtlandı. "Zor çocukların" tedavisi amacıyla kurulan ve

---

[50] bkz. *The Secret of Childhood/Çocukluğun Sırrı*, Kaknüs Yayınları, baskıda.

ÇOCUĞUN TOPLUMA KATKISI - NORMALLEŞME

geniş fonlara sahip olan *Çocuk Rehberliği Klinikleri*'nde yapılan da tam olarak budur: Çocuğa etkinlik güdüsü açısından zengin bir ortam sunulur ve çocuk burada neyi isterse alıp kullanabilir. Çocuk bir öğretmenin ya da aslında genel olarak bir yetişkinin denetimi olmadan özgürce seçim yapabilir.

"Oyun terapisi" de çocuğa -genellikle evlerde sunulanlardan daha fazla çeşit içeren- birçok oyuncak ve taklit oyunu arasından seçim yapma şansı tanır.

Bunun, psikiyatrın yorumları (ve bu doğrultuda, evde çocuğa yönelik davranışları iyileştirme önerileri) ile birlikte, çocuğun karakterinde iyileşme sağlayabileceği görülmüştür. Bununla birlikte, bu etkiyi diğer çocuklarla toplumsal bir yaşam içerisinde olmak da yaratıyor olabilir.

Öte yandan, bu kurumların alanı çok sınırlı. Bunlar, klinikler gibi, yalnızca "tedavi etmeye" yönelik yerler. Oysa biz genel bir anlayışa gereksinim duyuyoruz: Çalışma ve özgürlük gelişimdeki kusurları iyileştirebiliyorsa, bunun anlamı çalışma ve özgürlüğün çocuk gelişiminde normalde de gerekli olduğudur.

Aslında, tedavi olan ya da iyileşen çocuklar yaşamlarını yine eski koşullar altında sürdürmeye başladığında, genellikle, normalleşmiş kalmak için gerekli olan güçten ya da olanaklardan yoksun oluyor. Yani bu kesinlikle geçici bir iyileşme oluyor.

Bazı ülkelerde özgürlük ve etkinliği okullarda da uygulama çalışmaları yapıldı, ancak özgürlük ve etkinlik çok üstünkörü tanımlandı. Özgürlük çok basit bir şekilde, baskıcı bağlardan anlık kurtulma, ceza ve otoriteye boyun eğmeye bir süre ara verme olarak anlaşılıyor. Bunun negatif bir kavram olduğu, yani yalnızca zorlamanın ortadan kaldırılması anlamına geldiği çok açık. Bu da sıklıkla çok basit bir "tepki" doğuruyor: Daha önce yetişkinlerin iradesi tarafından denetlendiği için, artık denetim altında olmayan itkiler düzensiz bir şekilde boşalıyor. Henüz denetim güçlerini geliştirmemiş bir çocuk için "canı ne istiyorsa yapsın" demek özgürlük düşüncesine ihanettir.

Bunun sonucu, düzen daha önce gelişigüzel bir şekilde dayatıldığı için düzensiz, daha önce çalışmaya zorlandığı için tembel, söz dinleme daha önce zorlama olduğu için şimdi söz dinlemeyen çocuklar olacaktır.

Gerçek özgürlük ise gelişimin bir sonucudur; gizli rehberlerin eğitim yardımıyla gelişmesidir. Gelişim etkindir. Çaba yoluyla ve kişinin kendi deneyimleriyle ulaşılan kişiliğin kurulmasıdır; olgunluğa ulaşmak için her çocuğun aşması gereken uzun bir yoldur.

Zayıf ve boyun eğdirilmiş olanlar üzerinde herkes egemenlik kurabilir; ama hiç kimse bir başkasının gelişmesine neden olamaz. Gelişim öğretilemez.

Özgürlük, çocukları canları ne istiyorsa yapmalarına, ellerinin altındakileri kullanmalarına ya da daha çok yanlış kullanmalarına izin vermek olarak anlaşılırsa, kuşkusuz ancak "sapmaların" gelişmesine özgürlük tanınmış olur ve çocuklarda anormallikler çoğalır.

Normalleşme, ancak belirli bir iş üzerinde "yoğunlaşma" ile olanaklıdır. Bunun için de çocuğun ilgisini çekecek ve çocukta derin bir dikkat yaratacak şekilde ayarlanmış "etkinlik güdülerinin" sunulması gerekir. Bunların başarısı da amaçlarına hizmet edecek ve aynı zamanda çocuğun "zihinsel düzenine" yardım edecek şekilde tasarlanmış nesnelerin kullanılmasına bağlıdır. Bunların özenle ve hassasiyetle kullanılması çocuğu "hareketleri arasında eş güdüm kurmaya" yöneltir.

Yoğunlaşmayı hazırlayan şey, bilimsel standartların yol gösterdiği hareket eş güdümü ve zihinsel düzendir ve bu gerçekleştiğinde "çocuğun eylemlerini özgürleştirir" ve onu kusurlarının iyileşmesine yönlendirir. Yalnızca "uğraşı" değil, "yoğunlaşma" diyoruz, çünkü çocuklar bir şeyden diğerine kayıtsızca geçerse, bunların hepsini uygun şekilde kullansa bile bu, kusurların ortadan kalkması için yeterli olmaz.

ÇOCUĞUN TOPLUMA KATKISI - NORMALLEŞME

Bunun özünde, görevin çocuğun bütün kişiliğini meşgul edecek bir ilgi uyandırması bulunur.

Zor çocuklara yönelik kliniklerin aksine, okullarımızda bu "iyileşme anı" bir varış noktası değil, çocukta kişiliğin daha sonra "eylem özgürlüğü" yoluyla sağlamlaşacağı ve gelişeceği bir başlangıç noktasıdır.

Yalnızca "normalleşmiş" çocuklar anlattığımız o harika güçleri, kendiliğinden disiplini, sürekli ve mutlu çalışmayı, toplumsal yardımlaşma ve başkalarıyla duygudaşlık kurma duygularını daha sonraki gelişimlerinde, çevrenin de yardımıyla, sergileyebilir.

Özgürce seçilmiş etkinlik onlar için olağan yaşam tarzı hâline gelir. Bozuklukların iyileştirilmesi bu yeni yaşam biçimine açılan kapıdır.

Temel özelliği asla değişmez. Bu da "çalışmaya koyulmadır." Özgürce seçilmiş, yorgunluktan çok yoğunlaşma yaratabilen ilginç bir çalışma çocuğun enerjisine ve zihinsel kapasitesine katkıda bulunur ve onu kendine hâkim olmaya yöneltir.

Böyle rastgele seçilmiş nesneler bu tip bir gelişime yardım etmeye yetmez. Bir "ilerleyen ilgi" dünyası düzenlememiz gerekir. Bunun sonucu da çocuk gelişimi psikolojisine dayanan bir eğitim tekniğidir.

Okullarımızda çocukların karakteri güçlenmekle kalmaz, bilgi arayışındaki zihinsel yaşamları da doymak bilmez.

Kendini kusursuzlaştırmanın ve ruhun içsel doruklarına yükselmenin yolunu bulan çocukların tinsel alıştırmalar yaptığı bile söylenebilir.

Gelişim içindeki çalışmaları Hint bilgelik kitabı *Gita*'daki ilkeleri hatırlatır.

"Doğru çalışmayı bulmak önemlidir. Zihnin sürekli çalışması gerekir. Tinsel gelişimin onu her zaman sağlıklı uğraşılarla meşgul etmesi gerekir. Uyuşuk zihine şeytan girer. Tembel insan tinsel olamaz."

Anlayışımız, Halil Cibran'ın şu sözleriyle de uyuşuyor: "Çalışma sevginin görünür olmasıdır."[51]

---

[51] *bkz.* Halil Cibran, *Ermiş* (Kaknüs Yayınları, İstanbul, 2008).

20

KARAKTER OLUŞTURMA ÇOCUĞUN KENDİ BAŞARISIDIR

Önceki bölümde açıkladığımız gibi, çocuklar kendi karakterlerini oluşturur, hayranlık duyduğumuz nitelikleri kendi içlerinde kurarlar. Bunlar bizim tembihlerimizle ortaya çıkmaz, çocuğun üç ile altı yaş arasında kendi başına gerçekleştirdiği uzun ve yavaş bir etkinlikler dizisinin sonucudur.

Bu dönemde hiç kimse karakteri oluşturan nitelikleri "öğretemez." Bizim yapabileceğimiz tek şey eğitimi bilimsel bir temele oturtmak ve böylece çocukların rahatsız edilmeden ve engellenmeden etkin bir şekilde çalışabilmelerini sağlamaktır.

Ancak daha sonra çocuğun zihni akıl yürütme ve uyarılar yoluyla doğrudan ele alınabilir. Altı yaşına dek de ahlak misyonerliği yapamayız, çünkü vicdan altı ile on iki yaş arasında işlemeye başlar ve çocuk iyi ve kötü sorunlarını zihninde canlandırabilir. Vatanseverlik, toplum, din vb. ile ilgili ideallerin ortaya çıkmaya başladığı on iki ve on sekiz yaş arasında daha fazlası da yapılabilir. O zaman yetişkinlerdekine benzer bir misyonerlik yapılabilir. Ne yazık ki altı yaşından sonra çocuklarda karakter ve karakter nitelikleri kendiliğinden gelişmeyecektir. Bundan sonra, kendileri de kusursuz olmayan misyonerler kayda değer güçlüklerle karşılaşır. Ateşte değil, dumanda çalışırlar.

Genç yaştaki öğrencilerin öğretmenleri genellikle bilim, edebiyat gibi konuları öğretmelerine karşın, öğrencilerin bunları öğrenemediğinden ve bunun nedeninin de zekâ değil, karakterdeki eksiklikler olmasından yakınırlar. Karakter olmadan "dürtü" de olmaz. Ancak -erken dönemlerdeki öfke nöbetlerine ve yanlış davranışlara karşın- karakterin temel armağanlarından bir bölümünü -ya da hepsini- koruyabilmiş olanlarda kişiliğin izleri görülebilir. Çok zaman da çoğunluğun buna sahip olmadığı görülür.

Bu çocuklardan yoğunlaşmalarını istemek artık yararsızdır, çünkü bu zaten kullanamadıkları bir güçtür. Dikkat ve sabır, yetenekleri arasında yoksa onlardan dikkatli ve sabırlı olmalarını nasıl bekleyebiliriz? Bacakları olmayan birisine, "Doğru dürüst yürü!" demeye benzer bu. *Bu tip özellikler, ancak pratikle verilebilir, komutlarla değil.*

Peki, ne yapmak gerekir? Toplum genellikle şöyle der: "Küçüklere karşı sabırlı olun: Onları ancak iyi niyetimizle ve iyi birer örnek olarak etkileyebiliriz." Böylece zaman ve sabırla bir yerlere ulaşabilmeyi umut ederiz. Oysa hiçbir yere ulaşamayız. Zaman geçer, biz yaşlanırız, ama ortaya hiçbir sonuç çıkmaz. Zaman ve sabır tek başına hiçbir şeyi etkileyemez. Yaratıcı dönemde verilen şansı kullanmamız gerekir.

İnsanlığı bir bütün olarak düşündüğümüzde, bir şey daha açıkça görülüyor. Çocuklar gibi, yetişkinler de birbirlerinden *temelde kusurları bakımından* ayrılır, ancak yüreklerinin derinliklerinde gizli, ortak bir şey bulunur. Ne kadar belirsiz ve bilinçdışı olsa da kendini yükseltme eğilimi hepimizde var; hepimizin tinsel özlemleri var. Karakter kusurları üzerindeki etkisi ne kadar hafif olursa olsun, bu eğilim eninde sonunda daha iyiye gitme yönünde bir baskı yaratır. Sürekli ilerleme eğilimi hem bireyde hem de toplumda ortak bir yöndür. İster dış, ister iç düzlemde olsun, insanoğlunun bilinçdışında onu daha iyiye yönelten ufak bir ışık bulunur. Diğer bir deyişle, hayvanların tersine, insan davranışları değişmez değildir. İlerleyebilir ve ileriye gitme isteği duymak insan doğasının bir parçasıdır.

Şekil 11'deki dairenin merkezi kusursuzluk merkezidir. Bunun çevresinde daha güçlü ve dengeli insan tipini temsil eden alan bulunur, bu ideale ya da "normal" tipe yakındır. Bunun çevresindeki alan normalliğe -farklı derecelerde- erişememiş büyük insan kitlesini gösterir. Çevrede ise normalliğin dışında kalan insanları temsil eden daha küçük bir halka bulunur -az sayıdaki toplum dışı insanlar akıl hastalarını, toplum karşıtı insanlar da suça eğilimlileri içerir. Deliler ve suçlular toplumsal yaşama uyum sağlayamamıştır. Bunların dışında kalan herkes üç aşağı beş yukarı uyum sağlamıştır. Dolayısıyla, eğitim sorunları belirli bir noktaya kadar uyum çerçevesi içinde kalan insanları ilgilendirir.

Dünyaya uyum sağlama ilk altı yıl içerisinde gerçekleşir. O hâlde karakterin kökenleri de buradadır. Uyum sağlamak ne büyük bir sorundur! Çekirdeğin ötesindeki iç halka kusursuzluğa oldukça yakın olanları içerir. Bunlar ya yaşam enerjileri daha yüksek olduğu ya da çevresel koşullar bakımından daha şanslı oldukları için en güçlüleridir. Bir sonraki halkada bulunanlar ise daha az enerjiye sahiptir ya da daha büyük engellerle karşılaşmıştır. Toplum yaşamında birinciler en güçlü karaktere sahip kişiler olarak, diğerleri ise daha zayıf kişiler olarak görülür. Birinci halkadakiler merkeze, kusursuzluğa doğru doğal bir çekim hisseder içlerinde; ikinci halkadakiler ise dış halkaya, toplum dışına ve toplum karşıtı olmaya doğru kayar. Bunlar sürekli olarak yoldan çıkacaklarını hisseder ve sürekli çaba harcamadıkları takdirde aşağı olacaklarını hisseder. Dolayısıyla, yoldan çıkmaya karşı manevi desteğe gereksinim duyarlar. Bu çekimin hazla ilgisi yoktur, çünkü hiç kimse suçlu ya da deli olma düşüncesinden zevk alamaz, ancak bu, sürekli mücadele ve savunma gerektiren yerçekimi gücü gibi, neredeyse karşı konulamaz bir güçtür. Kötülüğe direnme çabasının erdemli olduğu düşünülür, çünkü ahlaksal boşluğa düşmemizi engelleyen şey aslında budur. Bu kişiler düşmemek için kendilerine kurallar dayatır. Kendilerinden daha iyi birisine bağlanırlar. Yoldan çıkmamak için "Her Şeye Gücü Yeten"e dua ederler. Gittikçe erdeme bürünürler, ancak bu zor bir yaşamdır. Kefaret haz vermez, dengesini korumak için bir kaya çıkıntısına tutunan dağcının çabasına benzer. Gençler boşluğun dehşetini hisseder, eğitimci ikna yoluyla ve örnek olarak yardım etmeye çalışır. Kendini bir model olarak gösterir, ancak aynı itkiyi ve aynı dehşeti kendi de yaşar kimi zaman. Ne kadar sık, "İyi bir örnek olmalıyım, yoksa öğrencilerimin hâli nice olur?" diye düşünür ve bu yükü omuzlarında hisseder. Hem öğrenciler hem öğretmenler erdemli kategorisine (üçüncü halka) girer. Bugün de karakter eğitimini ve ahlak öğretimini böyle bir ortamda yapıyoruz ve başka bir yol bilmediğimiz için kabul edilen yol da bu olmuş. Demek ki insanların büyük çoğunluğu bu sınırlar içerisinde yaşıyor ve genel olarak insanlık savunmada olmayı doğal görüyor.

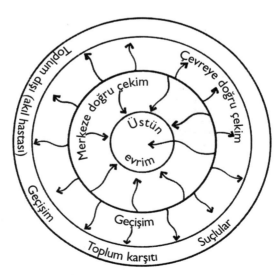

11. Üstün ve aşağı toplum tipleri için çekim halkaları

İç halkada kusursuzluğa çekilen daha güçlü tipler bulunur. Burada söz konusu olan bir yerçekimi gücü değil, daha iyi olmaya yönelik *gerçek* bir istektir. Sıklıkla mutlak kusursuzluk olasılığı olmasa da istek söz konusudur ve insanlar doğal olarak ve çaba göstermeden kusursuzluğa doğru çekilir. Onları çalmaktan alıkoyan şey hapse girme korkusu değildir; başkalarının malına sahip olma isteğine karşı amansız bir savaşı kazanmaları da söz konusu değildir; erdemli olma bahanesiyle geri durdukları şiddet eylemlerinin çekimini de hissetmezler. Onlar yalnızca başkalarının eşyalarını istemezler ve şiddet de onlara itici gelir. Kusursuzluk onları, bu doğalarında olduğu için çeker. Arayışları fedakârlık değildir, âdeta en derin özlemlerini doyurmak için bu arayışa girerler.

Bu fark vejetaryenler ile vejetaryen olmayanlar arasındaki farka benziyor. Et yiyen birçok kişi haftanın belirli günlerinde etten uzak duruyor. Büyük perhizde kırk gün boyunca oruç tutuyorlar ya da etten ve diğer lükslerden uzak duruyorlar. Bunun büyük bir kefaret olduğunu düşünüyor ve yoldan çıkmaya karşı direnmeyi büyük bir erdem olarak görüyorlar.

Bu insanlar başkalarının koyduğu ya da tinsel yöneticilerinin onlara verdiği kurallara uyuyor. Oysa iç halkada bu tip insanlar bulunmaz: Bu halkada gökseller, et yemek istemeyen vejetaryenler bulunur. Bu insanlar etten kaçınır. Onlar için misyonerliğe gerek yoktur, çünkü kurallara kendi doğaları gereği bütün yürekleriyle uyarlar.

Diğer bir örnek de sağlığı iyi ve kötü durumdaki insanlardır. Örneğin, kronik bronşiti olan bir insanın göğsünü sıcak yünle koruması, sıcak banyo yapması ve kötü kan dolaşımına karşı masaj yaptırması gerekir. Görünüşte iyi olsa da hep dikkatli olması gerekir. Sindirim sistemi de kötü olabilir ve ayakta kalabilmek için belirli saatlerde özel yemekler yemesi gerekebilir. Bu insanlar da diğerlerine ayak uydurur, ancak bunu büyük bir özenle ve yüreklerinde sürekli bir hastane ya da ölüm korkusuyla yaparlar. Doktorlarının ceplerinde yaşarlar, bir hemşire tutarlar ya da ailelerinden sürekli yardım beklerler. Oysa sağlığı iyi durumda olanlar öyle midir? Kurallar konusunda endişelenmeden ne isterlerse yerler, hava nasıl olursa olsun dışarı çıkarlar, yüzmek için buzları kırarlar. Bu sırada diğerleri evde oturur, burunlarını bile dışarı çıkarmaktan çekinirler. Üçüncü zayıf halkada her elde tinsel akıl hocalarına gerek duyulur. Bunlar yoldan çıkma ve yozluk boşluğuna düşme tehlikesine karşı fren işlevi görür. İç halkadakiler ise böyle bir yardıma, bu derecede gerek duymaz. Diğerlerinin düşleyemediği hazlar onların önündedir.

Şimdi bu merkezdeki daireyi, kusursuzluk dairesini düşünelim. Karakteri olguların temeline oturtmaya çalışmamız gerekiyor. Kusursuzluk nedir? En üst düzeye taşınmış bütün erdemlere sahip olmak mıdır? Eğer öyleyse, neye ulaşmak için? Burada da açık olmaya çalışmak gerekiyor. Karakter derken insanların (bilinçdışı da olsa) ilerlemeye yönelik davranışlarını anlatmak istiyoruz. Bu genel eğilimdir. İnsanlığın ve toplumun evrim içinde ilerlemesi gerekir. Bu da Tanrı'ya doğru doğal bir çekimdir. Yine de biz burada katıksız insan kusursuzluğu merkezini, insanlığın ilerleyişini düşünelim. Birisi bir keşifte bulunur ve toplum bu doğrultuda ilerler. Aynı şey tinsel alanda da olur, birisi bir yüksek düzeye ulaşır ve toplumu ileriye doğru ittirir. Tinsel anlamda, bildiğimiz her şey ve fiziksel anlamda gördüğümüz her şey birisinin çalışması olmuştur. Coğrafya ve tarih konusunda bilinenleri düşünürsek sürekli bir ilerleme görürüz, çünkü her çağda birisi onu kendine hayran bırakan ve eyleme yönelten kusursuzluk dairesine bir nokta eklemiştir. Bu da kendinden emin olduğu için enerjilerini yoldan çıkmayla mücadele etmeye harcamayan üçüncü halkadaki bir adamdır. Böylece bu enerjiler kendi sefil benliklerine karşı sürekli bir çatışma içinde olan insanlara olanaksız görünen bir şekilde kullanılabilmiştir. Amiral Byrd, Güney Kutbu'nu keşfetmek için alçaltıcı bir görev olan para toplama işini üstlenmişti. Daha sonra kutuplara keşif yolculuğunun bütün işkencelerine maruz kalacaktı. Yine de tek hissettiği daha önce yapılmamış bir şeyi yaptığıydı. Böylece bayrağını kusursuzluk bölgesindeki diğerlerinin yanına dikebilecekti.

Sonuç olarak, karakter açısından, insanlığın üçüncü halka tipi insanlarda çok zengin olduğunu söyleyebiliriz. Birçokları ayakta durabilmek için koltuk değneklerine gerek duyar ve eğer eğitim olduğu şekliyle kalırsa, insanlığın düzeyi gittikçe daha da alçalır.

Üçüncü halkadan bir misyonerin geldiğini ve ikinci halkadaki çocuklara vaaz verdiğini düşünün. Şöyle diyebilir: "Etten sakının. Sizi günaha sürükleyebilir." Çocuklarsa şöyle diyecektir: "Bu doğru. Biz etten hoşlanmıyoruz." Başkalarına dönüp şöyle de diyebilir: "Böyle giyinirseniz soğuk alırsınız. Daha sıkı giyinin." Bunun yanıtı da şöyle olacaktır: "Soğuk bize zarar vermez. Biz yeterince ısındık." Üçüncü halkadaki öğretmenlerin çocukları kusursuzluk merkezine yakınlaştırmadığı, çocuklarda düzeyi düşürme eğiliminde olduğu açıkça görülüyor.

Okullarda kullanılması önerilen çalışma programlarını incelediğimizde ne kadar yoksul ve donuk olduklarını hemen görüyoruz. Günümüzdeki eğitim küçük düşürücü. Bir aşağılık kompleksi yaratıyor ve insanın güçlerini yapay bir şekilde alçaltıyor. Düzenlenişi bile bilgiye doğal düzeyin çok altında bir sınır çekiyor. Hızlı adımlarla koşabilecek insanlara koltuk değnekleri veriyor. Bu eğitim insanların alçak güçlerine dayanıyor, yüksek güçlerine değil. İnsanların çoğunluğu aşağıysa, bu yine insanın suçudur, çünkü oluşturucu dönemde karakterlerini kurmaları önlenmiştir. Gerçek insanlık düzeyini yeniden yakalamak, çocuklarımızın yaratıcı güçlerini kullanmalarına izin vermek için çaba harcamamız gerekiyor. İşte o zaman, kusursuzluk dairesi olmasa da buna yönelen, savunmacı değil, fethedici olan ikinci halka üçüncü halkanın tamamını ele geçirebilir. İnsanın tüm yaşamında yalnızca tek bir zihinsel oluşturma dönemi varsa ve bu dönemde bu gerçekleşmiyorsa ya da yanlış koşullar nedeniyle kötü gerçekleşiyorsa, insan kitlelerinin yeterince gelişmemiş olmasına şaşırmamak gerek. Karakterin doğal yoldan oluşmasına izin verilseydi ve ahlaksal söylevler vermek yerine yapıcı davranma şansı tanımış olsaydık, dünya çok farklı bir eğitim tipine gereksinim duyardı.

Yapay kısıtlamalar gider, insanın gözleri yapılacak büyük şeyleri görürdü. Bütün tarihi ve bütün felsefeyi okuyan birisi hâlâ yetersiz kalabilir. Oysa büyük çabaları esinleyen *araçlar* verildiğinde, sonuçlar çok farklı olacaktır. Bunun için insanların tepki verdiği şeyleri kullanmamız gerekir. Teşvik edilmesi gereken nitelikler yaratıcı dönemde oluşanlardır ve bu dönemde kendilerini oluşturma olanakları olmazsa, daha sonra da ortaya çıkmazlar. Ne vaazlar ne de iyi örnekler bunları yeniden canlandıramaz.

Eski eğitim ile yeni eğitim arasındaki fark budur. Biz insanın kendini oluşturmasına doğru zamanda yardım etmek istiyoruz. Böylece insanlık büyük bir yolda ilerleyebilir. Toplum duvarlar, engeller inşa etti. Yeni eğitimin bunları yıkması, özgür ufukları ortaya çıkarması gerekir. Yeni eğitim bir devrimdir, ama şiddet içermez. Şiddetsiz devrim işte budur. Bu, zafere ulaştığında, şiddet içeren devrim sonsuza dek olanaksız kalır.

21

ÇOCUKTA SAHİPLENME VE GEÇİRDİĞİ DÖNÜŞÜMLER

Deneylerimiz süresince açıklığa kavuşan olguların genel bir taramasını yaptıktan sonra, şimdi de bunları ayrı ayrı inceleyelim ve yorumlayalım. Çocukların hem yaşları hem derinden ilgilendikleri alanlar bize kayda değer bir malzeme sundu; eylemlerinin insanoğlunun en üst karakteristik özellikleriyle bu denli ortak noktaya sahip olması da bunu güçlendirdi.

Tüm bu olgular içerisinde sürmekte olan bir oluşturma süreci görülebiliyor. Bu da gelişimlerinin belirli bir aşamasına ulaşan tırtılların çalışmasından çok da farklı değil. Tırtıllar bir süre sonra yaprakların arasında sürünmeyi bırakıp iki dal arasındaki bir noktada durur ve kendilerine özgü gizemli bir etkinliğe başlar. Kısa bir süre sonra da çok ince ve yarı saydam ipliklerden oluşan küçük bir bulutun ortaya çıktığı görülebilir. Bu, kozanın başlangıcıdır. Çocuklarda da göze ilk çarpan şey belirli bir şey üzerinde yoğunlaşmalarıdır. Okul öncesi sınıfımıza devam eden üç buçuk yaşındaki küçük bir kızda bu hayret verici yoğunluğu görebiliyorduk. Dört bir yanda onca ilgi çekici şey olmasına karşın dikkatini elindeki çalışmadan almak olanaksızdı. Bu denli derin bir yoğunlaşma ancak yetişkinlerde, o da sıradışı kişiliklerde görülebilir ve genellikle bir deha belirtisi olarak kabul edilir. Elbette bu denli küçük bir çocukta aynı çapta olmasa da farklı çocuklarda her zaman olduğunu görmüş ve bunun temel bir şey olduğunu kabul etmek durumunda kalmıştık. Pusula kullanırken daire çizmek için bir noktayı sabitlemek gerekir. Çocukların oluşumunda da dikkatin sabitlenmesi bunu izleyecek olayların temelini oluşturur. Aynı şekilde ya da aynı şeyler üzerinde sabitlenmesi gerektiğini kimse söylemiyor, ancak sabitleme olmadan oluşturma da başlayamaz. Yoğunlaşma olmazsa çevresindeki nesneler çocuğa sahip olur. Çocuk bunların onu çağırdığını hisseder ve bir ona bir buna gider. Oysa dikkati odaklandığında, kendi efendisi olur ve dünyasını denetleyebilir.

Yetişkinlerin dünyasında, sürekli meslek değiştiren bir insanın sorumluluk gerektiren bir konuma uygun olmayacağını biliriz. Oysa amacını açık olarak tanımlamış ve çalışmasını nasıl örgütleyeceğini bilen birisi başarıya kesinlikle ulaşır. Buna o kadar çok önem veriyoruz ki üniversite öğrencilerinin bile çalışmaya odaklanması bizi memnun ediyor ve bunu söylemekten hiçbir zaman yorulmuyoruz. Oysa bu ne kadar küçük bir fark yaratıyor! İyi öğütler tek başına hiçbir zaman yeterli olmaz. Bu yetişkinler için doğruysa, bir öğretmen aynı şeyin üç buçuk yaşındaki bir çocukta yoğunlaşmayı teşvik edebileceğini nasıl düşünebilir? Kesinlikle diyebiliriz ki hiçbir çocuk yalnızca irade yoluyla dikkatini odaklayamaz.

Dolayısıyla, küçük çocukların gösterdiği yoğunlaşma çocuk psikolojisinde yeni bir şeye ışık tutuyor ve doğanın karakter oluşumunu ortaya çıkarma sürecini gösteriyor. Doğanın yöntemi çocuğa özel ilgi alanları vermektir. Bunlar çocuğun gelişen psikolojisinin her bir parçası için gereken özel yaratıcı çalışmayı sıradışı bir yoğunlaşma ile yapmayı gerektirir.

Yoğunlaşmadan sonra azim gelir. Kendini açma sırası şimdi bu diğer karakter özelliğindedir. Çocukların alıştırmaları nasıl

ÇOCUKTA SAHİPLENME VE GEÇİRDİĞİ DÖNÜŞÜMLER

yinelediğinden ve dışsal bir amaç olmadığına göre, kesinlikle bir iç amacın olması gerektiğinden zaten söz etmiştim. İlk yoğunlaşmadan sonra başlayan bu yineleme bir çeşit sağlamlaştırma çıkarır ortaya. İnsanlarda karakter oluşumu aşamalarından bir diğerinin başlangıcıdır. Burada da eylemdeki irade çocuğun değil, doğanın iradesidir. Doğa araçlarını kullanarak insanların üstlendikleri projeleri sürdürmesini sağlayan gücü kurar. Çocuğun alıştırma yineleme ile birlikte gösterdiği bir şey daha var aslında. Bu da başladığı şeyi sürdürme yeteneğidir. Okullarımızdaki çocuklar çalışmalarını özgürce seçer ve bu güç hepsinde görülür. Bu çalışmayı her gün, yıllar boyunca gerçekleştirirler. Yetişkin dünyasında kendimizi ne istediğini bilmeyen insanlar arasında bulduğumuzda, güçlü iradeleri olmadığını söyleriz. Ne istediğini bilen ve gideceği yolu açık bir şekilde gören insanların da güçlü iradeli, yetenekli insanlar olduğunu söyleriz.

Çocuklar eylemlerine karar verirken doğal yasalar onları harekete geçirir. Yetişkinler ise düşündükten sonra harekete geçer. Çocuğun bu gücünü kullanabilmesi için, yaşamının her noktasında ona ne yapacağını söyleyen birinin olmaması gerekir kesinlikle. İç güçler seçimini etkiler ve birisi bu rehberin işlevini gasbederse çocuğun irade ya da yoğunlaşma gelişimi sekteye uğrar. Öyleyse, çocuğun bu özellikleri edinmesini istiyorsak, yapmamız gereken ilk şey yetişkinden bağımsız olmasını sağlamaktır. Bunun yanı sıra, çocuktaki en güçlü içgüdü kendini yetişkin denetiminden bağımsız kılmaktır. Bu da amacı anlaşıldığında çok mantıklı geliyor. Öte yandan, çocuk mantıkla değil, doğası doğrultusunda hareket eder. İzlemesi gereken yolu çizen şey doğadır. İnsan gelişimi ile hayvanların yaşamları arasında ne kadar da tuhaf bir paralellik var. Hayvanlar da kendileri için çizilmiş yolda yürür ve bu yolda ilerlerken kendi yetişkinlerinden bağımsızlaşırlar. Bunlar büyüme ve oluşuma yol gösteren doğal yasalardır ve kendi karakterini, iç benliğini oluşturmak için bireyin bu yasaları izlemesi *gerekir*.

İnsan zihnindeki her bir parçanın ayrı ayrı oluşması gözlemlendiğinde, olanların yalnızca eğitimden kaynaklanmadığı, bizzat evrene rehberlik eden büyük ve karmaşık süreçlerin sonucu olduğu görülür. Bu bizim yaptığımız bir şey değil, evrenin iradesidir. Yaratmanın bir parçasıdır, eğitimin değil. Gördüğümüz değişikliklere eşlik eden başka bir dikkat çekici değişim bunu çok güzel gösteriyor. Tam olarak gelişmesi engellenen çocuklar çalışma yoluyla normalleştiklerinde ortadan kalkan karakter özellikleri sergiler.

Sahiplenmecilik bunun sık görülen örneklerinden biridir. Normalleşmiş çocukta her türlü şeyle ilgilenme özgürlüğü çocuğun şeylerin kendisine değil, bunlardan çıkardığı bilgilere odaklanmasına yol açar. Böylece sahiplenme isteği bir dönüşümden geçer. Bir şeye sahip olmayı çok isteyen bir çocuğun onu, sahip olur olmaz, kaybetmesi ya da kırması ne kadar tuhaftır. Âdeta sahip olma açlığına yok etme arzusu eşlik eder, ancak hiçbir nesnenin sürekli ilgi odağında olmadığını hatırlarsak, bu da kolaylıkla anlaşılabilir. Dikkati ancak bir an çeker ve sonra bir yana kaldırılır. Örneğin, bir saati düşünelim. Saat bize zamanı söyler ve gerçek değeri de budur. Oysa zamanın anlamını bile bilmeyen bir çocuk bunu kavrayamaz ve sonuç olarak da eline geçirdiği saati neredeyse kırar. Saatin ne işe yaradığını bilen daha büyük bir çocuk ise kendini saatin yapılışına kaptırabilir. Saatin işlemesini sağlayan çarkları, kolları görmek için saatin kapağını dikkatlice açar. Oysa bu da saatle artık ilgilenmediği anlamına gelir. O artık saatin karmaşık işleyişiyle ilgilenmektedir; istediği şey nesne değil, nesneyi anlamaktır.

Öyleyse, bu ikinci sahiplenme tipidir: şeylerin nasıl çalıştığını bilmekle ilgilenmek. Bunu birçok biçimde görebiliriz. Yalnızca canı istediği için çiçek toplayan bir çocuk çiçekleri kısa bir süre sonra bir yana bırakır ya da paramparça eder. Burada sahip olma manisi parçalama manisine eşlik eder. Oysa çocuk çiçeğin parçalarını, yapraklarının türünü ya da gövdesinin dallanışını bilirse, çiçeği dalından koparmak ya da parçalamak aklına gelmez. İncelemek ister. İlgisi artık entelektüeldir ve sahipleniciliği bilgi biçimini alır. Aynı şekilde, sahip olmak için bir kelebeği öldürebilir, ama böceklerin yaşamlarıyla ve doğada oynadıkları rolle ilgilenmeye başladığında, kelebek yine ilgisinin odağı olur, ancak izlemek için, ele geçirmek ya da öldürmek için değil. Çevresi çocuğu, neredeyse kendisine "âşık" edecek denli güçlü bir şekilde çekmeye başladığında, bu zihinsel sahiplenme kendini gösterir. Çevreye duyulan bu sevgi çocuğun ona büyük bir özenle davranmasına ve çevredeki her şeyi son derece hassas bir şekilde ele almasına yol açar.

Sahip olma isteğini yöneten zihinsel ilgi olduğunda, bunun daha üst bir düzeye çıktığını ve çocuğun bilgiye yöneleceğini söyleyebiliriz. Bu üst düzey ilgide sahiplenme değil, bilme, sevme ve hizmet etme isteği söz konusudur. Bilimsel araştırmalarda merak da aynı şekilde yüceltilir. Merak inceleme itkisidir. Çocuk *bir* nesneye kendini kaptırdığını hissettiğinde *bütün* nesneleri koruma gayreti kendini gösterir. Çocukların onlara verdiğimiz şeyleri sahiplenmekten sevgi ve özen duygusuna geçişini bize gösteren şey de okul öncesi sınıflarımızda çocukların geçirdiği değişim oldu. Yazılı çalışmalar yaptıkları alıştırma defterlerinde tek bir buruşuk sayfa, tek bir mürekkep ya da silgi lekesi yoktu. Defterler temiz ve düzenliydi, genellikle de süslenmişti.

İnsanı tarihin ve evrimin büyüklüğü içinde düşündüğümüzde, en iyiyi istemenin, doğasının bir parçası olduğunu görüyoruz. Yaşamı her açıdan anlamak, böylece onu korumak ve iyileştirmek ister ve sonuçta zeki kavrayışıyla canlılara yardım eder. Bir çiftçi bütün zamanını bitkilerin ve hayvanların bakımına adamaz mı? Bir bilim insanı mikroskopları ve lensleri ile uğraşmaz mı? İnsanlık ele geçirme ve yok etme ile başlar ve sonuçta zekâsı sayesinde sevmeye ve hizmet etmeye yönelir. Bahçedeki bitkileri koparan çocuk şimdi onların büyümesini izler, yapraklarını sayar, boylarını ölçer. Artık *benim* bitkim demez bitkiden söz ederken. Bu yüceltme ve bu sevgi zihinlerinde doğan yeni bilinçten kaynaklanır. Yok ediciliği vaazlarla iyileştiremeyiz. Çocuk bir şeyin başkalarının değil, kendisinin olmasını istiyorsa ve biz bu davranışı vaazlarla ya da duygularına hitap ederek düzeltmeye çalışıyorsak, yaptığı şeyden birkaç dakikalığına vazgeçse bile, az sonra yine aynısını yapacaktır. Daha önce gizli kalan tinsel insanı ortaya çıkaran dönüşümü ancak bilgi ve sevgi getiren çalışma ve yoğunlaşma tetikleyebilir.

Bilmek, sevmek ve hizmet etmek bütün dinlerde bulunan bir üçlemedir, ancak tinselliğimizi asıl ortaya çıkaran çocuktur. Çocuk bize doğanın davranışlarımızı ve karakterimizi biçimlendirme planını öğretir. Bu plan yaş ve çalışma ile ilgili bütün ayrıntılarıyla, yaşamın yasaları doğrultusundaki yoğun etkinlik ve özgürlük gereksinimiyle oluşturulmuştur. Önemli olan fizik, botanik ya da el çalışmaları değil, irade ve insan tininin çalışma yoluyla kendini oluşturan bileşenleridir. Çocuk insanlığın tinsel kurucusudur ve özgür gelişiminin önündeki engeller, insan ruhunu hapseden duvardaki taşlardır.

22

TOPLUMSAL GELİŞİM

Çocuk gelişiminin ilk özü, karakterinin ve toplumsal davranışının bütün temelini atan yoğunlaşmadır. Çocuğun nasıl yoğunlaşacağını bulması gerekir ve bunun için de üzerinde yoğunlaşacağı şeylere gereksinim duyar. Bu da çevresinin önemini gösteriyor, çünkü dışarıdan çocuğu etkilemeye çalışan hiç kimse onun yoğunlaşmasını sağlayamaz. Tinsel yaşamını yalnızca çocuğun kendisi düzenleyebilir. Bunu onun yerine hiçbirimiz yapamayız. Çocuğun bunu yapmasına izin veren çalışma türlerini barındıran okullarımızın gerçek önemi işte tam da bu noktada yatıyor.

Elbette, kapalı her alan yoğunlaşmanın lehinedir. Dünyanın neresinde olursa olsun, yoğunlaşmak isteyen bir insan buna ayrılmış bir yer arar. Bir tapınakta ya da ibadethanede ne yaparız? Bunlar yoğunlaşmaya uygun bir ortam yaratan yerler, karakter oluşumunun seralarıdır. Çocukların bildik okullara beş yaşından önce kabul edildiği ender görülür ve bu da oluşturma döneminin sona erdiği anlamına gelir. Oysa biz okullarımızda, karakterin her biri kendi açısından önemli olan ilk öğelerinin şekillenebileceği güvenli bir sığınak sunuyoruz küçük çocuklara.

Küçük çocukların gereksinimleri doğrultusunda özel olarak düzenlenmiş bir çevrenin ne kadar önemli olduğuna ilk değindiğimde, bu düşünce mimarlarda, sanatçılarda ve psikologlarda büyük bir ilgi uyandırdı. Bunlardan bazıları sınıfların ideal büyüklüğünü ve yüksekliğini, yoğunlaşmanın öne çıktığı bir okula uygun dekorasyonu belirlemek için benimle iş birliği yaptı. Bu tip bir bina, koruyucu olmakla kalmamalı, aynı zamanda, deyim yerindeyse, "psikolojik" olmalıydı. Bununla birlikte, önemi yalnızca boyutları ve renklendirme ile ilgili değildi, çünkü bunlar kendi başına yeterli olmaz. Çocuklar dikkatlerini odaklamak için somut şeylere gereksinim duyar. Dolayısıyla, çocukların kullanımına sunulan şeyler önem taşıyordu. Bunlara da gelişigüzel karar verilmedi ve bizzat çocukların konu olduğu uzun süreli deneyimler sonucunda ortaya çıktılar.

Çocuğun bulunduğu çevreye her şeyden biraz koyarak yola çıktık ve çocuğun kendi yeğlediği şeyleri seçmesine izin verdik. Çocukların yalnızca belirli şeyleri kullandığını, diğerlerinin ise kullanılmadan kaldığını görünce bunları saf dışı bıraktık. Bugün okullarımızda kullanılan eşyalar yalnızca yerel okullardaki denemelerin değil, tüm dünyadaki okullarda edinilen deneyimlerin bir sonucudur. İşte bu yüzden de bunları bizzat çocukların seçtiğini söylemek yanlış olmaz. *Bütün* çocukların sevdiği nesneler olduğunu gördük ve bunların temel olduğuna karar verdik. Yetişkinlerin düşündüğünün aksine ender kullandıkları başka şeyler de vardı ve buna da bütün ülkelerde tanık olduk. Normalleşmiş çocuklarımıza seçim özgürlüğü verildiğinde, hep aynı sonuçlara ulaştık ve bu da her zaman yalnızca kendilerine uygun belirli çiçeklere giden böcekleri getiriyor aklıma. Çocukların bunlara gereksinim duyduğu çok açıktı. Bir çocuk kendini oluşturmasına yardım eden şeyleri seçer. En başta birçok oyuncağımız vardı, ama çocuklar bunları hep görmezden geldiler. Renkleri gösteren birçok gerecimiz de vardı, ama çocuklar yalnızca bir tipi seçiyordu: Bugün bütün okullarımızda kullan-

TOPLUMSAL GELİŞİM

dığımız ipek dolanmış düz makaralar. Bütün ülkelerde durum aynıydı. Renkli bölgenin şekli ve yoğunluğu konusunda bile çocukların tercihlerini rehber edindik. Sunulan nesnelerin böyle ayrıntılı bir şekilde belirlenmesi sınıftaki toplumsal yaşamda da yansıma buldu. Çok fazla eşya olduğunda ya da otuz ya da kırk çocuktan oluşan bir grup için bir tam set olduğunda, karmaşa çıkıyordu. İşte bu yüzden sınıflarımızdaki eşya sayısı azdır, çocuk sayısı fazla olsa bile.

Her nesnenin bir örneği bulunur ve çocuklardan biri o an başka bir çocuk tarafından kullanılan bir parçayı istediğinde -normalleşmiş bir çocuksa- sırasını bekler. Bu da önemli toplumsal nitelikler doğurur. Çocuk, birisi öyle yapması gerektiğini söylediği için değil, bu gerçeklikle günlük deneyimlerinde karşılaştığı için, başkalarının çalışmasına saygı duyması gerektiğini görmeye başlar. Birçok çocuk için tek bir parça bulunur, demek ki sırasını beklemekten başka yapabileceği bir şey yoktur. Bu da yıllar boyunca günün her saati yaşandığı için başkalarına saygı duyma ve sırasını bekleme düşüncesi yaşamın gittikçe olgunlaşan, alışıldık bir parçası olur.

Bu da bizzat toplumsal yaşamın doğuşu olan bir değişim, bir uyum ortaya çıkarır. Toplum kişisel isteklerin değil, uyum içinde olması gereken etkinliklerin birleşimi üzerinde durur. Çocuğun yaşadığı deneyimlerden başka bir erdem daha ortaya çıkar: sabırlı olma erdemi. Bu da bir anlamda itkileri ket vurma yoluyla yadsımadır. Böylece erdem olarak adlandırdığımız karakter özellikleri kendiliğinden ortaya çıkar. Biz üç yaşındaki bir çocuğa bu tip bir ahlakı öğretemeyiz, ancak deneyim öğretebilir ve diğer koşullar altında normalleşme engellendiği ve insanlar çocukları istedikleri şeyler için kavga ederken görmeye alıştığı için, bizim çocuklarımızın sıra beklemesi insanları daha da şaşırtır. Bana sık sık, "Bu küçük çocukların bu kadar uslu davranmasını nasıl sağlıyorsunuz? Bu disiplini nasıl öğretiyorsunuz?" diye sorarlar. Oysa bunu yapan ben değilim, özenle hazırladığımız çevre ve çocukların bu çevrede bulduğu özgürlük. Bu koşullar altında, üç ile altı yaş arasındaki çocukların daha önce bilinmeyen özellikleri kendini gösterme olanağı bulur.

Yetişkinler toplumsal yaşama hazırlığın bu ilk aşamasına müdahale ettiğinde hemen her zaman hata yaparlar. Çocuklar "çizgide yürürken" içlerinden biri diğerlerine ters yönde ilerleyebilir ve bir çarpışma kaçınılmaz görünür. İnsanın içinden bu çocuğu tutup döndürmek gelir. Oysa çocuk kendi başının çaresine gayet iyi bakabilir ve güçlüğün üstesinden gelir -hep aynı şekilde olmasa da her zaman yeterli bir çözüm bulur. Her adımda bu tip birçok sorunla karşılaşılır ve çocuklar bu sorunlarla yüzleşmekten büyük bir zevk alır. Müdahale edilmesi ise çocukların canını sıkar. Kendi başlarına bırakıldıklarında ise bir yolunu bulurlar. Bunların hepsi toplumsal deneyimlerdir ve hiçbir öğretmenin akıl edemeyeceği durumlarla uygun bir şekilde başa çıkma açısından sürekli pratik olanağı sunar. Öğretmen ise genellikle müdahalecidir, ancak bulduğu çözüm çocukların çözümünden farklı olur ve bu da grup içindeki uyuma zarar verir. Sıra dışı durumlar dışında, bu tip sorunları çözmeyi çocuklara bırakmamız gerekir. Daha sonra çocukların davranışlarını nesnel bir gözle inceleyebiliriz ve bu konuda çok az şey biliniyor. Toplumsal düzen bu gündelik deneyimler yoluyla kurulur.

Doğrudan yöntemler kullanan öğretmenler toplumsal davranışların bir Montessori okulunda nasıl teşvik edildiğini anlayamaz. Toplumsal değil, eğitsel malzemelerin sunulduğunu zanneder. "Çocuklar her şeyi kendi başlarına yaptığında toplum yaşamı ne olacak?" diye sorarlar. Peki, toplum yaşamı toplumsal sorunları çözmek, uygun davranışlar sergilemek ve herkes için kabul edilebilir hedefler benimsemek değildir de nedir? Bu öğretmenlere kalırsa, toplumsal yaşam yan yana oturup bir başkasının yaptığı konuşmayı dinlemektir: Oysa bu, toplumsal yaşamın tam tersidir.

TOPLUMSAL GELİŞİM

Bildik okullarda çocuklar, ancak oyun zamanında ve gezilerde toplumsal hayata girebilir. Bizim çocuklarımız ise her zaman etkin bir topluluk içindedir. Sınıflar hayli büyük olduğunda, karakter farklılıkları daha açık bir şekilde kendini gösterir ve bu da daha fazla deneyim yaşanmasına olanak verir. Küçük sınıflarda bu o kadar da kolay değildir. Kusursuzluğun üst düzeyleri toplumsal yaşam yoluyla gelir.

Çocuklardan oluşan bu toplumun yapısı nedir? Bu çocuklar şans eseri bir araya gelmiştir, ancak bu sıradan bir rastgelelik değildir. Kendini bu sınırları çizilmiş dünya içinde bulan çocuklar farklı yaşlardadır (üç ile altı yaş arası). Bu da zekâ geriliği görülen büyük çocuklar söz konusu olmadığı takdirde, diğer okullarda pek görülmeyen bir durumdur. Çocuklar yaşlarına göre gruplara ayrılır ve bizdeki "dikey sınıflandırma" ancak az sayıda okulda bulunur.

Öğretmenlerimizden bazıları her yaşa bir sınıf ilkesini uygulamaya çalışınca, bunun zorluklarını ortaya koyan bizzat çocuklar olmuştu. Aynı şey evde de geçerlidir. Altı çocuklu bir anne çocuklarını idare etmekte zorlanmaz, ama ikizler söz konusu olduğunda ya da aynı yaşlardaki çocuklar bir araya geldiğinde işler zorlaşır, çünkü hepsi de aynı şeyi aynı anda isteyen çocuklarla uğraşmak çok yorucudur. Farklı yaşlardaki altı çocuğu olan bir annenin durumu, tek çocuğu olan bir annenin durumundan çok daha iyidir. "Tek çocuklar" her zaman zordur. Bunun nedeni şımarıklıktan çok, yalnız olmalarıdır. Anne babalar genellikle ilk çocukta sonrakilere göre daha fazla zorluk çeker. Bunun deneyim sahibi olmaktan kaynaklandığını düşünürler, ama aslında bunun nedeni sonraki çocukların yalnız olmamasıdır.

Toplum yaşamının çekiciliği insanın karşılaştığı farklı tiplerin sayısıdır. Hiçbir şey yaşlılar evinden daha donuk olamaz. İnsanları yaşlara göre ayırmak yapılabilecek en acımasızca ve insanlık dışı şeylerden biridir. Aynı şey çocuklar için de geçerlidir. Bu toplum yaşamının bağlarını koparır ve onu besinsiz bırakır.

Çoğu okulda öğrenciler önce cinsiyetlerine, sonra da yaşlarına göre ayrılıyor ve üç aşağı beş yukarı farklı sınıflara yerleştiriliyor. Bu kökten hatalıdır ve birçok kötülüğün nedenidir. Bu, yapay yalıtma toplum duygusunun gelişimine ket vurur. Okullarımızda kız ve erkek öğrenciler genellikle bir aradadır, ama erkeklerle kızları bir araya getirmek aslında çok da önemli değildir. Farklı okullara da gidebilirler elbet, ancak asıl önemli olan farklı yaşlardaki çocukların bir arada bulunmasıdır. Okullarımızda farklı yaşlardaki çocukların birbirlerine yardım ettiğini görüyoruz. Küçükler büyüklerin yaptıklarını görüyor ve açıklamalarını istiyorlar. İstedikleri açıklamayı da hemen alıyorlar ve bu da gerçekten değerli bir ders oluyor, çünkü bizimle karşılaştırıldığında, beş yaşındaki bir çocuğun zihni üç yaşındaki bir çocuğun zihnine çok daha yakındır ve böylece bizim anlatmakta zorlanacağımız bir şeyi küçükler kolaylıkla öğrenebilir. Büyük çocuklar ile küçükler arasındaki iletişimi ve uyumu bir yetişkin ile küçük bir çocuk arasında görmek zordur.

Üç yaşındaki bir çocuğa hiçbir öğretmenin anlatamayacağı birçok şey vardır, ancak beş yaşındaki bir çocuk bunu büyük bir kolaylıkla yapabilir. İkisi arasında doğal bir zihinsel "geçişim" olur. Yine, üç yaşındaki bir çocuk beş yaşındaki çocuğun yaptıklarıyla ilgilenir, çünkü bunlar kendi gücünün çok ötesinde değildir. Büyük çocuklar birer kahraman ve öğretmen olur, küçükler de onlara hayranlık duyar. Onlarda esin bulur, sonra da kendi çalışmalarına dönerler. Bütün çocukların aynı yaşta olduğu okullarda ise daha zeki olanlar diğerlerine kolaylıkla öğretebilir, ancak buna da çok zor izin verilir. Yapabilecekleri tek şey kendilerinden daha az zeki olan çocuklar yanıt veremediğinde, öğretmenin sorularını yanıtlamaktır. Bunun sonucunda da zekâ genellikle kıskançlık yaratır. Küçük çocuklar ise kıskançlığı pek bilmez. Büyük bir çocuğun onlardan daha fazla şey bilmesinden utanmazlar, çünkü büyüdüklerinde kendi sıralarının geleceğini bilirler. Her iki tarafta da sevgi ve hayranlık, gerçek bir kardeşlik söz konusudur. Eski

TOPLUMSAL GELİŞİM

tip okullarda sınıfın düzeyini artırmanın tek yolu özendirmeydi, ancak bu da genellikle moral bozucu ve toplum karşıtı kıskançlık, nefret ve küçük düşme duygularına sebep oluyordu. Daha akıllı çocuklar kendini beğenmeye başlıyor, diğerlerini bastırıyordu. Bizim okullarımızda ise beş yaşındaki bir çocuk diğer çocukların koruyucusu olduğunu hisseder. İnsanlar bu koruma ve hayranlık ortamının uygulamada bu denli derinleşebileceğine inanmakta zorlanıyor. Sınıf duygusal bir bağla birbirine tutunarak bir grup hâline geliyor. Son olarak da çocuklar birbirlerinin karakterini tanımaya başlıyor ve değerlerini karşılıklı olarak hissediyorlar. Eski tip okullarda, ancak "Şu çocuk birincilik ödülünü aldı." ya da "Şu çocuk sınavda sıfır almış." gibi şeyler söylenirdi. Gerçek arkadaşlık duygusu böyle gelişmez. Oysa, toplumsal ya da toplum karşıtı nitelikler işte bu yaşlarda, çocuğun içinde bulunduğu çevrenin doğasına göre şekillenir. Başlangıç noktası budur.

Beş yaşındaki bir çocuğun ders vermesinin çocuktaki gelişimi yavaşlatacağından korkanlar da var. Oysa, birincisi, çocuk sürekli ders vermez ve çocuğun özgürlüğüne saygı gösterilir. İkinci olarak, öğretmen çocuğun önceden öğrendiklerini daha iyi anlamasına yardım eder. Bilgisini vermek için küçük bilgi dağarcığını çözümlemesi ve yeniden düzenlemesi gerekir. Yani yaptığı fedakârlık ödülsüz kalmaz.

Üç ile altı yaş arasındaki çocukların bulunduğu sınıf, yedi ile dokuz yaş arasındaki çocukların sınıfından da katı çizgilerle ayrılmamıştır. Böylece, altı yaşındaki çocuklar üst sınıftan fikirler edinebilir. Ayırıcı duvarlarımız bel hizasındaki bölmelerden ibarettir ve bir sınıftan diğerine her zaman rahatlıkla geçilebilir. Çocuklar sınıflar arasında özgürce dolaşabilir. Üç yaşındaki bir çocuk yedi, sekiz ve dokuz yaşındaki çocukların bulunduğu sınıfa girdiğinde, burada uzun bir süre kalmaz, çünkü burada onun işine yarayacak bir şey olmadığını kısa sürede fark eder. Sınırlar çizilmiştir, ancak ayrım yoktur ve bütün gruplar birbirleriyle iletişime geçebilir.

Sınıfların kendilerine ait yerleri olsa da bunlar birbirinden yalıtılmamıştır: İsteyen entelektüel bir gezintiye çıkabilir! Üç yaşındaki bir çocuk boncukları kullanarak aritmetik işlemleri yapan ya da karekök alan bir çocuğu izleyebilir. Ona ne yaptığını da sorabilir. Aldığı yanıtın bilgeliğine bir şey katmadığını hissettiğinde, ilgisini daha çok çeken şeylerin bulunduğu kendi sınıfına döner. Buna karşılık, altı yaşındaki bir çocuk dokuz yaşındaki bir çocuğun yaptıklarını biraz da olsa kavrayabilir ve kalıp izlemeye, bir şeyler öğrenmeye karar verebilir. Bu özgürlük gözlemcinin her yaşa özgü anlayış sınırlarını fark etmesini sağlar. On iki-on dört yaşlarındaki çocukları izleyen sekiz ya da dokuz yaşlarındaki çocukların karekök işlemlerini anlayabileceğini zaten biz de böyle fark etmiştik. Aynı şekilde, sekiz yaşındaki çocukların cebirle ilgilenebileceğini de böyle gördük. Çocuğun ilerlemesi yalnızca yaşa değil, aynı zamanda çevresini izleme özgürlüğünün olmasına da bağlıdır.

Bizim okullarımız canlıdır. Büyüklerin neler yaptığını anlamak küçükleri coşkuyla doldurur. Büyükler bildiklerini öğretmekten mutluluk duyar. Aşağılık kompleksi yoktur, herkes karşılıklı tinsel enerji alışverişiyle sağlıklı bir normalliğe ulaşır.

Tüm bunlar ve daha fazlası okullarımızda ilk başta çok şaşırtıcı görünen olayların, aslında doğal yasaların işleyişinden kaynaklandığını gösteriyor.

Bu çocukların özgürlük ortamındaki davranışları ve karşılıklı ilişkileri incelendiğinde toplumun gerçek sırları da ortaya çıkıyor. Bunlar o derece hassas ve işlenmiş olgular ki ayırt edilmeleri için tinsel bir mikroskop gerek, ancak bize insanın gerçek doğasını gösterdikleri için çok da önemliler. İşte bu yüzden biz okullarımızı psikolojik araştırma laboratuvarları olarak görüyoruz, ancak bununla kastettiğimiz şey genel olarak anlaşıldığı şekliyle bir araştırma değil, bu okulların çocukları gözlemlemek için çok uygun yerler olması. Kayda değer birkaç olguya daha değinelim.

TOPLUMSAL GELİŞİM

Daha önce de belirttiğimiz gibi, çocuklar kendi sorunlarını çözer, ancak bunun nasıl olduğunu henüz açıklayamadık. Çocukları araya girmeden izlediğimizde, görünüşte çok tuhaf olan bir şeyle karşılaşıyoruz. Çocuklar bizden farklı bir şekilde yardımlaşıyor. Bir çocuk ağır bir şey taşırken, diğerleri onun yardımına koşmuyor. Harcadıkları çabaya saygı gösteriyorlar ve ancak gerekli olduğunda birbirlerine yardım ediyorlar. Bu da çocukların gerekli olmadığında yardım istememesine sezgisel olarak saygı gösterildiğini ortaya koyması bakımından çok aydınlatıcı. Bir gün çocuklardan biri bütün geometrik tahta şekilleri ve bunlara ait kartları yerlere saçmıştı.[52] Bu sırada sokaktan, tam da sınıf penceresinin altından bir bandonun geçtiği duyuldu. Bunca işi ardında bırakıp gitmeyi aklından bile geçiremeyen bu çocuk dışında hepsi bandoya bakmak için koşuşturdu. Parçaların yerlerine konması gerekiyordu ve hiç kimse ona yardım edecek gibi görünmüyordu. Gözleri yaşlarla doldu, çünkü o da bandonun geçişini izlemek istiyordu. Diğerleri de bunu fark etti ve birçoğu yardım etmek için geri döndü. Acil durumları ayırt etmeyi sağlayan bu hassas güç yetişkinlerde yoktur. Çoğu zaman gereksiz yere yardım ederler. Kibar bir adam, görgü kuralları gereği, masaya gelen hanımefendinin sandalyesini çeker, oysa o da bunu kendi başına rahatlıkla yapabilir ya da bir alt kata inerken, aslında herhangi bir desteğe gereksinimi olmamasına karşın, hanımefendiye kolunu uzatır. Gerçekten yardıma gereksinim duyulan durumlarda ise her şey değişir. Birisi yardıma muhtaç kaldığında kimse koşarak gelmez, ama yardım gerekmediğinde herkes yardım etmek için koşuşturur! Demek ki bu alanda çocukların yetişkinlerden öğrenebileceği hiçbir şey yok. Ben çocuğun kendi küçüklüğündeki en üst düzeyde çaba harcama isteğini (ve derinlerde hissettiği gereksinimini) bilinçdışında hatırladığına ve bu yüzden de engel oluşturacağı zaman başkalarına yardım etmediğine inanıyorum.

---

[52] Hepsi yaklaşık yüz parça.

Çocukların davranışlarındaki diğer bir ilginç nokta da sınıfı rahatsız edenlere yönelik tutumlarıdır. Okula yeni kabul edilen ve ortama henüz alışamayan, yerinde duramayan, herkese sorun çıkaran ve rahatsızlık veren bir çocuğu düşünelim örnek olarak. Öğretmenler genellikle, "Böyle olmaz; bu yaptığın hiç hoş değil." ya da "Ne kadar yaramaz bir çocuksun sen böyle!" gibi bir şeyler söyler.

Arkadaşları ise oldukça farklı bir tepki verir. İçlerinden biri yeni çocuğa yaklaşıp şöyle diyebilir: "Evet, yaramaz olabilirsin, ama endişelenme. İlk geldiğimizde biz de senin kadar kötüydük!"

Bu çocuğa acımış, kötü davranışlarını bir talihsizlik olarak görmüştür. Onu teselli etmeye, belki de içindeki iyi yönü ortaya çıkarmaya çalışmıştır.

Kötü davranışlar hep acıma duygusu yaratsaydı, suçlulara da hastalara olduğu gibi aynı duygudaşlıkla yaklaşsaydık, dünya ne kadar farklı bir yer olurdu! Ayrıca, kabahatler genellikle patolojiktir ve evdeki kötü koşullardan, doğumda yaşanan bir talihsizlikten ya da başka bir aksilikten kaynaklanır ve bu nedenle de şefkat ve yardım etme isteği yaratması gerekir. Yalnızca bu bile toplumumuzun daha sağlam olmasına yeterdi.

Çocuklarımız bir aksilik yaşadığında, örneğin, bir vazoyu kırdığında, vazoyu düşüren çocuk genellikle kendini çaresiz hisseder. Bir şeyleri kırmaktan zevk almaz ve elindekini güvenli bir şekilde taşıyamadığı için kendinden utanır. Yetişkinlerin buna içgüdüsel tepkisi bağırmak olur: "İşte kırdın. Onlara dokunmamanı sana kaç kere söyledim?" En azından çocuktan parçaları toplamasını ister ve bunun onu daha da fazla etkileyeceğini düşünür.

Peki, bizim çocuklarımız ne yapar? Hepsi yardıma koşar ve küçük seslerinde cesaretlendirici bir tonla, "Üzülme, hemen yeni bir vazo buluruz." derler ve bazıları parçaları toplarken diğerleri ıslanan yerleri siler. Zayıf olana yardım etme, yüreklendirme, onu teselli etme içgüdüsüyle hareket ederler ve bu aslında toplumsal ilerlemeye yönelik bir içgüdüdür. Gerçekten

TOPLUMSAL GELİŞİM

de insan evriminde en büyük ilerleme, toplum zayıfları ve yoksulları ezip hor görmeyi bir yana bırakıp onlara yardım etmeye başladığında kaydedilmiştir.

Tıp bilimi de bütünüyle bu ilkeden yola çıkarak gelişmiştir ve bunu yalnızca insanda acıma duygusu uyandıranlara değil, insanlığın kendisine yardım etme isteği izlemiştir. Zayıf ve aşağı olanı yüreklendirmek bir yanlış değil, genel toplumsal ilerlemeye bir katkıdır. Çocuklar normalleştikleri anda yalnızca birbirlerine karşı değil, hayvanlara karşı da bu duygulara sahip olduklarını gösterir.

Genellikle hayvan yaşamına saygılı olmanın öğretilmesi gereken bir şey olduğu düşünülür, çünkü çocukların doğal olarak acımasız ve duyarsız olduğunu zannederiz. Oysa bu doğru değildir. Normalleşmiş çocuklar hayvanlara karşı koruyucu davranır. Laren'deki[53] okulumuzda her gün beslediğim bir keçimiz vardı. Keçinin yemini yukarıda tutardım ve o da yeme ulaşabilmek için arka ayakları üzerinde yükselirdi. Bu şekilde durması bana ilginç geliyordu ve keçinin de bununla eğlendiği izlenimi edinmiştim. Günün birinde küçük bir çocuk geldi ve ayakta durmasına yardım etmek için beline dolandı. İki ayak üzerinde durmanın keçi için çok ağır bir iş olmasından korktuğu yüzündeki endişeli ifadeden kolayca anlaşılabiliyordu. Hiç kuşkusuz bu da son derece iyi kalpli ve kendiliğinden bir düşünceyi ortaya koyuyordu.

Okullarımızda yine çok sıra dışı bir şey görüyoruz: en iyi olana duyulan hayranlık. Bu çocuklar birbirlerini kıskanmamakla kalmıyor, iyi bir şekilde yapılan her şeyi coşkulu bir övgüyle karşılıyorlar. Bu da şimdi meşhur olan yazma "patlamasında" yaşandı. İçlerinden biri ilk sözcüğünü yazdığında her yeri neşe ve kahkaha kapladı. Herkes hayranlık dolu gözlerle "yazara" ba-

---

53 Laren, Hollanda'dadır. Dr. Montessori, burada, II. Dünya Savaşı'nın yaşandığı 1939 yılında psikopedagojik bir araştırma merkezinin ve bir pilot okulun idarecisi olarak görev yapmıştır.

kıyordu ve onun izinden gitmeleri gerektiğini hissetmişlerdi. "Ben de yazabiliyorum!" diye bağrışmaya başlamışlardı. İçlerinden birinin başarısı bütün grubu harekete geçirmişti. Alfabedeki harflerde de aynı şey yaşanmıştı. Öyle ki bir keresinde bütün sınıf ellerinde birer bayrak gibi tuttukları zımpara kâğıdından harflerle bir tören alayı düzenlemişti. Öyle büyük bir neşeyle bağrışıyorlardı ki alt kattakiler (okul çatı katındaydı) olup bitenleri görmeye gelmişti koşarak. Öğretmen de olanları açıklamak zorunda kalmıştı: "Harfleri öğrendikleri için çok mutlular."

Çocuklar arasında belirgin bir topluluk duygusu bulunur. Bu da en soylu duygulara dayanır ve grupta birlik yaratır. Bu örnekler de duygusal yaşamın üst düzeye ulaştığı ve çocukların kişiliklerinin normalleştiği koşullar altında bir tür çekimin kendini hissettirdiğini bize öğretmeye yetiyor. Tıpkı büyük çocukların küçükleri, küçük çocukların da büyükleri çekmesi gibi, yeni gelenler normalleşmiş çocukları, bu ortama alışmış çocuklar da yeni gelenleri kendine çeker.

23

TOPLUMSAL BİRİMDE SARGINLIK

Öyle görülüyor ki bu tip bir toplumu bilinçli zihinden çok *emici zihin* birleştirmektedir. Oluşturulma biçimi gözlemlenebilir ve büyüyen bir organizmanın hücreleri ile karşılaştırılabilir. Toplumun küçük çocukların gelişme süreçlerinde izleyebileceğimiz bir embriyo aşamasından geçtiğini söyleyebiliriz. Böyle davranan bir topluluk oluşturduklarının yavaş yavaş farkına vardıklarını görmek ilginçtir. Etkinlikleriyle katkıda bulundukları bir grubun parçası olduklarını hissetmeye başlarlar. Bununla ilgilenmekle kalmaz, bu konuda derin, âdeta yürekten bir çalışmaya girişirler. Bu düzeye ulaşan çocuklar artık düşüncesizce davranmaz, önceliği gruba verir ve onun yararı için başarıya ulaşmaya çalışırlar.

Toplumsal bilince doğru atılan ilk adım "aile ya da kabile ruhunu" anımsatır, çünkü ilkel toplumlarda, bilindiği üzere birey, kendi grubunu varlığının nihai amacı olarak sever, savunur ve değerli görür. Bu olgunun ilk işaretleri bizi hayrete düşürmüştü, çünkü bizim oldukça dışımızda ve bizim olası etkimizden bağımsız bir şekilde gerçekleşmişti. Çocuklarda dişlerin doğanın belirlediği yaşta çıkmasında ve gelişimin sürdüğünü gösteren diğer kanıtlarda olduğu gibi, bunlar da birdenbire ortaya çıkmıştı. Çocuklar arasında kendiliğinden bir gereksinimin ortaya çıkardığı, bilinçdışı bir güç tarafından yönetilen ve toplumsal bir ruhun can verdiği bu birliğin doğması özel bir adla anılmalıydı ve ben bunu *"toplumsal birimde sargınlık"* olarak adlandırıyorum.

Bu düşünceyi bize dayatan şey, çocukların bizi hayrete düşüren kendiliğinden eylemleriydi. Bir örnek vereyim: Arjantin büyükelçisi okullarımızdaki dört ve beş yaşlarındaki çocukların bütünüyle kendi başına çalıştığını, kendiliğinden okuyup yazdığını ve otorite tarafından dayatılmayan mükemmel bir disiplin sergilediğini okumuş ve buna inanamamıştı. Bu nedenle de sürpriz bir ziyaret düzenlemeye karar vermişti. Ne yazık ki ziyaret günü bir tatile denk gelmişti ve geldiğinde okul kapalıydı. Çocukların aileleriyle birlikte yaşadığı işçi evlerinin bulunduğu bir apartman bloğundaki bu okulun adı "Çocuklar Evi"ydi. Şans eseri çocuklardan biri avludaydı ve büyükelçinin sinirli sinirli söylendiğini duymuştu. Ziyaretçi olduğunu tahmin ederek, "Okulun kapalı olmasına üzülmeyin. Hademede anahtar var, zaten hepimiz de buradayız." Bir süre sonra kapı açılacak ve bütün çocuklar içeri girip çalışmaya başlayacaktı. Bu da grup davranışının bir örneğiydi. Her bir çocuk ödüllendirilme kaygısı olmadan üzerine düşeni, topluluklarının onuru için iş birliği içinde yapıyordu. Öğretmen olanları ancak bir gün sonra duyacaktı.

Herhangi bir öğretimle aşılanmamış, her türlü özentiden, çekişmeden ve kişisel çıkardan arınmış bu dayanışma duygusu doğanın bir armağanıydı. Bununla birlikte, çocuklar bu noktaya kendi çabalarıyla ulaşmıştı. Coghill'in deyişiyle: "Çocuğun ilk davranışlarını bizzat doğa belirler, ancak bunlar çocuğun çevresindeki dünya ile temas kurması ile evrim geçirebilir."[54] Açıkça görülüyor ki doğa hem kişiliğin hem de toplum yaşamının oluş-

---

[54] G.E. Coghill, *Anatomy and the Problem of Behaviour*, Cambridge University Press, 1929.

turulması için bir plan sunar, ancak bu plan çocukların bu planın gerçekleştirilmesine uygun koşullarda bulunması sayesinde hayata geçirilebilir. Bunu yaparak da toplum yaşamının doğal gelişme sürecinde geçmesi gereken aşamaları bize gösterirler. Toplumsal bir grubu yöneten ve birleştiren bu birleşik yaşam, Amerikalı eğitimci Washburne'ün "toplumsal bütünleşme" kavramını yakından karşılıyor. Washburne bunun toplumsal reformun anahtarı olduğunu ve bütün olarak eğitimin temeli yapılması gerektiğini savunur. Toplumsal bütünleşme birey kendini ait olduğu grup ile özdeşleştirdiğinde gerçekleşir. Böyle bir durumda birey kendi kişisel başarısından çok grubun başarısını düşünür.

Washburne, Oxford ve Cambridge kürek yarışını tezine örnek olarak gösterir. "Herkes ekibi için elinden geldiğince kürek çeker ve bunun ona kişisel bir zafer ya da özel bir ödül getirmeyeceğini bilir. Bu, en küçük endüstriyel girişime dek bütün ülkeyi saran her toplumsal girişimin kuralı olsaydı ve herkes kendini değil, ait olduğu grubu onurlandırmaya çalışsaydı, bütün insanlık ailesi yeniden doğardı. Bireyin grup ile bütünleşmesi bütün okullarda işlenmelidir, çünkü bizde eksik olan budur ve uygarlığımızın başarısızlığı ve çöküşü bu eksiklikten kaynaklanacaktır."[55]

Bu bütünleşmeden yoksun olmayan bir insan toplumuna örnek verilebilir. Bu da doğanın büyülü güçlerinin rehberlik ettiği küçük çocukların oluşturduğu toplumdur. Bunun değerini anlamalı, buna değer vermeliyiz, çünkü öğretmenler ne karakteri ne de toplum duygusunu verebilir. Bunlar yaşamın ürünleridir.

Bununla birlikte, bu doğal toplumsal dayanışmayı yetişkin toplumunda insanların yazgılarını yöneten örgütlenme ile karıştırmamak gerek. Çocukların kendini açmasının son aşaması, toplumsal embriyonun neredeyse tanrısal ve gizemli bir şekilde yaratılmasıdır bu sadece.

---

[55] Carleton Washburne, *The Living Philosophy of Education*, John Day Company, New York.

Altı yaşından kısa bir süre sonra, çocuk (embriyo hâlindeki toplumdan henüz doğmuş bir topluma değişimi ortaya koyan) başka bir gelişim evresine girerken, grubun bütünüyle bilinç düzeyinde örgütlendiği başka bir varoluş biçimi kendiliğinden başlar. O zaman çocuklar insanların davranışlarına yön vermek üzere benimsediği töre ve yasaları bilmek ister: Topluluğu yönetecek birinin denetime geçmesini isterler. Baştakine ve yasalara boyun eğme bu toplumda, hiç kuşkusuz, bir çeşit bağlayıcı doku işlevi görür. Bu boyun eğmenin bir önceki embriyo evresinde hazırlandığını biliyoruz.

İngiliz psikolog McDougall, altı ve yedi yaşlarındaki çocukların oluşturmaya başladığı bu toplum tipini anlatır. Bu çocuklar kendilerini, McDougall'ın deyişiyle âdeta bir topluluk hâlinde yaşama içgüdüsüyle daha büyük çocuklara tabi kılar.[56]

Terk edilmiş ve unutulmuş çocuklar genellikle gruplar ve çeteler hâlinde örgütlenir, otoriteye ve yetişkinlerin düzenlemelere başkaldırır. Hemen her zaman isyankâr tutumlarla sonuçlanan bu doğal gereksinimler toplumsal gelişimin gerçek gereklerini yanıtlayan ve genç erkek çocukların ve ergenlerin doğasında olan izcilik hareketinde yüceltilir.

Bununla birlikte, McDougall'ın "toplum içinde yaşama içgüdüsü," çocuk toplumunun köklerindeki sargınlık gücü ile aynı değildir. Çocuklarda, yetişkinlikteki toplum düzeyine dek uzanan sonraki toplumsal biçimlerin hepsi bilinçli olarak örgütlenir ve kendine saygı duyulmasını sağlayan bir adam, hatta bir şef tarafından konulan kurallara gereksinim duyar.

Birlik içinde yaşam doğal bir olgudur ve bu nedenle de insanın doğasında bulunur. Bir organizma gibi büyür ve kendini açarken farklı özellikleri birbirini izler. Hindistan'daki köylerde köylülerin kendi evlerinde gerçekleştirdiği el dokuması kumaş endüstrisi ile yapılacak bir karşılaştırma aydınlatıcı bir örnek olabilir.

---

[56] bkz. William McDougall, *An Introduction to Social Psychology*, Methuen, Londra, 1948. Gözden geçirilmiş basım.

TOPLUMSAL BİRİMDE SARGINLIK

İlk olarak, pamuk bitkisinin tohum çevresinde gelişen öbekleri ya da "pamuk yumaklarını" düşünelim. Toplum yaşamında da ilk olarak, bebeği ve doğduğu ailenin yaşam tarzını düşünmemiz gerekir. Pamukta ilk iş toplamadan sonra pamuğun saflaştırılması, yumaklara tutunan siyah tohumların ayıklanmasıdır. Bu aynı zamanda Gandi'nin kır okullarındaki çocukların yaptığı ilk iştir. Bu da bizim çocukları çeşitli evlerden toplamamızın ve kusurlarını düzeltip yoğunlaşmalarına ve normalleşmiş bireyler olmalarına yardım etmemizin karşılığı oluyor.

Şimdi eğirme işini düşünelim. Bu da bizim örneğimizde çalışma ve grup içinde yaşama ile ortaya çıkan kişilik oluşumuna karşılık geliyor. Bu her şeyin temelidir. İplik iyi eğrilirse ve güçlü olursa, dokunan kumaş da güçlü olur. Dokuma malzemesinin niteliği ipliğin niteliğine bağlıdır. Kuşkusuz bu da ilk başta dikkat edilmesi gereken bir konudur, çünkü zayıf ipliklerle dokunacak zayıf kumaş değersiz olacaktır.

Bunu da ipliklerin çerçeveye yerleştirilmesi, yanlardaki çengellere el değmeden tutturularak paralel bir şekilde gerilmesi izler. Bu da kumaş parçasının çözgü biçimini oluşturur, ancak kumaş henüz ortaya çıkmamıştır. Bununla birlikte, çözgü olmadan da kumaş dokunamaz. İpler koparsa ya da yerlerinden çıkarsa yönleri bozulur ve mekik aralarından geçemez. Çözgü toplumsal sargınlığın karşılığıdır. İnsan toplumuna hazırlanma, doğalarının gereksinimleri doğrultusunda ve çerçeveye karşılık gelen sınırlı bir dünyada hareket eden çocukların etkinliklerine dayanır. Sonuçta bütün çocuklar aynı hedef doğrultusunda birleşir.

Şimdi de iplikler arasında gidip gelen bir mekiğin bunları birleştirmesi, atkı aracılığıyla birbirlerine sıkı sıkı bağlaması ile gerçek dokuma işlevi başlar. Bu aşama da yasaların yönettiği ve herkesin uyduğu bir hükûmet tarafından denetlenen örgütlü insan toplumunun karşılığıdır. Gerçek bir parçayı çerçeveden aldığımızda bir bütün olarak kaldığını görürüz. Ayrı bir varlığa sahiptir ve kullanılabilir. İstenildiği kadar üretilebilir. İnsanlar, okullarımızdaki çocuklar gibi, yalnızca bireysel hedeflerle ve herkesin kendi işini üstlenmesi ile bir toplum oluşturmaz. İnsan toplumunun son biçimi örgütlenmeye dayanır.

Bununla birlikte iki şey birbirine işlemiştir. Toplum yalnızca örgütlenmeye değil, aynı zamanda sargınlığa da dayanır. Sargınlık esastır ve örgütlenmenin temelini oluşturur. Bireyler onlara dayanışma hissi veren ve onları bir grup hâline getiren bir şeye yönelmediği sürece ne iyi yasalar ne de iyi hükûmet insan kitlelerini bir araya getirip bunların uyum içinde hareket etmesini sağlayabilir. Buna karşılık da kitlelerin gücünü gelişim düzeyleri, iç istikrar ve bu kitleleri oluşturan kişilikler belirler.

Yunanlar toplumsal düzenlerinin temeline kişiliğin oluşumunu koymuştur. Yöneticilerinden Büyük İskender İran'ı az sayıda adamla fethetmişti. Müslüman dünyası da büyük bir birlik sergiler ve bunun nedeni de yasalar ve liderlikten çok, ortak bir idealin olmasıdır. Periyodik olarak Mekke'ye hac ziyaretleri yapılır. Birbirini tanımayan bu hacıların kendilerine özel bir amaçları ya da hırsları yoktur. Kimse onları komuta etmez, yönlendirmez, ama inançlarının gereğini yerine getirmek için fedakârlık yapma kapasiteleri çok yüksektir. Bu hac ziyaretleri sargınlığın bir örneğidir.

Savaşların parçaladığı, günümüzde bütün liderlerimizin boş yere kurmak için uğraştığı şeye, Avrupa ülkelerinden oluşan gerçek bir birliğe, Avrupa tarihinde Orta Çağ'da ulaşılmıştır. Bu nasıl olmuştu? Bu zaferin sırrı, farklı imparatorluklarda ve Avrupa krallıklarında yaşayan bütün insanları saran ve onları devasa birleştirici gücüyle bir araya getiren bir dinî inançta gizliydi. O günlerde her biri kendine özgü bir yönetimi olan krallar ve imparatorlar Hristiyanlığa ve onun gücüne tabi oldu.

Bununla birlikte, bir toplumda çalışma ve düşünceye dayalı uygar bir yaşam kurmak ve bu toplumun dünyada pratik bir rol oynayabilmesi için sargınlık tek başına yeterli olmaz. Bunun günümüzdeki örneklerinden biri, binlerce yıl boyunca sargınlığın gücü ile bir arada olan Yahudilerin ancak bugün bir ulus olmaya

TOPLUMSAL BİRİMDE SARGINLIK

başlamasıdır. Bir halkın dokunmasını bekleyen bir çözgüye benzerler. Yakın geçmiş önümüze bir örnek daha koydu. Hitler ve Mussolini, yeni bir toplumsal düzenin hayatta kalabilmesi için insanların daha bebekliklerinden başlayarak eğitilmesi gerektiğini kavrayan ilk liderler oldu. Yıllar boyunca yaptıkları talimlerle çocuklara ve gençlere onları birleştirecek bir dış ideal aşıladılar. Ahlak açısından ne düşünülürse düşünülsün, bu mantıklı ve bilimsel bir işlemdi. Devletin başkanları temel olarak "sargın bir topluma" gereksinim duyulduğunu hissetmiş ve köklerini bu doğrultuda hazırlamıştı.

Öte yandan, sargın toplum düzeni doğal bir olgudur ve kendini doğanın yaratıcı uyaranları altında kendiliğinden kurmalıdır. Hiç kimse Tanrı'nın yerine geçemez. Bunu yapmaya çalışan şeytanlaşır, tıpkı çocuk kişiliğinin yaratıcı enerjilerini bastıran baskıcı bir yetişkin gibi. Yetişkinler arasında bile sargınlığın gücünü ideallere, yani örgütleyici bir işleyişten ibaret olmayan, daha yüksek bir şeye bağlılıkla yönlendirmek gerekir. Birlikte dokunmuş iki toplumun olması gerekir. Bunlardan birinin kökleri zihnin bilinçdışı yaratıcı alanına uzanır. Diğeri ise bilinçli etkinlik dünyasından gelmelidir. Diğer bir deyişle, biri bebeklikte başlar, diğeriyse bebeğe yetişkin aracılığıyla eklenir, çünkü (kitabın başında da gördüğümüz gibi) ırkın özelliklerini içeri alan şey çocuğun emici zihnidir. Yaşamının "tinsel embriyo" döneminde çocuğun özellikleri, aklın keşifleri ya da insan işi değil, toplumun sargın bölümünde bulunan zihinsel özelliklerdir. Çocuk bunları toplar ve somutlaştırır ve bu sayede kendi kişiliğini oluşturur. İşte bu yüzden kendine özgü bir dili, dini ve belirli toplumsal görenekleri olan bir insan olur. Bir toplum düzeninde sürekli devrim yaşanan, istikrarlı ve temel (ya da "esas") ne varsa bu toplumun sargın parçasıdır. Bebeğin gelişmesine izin verdiğimizde, görülmez yaratma köklerinden geleceğin yetişkinini oluşturduğunu görürüz ve bireysel ve toplumsal gücümüzün neye dayandığını o zaman öğrenebiliriz.

Oysa insanlar yaşamlarını toplumun, ancak örgütsel ve bilinçli parçasında yargılıyor, etkinleştiriyor ve düzenliyor ve çevremize bakmak bunu görmeye yetiyor. İnsanlar örgütlenmeyi âdeta yaratıcısı yalnızca kendileriymiş gibi güçlendirmek ve sağlama almak istiyor. Örgütlenmenin kaçınılmaz temeli hakkında hiç düşünmüyor, yalnızca insanların denetimi ile ilgileniyorlar ve en büyük özlemleri de bir lider bulmak.

Yeni bir Mesih'in, güç sahibi bir dâhinin denetimi ele alıp toplumu örgütlemesini kaç kişi umut ediyor? Birinci Dünya Savaşı'ndan sonra liderlere yönelik bir eğitim merkezi kurulması önerilmişti, çünkü var olan liderlerin gerekli niteliklere sahip olmadığı ya da olaylara hâkim olamadığı düşünülüyordu. Okul yıllarında uygun eğilimler sergilemiş üstün kişileri "zihin testleri" yoluyla bulmak ve bunları yetkili konumlara yönlendirmek için çalışmalar da düzenlenmişti. Peki, ama bu eğitimi vermeye uygun biri yoksa, bu nasıl olacak?

Eksikliği çekilen şey liderler değil; en azından sorun bununla sınırlı değil. Sorun bundan çok, ama çok daha geniş. Uygarlığımızda toplumsal yaşama bütünüyle hazırlıksız olan, kitlelerdir. Öyleyse, sorun kitlelerin eğitilmesi, bireylerin karakterinin yeniden oluşturulması, içlerindeki gizli hazinenin kazanılması ve değerinin geliştirilmesidir. Ne kadar büyük bir dehası olursa olsun, bunu tek bir devlet başkanının yapması olanaksızdır.

Çağımızın en acil ve sıkıntılı sorunu budur: Büyük halk kitleleri olması gerekenin çok gerisindedir. Biri merkeze, diğeri dışa doğru çekim gücü içeren şekli görmüştük (*bkz.* Şekil 11). Eğitimin büyük görevi, doğası gereği kusursuzluk merkezine çekilen normalliği sağlama almak ve korumak olmalıdır. Oysa günümüzde yaptığımız şey, akıl hastalığına meyilli, bir kere içine düştüğünde toplumdan kovulmuş insanlar hâline gelecekleri, dışa kaymamak için sürekli bakıma gereksinim duyan anormal ve zayıf insanları yapay bir şekilde hazırlamaktan ibaret. Bugün yaşananlar insanlığa bir ihanettir ve bunun herkes üzerindeki

TOPLUMSAL BİRİMDE SARGINLIK

etkileri bizi yok edebilir. Topluma asıl yük olanlar yeryüzünün yarısını kaplayan cahil kitleler değildir. Asıl yük, farkında olmadan insanın yaradılışını görmezden gelmemiz ve Tanrı'nın her çocuğun içine kendi elleriyle koyduğu hazineleri çiğneyip geçmemizdir. Oysa dünyayı daha üst bir düzeye çıkarabilecek ahlaksal ve entelektüel değerlerin kaynağı buradadır. Ölümün yüzüne bağırıyoruz ve insanlığı yok olmaktan kurtarmak istiyoruz, ancak aklımızda olması gereken şey ölümden korunmak değil, bireysel yükseliş ve insan olarak yazgımızdır. Çilemiz ölüm korkusu değil, yitik cenneti bilmek olmalıdır.

En büyük tehlike bizim cahilliğimiz. İstiridyedeki inciyi, dağdaki altını, yeryüzünün derinliklerindeki kömürü bulmayı biliyoruz, ama tinsel mücevherlerden, çocuğun insanlığı yenilemek için dünyamıza gelirken içinde sakladığı yaratıcı bulutsudan haberimiz yok.

Az önce anlattığımız kendiliğinden örgütlenme biçimlerine sıradan okullarda izin verilmesi mucizeler yarattırdı. Oysa öğretmenler çocukların etkin öğrenenler olduğuna inanmıyor. Çalışmayı tetiklemek için onları güdüyor, teşvik ediyor ya da cezalandırıyorlar. Çaba yaratmak için rekabeti kullanıyorlar. Kötülükle savaşmak için herkesin kötülük avına zorlandığı ve yetişkinlerin, tipik olarak, ahlaksızlığı bastırmak için sürekli ahlaksızlık arayışında olduğu söylenebilir. Oysa hataların düzeltilmesi genellikle küçük düşürücü ve yıldırıcı oluyor ve eğitim bu temele dayandığı için toplumsal yaşamın genel niteliğinde bir düşüş yaşanıyor. Günümüzdeki okullarda hiç kimse bir başkasının çalışmasını kopyalayamıyor ve birisine yardım etmek suç olarak görülüyor. Yardımı kabul etmek de suç sayılıyor ve dolayısıyla da söz ettiğimiz birlik kurulamıyor. Gelişigüzel dayatılan bir kural normal standartların değerini düşürüyor. Her adımda şunların söylendiği duyuluyor: "Oyun oynamayı bırakın." "Gürültü yapmayın." "Başkalarının çalışmasına yardım etmeyin." "Sizinle konuşulmadan konuşmayın." Uyarılar hep olumsuz.

Böyle bir durumda ne yapılabilir? Öğretmen sınıfını yükseltmeye çalışsa da bunu hiçbir zaman çocuklar gibi yapamıyor. En iyi ihtimalle, "Birisi sizden daha iyi bir iş çıkardığında kıskançlık yapmayın." "Birisi canınızı yaktığında öç almaya çalışmayın." diyebiliyor. Yine hep olumsuz uyarılar. Genel düşünceye göre herkes kusurlu ve onları elimizden geldiğince düzeltmemiz gerekiyor. Oysa çocuklar öğretmenlerin hayal bile edemeyeceği birçok şey yapar. Kendilerinden daha iyi iş çıkaranlara hayranlık duyarlar. Bu kıskançlık duymamanın ötesindedir. Bazı tinsel edinimler zaten var olmadıkları takdirde sonradan uyandırılamazlar; ancak bunlar varsa ve (aslında oldukları gibi) içgüdüselse bunları teşvik etmek ve işlemek daha da önemlidir. Aynı şey öç almama konusunda da söylenebilir. Çocukların düşmanlarıyla dost olduğu sık görülür, ancak onları buna hiç kimse zorlayamaz. Birisi yanlış yapmış olsa bile, ona karşı sevgi ve duygudaşlık hissedebiliriz, ancak hiç kimse bu duygudaşlığı bir başkasına dayatamaz. Birisi kendisinden daha akılsız bir arkadaşa yardım etmek isteyebilir, ama buna zorlanmak istemez. Dediğim gibi, bu doğal duyguların teşvik edilmesi gerekir. Oysa sıklıkla kısırlaştırılırlar ve okuldaki bütün çalışmalar bu alt düzeyde, yani insanların toplum karşıtı ve dışlanmışların olduğu çevreye doğru çekildiklerini hissettiği üçüncü bölgede (*bkz.* Şekil 11) evrilir. İlk olarak, öğretmen, çocuğun yetersiz olduğunu ve çocuğa bir şeyler öğretilmesi gerektiğini düşünür. Sonra da "Şunu yapma, bunu yapma." yani "Dışa doğru kayma." demenin iyi bir şey olduğunu zanneder. Oysa normalleşmiş çocuklarda iyiye doğru güçlü bir çekim görülür. Onlar, "kötüden kaçınmayı" bir gereklilik olarak görmez.

Diğer bir olumsuz davranış da çalışmanın günlük programda belirlenmiş zamanlarda kesilmesidir. Çocuğa, "Kendini tek bir şeye uzun süre verme. Bu seni yorabilir." derler. Oysa çocuğun elinden gelen çabayı harcama gereksinimi duyduğu açıkça görülür. Günümüzdeki okullar, etkinliklerden, çok çalışmaktan, çalışmanın güzelliğini bulmaktan, mutsuz olanları teselli etmekten ve zayıflara yardım etmekten gerçekten haz alan çocuklardaki yaratıcı içgüdülere yardım edemez. Sıradan okullar ile normalleşmiş okullar arasındaki ilişkiyi Eski ve Yeni Ahit arasındaki ilişkiyle karşılaştırmak istiyorum. Eski Ahit'te bulunan On Emir "Öldürmeyeceksin." "Çalmayacaksın." vb. der. Yani zihinleri hâlâ karanlık ve karışmış olan insanlara olumsuzlayıcı yasalar verilir. Yeni Ahit'teyse İsa -çocuklar gibi- "Düşmanını sev." gibi olumlu emirler verir. Yasalara uydukları ve bu yüzden takdir edilmek istedikleri için kendini üstün hissedenlere de "Ben günahkârları tövbeye çağırmaya geldim." der.

Öte yandan, insanlara bu kuralları öğretmek yetmez. "Düşmanını sev." bunun tam tersinin yaşandığı savaş alanında değil, yalnızca kilisede söylenirse bir işe yaramaz. "Öldürmeyeceksin." dediğimizde, sanki iyilik yapılabilecek bir şey değilmiş gibi, bütün dikkatimizi kendimizi korumak istediğimize kötülüğe vermiş oluruz. İnsanın düşmanını sevmesi olanaksız görünür, bu yüzden de bütünüyle boş bir ideal olarak kalır.

Peki, ama neden? Bunun nedeni, iyiliğin kökünün insanın ruhunda olmamasıdır. Belki bir zamanlar oradaydı, ama şimdi ölmüş ve gömülmüştür. Eğitim sürekli yarışmayı ve hırsı teşvik ederse, böyle bir ortamda büyümüş insanların yirmi yaşına, otuz yaşına geldiklerinde sırf birileri iyiliği vaaz ediyor diye iyi birer insan olmasını nasıl bekleyebiliriz? Tinin yaşamı için hiçbir hazırlık yapılmadığından bunun olanaksız olduğunu söylüyorum.

Önemli olan vaazlar değil, yaratıcı içgüdülerdir, çünkü gerçek olan bunlardır. Çocuklar doğaları doğrultusunda hareket eder, öğretmenlerin tembihleri doğrultusunda değil. İyiliğin karşılıklı yardımlaşmadan, tinsel sarılmanın yarattığı birlikten gelmesi gerekir. Çocukların bize gösterdiği bu sargın toplum bütün toplumsal örgütlenmelerin kökenidir. İşte bu yüzden, biz yetişkinlerin üç ile altı yaşlar arasındaki çocuklara bir şeyler öğretemeyeceğini söylüyorum. Onları günün her saatinde sonsuz alıştırmaları sırasında zekâ ile gözlemleyip gelişimlerini izleyebiliriz. Doğanın onlara verdiği şey çalışma ile gelişir. Doğa bir iç rehber verir, ancak herhangi bir alanda herhangi bir şeyin geliştirilmesi için sürekli çaba ve deneyim gerekir. Bu olanak verilmediği takdirde ne kadar vaaz verirseniz verin hiçbir işe yaramaz. Büyüme etkinlikle olur, entelektüel anlayışla değil. Küçüklerin eğitimi de işte bu yüzden önemlidir; özellikle de (tıpkı doğumdan üç yaşına kadar olan dönemin zihin, doğum öncesi dönemin de beden için olduğu gibi) üç ile altı yaş arası karakter ve toplum oluşumunun embriyo dönemi olduğu için. Üç ile altı yaşlar arasındaki çocukların başarıları öğretiye değil, kurucu ruhuna yol gösteren tanrısal bir yönergeye dayanır. Bunlar insanlarda davranışın oluşturucu kökenleridir ve bunlar ancak uygun bir özgürlük ve düzen ortamında evrilebilir.

24

HATALAR VE DÜZELTİLMELERİ

Bizim okullarımızda çocuklar özgürdür, ancak bu bir düzen olmadığı anlamına gelmez. Aslında çocukların özgürce *çalışması* için düzen gereklidir, hatta sıradan okullarda olduğundan bile daha fazla. Bizim yarattığımız çevrede çocuklar deneyim kazanır ve böylece kendini kusursuzlaştırır, ancak yapması için özel şeyler olması da kaçınılmazdır. Yoğunlaşma başladığında bunu çeşitli uğraşılarla sürdürebilir ve çocuk ne kadar etkin olursa öğretmenin etkinliği o kadar azalır; aslında, en sonunda öğretmen bütünüyle bir yana çekilebilir.

Daha önce de belirttiğimiz gibi, bu yolu izleyen çocuklar bir sosyal grupla kaynaşır. Bu grup bizim gruplarımızdan çok daha kusursuzdur ve dolayısıyla, insan, yetişkinlerin bu gruplara asla müdahale etmemesi gerektiğini hisseder. Birlikte yaşamları bir embriyonun yaşamı kadar hassas bir yaşamsal olgudur ve bunun bozulmamasını sağlamak gerekir. Bütün nesnelerin çocukların gelişimsel gereksinimlerine uydurulduğu bir çevre yarattığımızda bu olgunun ortaya çıkması için gereken her şeyi yapmış oluruz.

Bu yeni dünyada öğretmen ile çocuklar arasında tam bir ilişki söz konusudur. Öğretmenin görevini başka bir bölümde anlatacağız, ancak öğretmenin asla yapmaması gereken bir şey var ve o da ne övmek ne de bir yanlışlık varsa cezalandırmak, hatta düzeltmek için çocuğun çalışmasına müdahale etmemektir. Bu kulağa saçma geliyor olabilir ve birçok insan bunun yanlış olduğunu düşünür. "Hatalarını düzeltmeden çocuğun ilerlemesi nasıl sağlanabilir ki?" diye sorarlar.

Çoğu öğretmen asıl işlerinin sürekli eleştirmek olduğunu düşünür ve bunu ahlakla ilgili konularda olduğu kadar, öğrenme konusunda da yapar. Çocuğun eğitimini iki dizginle tutmak gerektiğini düşünürler: ödül ve ceza.

Bir çocuğun ödüllendirilmesi ya da cezalandırılması gerekiyorsa çocuk kendi yolunu bulamıyor, bu nedenle de öğretmenin araya girmesi gerekiyor demektir. Oysa çocuk kendi başına çalışmaya başlıyorsa ödüller ve cezalar gereksizdir; özgür ruhuna hakaretten başka bir şey değildir. İşte bu yüzden de kendiliğindenliği savunmaya adanmış ve çocukları özgürleştirmeyi hedefleyen okullarda ödül ve cezalara yer yoktur. Ayrıca, kendi çalışmasını özgürce bulan bir çocuk bunların bütünüyle önemsiz olduğunu gösterir.

Ödülleri ciddi bir itirazla karşılaşmadan kaldırabiliyorduk. Sonuçta bu ekonomik bir şeydi; az sayıda çocuğu, o da yılda ancak bir kez etkiliyordu. Oysa cezalar söz konusu olduğunda her şey değişiyordu. Cezalar gündeliktir. Alıştırma defterlerinin düzeltilmesi ne anlama geliyor? Üzerlerine 0 ile 10 arasında bir not yazılır. Bir insanın hatası verilen sıfırla nasıl düzeltilebilir? Sonra da öğretmenler, "Hep aynı hatayı yapıyorsun." der: "Söylediklerimi dinlemiyorsun. Böyle gidersen sınavlarında başarısız olursun!"

Öğretmenin çocukların yazdıklarını karalaması, çocukları azarlaması, çocuğun enerjisini ve ilgisini azaltmaktan başka bir işe yaramaz. Bir çocuğa yaramaz ya da aptal olduğunu söylemek onu küçük düşüren, rencide eden bir hakarettir ve iyileşmesini sağlamaz. Bir çocuğun hata yapmaması becerilerini geliştirmesine bağlıdır. Zaten ortalamanın altında olan bir çocuğun bir de cesareti kırılırsa bunu nasıl başarabilir? Eskiden öğretmenler zeki olmayan çocuklara eşek kulağı takar, yazısı kötü olanların parmaklarına vururmuş. İsterlerse dünyadaki bütün kâğıtlarla eşek kulakları yapsınlar, isterlerse o minik parmakları vura vura pelteye çevirsinler, bu ortaya yeni bir güç çıkarmaz. Bir yetersizliği yalnızca alıştırma ve deneyim düzeltebilir ve gerekli becerilerin edinilmesi, ancak uzun alıştırmalarla mümkün olabilir. Disiplinsiz çocuk başkalarıyla bir arada çalışarak disiplin kazanır, birileri ona yaramaz olduğunu söylediğinde değil. Bir öğrenciye bir şeyi yapacak yeteneği olmadığı söylendiğinde o da şöyle diyebilir: "Öyleyse, bunu neden söylüyorsun? Kendim de görebiliyorum zaten!"

Bu bir düzeltme değil, malumun ilanıdır. İyileşme ve düzelme, ancak çocuğun kendi rızasıyla, uzun süre alıştırma yapması ile mümkün olabilir.

Evet, çocuk farkında olmadan bir hata yapabilir, ancak bu, öğretmen için de geçerlidir. O da farkında olmadan bir hata yapabilir. Ne yazık ki öğretmenler kötü örnek olmamak için asla hata yapmamaları gerektiğini düşünür. Bu yüzden de bir hata yaptıklarında çocuğa karşı bunu kesinlikle kabul etmezler. Onurları her zaman haklı olmalarına bağlıdır. Öğretmen yanılmaz olmalıdır. Bununla birlikte, bu yanılgı yalnızca öğretmenlerden kaynaklanmıyor. Suç olduğu hâliyle yanlış bir temele dayanan bütün okul sisteminde.

Yanlış olgusunu incelediğimizde, herkesin hata yaptığını görürüz. Bu hayatın gerçeklerinden biridir ve bunu kabul etmek ileriye doğru atılmış çok büyük bir adım olacaktır. Doğrunun dar yolunda yürüyeceksek ve gerçeklikten bağımızı koparmayacaksak, herkesin hata yapabileceğini kabul etmemiz gerekiyor, aksi takdirde kusursuz olmamız gerekirdi. Öyleyse, aslında bir amacı olan bu yanlışlara karşı dostça bir duygu beslememiz, yanlışları

hayatımızın ayrılmaz bir parçası olarak görmemiz gerekiyor.
Hayat ilerlerken birçok hata kendi kendini düzeltir. Küçük çocuk ayakları üzerinde güvensizce durmaya başlar. Sendeler, düşer, ama en sonunda rahatlıkla yürüyebilmeye başlar. Yanlışlarını gelişerek ve deneyim yoluyla düzeltir. Yaşamda hep kusursuzluğa doğru hızlı bir şekilde ilerlediğimizi düşünürsek yanılırız. Aslında hepimiz hata üzerine hata yapar ve kendimizi düzeltmeyiz. Hatalarımızı fark edemeyiz; gerçeklikten kopmuş bir yanılsama içerisinde yaşarız. Kusursuz olduğu düşüncesiyle yola çıkan ve kendi hatalarını hiçbir zaman fark edemeyen bir öğretmen iyi bir öğretmen değildir. Nasıl bakarsak bakalım bir "Bay Yanlış" görürüz her zaman! Kusursuzluğu arıyorsak, kendi kusurlarımıza dikkat etmemiz gerekir, çünkü ancak bunları düzelterek kendimizi iyileştirebiliriz. Bunlarla parlak gün ışığında yüzleşmemiz, varlıklarını yaşam boyunca kaçınılmaz bir şey olarak kabul etmemiz gerekir.

Kesin bilimlerde (matematik, fizik, kimya vb.) bile hatalar önemli bir rol oynar, çünkü bunların da hesaba katılması gerekir. Pozitif bilimlerin ortaya çıkması hatanın bilimsel olarak incelenmesini gerekli kılmıştır. Bilim, ancak hataları değerlendirmeye almak üzere kesin ölçümleri kullandığı için hatalardan muaf olarak görülebilir. Ölçümlerde iki şey önemlidir: Birincisi kesin bir sayıya ulaşmak, diğeri de bunun yanlış olma olasılığını bilmektir. Bilim her şeyi yaklaşıklık olarak söyler, mutlak olarak değil ve bu da varılan sonuçlarda göz önüne alınır. Örneğin, bir antibiyotik enjeksiyonunun vakaların % 95'inde başarılı olduğu bulunmuştur. Bununla birlikte, bu % 5 oranındaki kararsızlığı bilmek önemlidir. Doğrusal bir ölçüm bile, ancak bir birimin belirli bir kesiminde doğru kabul edilir. Hiçbir sayı olası hatası belirtilmeden verilmez ya da kabul edilmez ve onu değerli kılan da bunun hesaplanmasıdır. Olası hatalar verilerin kendisi kadar önemlidir ve veriler bu olasılıklar olmadan ciddiye alınamaz. Hatanın hesaplanması, kesin bilimlerde bu denli önemli

HATALAR VE DÜZELTİLMELERİ

olduğuna göre, bizim işimizde daha da önemlidir. Hatalar biçim için özellikle önemlidir ve bunların düzeltilmesi ya da ortadan kaldırılması için önce bunları bilmemiz gerekir.

Öyleyse, aynı zamanda kusursuzluğa giden yol olan bir bilimsel ilkeye ulaşmış oluyoruz. Biz buna "hata denetimi" diyoruz. Okullarda öğretmenler, çocuklar ve diğerleri tarafından yapılan her şey birçok yanlışı da beraberinde getirir. Dolayısıyla, bu kuralı okul yaşamının bir parçası hâline getirmeliyiz: Her bireyin kendi hatalarının farkında olması, hataların düzeltilmesinden daha önemlidir. Herkeste doğru mu, yoksa yanlış mı yaptığını denetlemesine olanak veren bir denetleme aracı olması gerekir. Çıkardığım işin iyi mi, yoksa kötü mü olduğunu bilmem gerekiyor ve başlangıçta kendi hatalarımı önemsiz gördüysem bile, artık bunlarla ilgilenmeye başladım.

Bildik okullardaki çocuklar genellikle hata yaptığını fark etmez. Bunları bilinçsiz olarak ve tam bir kayıtsızlık içinde yaparlar, çünkü bunları düzeltmek onların değil, öğretmenin işidir! Bu da bizim özgürlük anlayışımızdan çok uzak.

Kendimi düzeltemediğim sürece bir başkasının yardımını aramaya mahkûm olurum ve onun bilgisi benimkinden daha fazla olmayabilir. İnsanın kendi hatalarını fark edip düzeltmesi bundan çok daha iyidir. Kararsız bir karakterin en olası nedenlerinden biri, olup bitenleri bir başkasının tavsiyesine gerek duymadan denetleyememektir. Bu da cesaret kıran bir aşağılık duygusuna ve kendine güven eksikliğine neden olur.

Hedefe doğru ilerlediğimizi ya da hedeften uzaklaştığımızı gösteren herhangi bir işarettir "hata denetimi." Bir şehre gitmek istediğimi, ama yolu bilmediğimi düşünürüm. Bu gündelik hayatta sık karşılaşılan bir durumdur. Emin olmak için bir haritaya bakarım ve yoldaki yer işaretlerini bulurum. Üzerinde "Ahmedabad - 4 kilometre" yazan bir tabela gördüğümde içim rahatlar. "Bombay - 100 kilometre" yazan bir tabela gördüğümde bir yerde yanıldığımı anlarım. Harita ve yol işaretleri bana yardım eder ve bunlar olmasaydı, birilerine yolu sormam gerekirdi ve büyük olasılıkla da birbiriyle çelişen yanıtlar alırdım. Güvenilir bir rehber ve yolda denetim yapma olanağı herhangi bir yere ulaşmanın vazgeçilmez koşullarıdır.

Öyleyse, hem bilim hem de pratik hayat için gerekli olan şey eğitimde de daha en baştan kabul edilmelidir. Bu da "insanın kendi hatalarını kabul etme" olasılığıdır. Öğretim ve çalışma malzemelerinin yanı sıra, bunun da verilmesi gerekir. İlerleme kaydetme gücü büyük oranda özgürlüğe ve gidecek emin bir yola sahip olmaktan gelir; ancak buna, eğer olursa, yoldan ne zaman çıktığımızı bilmenin bir yolu da eklenmelidir. Bu ilke hem okulda hem de gündelik yaşamda hayata geçirilirse, öğretmenlerin ve annelerin kusursuz olup olmaması fark etmez. Yetişkinlerin yaptığı hatalar belirli bir açıdan ilgi çeker ve çocuklar onlarla duygudaşlık kurar, ancak bütünüyle kendini ayırmış bir şekilde. Bu onlar için yaşamın doğal yönlerinden biri olur ve herkesin hata yapabileceğini bilmek kalplerinde derin bir şefkat duygusu yaratır; bu da anne ile çocuk arasındaki birliğin diğer bir nedenidir. Hatalar bizi birbirimize yakınlaştırır ve daha iyi dost olmamızı sağlar. Kardeşlik duygusu hata yolunda, kusursuzluk yolunda olduğundan daha kolay doğar. "Kusursuz bir insan" değişemez. İki "kusursuz insan" bir araya gelse kesinlikle bir tartışma çıkar, çünkü birbirlerini anlayamaz, aralarındaki farklılıklara hoşgörü gösteremezler.

Anımsayın, çocuklarımızın yaptığı ilk alıştırmalardan biri tahta bir blok üzerindeki yuvalara uygun, eşit uzunluktaki, ancak farklı çaplardaki silindirleri içerir. İlk adım hepsinin farklı olduğunu fark etmektir. İkinci adım başparmağı ve ilk iki parmağı kullanarak silindirleri tepelerindeki tutacaklardan tutmaktır. Çocuk hepsini birer birer yuvalarına yerleştirmeye başlar, ancak en sona geldiğinde hata yaptığını fark eder. Son kalan silindir son boş yuvaya sığmayacak kadar büyüktür, diğer silindirler ise diğer yuvalara tam oturmamıştır. Çocuk yeniden bakar ve hepsini daha yakından inceler. Bir problemle karşı karşıyadır. Kalan silindir bir hata yaptığını gösterir. Oyunu ilginç kılan ve çocuğun bu oyunu üst üste oynamasını sağlayan şey de zaten budur. Bu gereç iki gereksinimi karşılar: (1) çocukta algıları geliştirme ve (2) çocuğa hata denetimi verme.

Gereçlerimiz hep bu gözle görülür, elle tutulur denetim olanağını sunacak şekilde tasarlanır. İki yaşındaki küçük bir çocuk gereci kullanmaya başladığında kendi hatalarını düzeltme düşüncesini hemen anlar. Bu da onu kusursuzluk yoluna yerleştirir. Günlük pratiklerle kendine güveni artar, ancak bu şimdiden kusursuz olduğu anlamına gelmez. Yalnızca yetenekleri hakkında bir fikir edinmiştir, bu da onu denemeye yöneltir.

Çocuk şöyle diyebilir: "Kusursuz değilim, her şeye gücüm yetmiyor, ama bu kadarını yapabiliyorum ve bunu biliyorum. Hata yapabileceğimi ve kendimi düzeltip yolumu bulabileceğimi de biliyorum."

Bu da sağduyu, kesinlik ve deneyim, yani yaşam boyu sürecek yolculuğun *yolluğunu* verir. Bu güven duygusunun verilmesi zannedildiği kadar kolay olmaz; çocukları kusursuzluk yoluna koymak da kolay değildir. Birisine akıllı ya da sakar, zeki, aptal, iyi ya da kötü olduğunu söylemek bir çeşit ihanettir. Ne yapabileceğini çocuğun kendi başına görmesi gerekir ve ona yalnızca eğitim araçlarının değil, aynı zamanda hatalarını ortaya koyan göstergelerin de verilmesi önem taşır.

Bu yönde eğitim almış daha büyük bir çocuğu izleyelim. Aritmetik toplama işlemini yaparken, daha önce sağlama yapma alışkanlığı kazandığı için, yanıtı her zaman kontrol eder. Sağlama yapmak ona toplama işleminin kendisinden daha çekici gelir! Aynı şey okumada da olur. Bir alıştırmada çocuk üzerinde adlar olan kartları bunlara karşılık gelen nesnelere yaslar. Aynı nesnelerin altlarında adlarıyla birlikte verildiği kartlar kontrol için ayrı tutulur. Çocuk hata yapıp yapmadığını görmekten çok büyük bir haz duyar.

Günlük okul rutininde hataların her zaman algılanabilir olacağı bir düzenleme yapmamızın nedeni bunun bizi kusursuzluk yoluna koymasıdır. Çocuğun daha iyi iş çıkarmaya duyduğu ilgi ve sürekli denetim ve sınama yapması ilerlemesinin kesinleşmesi açısından çok önemlidir. Bizzat kendi doğası kesinliğe eğilimlidir ve buna ulaşmanın yolları ona çekici gelir. Bir okulumuzdaki küçük bir kız "okuma komutlarından" birinde şöyle yazıldığını görmüştü: "Dışarı çık, kapıyı kapa ve geri gel." Kartı yakından incelemiş ve yazılanı yapmak için harekete geçmiş, ama yolun yarısında durup öğretmenin yanına gitmişti. "Kapı kapalıyken nasıl geri geleceğim?" Öğretmen de "Aslında haklısın." demişti. "Yanlış yazmışım." Sonra da komutu yeniden yazmıştı.

Bu hata bilinci bir çeşit kardeşlik duygusu doğurur. Hatalar insanları ayırırken, bu hataların düzeltilmesi birliğin aracı olur. Hataların bulunduğu yerde düzeltilmesi genel bir ilgi konusu hâline gelir. Hatanın kendisi ilginçleşir. Bir bağlantı, kesinlikle insanlar arasında bir dostluk bağı olur. Özellikle de çocuklar ile yetişkinler arasında bir uyum kurulmasına yardım eder. Bir yetişkinin küçük bir hatasını fark etmek, çocuğun saygısını yitirmesine ya da yetişkinin onurunun zedelenmesine neden olmaz. Hata kişisel olmaktan çıkar ve o zaman denetlenmeye açık bir hâle gelir. Böylece küçük şeyler büyük şeylerin yolunu açar.

25

SÖZ DİNLEMENİN ÜÇ DÜZEYİ

Karakter eğitimi üzerine tartışmalar genellikle irade ve söz dinleme çerçevesinde gelişir. Çoğu insana göre bunlar birbirinin karşıtı düşüncelerdir, çünkü eğitim o kadar geniş bir şekilde çocuğun iradesinin bastırılmasına ya da çarpıtılmasına ve yerine öğretmenin iradesinin konulmasına yöneltilmiştir ki çocuğun hiç sorgulamadan söz dinlemesi beklenir.

Bu düşünceleri kanılar değil, gözlemlenmiş olgular üzerinden açıklamaya çalışacağım, ancak öncelikle bu düşünce alanında büyük bir akıl karışıklığı olduğunu belirtmeliyim. 8. Bölüm'de gördüğümüz gibi insanlarda iradenin büyük bir evrensel güçten (*horme*) ilerlediğini ve bu evrensel gücün fiziksel olmadığını, bizzat evrim sürecindeki yaşam gücü olduğunu öne süren kuramlar var. Bu güç her yaşam türünü karşı konulmaz bir şekilde evrime yöneltir ve buradan da eylem itkisi doğar. Bununla birlikte, evrim tesadüfen ya da şans eseri gerçekleşmez. Değişmez kurallar tarafından yönetilir ve insan yaşamı bu gücün dışa vurumu ise, davranışlarına şekil veren de bu olmalıdır.

Küçük çocuğun yaşamında, çocuk ne zaman kasıtlı, istemli bir eylemde bulunsa, bu güç onun bilincine girmeye başlar. İradesi olarak adlandırdığımız şey gelişmeye başlar ve bu süreç bundan sonra da devam eder, ancak yalnızca deneyimin bir sonucu olarak. İşte bu yüzden de iradenin doğuştan gelen bir şey değil, geliştirilmesi gereken bir şey olduğunu düşünmeye başlıyoruz. Doğanın bir parçası olduğu için de bu gelişim yalnızca doğal yasalarla uyum içinde gerçekleşebilir.

Kafa karışıklığı yaratan diğer bir konu da çocukların doğal eylemlerinin düzensiz, hatta şiddetli olduğu inancından kaynaklanır. Bu inanç da genellikle insanların çocukları düzensiz davranırken görmesine ve bu eylemlerin iradesinden kaynaklandığını düşünmesine dayanır. Oysa bu doğru değildir. Evrensel *horme* bu tip eylemleri içermez. Yetişkinlerin davranışlarında birisinin yaşadığı çırpınmaların istemli eylemler olarak ya da öfke içinde yaptığı her şeyin mantıklı davranışlar olarak kabul edildiğini düşünün. Bu saçma olurdu. Gerçekten de "irade" sözcüğünün kullanılışı görünüşte bir hedef ya da amaç olduğunu ve bazı zorlukların üstesinden gelinmesi gerektiğini akla getirir. Bunun yerine, istemli davranışlarımızın hemen her zaman düzensiz hareketlerden oluştuğunu görsek biz de iradenin üzerinde egemenlik kurmaya ya da eski deyişle iradeyi "kırmaya" gerek duyardık ve bunu gerekli görmemizin mantıksal sonucu da çocuğun iradesinin yerine kendi iradimizi koymak ve çocuğu bize boyun eğmeye zorlamak olurdu.

Oysa aslında irade düzensizliğe ve şiddete neden olmaz. Bunlar duygusal rahatsızlık ve acının belirtileridir. Uygun koşullar altında, irade yaşam için yararlı etkinlikleri ortaya çıkaran bir güçtür. Doğa çocuğa büyüme görevini yükler ve bu da onu ilerlemeye ve güçlerini geliştirmeye yönlendirir.

Bireyin yaptıkları ile uyum içindeki irade, bilinçli gelişim yolunun açık olduğunu görür. Bizim çocuklarımız çalışmalarını kendiliğinden seçer ve seçtikleri çalışmayı tekrarlayarak eylemlerine yönelik bir farkındalık geliştirir. Başlangıçta yaşamsal bir itki (*horme*) olan şey, istemli bir eyleme dönüşür. Küçük çocuğun ilk hareketleri içgüdüseldir. Şimdi bilinçli ve istemli hareket etmeye başlamıştır ve tinin uyanışı da bununla birlikte gelir.

Farkı çocuğun kendisi hisseder ve çocuklarımızdan biri bunu her zaman değerli bir anımız olarak kalacak bir şekilde ortaya koymuştu. Bir keresinde saygın bir kadın okulumuzu ziyarete gelmişti ve görüşleri eski moda olduğu için küçük çocuklardan birine, "Demek bu okulda hoşuna giden ne olursa olsun yapabiliyorsun?" diye sormuştu. Küçük çocuk da "Hayır, efendim, hoşumuza giden ne olursa olsun yapmıyoruz, ne yaparsak yapalım hoşumuza gidiyor." diye yanıtlamıştı bu soruyu. Bu çocuk zevk için yapılan bir şey ile yapmaya karar verilen bir işi zevk alarak yapmak arasındaki ince ayrımı kavramıştı.

Bir şeyin çok iyi anlaşılması gerekiyor. Bilinçli irade kullanma ve etkinlik ile gelişen bir güçtür. Amacımız iradeyi işlemek olmalıdır, kırmak değil. İrade bir anda kırılabilir. Gelişmesi, çevre ile ilişkili sürekli bir etkinlik yoluyla evrilen, yavaş bir süreçtir. Yok edilmesi çok daha kolaydır. Bir bina bombardıman ya da deprem ile birkaç saniyede yerle bir olabilir. Oysa binayı inşa etmek zordur. Bunun için denge yasalarını, malzemelerin gücünü, hatta göze hoş görünmesi için sanat kurallarını bilmek gerekir.

Cansız bir yapıyı kurmak için bile tüm bunlar gerekiyorsa, insan tinini oluşturmak için ne çok şey gerekir! Öte yandan, bu kendini gizlice oluşturan bir yapıdır. Yani kurucusu ne anne ne de öğretmendir. Mimarlar da değildir. Onlar yanlarında sürmekte olan yaratma çalışmasına ancak yardım edebilir. Yardım etmek: Bu onların görevi ve amacı olmalıdır. Yine de iradeyi kırma ve zorbalıkla yok etme gücüne de sahiplerdir. Bu noktada birçok önyargı bir araya gelir ve konuyu belirsizleştirir. Dolayısıyla, konuya açıklık getirmekte yarar var.

Sıradan eğitimde en sık karşılaşılan önyargı, her şeyin konuşarak (yani çocuğun kulağına hitap ederek) ya da birisinin kendini taklit edilecek bir model olarak koyması (bir anlamda göze hitap etme) yoluyla başarılabileceği düşüncesidir. Oysa kişilik, ancak kendi güçlerini kullanarak gelişebilir. Çocuk genellikle etkin değil, alıcı bir varlık olarak düşünülür ve yaşamın her bölümünde böyledir. İmgelem bile böyle ele alınır; çocuğun imgelemini zenginleştirmek için masallar ve büyülenmiş prenses öyküleri anlatılır. Oysa bunları ve buna benzer masalları dinleyen çocuk yalnızca izlenimler alır. Yapıcı bir şekilde imgeleme gücünü geliştirmez. İnsanların en önemli zihinsel güçlerinden biri olan yaratıcı imgelemini çalıştırmaz. Bu hata irade söz konusu olduğunda daha da vahimdir, çünkü sıradan okullar çocuğa iradesini kullanma olanağı tanımamakla kalmaz, bu iradenin ifade bulmasını da doğrudan engeller ve kısıtlar. Çocuğun her itirazı başkaldırı olarak görülür ve eğitimcinin çocukta iradeyi yok etmek için elinden geleni yaptığı söylenebilir.

Bu sırada, örnek yoluyla eğitim ilkesi nedeniyle öğretmen -öyküler anlatmanın yanı sıra- kendini taklit edilecek bir model olarak sunar ve böylece hem imgelem hem de irade atıl kalır ve çocuk öğretmenin yaptıklarını izleyen ve söylediklerini dinleyen bir varlığa indirgenir.

Bizim, sonuç olarak, bu önyargılardan kurtulmamız ve gerçekle yüzleşme yürekliliğini göstermemiz gerekiyor.

Eski eğitimde öğretmenler oldukça mantıklı görünen bir düşünce biçimine sahipti. "Eğitim verebilmek için iyi ve kusursuz olmam gerekir." diye düşünüyorlardı. "Ne yapılması ve yapılmaması gerektiğini biliyorum, o hâlde öğrenciler beni taklit eder ve bana itaat ederse her şey yolunda gider." İtaat her şeyin temel sırrıydı. Şu özdeyiş hangi eğitimciye aitti şimdi hatırlamıyorum: Çocukluktaki tüm erdemler tek bir erdemle özetlenebilir, itaat.

Bu da öğretmenlerin rahat, hatta gururlu olmasını sağlıyordu. Şöyle diyebiliyordu öğretmen: "Önümdeki bu insan boş ve çarpık. Onu düzelteceğim ve değiştirip kendime benzeteceğim." Böylece İncil'de okuduğumuz sıfatları kendine atfetmiş oluyordu: "Tanrı insanı kendi imgesinde yarattı."

SÖZ DİNLEMENİN ÜÇ DÜZEYİ

Elbette yetişkinler kendilerini Tanrı'nın yerine koyduklarını fark etmez ve İncil'de şeytanın nasıl şeytanlaştığı, yani Tanrı'nın yerini alma gururu üzerine anlatılanları unuturlar.

Çocuğun içindeki yaratıcının çalışması öğretmenden, anne ya da babadan çok daha yücedir, ama çocuk yine de öğtermen ve ebeveynin merhametine kalmıştır. Bir zamanlar öğretmenler istediklerini yaptırmak için değnek kullanırlardı. Uzun zaman önce değil, çok uygarlaşmış bir ülkede öğretmenler toplu protestolara katılmıştı: "Sopayı rafa kaldırmamızı istiyorsanız, biz de öğretmeye çalışmaktan vazgeçeriz." İncil'de bile Süleyman'ın bir deyişinde dayak atmayan anne babaların hata ettiği, çocuğu cehenneme mahkûm ettikleri söylenir! Disiplin tehditlere ve korkuya dayandırıldığı için söz dinlemeyen çocukların kötü, itaatkâr çocukların iyi olduğunu düşünürüz.

İçinde bulunduğumuz özgürlük ve demokratik kuramlar çağında bu tutum üzerine düşündüğümüzde, hâlâ revaçta olan eğitim şeklinin öğretmeni bir diktatör olmaya mahkûm ettiğini görüyoruz. Elbette bu ikisi arasında bir fark da var. Öğretmenlerden çok daha zeki olması gereken diktatörler, emirlerine bir parça özgünlük ve biraz da hayal gücü katmaya alışmıştır. Geleneksel öğretmenler ise mantıksız kurallara sıkıca sarılır ve yanılsama ve önyargı dışında onlara yol gösteren pek az şey bulunur. Diktatörlerin zorbalığı ile öğretmenlerin zorbalığı arasında gerçek bir fark var. Diktatörler sert araçları yapıcı bir şekilde kullanabilir. Aynı araçlar öğretmenin ellerinde olduğunda ise sonuç ancak yıkıcı olabilir.

Asıl hata bir insanın söz dinlemesi, yani bir başkasının talimatlarını kabul edip izlemesi için iradesinin kırılması gerektiğini düşünmektir. Bu düşünce biçiminin entelektüel eğitime uygulanması, bilgi vermek için önce insanın zihnini yok etmek anlamına gelir.

Oysa insanın kendi istem güçlerini tam olarak geliştirdikten sonra bir başkasının komutlarına uymayı özgür bir şekilde seçmesi çok farklı bir şeydir. Bu şekilde söz dinleme bir çeşit hürmet, üstünlüğü kabul etmedir ve çocukların ona bu şekilde davrandığını gören bir öğretmen kendisine iltifat edildiğini de düşünebilir.

Öyleyse, irade ve söz dinleme birlikte ilerler. İrade gelişim sırasında önce gelen temel, söz dinleme de bu temele dayanan sonraki bir aşamadır. "Söz dinleme" artık genelde kabul edilenden daha yüksek bir anlama sahiptir. Bireyin kendi iradesini yüceltmesi olarak da düşünülebilir.

Söz dinleme insan yaşamındaki doğal olgulardan biri, insanın normal özelliklerinden biri olarak da tanımlanabilir. Biz çocuklarımızda bunun bir anlamda kendini açarak geliştiğini, uzun bir olgunlaşma sürecinin sonunda kendiliğinden ve beklenmedik bir şekilde ortaya çıkışını izleyebiliyoruz.

Gerçekten de insan ruhu bu niteliğe sahip olmasaydı, insanları bu söz dinleme kapasitesini bir çeşit evrim süreci olarak hiç edinmemiş olsaydı toplumsal yaşam olanaksızlaşırdı. Dünyada olup bitenlere üstünkörü bir bakış bile insanların nasıl itaat ettiğini görmemize yeter. Bu tip bir itaat, büyük kitlelerin bu denli kolay bir şekilde yıkıma gidebilmesinin de gerçek nedenidir. Bu denetlemeyen, ülkelere bütünüyle yıkım getiren bir itaat biçimidir. Dünyada itaat eksikliği olduğu söylenemez: Tam tersine! İtaatin ruh gelişiminin doğal bir yönü olduğu açık. Ne yazık ki biz itaat denetiminin eksikliğini duyuyoruz.

Doğal gelişimlerine yardımcı olmak üzere tasarlanmış koşullarda gözlemlediğimiz çocuklar, itaat gelişiminin insan karakterinin en şaşırtıcı özelliklerinden biri olduğunu gösterdi bize. Gözlemlerimiz bu konuyu bir hayli aydınlattı.

Öyle görülüyor ki söz dinleme de çocuklarda karakterin diğer yönleri ile büyük oranda aynı şekilde gelişmektedir. Söz dinlemeyi ilk önce yalnızca *horme* itkileri dikte eder ve söz dinleme bilinç düzeyine çıktıktan sonra aşama aşama gelişmeye devam ederek bilinçli istemin denetimi altına girer.

SÖZ DİNLEMENİN ÜÇ DÜZEYİ

Söz dinlemenin insan için gerçekte ne anlama geldiğini anlatmaya çalışalım. Tabanda hep şu söylenmeye çalışılır: Öğretmenler ve anne babalar çocuğa ne yapacağını söyler, çocuk da onların söylediklerini yaparak tepki verir. Bu söz dinlemenin doğal ortaya çıkışı incelendiğinde ise bunun üç aşama ya da düzeyde gerçekleştiğini görürüz. Birinci düzeyde çocuk bazen söz dinler, ama her zaman değil ve bu da insanda kapris yapıyormuş hissini yaratabilir, ama bunu daha derinden çözümlemek gerekir.

Söz dinleme bizim "iyi niyet" olarak adlandırageldiğimiz şeye dayanmaz yalnızca. Tersine, çocuğun yaşamının ilk dönemindeki eylemlerini *horme*, tek başına denetler. Bunu herkes görür ve bu dönem ilk yılın sonuna dek sürer. Bir ve altı yaşlar arasında çocukta bilinç ortaya çıktıkça ve çocuk kendini denetlemeye başladıkça bu da belirginliğini yitirir. Bu dönemde çocuğun söz dinlemesi ulaştığı yeterlilik düzeylerine yakından bağlıdır. Bir komutu yerine getirebilmesi için insanın belirli bir olgunluğa ve gereksinim duyabileceği beceri düzeyine ulaşmış olması gerekir. Bu nedenle de bu dönemde söz dinleme var olan güçler bakımından değerlendirilmelidir. Bir insana burnunun üzerinde yürümesini söylemek saçma olur, çünkü bu fizyolojik olarak olanaksızdır; okuma yazması olmayan birisinden mektup yazmasını beklemek de aynı şekilde saçmadır. Öyleyse, önce ulaştığı gelişim düzeyinde çocuğun söz dinlemesinin mümkün olup olmadığını bilmemiz gerekir.

Üç yaşından küçük çocuklar yaşamsal istekler dışındaki komutları dinleyemez. Bunun nedeni kendini henüz oluşturmuş olmamasıdır. Henüz kişiliğinin gereksinim duyduğu işleyişleri bilinçdışı bir şekilde kurmakla uğraşmaktadır ve bunları istekleri doğrultusunda kullanabilecek ve bilinçli bir şekilde yönlendirebilecek bir düzeye henüz gelmemiştir. Bunlar üzerinde egemenlik kurmak yeni bir gelişim düzeyine ulaşıldığı anlamına gelir. Aslında, çocuklarla birlikte yaşayan yetişkinlerin sıradan davranışları iki yaşındaki bir çocuktan söz dinlemesinin beklenmediğini ve bunun örtük bir şekilde kabul edildiğini gösterir.

Yetişkinler, içgüdüsel ve mantıksal olarak (ya da belki de binlerce yıldır çocuklarla birlikte yaşadıkları için), bu yaşlarda yapılabilecek tek şeyin çocuğun yine de yaptığı şeyleri üç aşağı beş yukarı şiddetli bir şekilde yasaklamak olduğunu bilir.

Bununla birlikte, söz dinleme her zaman olumsuz değildir. Her şeyden önce, bir başkasının iradesi doğrultusunda hareket etmeyi içerir. Biraz daha büyük çocukların hayatları 0 ile 3 yaş arasındaki çocukların ilkel hazırlık düzeyinden yukarıda olsa da bu sonraki dönemde yine benzer aşamalar karşımıza çıkar. Küçük çocuğun üç yaşına bastıktan sonra da söz dinlemeye başlamadan önce belirli niteliklerini geliştirmesi gerekir. Öyle birdenbire bir başkasının iradesine göre davranmaya başlamaz. Ondan istediklerimizi neden yapması gerektiğini de bir günde kavrayamaz. Belirli ilerleme tipleri, geçmesi gereken çeşitli aşamalar olan iç oluşumlardan gelir. Bu oluşum sürerken çocuk bazen kendinden istenen bir şeyi yapabilir, ancak bu da henüz yeni oluşmuş iç edinimleri kullandığı anlamına gelir ve iradesinin bundan her zaman yararlanabilmesi için edinimin tam olarak oturması gerekir.

Çocuk hareketin öğelerini edinmek istediğinde buna benzer bir şey yaşanır. Çocuk yaklaşık bir yaşındayken ilk adımlarını atmaya çalışır, ancak genellikle düşer ve bir süre için bu deneyi yinelemez. Neden sonra yürüme işleyişi güvenli hâle geldiğinde bunu her an kullanabilir.

Öyleyse, burada çok önemli bir nokta söz konusu. Bu dönemde çocuğun söz dinlemesi her şeyden önce güçlerinin gelişmesine bağlıdır. Bir komuta bir kere uyabilir, ancak daha sonra aynı şeyi yapamaz. Bu da genellikle yaramazlığa vurulur ve öğretmenin ısrarı ya da azarlaması, sürmekte olan gelişime kolaylıkla ket vurabilir. Bununla bağlantılı çok ilginç bir nokta da dünyanın dört bir yanındaki okullarda etkisi hâlâ görülen İsviçreli ünlü eğitimci Pestalozzi'nin yaşamında bulunabilir. Pes-

SÖZ DİNLEMENİN ÜÇ DÜZEYİ

talozzi okul çocuklarına nasıl davranılması gerektiği konusunda ilk babacan notu yazan kişi olmuştur. Okul çocuklarının yaşadığı güçlüklerle her zaman duygudaşlık kurmuş ve yaptıklarını hoş görmeye, bağışlamaya her zaman hazır olmuştur. Bununla birlikte, tek bir şeyi affedemez, o da kapristir: Şimdi söz dinleyen, ama az sonra söz dinlemeyen bir çocuğa hoşgörü gösteremez. Çocuğun ondan isteneni bir kez yapması aynı şeyi ne zaman istese yapabileceği anlamına gelir ve Pestalozzi bu konuda hiç müsamaha göstermez. Yumuşak yürekliliği sadece bu gibi durumlarda işe yaramaz. Pestalozzi bile böyle hissettiğine göre, diğer öğretmenler aynı hataya kim bilir ne çok düşmektedir?

Yeni oluşumlar sırasında çocuğun cesaretinin kırılmasından daha zararlı bir şey olamaz. Çocuk henüz eylemlerinin efendisi olamamışsa, kendi iradesine bile itaat edemiyorsa, bir başkasının sözünü dinlemesi daha da zordur. İşte bu yüzden kendisinden isteneni bazen yapabilir, ama her zaman değil. Bu, yalnızca çocukluk döneminde de olmaz. Müziğe yeni başlayan birisi bir parçayı ilk denemesinde çok güzel çalabilir, ancak ertesi gün yine çalması istendiğinde büyük bir fiyasko yaşar. Bu, iradenin olmamasından değil, oturmuş bir sanatçının beceri ve güvenine sahip olmamasından kaynaklanır.

İşte bu yüzden de söz dinlemenin ilk düzeyinde çocuk bazen söz dinlese bile bu her zaman olmaz. Bu dönemde söz dinleme ve dinlememe bir arada görülür.

İkinci düzeyde çocuk her zaman söz dinleyebilir. Daha doğrusu, denetim eksikliğinden kaynaklanan engeller artık söz konusu değildir. Güçleri artık sağlamlaşmıştır ve yalnızca kendi iradesi değil, başkalarının iradesiyle de yönlendirilebilir. Bu da söz dinleme yolunda atılmış büyük bir adımdır ve bir dilden diğer bir dile tercüme yapmaya benzer. Çocuk bir başkasının isteklerini emici zihni yoluyla alıp kendi davranışlarıyla ifade edebilir. Günümüzdeki eğitimin ulaşmak istediği en üst söz dinleme biçimidir bu. Sıradan bir öğretmen yalnızca kendisine itaat edilmesini ister.

Çocuk ise kendi doğasının yasaları doğrultusunda gelişmesine izin verildiği takdirde bundan, beklentilerimizin ulaşabileceği noktadan çok daha ötesine, *üçüncü söz dinleme düzeyine* geçer.

Bu yalnızca yeni edinilmiş bir yeteneği kullanması noktasında durmaz. Söz dinlemesi üstünlüğünü hissettiği kişiliğe doğru döner. Çocuk âdeta öğretmeninin onun güçlerinin ötesinde bir şeyler yapabileceğini fark etmiş ve kendi kendine şöyle demiştir: "İşte benden çok daha yukarıda birisi. Zihnimi etkileyebilir ve beni de kendi gibi akıllı biri yapabilir. Eylemini içimde gerçekleştirebilir!" Bunu hissetmek çocuğu mutlulukla dolduruyor gibi görünür. İnsanın bu üstün yaşama göre kendine yön verebileceği düşüncesi yeni bir coşkuyu beraberinde getiren ani bir keşiftir ve çocuk heyecanla ve sabırsızlıkla söz dinler.

On yıla yayılan doğrudan deneyimler bazı ilginç kanıtlar sunuyor. Bir öğretmen sınıfını çok iyi idare etmekle birlikte genellikle öneriler getirmekten kendini alıkoyamıyormuş. Bir gün, "Her şeyi kaldırın eve gitmeden önce." demiş. Çocuklar, "Her şeyi kaldırın." dendiğini duyar duymaz cümlenin sonunu beklemeden büyük bir özen ve hızla denileni yapmaya başlamışlar. Neden sonra "eve gitmeden önce" dendiğini duymuşlar şaşkınlıkla. O kadar hızlı söz dinlemeye başlamışlar ki öğretmenin kendini ifade ederken dikkatli olması gerekiyormuş. Aslında bu örnekte öğretmenin, "Eve gitmeden önce her şeyi yerine kaldırın." demesi daha iyi olurdu.

Öğretmen ne zaman çok düşünmeden bir şeyler söylese, bunun yaşandığını söylüyor. Çocukların bu denli çabuk tepki vermesi, öğretmenin kendini sorumlu hissetmeye başlamasına neden olmuş. Bu da yeni ve tuhaf bir deneyim, çünkü genellikle yetkili kişinin istediği komutu verebileceği düşünülür. Oysa bu öğretmen otorite konumunun oldukça ağır bir yük olduğunu hissediyordu. Tahtaya "Sessizlik" yazdığı anda çocuklar sessizleşiyor ve H harfini de ekler eklemez hepsi hareketsiz kalıyordu.

SÖZ DİNLEMENİN ÜÇ DÜZEYİ

Benim ("Sessizlik Oyunu"nu ortaya atmamı sağlayan) deneyimlerim de başka bir kanıt oluşturuyordu, ama bu kez söz dinleme topluluk hâlinde olmuştu. Bütün çocukların benimle neredeyse özdeşleşmeleri sonunda harika ve oldukça beklenmedik bir birlik ortaya çıkmıştı.[57]

Tam bir sessizlik, ancak bütün çocuklar bunu isterse sağlanabilir. Sessizliği bozmaya tek bir kişi yeter. Başarı bilinçli ve birlikte eyleme bağlıdır. Bu da bir toplumsal dayanışma duygusu yaratır.

Sessizlik oyunu çocukların irade gücünü ölçme olanağı sağlar. Oyun yinelendikçe bu gücün arttığını ve sessizlik sürelerinin uzadığını gördük. Daha sonra bir çocuğun adının çok kısık bir sesle söylenmesini buna ekledik. Adını duyan her çocuk sessizce yanımıza geliyor, diğerleri yine önceki gibi hareketsiz kalıyordu. Adı söylenenler ses çıkarmamak için çok yavaş hareket ediyordu. Böylece herkes adının söylenmesini beklediği için sessizlik oyunu da uzun bir süreye yayılıyordu. Çocuklarda gelişen irade gücü inanılmazdı. Bu alıştırma hem itkilere ket vurmayı hem de hareket denetimini gerektirir. Yöntem büyük oranda bunlara dayanır. Bir yanda seçme özgürlüğü ve gayret, diğer yanda ket vurma söz konusudur. Bu koşullar altında, çocuklar irade güçlerini hem eylem hem de eylemi kısıtlamak için kullanabiliyordu. Böylece çocuklar hayranlık duyulacak bir grup hâline geldiler. Çocuklar arasında söz dinlemenin ortaya çıkışını izledik, çünkü bunun için bütün gerekenler hazırlanmıştı.

Söz dinleme gücü onu olanaklı kılan irade gelişiminin son aşamasıdır. Bizim çocuklarımızın ulaştığı düzey o denli yüksektir ki öğretmenin isteği ne olursa olsun çocuklar hemen söz dinler. Öğretmen, bu denli "benliksiz" bir bağlanmayı kendi amaçları uğruna kullanmamak için çok ihtiyatlı davranması gerektiğini hisseder. Yetkili bir insanın ne gibi niteliklere sahip olması gerektiğini anlar. İyi bir yöneticinin girişken olması değil, derin bir sorumluluk duygusuna sahip olması gerekir.

---

57 bkz. *The Discovery of the Child/Çocukluğun Keşfi,* Kaknüs Yayınları, baskıda.

26

DİSİPLİN VE ÖĞRETMEN

Küçük topluluğumuzda ortaya çıkmasını beklediği iç disiplin konusunda coşku ve güven dolu deneyimsiz öğretmenin karşılaştığı sorunlar hiç de hafif değildir.

Çocukların kendi uğraşılarını seçmesi gerektiğini ve kendiliğinden etkinliklerinin hiçbir şekilde bölünmemesi gerektiğini anlar ve buna inanır. Çalışmalar kesinlikle dayatılamaz -tehdit, ödül ya da ceza söz konusu değildir. Öğretmenin sessiz ve edilgen olması, sabırla beklemesi, kendini sahneden neredeyse çekmesi ve böylece kendi kişiliğini unutturarak çocukların tininin genişlemesi için geniş bir alan bırakır. Gereçlerin büyük bir bölümünü, neredeyse hepsini ortaya çıkarır, ama bu, düzensizliği azaltmak bir yana korkutucu bir şekilde artırır.

Öğrendiği ilkeler mi yanlıştır? Hayır. Kuramları ile bunların sonuçları arasında bir şeyler eksiktir. Bu da öğretmenin pratik deneyimidir. Uzman olamayan acemi öğretmen bu noktada yardıma ve tavsiyeye gereksinim duyar. Bu da genç bir hekimin ya da belirli düşünce ve ilkeler konusunda uzmanlaştıktan sonra kendini hayatın, matematik denklemlerindeki bilinmeyenlerden çok daha gizemli olguları arasında bulan herhangi birinin durumundan farklı değildir!

İç disiplinin gelen bir şey olduğunu, önceden var olmadığını unutmayalım. Bizim görevimiz disipline giden yolu göstermektir. Disiplin, çocuk dikkatini onu kendine çeken ve ona yalnızca yararlı bir alıştırma değil, aynı zamanda hata denetimi sunan bir nesne üzerinde yoğunlaştırdığında doğar. Bu alıştırmalar sayesinde çocuğun ruhunda harika bir bütünleşme gerçekleşir ve böylece çocuk sakinleşir, mutluluk saçar. Meşguldür ve kendini unutur. Bu nedenle de övgülere ya da maddi ödüllere karşı kayıtsızdır. Kendilerini ve çevrelerindeki dünyayı fetheden bu küçük çocuklar bize insan ruhunun tanrısal değerini gösteren gerçek üst insanlardır. Öğretmenin mutlu görevi ise onlara kusursuzluğun yolunu göstermek, araçlar sunmak ve engelleri kaldırmaktır ve buna da ilk önce kendisinin oluşturacağı engellerle başlar (çünkü en büyük engel öğretmenin kendisi olabilir). Disiplin hâlihazırda olsaydı bizim çalışmamıza pek de gerek duyulmazdı; çocuğun içgüdüsü her zorlukla baş etmesini sağlayacak güvenilir bir rehber olurdu.

Oysa üç yaşındaki bir çocuk okula ilk geldiğinde yenilginin eşiğindeki bir savaşçıdır; derinlerdeki doğasını maskeleyen savunmacı bir tutum takınmıştır bile. Onu disiplinli bir barışa ve tanrısal bilgeliğe yönlendirecek üst enerjileri uykudadır. Geride etkin olarak kalan tek şey hantal hareketler, belirsiz düşünceler ve yetişkinlerin kısıtlamalarına direnmeye ya da bunlardan kaçınmaya yönelik çabalarla yorulmuş yüzeysel bir kişiliktir.

Bununla birlikte, bilgelik ve disiplin çocuğun içinde uyandırılmayı beklemektedir. Baskılar onu hırpalamıştır, ama çabalarımızı boşa çıkaracak denli yenilmemiş, değişmez bir şekilde bozulmamıştır. Okul çocuğun ruhuna alan ve genişleme olanağı tanımalıdır. Aynı zamanda, alışkanlık hâline gelmiş savunmacı tepkileri ve genel olarak da doğasının edindiği düşük düzeyli özellikleri, tinsel yaşamının kendini açması önündeki engellerdir ve çocuğun kendini bunlardan kurtarması gerekir.

DİSİPLİN VE ÖĞRETMEN

Eğitimin başlangıç noktası budur. Öğretmen saf itki ile sakinleşmiş bir tinde hayat bulan kendiliğinden enerjileri birbirinden ayırt edemezse eylemleri meyve vermez. Etkili bir öğretmen olmanın asıl temeli, her ikisi de görünüşte kendiliğinden olan iki etkinlik tipini birbirinden ayırt edebilmesidir, çünkü çocuk her ikisinde de kendi özgür iradesi ile hareket eder, ancak bunlar aslında birbirinin doğrudan karşıtıdır. Öğretmen ancak bunları ayırt etmeyi öğrendiğinde bir gözlemci ve yol gösterici olabilir. Bunun için gereken hazırlık, her şeyden önce fizyolojik açıdan normal bir durumu patolojik, yani hastalıklı olandan ayırt etmeyi öğrenmesi gereken bir hekimin yaptığı hazırlıktan farklı değildir. Doktor sağlıklıyı hastalıklıdan ayırt edemezse, ancak ölü ile diriyi birbirinden ayırabilirse farklı patolojik durumlar arasındaki ince ayrımları hiçbir zaman göremez ve hastalığa doğru tanı koyamaz. İyiyi kötüden ayırt edebilme gücü, kusursuzluğa giden disiplin yolunu gizleyen gölgeleri dağıtır. Çocuk ruhunun disipline doğru yükselirken geçmesi gereken aşamaların, kuramsal bile olsa, bir tanımını olanaklı kılan belirtileri ya da sendromları yeterli açıklık ve kesinlikle saptamak olanaklı mıdır? Evet, bu olanaklıdır ve öğretmene yol gösterecek bazı önemli noktalar belirlenebilir.

Üç ya da dört yaşındaki, henüz iç disiplin oluşturacak herhangi bir etki altında kalmamış bir çocuğu düşünelim. Basit bir tanım üç tipin ve bu tiplerin özelliklerinin tanınmasını sağlayacaktır:

1. İstemli hareketlerin düzensizliği. Bu, hareketlerin ardındaki niyeti değil, temel bir uyumsuzluk ya da eş güdüm eksikliği sergileyen hareketlerin kendisini anlatır. Bir filozoftan çok sinir bozuklukları uzmanına daha çok şey anlatan bu belirti çok önemlidir. Bir hastanın rahatsızlığı ciddi olduğunda (örneğin, felcin ilk aşamalarında) doktor istemli hareketlerdeki küçük kusurları fark eder ve bunların önemini bilir. Tanısı zihinsel sapmalardan ya da düzensiz hareketlerden çok hastalığın belirtileri arasında olan bu kusurlara dayanır. Beceriksizce hareketler

sergileyen çocuk terbiyesizce davranışlar, sarsakça ve yalpalayan hareketler ve bağırma gibi farklı özellikler sergiler, ancak bunların tanısal değeri daha azdır. İlk hareketler arasında hassas bir eş güdüm yaratan eğitim, istemli hareketteki düzensizliği kendi başına ortadan kaldırır. Normal gelişimden sapmanın görülebilen binbir işaretini ortadan kaldırmaya çalışmak yerine, öğretmenin tek yapması gereken şey, daha uyumlu hareketlerin zekice geliştirilmesine yönelik araçları ilginç bir biçimde sunmaktır.

2. Bu düzensizliğe her zaman eşlik eden diğer bir özellik de çocuğun dikkatini gerçek nesnelere odaklamada güçlük ya da yetersizlik çekmesidir. Zihni düş âleminde gezinmeyi yeğler. Taşlarla ya da kuru yapraklarla oyun oynarken büyük ziyafet sofraları hazırlıyormuş gibi konuşur. Büyüme çağında imgelemi büyük olasılıkla en ölçüsüz biçimleri alır. Zihin normal işlevinden ne kadar ayrılırsa o kadar yorulur ve tine hizmetinde o denli yararsızlaşır. Tinin amacı ise içsel yaşamın gelişmesi olmalıdır. Ne yazık ki birçok insan kişiliğin düzenini bozan bu hayalperest etkinliklerin tinsel yaşamı geliştirdiğini zanneder. Düş kurmanın kendi içinde yaratıcı olduğu düşünülür; tam tersine kendi başına hiçbir şey ifade etmez ya da yalnızca gölgelerden, taşlardan, kurumuş yapraklardan ibarettir.

Oysa tinsel yaşam aslında dış dünyaya iyi bir uyum kurmuş, birleşmiş bir kişilik temelinin üzerine kurulur. Gerçeklikten kopan gezgin bir zihin aynı zaman da sağlıklı normallikten de kopar. Bunu söylemek gerek. İçinde serpildiği düş dünyasında hata denetimi yoktur, hiçbir şey düşüncelerde eş güdüm kurmaz. Dikkati gerçek şeylere ve bunun gelecekteki uygulamalarına yöneltme olanaksızlaşır. Yanlış bir şekilde imgelem dünyası olarak adlandırılan bu durum tinsel yaşamın dayandığı organların işleyişini köreltir. Çocuğun dikkatini gerçek bir şeye odaklamaya çalışan -ancak gerçekliği erişilebilir ve çekici yapan- öğretmen, örneğin, çocuğun gerçek bir masanın kurulmasıyla ve gerçek yemek servisiyle ilgilenmesini sağlamayı başarırsa, kendi yararına olan yollardan uzaklaşmış gezgin, dalgın zihine bir trompet gibi seslenir. İyileşmenin olması için gereken tek şey de kusursuzlaşmış hareketler arasında eş güdüm kurulması ve gerçeklikten kaçmış dikkatin yeniden yakalanmasıdır. Bizim yapmamız gereken şey temel bir sapmanın bütün belirtilerini tek tek düzeltmek değildir; zihni gerçek şeylere odaklama yeteneği kazanıldığı anda zihin sağlıklı durumuna döner ve normal bir işleyiş sergilemeye başlar.

3. İlk iki maddeyle yakında ilişkili olan üçüncü durum da taklit etme eğilimidir ve bu da gittikçe daha çabuk ve hızlı bir hâl alır. Bu derinlerde yatan bir zayıflığın işareti, iki yaşındaki bir çocuk için normal olacak özelliklerin abartılı bir görünümüdür. (Daha küçük çocuklarda taklitçilik oldukça farklıdır ve bu konuyu daha önce ele almıştık.)[58] Bu eğilim araçlarını hazırlamamış, uygun bir çizgi bulamamış, yalnızca başkalarının uyanışını izleyen bir iradenin işaretidir. Çocuk kusursuzlaşma yolunda ilerlemez, dümeni kırılmış bir gemi gibi rüzgârın insafına kalmıştır. İki yaşındaki bir çocuğu izleyen herkes, bütün bilgi birikimi taklidin telkinindeki düşüncelerle sınırlı olan bu sözünü ettiğim yozlaşmış zihin biçimini görecektir. Bu da düzensizlikle, zihinsel değişkenlikle bağlantılı bir biçimdir ve çocuğu, merdivenlerden iner gibi, alt düzeylere indirme eğilimindedir.

Çocuk ancak yanlış ya da gürültülü bir şeyler yapabilir; örneğin, kendini yere atar, güler ya da bağırır ve birçok çocuk, belki de hepsi bu örneği izler ya da daha da kötüsünü yapar. Bu saçma eylem grupta çoğalır ve sınıfın dışına bile taşabilir. Bu "toplu hâlde yaşama içgüdüsü" toplumsal yaşamın karşıtı olan bir toplu düzensizlik yaratır, çünkü bu bireylerin çalışması ve düzenli davranışları üzerine kuruludur. Bir kalabalıkta taklit ruhu yayılır ve bireysel kusurları artırır; yozlaşmanın kökeninde yer alır ve direncin en düşük olduğu noktadır.

---

[58] *bkz.* 15. Bölüm.

Bu yozlaşma ne kadar ileri giderse çocuğun onu daha iyiye çağıran kişinin sözünü dinlemesi o denli güçleşir. Öte yandan, çocuk bir kez doğru yola girdi mi bu düzensizliğin tek kaynağının yarattığı çeşitli sorunlar sona erer.

Bu tip bir sınıfı yönetmesi gereken bir öğretmen çocuklara gelişimin araçlarını sunmayı ve kendilerini özgürce ifade etmelerine olanak tanımayı içeren temel düşünceden başka bir silahı olmadığı takdirde kendini azap veren bir durumda bulabilir. Bu çocukların içinde ortaya çıkmaya başlayan korkunç kargaşa ulaşabildiği her şeyi kendine çeker ve edilgen kalan bir öğretmen bu karmaşanın ve inanılmaz gürültünün altında kalır. İster deneyimsizlik isterse aşırı katı (ya da aşırı basit) ilke ve düşünceler nedeniyle kendini bu tip bir durumda bulan öğretmenin bu tanrısal saf ve cömert küçük ruhlar içinde uyuyan güçleri hatırlaması gerekir. Bir uçurumdan aşağıya yuvarlanıp giden bu küçük varlıklara yardım edebilmelidir. Sesiyle ve düşünceleriyle onlara seslenmesi, bu çocukları uyandırabilmesi gerekir. Bu küçük zihinlere yönelik tek gerçek şefkat gösterisi güçlü ve kesin bir sesleniş olacaktır. Kötüyü yok etmekten korkmayın; iyiye zarar verme korkusundan başka korkunuz olmasın. Bir çocuğun bize yanıt vermesi için ona seslenmemiz gerekir, aynı şekilde ruhu uyandırmak için de ona güçlü bir şekilde seslenmek gerekir. Öğretmenin okuldaki gereçleri kaldırması, öğrendiği ilkeleri alıp götürmesi gerekir. Daha sonra da bu seslenme sorusu ile pratik olarak ve yalnız başına yüzleşmelidir. Sorunu ancak zekâsı çözebilir ve sorun her örnekte farklı olacaktır. Öğretmen temel belirtileri ve belli başlı tedavileri bilir; tedavi kuramını bilir. Gerisi ona kalmıştır. İyi bir doktor da iyi bir öğretmen gibi bir insandır, ilaç veren ya da pedagojik yöntemleri uygulayan bir makine değil. Ayrıntıları kendisi de yeni bir yolda yürümeye başlamış olan öğretmene bırakmak gerekir. Genel bağırış çağırış içinde sesini yükseltmesi mi gerekiyor, yoksa çocuklardan birkaçına fısıldaması ve diğerlerinin merakını uyandırıp yeniden sessizliği sağlaması mı gerekiyor, öğretmen karar verir. Piyanoda sesli bir şekilde çalınan bir akort gürültüyü bıçak gibi kesebilir. Deneyimli bir öğretmenin sınıfında büyük bir düzensizlik olduğu hiç görülmez, çünkü çocukları serbest bırakmadan önce bir yana çekilir, bir süre onları izler ve yönlendirir, yani denetimsiz hareketleri ortadan kaldırarak çocukları negatif anlamda hazırlar. Bunun için öğretmenin aklında tutması gereken bir dizi hazırlayıcı alıştırma var ve zihinleri gerçeklikten uzaklaşmış çocuklar öğretmenin onlara verebileceği yardımın ne kadar güçlü olduğunu hissedebilir. Sakin, kararlı ve sabırlı öğretmenin sesi çocukların yüreklerine ulaşır, övgü ve teşvik olur. Sandalye ve masaları ses çıkarmadan yerlerine koymak; sandalyeleri dizip bir sıra oluşturmak; sınıfın bir ucundan diğer ucuna parmak ucunda koşmak gibi bazı alıştırmalar özellikle yararlı olur. Bir öğretmen kendinden gerçekten emin olduğunda bu bile tek başına yeterli olur ve "Evet, çocuklar, şimdi hepimiz susuyoruz!" demesine gerek kalmaz. Âdeta büyülü bir sessizlik doğar. Pratik yaşamla ilgili en basit alıştırmalar bu küçük gezgin ruhları yeniden gerçek, somut dünyaya yönlendirir ve bu da onları geri çağırır. Öğretmen azar azar gereçleri sunmaya başlar, ama çocuklar gereçlerin kullanımını anlayana dek bunları önlerine serbest bir şekilde koymaz.

Böylece sınıf sakinleşir. Çocuklar gerçeklikle temas kurar; bir masanın tozunu almak, bir lekeyi çıkarmak, dolaba gitmek, bir gereci almak ve doğru bir şekilde kullanmak gibi uğraşılarının kesin bir amacı olur.

Alıştırmanın özgür seçim kapasitesini güçlendirdiği açıkça görülüyor. Öğretmenler genellikle memnundur, ancak Montessori yöntemindeki gereçlerin yetersiz olduğunu ve daha fazla gerece gereksinim duyduğunu düşünür. Çocuk malzemeyi bir hafta içerisinden birden çok kez kullanmıştır. Birçok okul bununla yetinir.

Bu görünüşteki düzenin güvenilir olmadığını sadece tek bir etken ele verir ve bütün düzenin yıkılması tehlikesini oluşturur:

Çocuklar sürekli birbirlerine gitmektedir. Her şeyi birer kez yaparlar ve daha sonra gidip başka bir şey alır gelirler. Dolaplarla aralarında sürekli bir gidiş geliş olur. Bu çocuklardan hiçbiri tanrısal ve güçlü doğalarını uyandıracak kadar ilgilerini çeken bir şeyi indikleri bu dünyada bulamamıştır. Kişilikleri alıştırma yapmaz, çocuk gelişmez, gücünü geliştirmez. Bu gelip geçici temaslarda dış dünya tinlerine uyum getirecek etkiyi yaratamaz. Çocuk bir çiçekten diğerine uçan, hangisinde duracağını, hangisinden nektar alıp doyuma ulaşacağını bilemeyen bir arıya benzer. Karakterini ve zihnini oluşturacak büyük içgüdüsel etkinliğin içinde uyandığını hissedene dek çalışamaz.

Bu değişken durum söz konusu olduğunda öğretmen, işinin zor olduğunu hisseder; dahası bir çocuktan diğerine koşuşturup durur ve kendi kaygıları ve yorucu telaşı diğerlerine de bulaşır. Yorgun ve sıkılmış olan birçok çocuk öğretmen onlara sırtını döner dönmez malzemelerle oynamaya, malzemeleri saçma bir şekilde kullanmaya başlar. Öğretmen bir çocukla uğraşırken diğerleri yaramazlık yapar. Sadakatle beklenen ahlaksal ve zihinsel gelişme gerçekleşmez.

Görünüşteki disiplin aslında çok kırılgandır ve "havada" sürekli bir disiplinsizlik olduğunu hisseden ve bunu engellemeye çalışan öğretmen hep gergindir. Öğretmenlerin büyük çoğunluğu, yeterli eğitim ve deneyim olmadığı takdirde, hakkında onca şey söylenen ve hevesle beklenen "yeni çocuğun" bir söylence ya da idealden başka bir şey olmadığını düşünmeye başlar. Sınıfı bu denli gergin bir enerji gerektiren bir çabayla bir arada tutmaya çalışmanın hem öğretmen açısından yorucu hem de çocuklar için yararsız olduğunu da düşünebilirler.

Öğretmenin, çocukların durumunu anlayabilmesi gerekir. Küçük çocuğun tini geçici bir evrededir. İlerlemenin gerçek kapısı henüz onlara açılmamıştır. Onlar kapıyı çalar ve dışarıda bekler. Aslında gözle görülür bir ilerleme yoktur. Durum disiplinden çok kaosa daha yakındır. Bu gibi çocukların yaptığı çalışmalar kusursuz olamaz. Hareketler arasındaki eş güdüm başlangıç aşamasındadır, güç ve incelikten yoksundur. Davranışları kaprislidir. Gerçekle bağlarının olmadığı birinci evreden çok daha fazla bir ilerleme kaydettikleri söylenemez. Bir hastalıktan sonraki iyileşme dönemine benzer durumları. Bu, gelişimin önemli bir anıdır ve öğretmenin iki farklı işlevi yerine getirmesi gerekir: Çocukların gözetiminin yanı sıra bireysel dersler vermesi gerekir. Yani malzemeleri ve kullanımlarını düzenli olarak göstermesi gerekir. Öğretmen çocuklara iki şekilde yardım eder: genel gözetim ve eksiksiz verilen bireysel eğitim. Bu dönemde tek bir çocukla ilgilenirken sınıfa sırtını dönmemeye dikkat etmelidir. Bu yolunu ve yaşamı arayan çocukların öğretmenin varlığını hissetmesi gerekir. Öğretmenin her çocuğa ayrı ayrı verdiği bu eksiksiz ve çekici dersler öğretmenin çocuğun ruhunun derinliklerine bağışıdır. Sonra günün birinde bu küçük tinlerden biri uyanır. Bir çocuğun iç "benliği", geçici bir süre için sahip olacağı bir nesneye yönelir. Dikkati becerinin artmasını sağlayacak bir alıştırmanın yinelenmesine odaklanır. Çocuğun mutlu ve kendinden memnun davranışları tininin yeniden doğduğunu gösterir.

Özgür seçim, en üst düzeydeki zihinsel süreçlerden biridir. Yalnızca pratik ve tinsel yaşamın gelişmesi gereksiniminin derinden farkında olan bir çocuğun özgür seçim yapabileceği söylenebilir. Çeşit çeşit dış uyarıcılar çocuğun dikkatini aynı anda çekiyorsa ve irade gücü olmayan çocuk bu çağrıların hepsine yanıt veriyor, birinden diğerine huzursuzca atlıyorsa, özgür seçimden söz edilemez. Bu da bir öğretmenin yapabilmesi gereken en önemli ayrımlardan biridir. Henüz iç rehberinin sözünü dinleyemeyen bir çocuk kusursuzluğun uzun ve dar yoluna girebilecek özgürlükte değildir. Onu çevresinin insafına bırakan yüzeysel duyuların kölesidir hâlâ. Tini bir top gibi bir ileri bir geri sıçrar. İnsanlık çocukta, ruhu kendinin farkına vardığında, kendine bir görev verdiğinde, yolunu bulup seçim yaptığında doğar.

Bu basit ve yüce olay yaratılan bütün varlıklarda görülür. Bütün canlılar karmaşık ve çok yönlü bir çevrede seçme gücüne sahiptir ve yaşamına ancak ve ancak bu olanak tanır. Her bitkinin kökü topraktaki onca madde arasında yalnızca bitkinin gereksinim duyduklarını arar. Böceğin seçimi belirsiz değildir, onun ziyaretlerini kabul edecek belirli bir çiçeğe tutunur. İnsanda da aynı mucizevi seziş görülür, ancak bu artık içgüdüsel değildir, edinilmesi gerekir. Bununla birlikte, çocuklar özellikle de ilk yıllarında tinsel bir gereklilik olarak yakın bir duyarlılığa sahiptir. Yanlış yönde ilerleyen ya da baskıcı bir eğitim bunun ortadan kalkmasına ya da dış duyuların çevredeki her nesneye bir anlamda köle olmasına neden olabilir. Bu derin ve yaşamsal duyarlılığı biz de yitirdik, ama bunun canlandığı çocukların yanındayken bir gizemin kendini açışını izliyormuş gibi hissediyoruz. Kendini hassas özgür seçim eyleminde gösteriyor ve gözlem konusunda eğitimsiz bir öğretmen tıpkı bir filin açmakta olan bir çiçeği yoluna çıkınca ezip geçmesi gibi bunu daha fark etmeden ezip geçebilir.

Dikkatini seçilen bir nesneye veren çocuk, alıştırmaların yinelenmesine bütün benliği ile yoğunlaşırken sözünü ettiğimiz tinsel güvenlik açısından kurtarılmış bir ruhtur. Bu andan sonra onun için endişelenmeye gerek yoktur artık -yalnız gereksinimlerini karşılayacak bir çevre hazırlamak ve kusursuzlaşmasını durduracak engelleri kaldırmak gerekir.

Bu dikkat ve yoğunlaşmadan önce öğretmenin kendini denetlemeyi öğrenmesi gerekir. Böylece çocuğun tini özgürce genişleyebilir ve güçlerini gösterebilir. Öğretmenin görevinin özünde çocuğun çabalarına müdahale etmek yoktur. Öğretmenin kendi eğitimi sırasında edindiği hassas ahlaksal duyarlılığın işin içine girdiği bir andır bu. Yardım etmenin, hatta belki de öylece durup izlemenin bile kolay olmadığını öğrenmesi gerekir. Yardım ve hizmet ederken bile çocuğu gözlemlemeye devam etmesi gerekir, çünkü bir çocukta yoğunlaşmanın doşuşu bir goncanın çiçek açması kadar narin bir olaydır. Öğretmen kendi varlığını hissettirmek ya da zayıflara kendi gücüyle yardım etmek için izlemez. Gözleminin amacı, yoğunlaşma gücünü edinmiş çocuğu görmek ve tininin görkemli yeniden doğuşunu takdir etmektir.

Yoğunlaşan çocuğun mutluluğu çok büyüktür; yanındakileri ya da çevresinde dolanan ziyaretçileri görmezden gelir. O an için tini çöldeki bir keşişe benzer; içinde yeni bir bilinç, bireyselliğinin bilinci doğmuştur. Yoğunlaşma durumundan çıktığında dünyayı yeni bir gözle, yeni keşiflerle dolu sınırsız bir alan olarak algılıyor gibi görünür. Sevecen bir ilgi ile yaklaştığı sınıf arkadaşlarının da farkına varır. İnsanlara ve eşyaya karşı içinde bir sevgi uyanır. Herkese dostça davranır, güzel olan her şeyi takdir etmeye hazırdır. Tinsel süreç açıktır: Kendini dünya ile birleştirme gücünü kazanmak için önce kendini ondan ayırır. Biz de manzaranın enginliğini takdir edebilmek için şehir dışına çıkmaz mıyız? Bir uçaktan baktığımızda dünyayı daha iyi görebiliriz. İnsan tini için de aynı şey geçerlidir. Diğer insanlarla birlikte var olmak ve onların arasına karışmak için bazen yalnızlığa çekilip güç toplamaya gereksinim duyarız; işte, ondan sonra da diğer insanlara sevgi ile bakmaya başlayabiliriz. İnzivadaki aziz, kitlelerin tanımadığı toplumsal gereklilikleri bilgelik ve adaletle görebilmek için hazırlar kendini. Çölde yaptığı bu hazırlık onu büyük sevgi ve barış misyonuna hazırlar.

Çocuğun benimsediği tutum derin bir inzivaya çekilmenin yalınlığıdır ve çevresindekilere sevgi yayan güçlü ve sakin bir karakter biçimlenir içinde. Bu tutum da benliğin feda edilmesini, düzenli çalışmaya bağlılığı ve bunlarla birlikte, kayaların arasından fışkıran bir pınar kadar berrak bir yaşam neşesini, çevresindeki herkese yardım etme hazzını doğurur.

Yoğunlaşmanın sonucunda toplum duygusu uyanır ve öğretmenin bunun peşinden gitmeye hazır olması gerekir. Bu çocukların yürekleri doğrudan ona dönecektir. Uyanan çocuklar tıpkı mavi gökyüzünü ve çayırda gizlenmiş zar zor fark edilen çiçeklerin kokusunu fark ettikleri gibi onu da "keşfedecektir."

Bu çocukların coşkuyla, ileriye doğru inanılmaz patlamalarla dolu istekleri deneyimsiz öğretmene ağır gelebilir. Birinci aşamada öğretmenin çocukların birçok karmaşık eylemiyle zaman harcamaması, bütünüyle temel gereklilikler konusunda verdikleri işaretlere odaklanması gerektiğini söylemiştik. Aynı şekilde şimdi de bu ahlaksal zenginlik ve güzellik ile ilgili sayısız işaretin öğretmeni alt etmemesi gerekir. Öğretmen her zaman için, kapı menteşelerinin işlevini gören, yalın ve merkezdeki bir şeyi hedeflemelidir. Elbette bir menteşe bağımsız işlediği için ve denetlediği kapının dekorasyonu ile ilişkisiz olduğu için gizlidir.

Öğretmenin görevi her zaman için değişmez ve kesin bir şeyi hedefler. Başlangıçta çocukların sergilediği ilerleme öğretmenin oynadığı rolle ya da yapmış olduklarıyla orantılı olmadığı için kendini gereksiz hisseder. Çocukların çalışmalarını gittikçe daha özgür seçtiğini ve ifadelerinin güçlendiğini görür. Bazen bu ilerleme bir mucize gibi görünür. Yalnızca hizmet ettiğini, çevreyi hazırlayıp gözden uzakta durduğunu hisseder. Vaftizci Yahya'nın Mesih'i ilk gördüğünde söylediği sözler gelir aklına: "O büyürken ben azalacağım."

Oysa çocuk öğretmenin otoritesine en çok bu anda gereksinim duyar. Bir çocuk kendi zekâsını ve etkinliğini kullanarak bir şey yaptığında (örneğin, bir resim yaptığında, bir sözcük yazdığında ya da başka bir küçük iş yaptığında) öğretmene koşar ve yaptığı işin tamam olup olmadığını sorar. Çocuk neyi nasıl yapması gerektiğinin söylenmesini istemez -bu tip yardımlara karşı kendini savunur. Seçme ve uygulama özgürleşmiş bir ruhun ayrıcalığı ve fethidir. Öte yandan, çalışmasını tamamladıktan sonra öğretmenin onayını bekler.

Çocukların tinsel mahremiyetlerini savunmasını sağlayan içgüdü, aynı zamanda yaptıkları işi, doğru yolda ilerlediklerinden emin olmak için, birdış otoriteye sunmaya yöneltir onları.

DİSİPLİN VE ÖĞRETMEN

Bu da bir bebeğin ilk sarsak adımlarını hatırlatır insana. Bir yetişkinin ona uzanan kollarını görmeye hâlâ gereksinim duyar. Yine de yürümeye başlama ve bunu kusursuz bir biçimde öğrenme gücü zaten içinde olabilir. O zaman öğretmenin onaylayan sözcüklerle tepki vermesi, bir annenin bebeğine yaptığı gibi, gülümseyerek çocuğu yüreklendirmesi gerekir. Çocukta kusursuzluk ve güven, öğretmenin herhangi bir ilgisi olmayan iç kaynaklardan gelişmelidir.

Gerçekten de çocuk kendinden emin olduktan sonra her adımda otoritenin onayını aramaz artık. Başkalarının herhangi bir bilgi sahibi olmadığı bitirilmiş çalışmaları biriktirir, yalnızca üretme ve emeklerinin meyvelerini kusursuzlaştırma gereksinimine itaat eder. Onu yaptığı çalışmayı bitirmek ilgilendirir, bu çalışmanın takdir edilmesi ya da çalışmayı sahiplenip hazinesine katmak değil. Onu harekete geçiren soylu içgüdünün gururla ya da hırsla ilgisi yoktur. Okullarımıza gelen ziyaretçilerin birçoğu, öğretmenlerin çalışmaları gösterirken bunları yapan çocukların adlarını vermediğini anımsar. Bu görünüşteki ihmalin nedeni çocukların bunu önemsemediğinin bilinmesidir. Başka bir okulda öğretmen çocuğun iyi bir çalışmasını gösterirken adını söylemeyi unutsa kendini suçlu hisseder. Böyle bir şey yapsa çocuğun, "Bunu ben yapmıştım!" diye yakındığını duyar.

Bizim okullarımızda takdir edilen çalışmayı yapan çocuk büyük olasılıkla bir köşede yeni bir çalışmayla uğraşıyor olacaktır ve tek istediği huzurunun bozulmamasıdır. Disiplin işte bu dönemde oturur: çalışma kusursuzlaştırılırken ve çoğaltılırken bir çeşit etkin huzur, söz dinleme ve sevgi içinde, tıpkı çiçeklerin baharda renklenmesi ve tatlı, besleyici meyveleri müjdelemesi gibi.

27

ÖĞRETMENİN HAZIRLIĞI

Bir Montessori öğretmen adayının yapması gereken ilk şey kendini hazırlamaktır. Öncelikle, imgelemini canlı tutması gerekir; çünkü geleneksel okullarda öğretmen öğrencilerinin anlık davranışlarını görürken ve onlarla ilgilenmesi gerektiğini ve ne öğreteceğini biliyorken Montessori öğretmeni sürekli olarak orada olmayan bir çocuğun arayışındadır. Bu, temel farklılıktır. Bizim okullarımızda çalışmaya başlayan öğretmenin *çocuğun kendini çalışma yoluyla göstereceğine* inancı olması gerekir. Çocukların hangi düzeylerde olabileceğine dair önceden edinilmiş fikirlerden kendini arındırmalıdır. Çocukların birçok farklı tipte olması (yani kiminin az kiminin de çok bozulmuş olması) onu endişelendirmemelidir. İmgeleminde, tinin dünyasında yaşayan ve tek olan normalleşmiş tipi görür. Öğretmenin, çocuk onu çeken çalışmayı bulduğunda gerçek doğasını göstereceğine inanması gerekir. Öyleyse, neyi aralamalıdır? Bu çocuk ya da bir diğeri yoğunlaşmaya başlayacaktır. Enerjisini buna adamalıdır. Etkinlikleri bir aşamadan diğerine değişecektir, tinsel bir yükselişte olduğu gibi. Yaptıkları genellikle üç yönlü olacaktır.

Birinci Aşama. Öğretmen çevrenin bakıcısı ve sorumlusu olur. Dikkatini çocuğun huzursuzluğu ile dağıtmak yerine buna yöneltir. Bu da iyileşmeyi ve çocuğun iradesini yakalayan ve kutuplaştıran çekimi getirir. Bizim yaşadığımız ülkelerde her kadın kendi evinde yaşar ve evini kendisi ve kocası için olabildiğince çekici bir hâle getirmek için çalışır. Bütün dikkatini kocasına vermez, eviyle de ilgilenir ve böylece çevresini normal ve yapıcı bir yaşamın serpilmesine uygun bir hâle getirir. Tam ve çeşitli alanlarda evini rahat ve huzurlu yapmaya çalışır. Bir evin asıl çekici yanı temiz ve düzenli olması, her şeyin yerli yerinde, temiz, pırıl pırıl ve neşeli olmasıdır. Kadın öncelikle bununla ilgilenir. Okuldaki öğretmenin de işi bundan farklı değildir. Bütün gereçlerin titizlikle düzenli, güzel ve temiz, eksiksiz bir durumda tutulması gerekir. Hiçbir şey eksik olmamalıdır. Böylece çocuk her zaman yeni, tam ve kullanıma hazır olduklarını görür. Bu aynı zamanda öğretmenin de çekici, hoş görünüşlü, düzenli ve temiz, sakin ve ağırbaşlı olması gerektiği anlamına gelir. Bu idealleri herkes kendine özgü bir şekilde gerçekleştirebilir, ancak çocukların karşısına çıktığımızda onların *"seçkin kimseler"* olduğunu unutmamalıyız. Öğretmenin görünüşü çocuğun güvenini ve saygısını kazanmanın ilk adımıdır. Öğretmenin kendi hareketlerini gözlemesi, olabildiğince nazik ve zarif olması gerekir. Bu yaşlardaki çocuklar annelerini idealleştirir. Bir çocuğun annesinin nasıl birisi olduğunu bilemeyebiliriz, ama hoş bir kadın gördüklerinde çocukların "Ne kadar tatlı bir kadın -tıpkı annem!" dediklerini duyarız. Muhtemelen annesi hiç de güzel değildir, ama çocuğu onu öyle görür ve hayranlık duyduğu herkes ona göre annesi kadar güzeldir. Öyleyse, kişisel bakım da çocuğun bulunduğu çevrenin bir parçasıdır ve öğretmen de bu dünyanın en yaşamsal öğelerinden biridir.

Demek ki öğretmenin birinci görevi çevreyle ilgilenmektir ve bu diğer bütün görevlerden önce gelir. Bunun etkisi dolaylı olsa da iyi bir şekilde yapılmadığı sürece ne fiziksel ne de zihinsel ya da tinsel açıdan etkili ve kalıcı sonuçlara ulaşılamaz.

ÖĞRETMENİN HAZIRLIĞI

İkinci Aşama. Çevreyi ele aldıktan sonra, öğretmenin çocuğa karşı nasıl davranması gerektiğini sormak gerekiyor. Bu düzensiz küçük insanlarla, bu karışmış ve kendinden emin olmayan küçük zihinlerle ne yapmamız gerekir? Onları çalışmaya nasıl çekebiliriz ve çalışmalarına sarılmalarını nasıl sağlayabiliriz? Bazen kolaylıkla yanlış anlaşılabilen bir sözcük kullanıyorum: Öğretmenin baştan çıkarıcı olması, çocukları ayartabilmesi gerekir. İhmal edilmiş bir çevrede eşyalar tozlu, gereçler bozuk ve düzensizse ve her şeyden önemlisi öğretmenin kendisi de pasaklı, görgüsüz ve çocuklara karşı katıysa hedefine gitmesini sağlayacak temellerden yoksun demektir. Bu ilk dönemde, yoğunlaşma kendini göstermeden önce, öğretmen çevresindekileri ısıtan, canlandıran ve davet eden bir aleve benzemelidir. Önemli bir tinsel süreci engellemesi söz konusu değildir, çünkü bu süreç henüz başlamamıştır. Yoğunlaşma gerçekleşmeden önce öğretmen neyin üç aşağı beş yukarı en iyi olduğunu düşünüyorsa onu yapabilir; çocukların etkinliklerine gerekli gördüğü oranda müdahale edebilir.

Kaba saba insanların yaşadığı bir şehirde sokağa terk edilmiş çocukları bir araya getirmeye çalışan bir azizin hikâyesini okumuştum. Bu aziz çocukları eğlendirmeye çalışıyormuş. Bu dönemde bir öğretmenin yapması gereken de budur. Öyküler anlatabilir, oyunlar oynayıp şarkılar söyleyebilir, çocuk tekerlemelerinden ve şiirlerinden yararlanabilir. Çocukları etkileyebilen bir öğretmen onlara çeşitli alıştırmalar yaptırabilir ve bunların eğitsel açıdan çok da değerli olması gerekmez, ama çocukları sakinleştirirler. Canlı bir öğretmenin donuk bir öğretmenden daha etkili olduğunu herkes bilir ve isteyen herkes canlı olabilir. Örneğin, herkes neşeli bir ses tonuyla, "Haydi bugün eşyaların yerlerini değiştirelim!" diyebilir ve çocuklarla birlikte çalışarak onları teşvik edebilir ve neşeli, hoşa giden bir şekilde onlara övgüler yağdırabilir. "Şu sürahiye bir bakın! Parlatılması gerekiyor." ya da "Haydi bahçeye çıkıp çiçek toplayalım." da denebilir. Öğretmenin her davranışı çocuklara bir çağrı ve davet olabilir.

Bu da öğretmenin çalışmasındaki ikinci aşamadır. Bu aşamada diğer çocukları sürekli rahatsız eden bir çocuk varsa yapılacak en pratik şey bu çocuğa müdahale etmektir. Kendini çalışmaya vermiş bir çocuğa müdahale etmekten kaçınmak, etkinlik döngüsünü bölmemek, özgür yayılışını engellememek gerektiğini söyledik ve bunu sık sık yineledik. Yine de bu aşamada doğru teknik bunun tam tersidir, yani rahatsız edici etkinliğin akışını bölmek gerekir. Bu müdahale bir seslenme biçiminde de olabilir rahatsızlık yaratan çocuğa özel ve sıcak bir ilgi gösterme biçiminde de. Dikkati dağıtan bu sevecenlik gösterileri çocuğun rahatsız edici davranışlarıyla birlikte çoğalır ve onun üzerinde bir çeşit elektrik şoku etkisi yaratır ve zamanla etkili olur. "Nasılsın, Johny? Benimle gel, sana bir şey göstereceğim." gibi bir ifade genellikle işe yarar. Çocuk bununla ilgilenmeyebilir. O zaman da öğretmen, "Tamam, sakıncası yok. Bahçeye çıkalım o zaman." diyebilir veya çocukla birlikte çıkar ya da yardımcısını gönderir. Böylece çocuk ve çocuğun yaramazlığı doğrudan yardımcıya aktarılmış olur ve diğer çocuklar artık ondan rahatsız olmaz.

Üçüncü Aşama. Son olarak, çocukların bir şeyle ilgilenmeye başladığı zaman gelir ve bu da genellikle pratik yaşam egzersizleri olur. Deneyimlerimiz, henüz yararlanmaya hazır olmadan çocuklara duyusal ve kültürel gereçlerin verilmesinin faydasız, hatta zararlı olduğunu gösteriyor.

Bu tip malzemeleri tanıtmadan önce çocukların bir şey üzerinde yoğunlaşma gücünü edinmesini beklemek gerekir ve belirttiğim gibi bu da genellikle pratik yaşam egzersizleriyle birlikte gerçekleşir. Çocuk bunlardan birine ilgi göstermeye başladığında öğretmenin *müdahale etmemesi* gerekir, çünkü bu ilgi doğal yasaların karşılığıdır ve yeni etkinliklerden oluşan bütün bir döngüyü açar. Bununla birlikte, ilk adım o kadar kırılgan, o kadar hassastır ki tek bir dokunuş bir sabun köpüğü gibi yok olup gitmesine neden olabilir ve onunla birlikte anın bütün güzelliği de kaybolur.

ÖĞRETMENİN HAZIRLIĞI

Şimdi öğretmenin çok dikkatli olması gerekir. Müdahale etmemek *hiçbir şekilde* müdahale etmemek anlamına gelmez. Öğretmenler çoğunlukla bu anda yanlış yapar. Bu ana dek çok zor adapte olan çocuk sonunda bir çalışmaya yoğunlaşmıştır. Öğretmen geçip giderken yalnızca "İyi" bile dese her şey yıkılıp başa dönebilir. Çocuk çoğunlukla iki haftadan önce başka bir şeyle ilgilenmez. Başka bir çocuk bir şey yapmakta zorlanıyorsa ve öğretmen ona yardım etmeye giderse çocuk işi ona bırakabilir. Çocuğun ilgisi yalnızca işlemin kendisine odaklanmaz, daha çok *zorluğun üstesinden gelme* isteğine dayanır. "Benim yerime öğretmenim bu zorluğun üstesinden gelmek istiyorsa, tamam o zaman. Bu artık benim ilgimi çekmiyor." Tutumu bu olur. Çocuk çok ağır bir şeyi kaldırmaya çalışıyorsa ve öğretmen ona yardım etmeyi denerse genellikle onu öğretmenin ellerine bırakıp uzaklaşacaktır. Övgü, yardım, hatta bir bakış bile çalışmasını bölmeye ya da etkinliği yok etmeye yeter. Bunu söylemek tuhaf geliyor, ancak çocuk izlendiğini hissettiğinde bile bu yaşanabilir. Sonuçta biz bile biri gelip yaptıklarımızı izlemeye başladığında, bazen çalışmayı sürdürmekte zorlanırız. Öğretmene başarı getirecek önemli ilke şudur: *Yoğunlaşma başlar başlamaz çocuk sanki yokmuş gibi davranın.* Elbette, hızlıca göz atarak çocuğun ne yaptığı görülebilir, ancak bunu ona fark ettirmemek gerekir. Bundan sonra, çocuk onu bir şeyden diğerine sürükleyen ve tek bir şeye tutunmasını engelleyen sıkıntının pençesine düşmez artık. Çalışmasını bir amaç doğrultusunda seçmeye başlar ve bu da aynı anda aynı şeyleri yapmak isteyen birçok çocuğun bulunduğu bir sınıfta sorun yaratabilir. Bu sorunları çözmek için bile istenmeden yardım etmemek gerekir; çocuklar sorunu kendi başlarına çözebilir. Öğretmenin görevi, bir çocuk daha önce kullandığı şeyin bütün olasılıklarını tükettikten sonra yeni bir şeyler sunmaktır.

Öğretmenin müdahale etmeme yeteneği, diğer her şey gibi, pratikle gelişir, ancak bu asla kolay olmaz. Tinsel yüksekliklere çıkması gerekir. Gerçek tinsellik, yardımın bile bir gurur kaynağı olabileceğinin farkındadır.

Öğretmenin verebileceği gerçek yardım duygusal bir itkinin sözünü dinlemek değil, insanın sevgisini disiplinin emrine vermesi, onu sezgili bir şekilde kullanmasıdır, çünkü nezaket, yapılandan çok bu nezaketi yapana mutluluk verir. Gerçek nezaket, muhtaç durumdakine, kendini fark ettirmeden hizmet eder. Ortaya çıktığında yardım görünümünde olmaz, doğal ve kendiliğinden bir şey olarak görünür.

Çocuk ile öğretmen arasındaki ilişki tinsel alanda olsa da öğretmen bir uşak ile efendi arasındaki ilişkiden kendine çok iyi bir model çıkarabilir. Uşak efendisinin tuvalet masasını düzenli tutar, fırçaları yerine koyar, ama efendisine fırçaları ne zaman kullanacağını söylemez; yemeklerde servis yapar, ama efendisini yemeye zorlamaz; her şeyi hoş bir şekilde sunduktan sonra tek bir söz etmeden sessizce huzurdan ayrılır. Çocuğun tini biçimlenirken bizim de böyle davranmamız gerekir. Öğretmenin hizmet ettiği efendi çocuğun tinidir; gereksinimlerini gösterdiğinde öğretmenin hızla bunlara yanıt vermesi gerekir. Uşak efendisini yalnızken asla rahatsız etmez; ama kendisine seslenildiğinde isteklerini öğrenmek için acele eder ve "Buyurun, efendim." der. Kendisinden hayranlık beklendiğinde bunu gösterir ve aslında hiç de güzel bulmadığı bir şey için "Enfes!" diyebilir. Aynı şekilde, bir çocuk büyük bir yoğunlaşma ile bir çalışma yaptığında onun yolundan çekilmemiz, ama onay beklediğini gösterdiğinde bu konuda da cömert davranmamız gerekir.

Öğretmen ile çocuk arasındaki ilişki psikolojik bakımdan ele alındığında, öğretmenin rolü ve uyguladığı teknikler uşağın davranışlarına benzer: Amaç hizmet etmek ve bunu iyi bir şekilde yapmaktır: Amaç tine hizmet etmektir. Bu yeni bir şey, özellikle de eğitim alanında. Bunun çocuk kirlendiğinde onu yıkamakla ya da giydiklerini düzeltmekle ya da temizlemekle bir ilgisi yok. Biz çocuğun bedenine hizmet etmiyoruz, çünkü gelişmek için bunları kendi başına yapması gerektiğini biliyoruz. Bizim öğretimizin temelinde çocuğa bu anlamda hizmet *edilmemesi* gerektiği düşüncesi yer alır. Çocuk kendini yeterli hissederek fiziksel bağımsızlığını, kendi seçme gücünü özgürce kullanarak irade bağımsızlığını, müdahale olmadan yalnız başına çalışarak da bağımsız düşünebilme yeteneğini kazanmalıdır. Çocuğun gelişimi bir dizi ardışık bağımsızlık aşamasından geçer ve bizim bu konudaki bilgilerimiz ona karşı davranışlarımıza yol göstermeli. Çocuğun kendi başına hareket etmesine, istemesine ve düşünmesine yardım etmeliyiz. Tine hizmet etme sanatı budur ve bu sanat ancak çocuklar arasında çalışırken kusursuz bir şekilde uygulanabilir.

Öğretmen kendisine emanet edilen çocuk grubunun gereksinimlerini gördüğünde toplumsal yaşamın özelliklerinin şaşırtıcı bir şekilde patlayarak çiçek açtığını görür ve çocuk ruhunun bu şekilde kendini göstermesinden büyük bir haz duyar. Bunları görebilmek büyük bir ayrıcalıktır. Kuru, kızgın ve umutsuz çölün kumlu bağrında bir vahanın dalgalanan sularını görmek gezginlere özgü bir ayrıcalıktır. İnsan ruhunun yüksek nitelikleri de genellikle bozulmuş çocukta gizli olduğu için, ortaya çıkışlarını öngören öğretmen bunu ödüllendirilmiş bir inancın mutluluğuyla karşılar. Çocuğun bu niteliklerinde de ortaya çıkacak insanı görür. Uzun ömürlü bir coşkuyla hareket ettiği için hiç yorulmadan çalışan bir işçi olacaktır o. Çocuk sürekli olarak güçlüklere üstün gelmek istediği için öğretmen onun büyük bir çaba harcadığını görür. Zayıflara yardım etmek için içten bir çaba harcar, çünkü kalbi iyilikseverlikle doludur, başkalarına saygının ne anlama geldiğini bilir ve tinsel çabalara duyulan bu saygı ruhunun köklerine can verir. Öğretmen bu özelliklerde gerçek çocuğu, gerçek insanın atasını görür.

Öte yandan, bu azar azar gerçekleşir. İlk başta öğretmen, "Çocuğu olması gerektiği gibi gördüm ve tahmin edebileceğimden çok daha iyi buldum." der. Çocukluğun ne olduğunu anlamaktır bu. Bir çocuğun adının John olduğunu, babasının marangozluk yaptığını bilmek yetmez; öğretmenin gündelik yaşamında çocukluğun sırrını bilmesi ve yaşaması gerekir. Böylece daha derin bir bilgiye ulaşmakla kalmaz, aynı zamanda belirli bir kişiye bağlı olmayan, bu sırrın derin karanlıklarında yatan yeni bir sevgi türü doğar. Çocuklar öğretmene gerçek doğalarını gösterince o da belki de ilk kez gerçek sevginin ne olduğunu anlar. Bu aydınlanma onu da dönüştürür. Bu da yüreğe dokunan, insanı azar azar değiştiren bir şeydir. Bu gerçekleri bir kez gören insan bunlar hakkında yazmaktan ve konuşmaktan kendini alıkoyamaz. Çocukların adları unutulabilir, ancak ruhlarının bıraktığı izlenimi ve uyandırdıkları sevgiyi hiçbir şey silemez.

Sevginin iki düzeyi var. Çocuk sevgisi denildiğinde genellikle çocuklara gösterdiğimiz ilgiyi, tanıdığımız ve içimizde hassas duygular uyandıran çocukları sevip okşamamızı anlatmak isteriz ve bizi onlara bağlayan tinsel bir ilişki varsa bunu da onlara dualar öğreterek gösteririz.

Ben farklı bir şeyden, kişisel ya da maddi olmayan bir düzeydeki sevgiden bahsediyorum. Çocuklara hizmet eden, insanlığın tinine, kendini özgür kılması gereken bir tine hizmet ettiğini hisseder. Bu düzey farkını aslında öğretmen değil, çocuk belirler. Daha önce hiç tanımadığı yüksekliklere çıktığını hisseden öğretmendir. Çocuk onu kendi katmanına çekene dek büyütmüştür.

Bundan önce de asil bir iş yaptığını hissetmiştir, ama tatilin gelmesi onu mutlu etmiştir ve başkaları için çalışan herkes gibi o da çalışma saatlerinin azalmasını, maaşının artmasını istemiştir. Belki de sahip olduğu yetkiyi uygulamak ve çocukların özenip taklit etmeye çalıştığı bir ideal olma duygusu onu tatmin etmiştir. Müdürlüğe, hatta müfettişliğe terfi etmek onu mutlu edecek şeyler olmuştur. Oysa bu düzeyden daha üst düzeye çıkmak gerçek mutluluğun bunlarda olmadığını anlamasını sağlar. Tinsel mutluluk pınarından içenler yüksek mesleki statünün getirdiği doyuma isteyerek veda eder. Birçok okul müdürünün ve müfettişin kariyerlerini bir yana bırakıp kendilerini küçük çocuklara

ÖĞRETMENİN HAZIRLIĞI

adaması ve diğerlerinin küçümseyerek kullandığı bir terimle "çocuk öğretmeni" olması da bunu gösterir.

Paris'te iki tıp doktorunun kendilerini bizim işimize adamak ve bu olgunun gerçekliğine girmek için mesleklerini bıraktığını biliyorum. Bir alt düzeyden üst düzeye çıktıklarını hissetmişlerdi.

Bu şekilde dönüşen bir öğretmen için başarının en büyük belirtisi, "Çocuklar sanki ben yokmuşum gibi çalışıyor." diyebilmesidir.

Bu dönüşümden önce öğretmenin duyguları bunun tam tersi yöndedir; çocuklara öğretenin kendisi olduğunu, onları bir alt düzeyden üst bir düzeye yükselttiğini düşünür. Şimdi çocuk tininin kendini göstermesi ile birlikte kendi katkısı için düşünebileceği en yüksek değer şu sözlerle ifade edilebilir: "Bu yaşama, yaradılışının koyduğu görevleri yerine getirmesinde yardım ettim."

Bu, gerçek anlamda doyurucudur. Altı yaşa kadar çocukların öğretmenleri insanlığa oluşumunun temel bölümünde yardım ettiğini bilir. Çocuğun yaşadığı koşullar hakkında, konuşma sırasında açıkça söyledikleri dışında, hiçbir şey bilmiyor olabilir; büyük olasılıkla gelecekleriyle, ortaokula ve üniversiteye gidip gitmeyecekleri ya da eğitimlerine daha erken bir dönemde son verip vermeyecekleriyle de ilgilenmez; bu oluşturucu dönemde yapmaları gerekeni yaptıkları için mutludur. Şöyle diyebilir artık: "Bu çocukların tinlerine hizmet ettim, onlar da gelişmelerini tamamladı ve ben deneyimlerinde onlara eşlik ettim." Öğretmen, sorumlu olduğu yetkiliden oldukça ayrı olarak, çalışmasının ve başardıklarının değerini doyuma ulaşmış bir tinsel yaşam biçiminde hisseder ve bu da bir "sonrasız yaşam" ve kendi içinde her sabah edilen bir duadır. Bu yaşamı benimsememiş birisi için bunu anlamak zordur. Birçokları bunun kendini feda etme erdemi ile ilgili olduğunu düşünür ve şöyle der: "Öğretmenler ne kadar da alçak gönüllü, çocuklar üzerindeki yetkileri onları hiç ilgilendirmiyor." Birçoğu da şöyle düşünür: "Öğretmenlerden en doğal ve kendiliğinden isteklerini bir yana bırakmalarını istiyorsanız, yönteminiz nasıl başarılı olabilir ki?" Oysa burada söz konusu olanın fedakârlık değil, doyum olduğunu hiç kimse anlayamaz. Bu bir vazgeçiş değil, farklı değerleri olan, bugüne dek bilinmeyen gerçek yaşam değerlerinin var olduğu yeni bir yaşamdır.

Ayrıca, bütün ilkeler farklıdır; örneğin, adalet. Okullarda ve toplumda ve demokratik ülkelerde adalet genellikle herkes için, hem zengin ve güçlüler hem de açlıktan ölenler için geçerli tek bir yasa olarak anlaşılır. Adalet genellikle davalarla, cezaevleriyle ve mahkûmiyetlerle birlikte düşünülür. Mahkemeler Adalet Sarayı olarak anılır ve "Ben dürüst bir vatandaşım." sözü o kişinin adli yönetimle (polis ya da hukuk mahkemeleri ile) bir işinin olmadığını anlatır. Okulda bile öğretmen bir çocuğun başını okşarken dikkatli olmak zorundadır, yoksa adil olmak için hepsinin başını okşaması gerekebilir. Bu adalet tipi herkesi aynı alt düzeye yerleştirir; tinsel anlamda bu da herkesin aynı boyda olması için uzunların başını kesmeye benzer.

Bu üst eğitim düzeyinde adalet gerçek anlamda tinsel bir şeydir; her çocuğun elinden gelenin en iyisini yapmasını sağlamaya çalışır. Burada adalet, her insanın tinsel kapasitesini bütünüyle ortaya çıkarabilmek için gereksinim duyduğu yardımı vermektir. Her yaşta tinin hizmetinde olmak da bunu ortaya çıkarmak üzere çalışan enerjilere yardım etmektir. Belki de bu, toplumun gelecekteki örgütlenme biçimi olacaktır. Hiçbir tinsel hazinenin kaybedilmemesi gerekir. Ekonomik hazinelerin bunların yanında hiçbir değeri yoktur. Zengin ya da yoksul olmak bir şeyi değiştirmez. Güçlerimi bütünüyle kullanabilirsem ekonomik sorun kendi kendine çözülür. İnsanlık bir bütün olarak tinini kusursuzlaştırabilirse daha üretken olur ve yaşamın ekonomik yönü ağır basan taraf olmaz. İnsanlar ayaklarıyla ve bedenleriyle değil, tinleri ve zekâlarıyla üretir ve bunlar da uygun gelişim düzeyine ulaştığında o "çözülmez sorunlarımızın" hepsi çözülür.

Çocuklar yardıma gerek duymadan düzenli bir toplum kurabilir. Biz yetişkinler içinse cezaevleri, polisler, askerler ve silahlar gerekir. Çocuklar sorunlarını barış içinde çözer, bize özgürlük ve disiplinin aynı madalyonun iki yüzü olduğunu gösterirler, çünkü bilimsel özgürlük disiplini doğurur. Bozuk paraların genellikle iki yüzü olur. Bir yüzleri güzeldir, ince bir işçilikle işlenmiştir ve bir insan siması ya da alegorik bir figür bulunur bu yüzde. Diğer yüz ise süslenmemiştir, yalnızca bir sayı ya da yazı bulunur bu yüzde. Düz yüz özgürlükle, incelikle işlenmiş yüz disiplinle karşılaştırılabilir. Bu o kadar doğru ki sınıf, disiplini yitirdiğinde öğretmen düzensizlikte *kendisinin* yaptığı bir hatanın belirtisinden başka bir şey görmez; bu hatayı araştırır ve düzeltir. Geleneksel okullardaki öğretmenler ise bunu küçük düşürücü bulur, oysa bu doğru değildir. Bu, yeni eğitim tekniğinin bir parçasıdır. Çocuğa hizmet eden, yaşama hizmet eder; doğaya yardım eden bir sonraki aşamaya, üst doğa aşamasına yükselir, çünkü yükselmek yaşamın yasalarından biridir. Bu sürekli yükselen güzel merdiveni yapanlar da çocuklardır. Doğanın yasası düzendir ve düzen kendiliğinden ortaya çıktığında evrenin düzenine yeniden girdiğimizi biliriz. Hiç kuşkusuz doğanın çocuklara verdiği görevlerden biri de biz yetişkinleri bir üst düzeye yükseltmektir. Çocuklar bizi tinin daha yüksek bir düzeyine çıkarır ve maddi sorunlar da böylece çözülür. İzin verirseniz, tüm bu anlattığım şeyleri hatırlamamıza yardım eden sözleri burada yinelemek istiyorum. Bu bir dua değil, bir anımsatıcı ve öğretmenlerimiz için de bir yakarış, bir çeşit ders programı ve kullandığımız tek ders programı da budur.

"TANRIM, ÇOCUKLUĞUN SIRRINA ERMEMİZE YARDIM ET Kİ ÇOCUKLARI SENİN ADALETİNE VE KUTSAL İRADENE UYGUN BİR ŞEKİLDE TANIYALIM, SEVELİM VE ONLARA HİZMET EDELİM."

28

SEVGİ VE SEVGİNİN KAYNAĞI - ÇOCUK

Sosyal etkinliklerimizde hep bir Montessori toplantısı düzenleriz. Genellikle öğrenciler akrabalarını ya da arkadaşlarını getirir ve böylece kucaktaki bebekler, çocuklar, erkekler, kızlar, genç erkekler ve kadınlar, yetişkinler, meslek sahibi olan ve olmayan insanlar, üst düzeyde eğitimliler ve eğitimsizler bir arada kaynaşmış olarak görülebilir ve hiçbirimiz bu grupları düzenleme ya da yönlendirme gereksinimi duymayız. Bu çeşitlilik toplantılarımıza diğer çalışma alanlarında görülenden farklı bir görünüş kazandırır. Eğitim kurslarımıza katılan öğrencilerin belirli bir eğitim standardına ulaşmış olması gerekir ve tek koşul da budur: Bunlar arasında üniversitelerde okuyanlar ve profesörler, avukatlar, doktorlar ve bunların müşterileri ya da hastaları da bulunabilir. Avrupa'da dünyanın dört bir yanından gelen öğrencilerimiz vardı ve Amerika'daki öğrencilerimizden biri de anarşistti. Tüm bu çeşitliliğe karşın hiçbir sürtüşme yaşanmadı. Bunun mümkün olmasının nedeni bizi bir araya getiren ortak bir idealimizin olmasıydı. Belçika gibi Hindistan'ın ancak küçük bir köşesini kaplayabilecek büyüklükteki bir ülkede iki dil konuşulur: Flamanca ve Fransızca. Nüfus da politik olarak bölünmüştür ve Katolikler ile sosyalistler ve diğer politik gruplar arasındaki ayrımlar bu bölünmeyi daha da karmaşıklaştırır. Bu denli bölünmüş (ve kendi grubuna sadakatle bağlı) insanların tek bir toplantıda bir araya gelebilmesi ender görülen bir durumdur. Bizim derslerimizde bu konuda hiçbir sorun yaşanmadı. Bu o kadar tuhaf görülüyordu ki gazetelere haber bile oldu. "Yıllar boyunca tarafların hepsini bir araya getirecek bir toplantı düzenlemeye çalıştık." diyordu bu haberlerde. "Ve işte, şimdi bu kendiliğinden oldu."

İşte, bu çocuğun gücüdür. Politik ya da dinsel görüşlerimiz ne olursa olsun, hepimiz çocuklara yakın dururuz ve hepimiz çocukları severiz. Çocuk da birleştirici gücünü bu sevgiden alır. Yetişkinlerin güçlü ve genellikle de sert görüşleri onları gruplara ayırır ve aralarında bir tartışma çıktığında, bunun bir patlamaya dönüşmesi işten bile değildir. Buna karşın herkes bir noktada birleşir, hepsi çocuklar için aynı duyguları taşır. Çocuğun bu bakımdan ne kadar önemli olduğunu çok az kişi fark edebilmiştir.

Sevginin doğasını anlamaya çalışalım. Ermişlerin ve şairlerin bu konuda neler söylediğini düşünelim, çünkü bu adı taşıyan büyük enerjiyi en iyi onlar anlatır. Yaşamın pınarı olan büyük duygulara dair şarkılardan daha hoş ve daha yüceltici ne olabilir? Bu şarkılar en barbar ve vahşi insanların bile yüreğine işlemez mi? Bu sözlerin güzelliği, kitlelere ölüm ve yıkım getirenleri bile etkiler. Bu da her ne yapmış olursa olsun, bu insanların bu enerjiyi içlerinde koruduğunu ve bu enerji uyandığında titreşiminin kalplerine ulaştığını gösterir. Aksi takdirde bu ifadelerin güzelliğini göremezlerdi; bunların boş ve anlamsız olduğunu düşünürlerdi. Bu güzelliği hissetmelerinin nedeni yaşamlarında ne kadar az sevgi olursa olsun, onun etkisinde olmaları ve bilinçdışında sevgiye susamış olmalarıdır.

Dünyada uyum yaratmak istiyorsak bu konuda, bunun ne gibi anlamlara geldiği konusunda daha fazla düşünmemiz gerekiyor. Çocuk herkesin nezaket ve sevgi duygularının birleştiği bir tek noktadır. Çocuklardan söz edildiğinde insanların ruhu yumuşar ve yatışır; onların uyandırdığı derin duyguları bütün insanlık paylaşır. Çocuk sevginin kaynağı, pınarıdır. Bir çocuğa dokunduğumuzda sevgiye dokunmuş oluruz. Sevgiyi tanımlamak güç; hepimiz hissederiz sevgiyi, ama kökenini kimse anlatamaz, kimse onun kaynak olduğu engin sonuçları değerlendiremez, insanları birleştirme gücünü bir araya getiremez. Aramızdaki ırk, din ve toplumsal konum farklılıklarına karşın, çocukla ilgili tartışmalarımızda aramızda bir kardeşlik birliğinin geliştiğini hissettik. Bu da utancımızı alt etti ve iki insan arasında, gündelik yaşamda insan grupları arasında belirmek için hazır bekleyen savunmacı tutumları dağıttı.

Çocukların yakınındayken güvensizlik erir gider, onların çevresinde olduğumuz için tatlı ve nazik oluruz; oradaki, yaşamın kaynağındaki yaşam ateşiyle ısındığımızı hissederiz. Yetişkinlerde sevme itkisine bir savunma itkisi eşlik eder. Bunlardan temel olanı sevgidir ve diğeri bunun üzerine bindirilir. Çocuklar için hissettiğimiz sevgi gibi bir sevgi insanlar arasında da olmalıdır, çünkü insan birliği vardır ve sevgisiz birlik olmaz.

Ne tuhaf! Savaşın örneği görülmemiş bir yıkıcılığa ulaştığı ve yeryüzünün en uzak köşelerine yayıldığı çağımızda, sevgiden söz etmenin kulağa aslında düpedüz bir ironi gibi gelmesi gerekir, ama insanlar hâlâ bıkmadan, usanmadan sevgiden söz ediyor. Gelecekte birlik olma planları yapılıyor ve bu da sevginin varlığını göstermekle kalmıyor, gücünün de temel olduğunu gösteriyor. Bugün sanki her şey, "Yeter artık, bu sevgi denilen düşten söz ettiğimiz, gerçeklikle yüzleşelim artık ve herkes görüyor, yıkımdan başka bir gerçek yok, yoksa şehirler, ormanlar, kadınlar ve çocuklar yok olup gitmedi mi?" diye soruyor bize. Yine de biz yeniden kurmaktan ve sevgiden söz ediyoruz. Kilise de düşmanları da sevgiden söz ediyor; radyo, basın, gelip geçenler, okumuşlar ve cahiller, zenginler ve yoksullar, her türlü inanç ve din, hepsi, herkes sevgiden söz ediyor.

Sevginin varlığına bundan daha güçlü bir kanıt olabilir mi? Öyleyse, neden bu müthiş olguyu inceleme konusu yapmıyoruz? Neden yalnızca nefret ortalığı kasıp kavururken konuşuluyor bundan? Neden her zaman bir inceleme ve çözümleme konusu olmuyor ve böylece gücünden yararlanılmıyor? Neden kendimize bu ilksel enerjiyi incelemeyi hiç düşünmediğimizi, neden onu bildiğimiz diğer güçlerle birleştirmeyi düşünmediğimizi sormuyoruz? İnsanlık, zekâsının büyük bölümünü diğer doğal olguları incelemeye adadı; onları eledi ve ayırdı, sayısız keşiflerde bulundu. Bu çabanın küçük bir bölümünü de insanlığı birleştiren bu büyük gücü incelemeye neden ayırmayalım? Sevginin gizli gücünü ortaya çıkarma ve sevginin kendisini aydınlatma yolunda yapılacak her katkı, istekle ve büyük bir önemle karşılanmalı. Keşişlerin ve şairlerin sevgiden bir ideal olarak bahsettiğini söylemiştim, ama yalnızca bir ideal değildir sevgi, her zaman bir gerçek olmuştur ve olacaktır. Öğrenmemiz gereken bir şey var ve o da bir gün bu sevginin gerçekliğini hissedeceksek, bu bize okullarda öğretildiği için olmayacaktır.

Şairlerle keşişlerin deyişlerini bize ezberletmiş olsalar bile, bunlar çok fazla değildir ve yaşamın stresiyle kargaşası içinde bunları unuturuz. İnsanlar sevgiyi coşkuyla çağırıyorsa, bunun nedeni hakkında söylenenleri duymuş ya da okumuş olmaları değildir. Sevgi ve sevgi umudu öğrenilecek şeyler değildir; yaşamın mirasının bir parçasıdır. Asıl konuşan yaşamdır, yalnızca şairler ve keşişler değil.

Aslında sevgi din ve şiirden farklı bir bakış açısıyla, bizzat yaşam bakımından düşünülebilir. İşte, o zaman onu yalnızca hayal edilen ya da arzulanan bir şey değil, hiçbir şeyin yok edemeyeceği sonsuz bir enerji gerçeği olarak görebiliriz.

Hem bu gerçek hem de şairlerin ve keşişlerin deyişleri hakkında bir şey söylemek istiyorum. Sevgi olarak adlandırdığımız bu güç evrendeki en büyük enerjidir. Yine de yetersiz bir ifade kullanıyorum, çünkü sevgi enerjiden daha fazlasıdır, yaratmanın kendisidir. "Tanrı sevgidir." demek daha doğru olacaktır.

Bütün şairlerin, keşişlerin ve azizlerin deyişlerini anmak isterdim, ama ne hepsini biliyorum ne de bunu farklı dillerde yapabilirim. Yine de bildiğim ve gücünü iki bin yıl sonra bile yitirmemiş olan, Hristiyanların kalbinde yankı bulan bir söze burada yer verebilirim.

"İnsanların ve meleklerin diliyle konuşsam, ama sevgim olmasa, ses çıkaran bakırdan ya da çınlayan zilden farkım kalmaz. Peygamberlikte bulunabilsem, bütün sırları bilsem, her bilgiye sahip olsam, dağları yerinden oynatacak kadar büyük imanım olsa, ama sevgim olmasa bir hiçim. Varımı yoğumu sadaka olarak dağıtsam, bedenimi yakılmak üzere teslim etsem, ama sevgim olmasa, bunun bana hiçbir yararı olmaz." (Pavlus, Korintliler, 1. XIII).[59]

İsa'nın havarisine şunları söylesek herhâlde affedilirdik: "Bu denli derinden hissettiğine göre sevginin ne olduğunu biliyor olmalısın. Harika bir duygu olmalı bu. Bize de açıklamaz mısın bu duyguyu?" Kuşkusuz, duyguların bu en yücesini anlatmak bizim için hiç de kolay olmayacaktır. Aziz Pavlus'un sözlerinin uygarlığımız için geçerli olduğunu görebiliriz, çünkü biz dağları yerinden oynatmıyor muyuz, hatta daha büyük mucizeler yaratmıyor muyuz? Fısıltıyla konuştuğumuzda bile, sesimiz dünyanın diğer bir ucundan duyulmuyor mu? Yine de sevgi olmadan bir hiçtir bunların hepsi. Yoksulları beslemek ve giydirmek için büyük örgütler kurduk, ama bunların işleyişinde kalbimiz rol oynamıyorsa, boş olduğu için çok gürültü çıkaran davul sesine benzer hepsi. Nedir öyleyse, sevginin doğası? Sevginin yüceliğini anlatan sözlerine yukarıda yer verdiğimiz Aziz Pavlus herhangi bir felsefi kuram öne sürmeden şöyle devam ediyor:

"Sevgi sabırlıdır, sevgi şefkatlidir. Sevgi kıskanmaz, övünmez, böbürlenmez. Sevgi kaba davranmaz, kendi çıkarını aramaz, kolay kolay öfkelenmez, kötülüğün hesabını tutmaz. Sevgi

---

[59] http://www.kitabimukaddes.com/kutsal-kitap-tr/yeni-antlasma/1-korintliler.html (ç. n.)

haksızlığa sevinmez, gerçek olanla sevinir. Sevgi her şeye katlanır, her şeye inanır, her şeyi umut eder, her şeye dayanır."[60]

Olguları, zihinsel resimlerin betimlenmesini içeren uzun bir liste bu, ama tuhaftır bu resimlerin hepsi insana çocukluğun özelliklerini hatırlatıyor. Öyle görülüyor ki çocuğun *Emici Zihni*'ni betimliyorlar! Her şeyi alan bu zihin yargılamaz, reddetmez, tepki göstermez. Her şeyi emer ve geleceğin insanında somutlaştırır. Çocuk bu somutlaştırma işini diğer insanlarla eşitliğe ulaşmak ve onlarla birlikte yaşamak üzere uyum sağlamak üzere gerçekleştirir. Çocuk her şeye dayanır ve dünyaya hangi koşullarda gelmiş olursa olsun, kendini yaşam için oluşturur ve bu yaşama uyum sağlar. Bir yetişkin olarak da bu koşullarda mutlu olur. Ateşli bir alanda ışık görürse, başka bir iklimde yaşayıp mutlu olamayacak bir şekilde oluşturur kendini. Onu kabul eden ister çöl olsun, isterse denizler boyunca uzanan düzlükler ya da dağ yamaçları ya da Kuzey Kutbu'ndaki donmuş topraklar, hepsinden zevk alır ve kendini en iyi hissettiği yer, doğduğu ve büyüdüğü yerdir.

Emici zihin her şeyi hoş karşılar, umudunu her şeye koyar, yoksulluğu da zenginlik gibi kabul eder, yurttaşlarının dinini, önyargılarını ve alışkanlıklarını benimser ve hepsini kendinde somutlaştırır. Çocuk budur!

Başka türlü olsaydı, insan ırkı dünyanın hiçbir yerinde istikrara kavuşamazdı; her şeye hep yeniden başlasaydı, uygarlık sürekli ilerleyemezdi.

Emici zihin insanın yarattığı toplumun temelini oluşturur ve biz onu sevgisi sayesinde insan yazgısının gizemli güçlüklerini çözen nazik ve küçük çocuk olarak görürüz.

Çocuğu bugüne dek olduğundan daha iyi incelersek, her yönüyle sevgiyi içerdiğini görürüz. Sevgiyi şairler ve keşişler çözümlememiştir. Sevgiyi çözümleyen, her bir çocuğun kendinde sergilediği gerçeklerdir.

---

[60] http://www.kitabimukaddes.com/kutsal-kitap-tr/yeni-antlasma/1-korintliler.html (ç. n.)

SEVGİ VE SEVGİNİN KAYNAĞI - ÇOCUK

Aziz Pavlus'un tanımını düşünürsek ve sonra da çocuğa bakarsak, şunu söylememiz gerekir: "Söylenen her şey onda bulunabilir. Her türlü iyiliği içeren hazinenin beden bulmuş hâlidir o."
Öyleyse, bu hazineyi ilk olarak, onu anlatan şiirlerde ve dinde değil, her bir insanın içinde bulabiliriz. Bu herkese sunulan bir mucizedir, her yerde bu büyük gücün vücut bulduğunu görürüz. İnsan bir uyumsuzluk ve çatışma çölü yaratır ve Tanrı can veren yağmurunu göndermeye devam eder. İşte, bu yüzden de sevgi olmadığında, insanın yarattığı her şeyin, adına ilerleme dense bile, neden hiçbir yere varmadığını anlayabiliriz. Oysa aramıza katılan her bir küçük çocuğun armağanı olan bu sevginin potansiyeli gerçekleştirilse ya da değerleri bütünüyle geliştirilse, zaten çok büyük olan başarılarımız ölçülemez olurdu. Yetişkinler ve çocuklar güçlerini birleştirmeli. Yetişkinler büyük olabilmek için alçak gönüllü olmalı ve çocuklardan öğrenmeli. İnsanın yarattığı tüm o harikalar ve yaptığı tüm o keşifler arasında tek bir alana hiç dikkat etmemiş olması ne tuhaf! Bu alan Tanrı'nın daha en başta yarattığı mucize, yani çocuklardır.

Yine de sevgi buraya dek söylediklerimizden çok daha fazlasıdır. İnsanların zihninde ne kadar yüceltilmiş olursa olsun, bizim için karmaşık evrensel gücün bir yönünden başka bir şey değildir sevgi ve "cazibe" ve "çekicilik" sözcüklerinin ifade ettiği gibi dünyayı yönetir o ve yıldızları yörüngesinde tutar, atomların birleşerek yeni maddeler oluşturmasını sağlar, nesneleri dünyanın yüzeyinde tutar. Organik olan ve olmayan şeyleri düzenleyen ve yöneten güçtür o ve her şeyin, her varlığın özüyle birleşir, tıpkı kurtuluşun ve sonsuz evrimin rehberi gibi. Genellikle bilinçdışıdır, ancak yaşamda bazen bilinç kazanır ve insan bunu yüreğinde hissettiğinde, onu "sevgi" olarak adlandırır.

Her hayvan dönemsel olarak üreme içgüdüsünü hisseder ve bu da sevginin bir biçimidir ki bu da doğanın bir buyruğudur, çünkü o olmasaydı, hayat da devam etmezdi. İşte, bu yüzden de bu evrensel enerjinin küçük bir parçası bir an için canlılara ödünç verilmiştir ve böylece türler yok olup gitmez.

Onu bir an için hissederler ve sonra bilinçlerinden silinir. Bu da doğanın sevgiyi bağışlarken ne kadar ekonomik ve ölçülü olduğunu gösterir. Bu enerji o kadar değerli olmalı ki doğa, âdeta kendisine öyle emredilmiş gibi, küçük dozlar hâlinde verir onu. Küçük yavru dünyaya geldiğinde sevgi armağanı anne babada yenilenir; onları yavrularını beslemeye, sıcak tutmaya ve ölümüne korumaya yönelten özel bir sevgidir bu. Annenin yavrusuna olan düşkünlüğü gündüz ve gece, her an onun yanında kalmasına neden olur. Sevginin bu biçimi küçük yavruların güvenle ve sağlıklı bir şekilde hayatta kalmasını sağlar. Enerjinin bu özel yönü sınırlı bir göreve sahiptir: "Türler korumaya ve bakıma muhtaçtır ve siz de yavrularınız artık yardıma gereksinim duymayana dek, kendinizi onlara adamalısınız." Ve işte, yavru büyür büyümez, bu sevgi silinir bir anda! O ana dek kopmaz bir bağla bağlanmış gibi görünen canlılar birbirinden ayrılır. Bir sonraki buluşmalarında, sanki birbirlerini tanımıyormuş gibi davranırlar. Yavrular annenin ağzından bir parça yemek almaya cesaret etse, o güne dek onlardan hiçbir şey esirgememiş olan anne şiddetle saldırır onlara.

Bunun anlamı nedir? Herkese ödünç verilen ve bilincin bulutlarından geçen enerjinin bu küçük ışını amacını yerine getirir getirmez geri çekilmiştir.

İnsanlarda ise farklıdır. Çocuklar büyüyünce sevgi kaybolmaz. Dahası aile sınırlarından da taşar. Doğrudan yüreğimize işleyen bir idealin bizi birleştirdiğini biz kendimiz görmedik mi?

İnsanlarda sevgi süreklidir ve sonuçları bireysel yaşamın dışında da hissedilir. Bütün insanlığı kapsayana dek genişleyen toplumsal örgütlenme geçmiş yüzyıllarda başkalarının hissettiği sevginin bir sonucu değilse, nedir?

Doğa bu enerjiyi kesin amaçlar uğruna veriyorsa, diğer yaşam biçimlerine bu denli hatasız bir ölçüyle dağıtıyorsa, insana gösterdiği cömertlik amaçsız olamaz.

Bu enerji bütün yönleriyle kurtuluşu getiriyorsa, yok sayılması da kaçınılmaz olarak yıkımı getirecektir. Bize verilen bu enerji parçasının değeri insanın bu denli bağlı olduğu uygarlığın maddi

SEVGİ VE SEVGİNİN KAYNAĞI - ÇOCUK

başarılarından ölçülemeyecek kadar daha değerlidir. Bunlar ancak aynı enerjinin geçici ifadeleridir ve bir süre sonra yeni keşifler bunları geçtiğinde ortadan kalkarlar, ama enerjinin kendisi kendi yaratma hedeflerini, koruma ve kurtuluşun hedeflerini geliştirmeye devam eder, evrende insanın izi silindikten sonra bile.

    Sevgi insana belirli bir amaca yönelmiş bir armağan olarak ve özel bir nedenle verilmiştir ve bu açıdan kozmik bilincin canlılara ödünç verdiği diğer her şeye benzer. Ona değer verilmesi, olabildiğince geliştirilip tam olarak genişletilmesi gerekir. Diğer canlılar arasında insan kendisine verilen bu gücü yüceltebilir ve daha da fazla geliştirebilir. Buna değer vermek onun görevidir. O evreni bir arada tutar, çünkü o gerçek bir güçtür, bir fikirden ibaret değildir.

    Onun sayesinde insan da elleriyle ve zekâsıyla yarattığı her şeyi bir arada tutabilir. O olmadan yarattığı her şey düzensizlik ve yıkım getirir (ve bu sık yaşanmıştır). O olmadan güçleri geliştiğinde, ona ait olan hiçbir şey kalıcı olmaz, her şey çöker.

    İşte, şimdi Aziz'in sözlerini, sevgi olmadan her şeyin hiçbir şey olduğunu anlayabiliyoruz. Sevgi karanlığı aydınlatan elektrikten, sesimizi uzayda ileten göksel dalgalardan, insanın keşfettiği ve kullanmayı öğrendiği enerjilerden çok daha fazlasıdır. Sevgi en güçlü şeydir. İnsanın keşifleri sayesinde yapabildiği her şey onu kullananın vicdanına bağlıdır. Sevgi enerjisinin bize verilme nedeni ise herkesin ona kendi içinde sahip olmasıdır. İnsana belirli bir miktarda verilmiş ve dağıtılmış olsa da insanın elinin altındaki güçlerin en büyüğüdür o. Bilinçli olarak sahip olduğumuz bölümü ne zaman bir bebek doğsa yenilenir ve daha sonraki bir aşamada koşullar nedeniyle uykuda olsa da onu ateşli bir arzuyla hissetmeye devam ederiz. İşte, bu yüzden de sevgiyi, çevremizdeki diğer güçlerden daha fazla incelememiz ve kullanmamız gerekir, çünkü o diğer güçler gibi çevreye değil, bize ödünç verilmiştir. Sevginin ve sevgiden yararlanmanın incelenmesi bizi onun kaynağına, Çocuğa götürür.

    İnsan kurtuluşa ve insanın birliğine ulaşmak istiyorsa, acı ve kaygıları içinde özlemini duyduğu ve izlemesi gereken yol budur.

KÜTÜPHANENİZDEKİ ÖNEMLİ EKSİKLERİ KEŞFEDİN

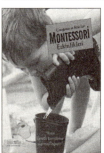

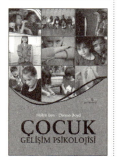

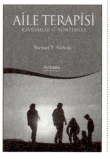

MARIA MONTESSORI (d. 31 Ağustos 1870 – ö. 6 Mayıs 1952)

1870 yılında İtalya'da dünyaya geldi. Babası muhasebeci, annesi iyi eğitim görmüş, okumayı seven bir kadındı. Babasının karşı çıkmasına rağmen Papa XIII. Leo'nun da desteğini alarak İtalya'da tıp fakültesine giren ilk kız öğrenci, ilk kadın tıp doktoru oldu. Cerrahi assistan olarak çalıştı. Roma Üniversitesi psikiyatri kliniğinde devam ettiği bir araştırma programı kapsamında, çocuk yetiştirme yurtlarına ziyaretlerde bulundu. Çocukların duyusal uyarıcı yoksunluğu çektiğini gözlemledi. Ulusal Tıp Kongresi ve Ulusal Pedagoji Kongresi'nde eğitim yoluyla toplumsal gelişme üzerine önerilerde bulundu. Özürlü çocuklar için kurulan Orthophrenic Okul'un idari asistanlığına getirildi. 1901'de görevinden ayrılarak üniversitede eğitim felsefesi ve antropoloji okudu, Roma Üniversitesi Pedagoji Bölümü'nde dersler verdi. 1907'de San Lorenzo bölgesinde işçi ailelerinin çocukları için ilk Casa dei Bambini/Çocuklar Evi'ni açtı. Bir yıl içinde İtalya'da beş yeni Çocuklar Evi hizmete girdi ve İsviçre hükûmeti İtalyanca konuşulan bölgesindeki bütün anaokullarında Çocuklar Evi modelini uygulama kararı aldı. 1909'da yüzlerce öğretmene eğitim kursları vermeye başladı, eğitim notları kitap olarak yayımlandı. 1912'de ABD'de *The Montessori Method (Montessori Metodu)* ismiyle yayımlanan bu kitap bestseller oldu ve 20 dile çevrildi. Maria Montessori ABD, İngiltere ve Avrupa'da seminerler vermeye başladı. 1917'de oğlu Mario, gelini ve dört torunuyla birlikte İspanya'ya yerleşti. 1933'te Nasyonal Sosyalist yönetim altındaki Almanya'da Montessori okulları kapatıldı ve Montessori'nin kitapları yakıldı. Maria Montessori faşist Mussolini yönetimiyle iş birliği yapmayı reddettiği için bir yıl sonra İtalya'daki okulları da kapatıldı. 1936'da İspanya'daki iç savaş nedeniyle Montessori ailesi Hollanda'ya yerleşti. 1939'da oğlu ile birlikte Madras'ta üç aylık bir eğitim vermek üzere Hindistan'a giden Montessori, savaş patlak verince İtalyan vatandaşı olduğu için ev hapsine, oğlu Mario da gözaltına alındı. Bu dönemde Gandi, Neru ve Tagore ile tanıştı. Hindistan'da 7 yıl kalan Montessoriler, 1000'den fazla Hint öğretmene eğitim verdiler. Hollanda'ya dönmesinin ardından 1947 yılında UNESCO'da Eğitim ve Barış üzerine konuşan Maria Montessori'ye, 1949'da üç defa layık görüleceği Nobel Barış Ödülü ilk defa takdim edildi. 1952'de hayata veda etti. Montessori Eğitimi üzerine çalışmalarını oğlu Mario Montessori ve torunları, 1929'da Maria Montessori tarafından kurulan Association Montessori International (AMI) çatısı altında devam ettirdiler. Başlıca eserleri arasında *The Absorbent Mind*'ın *(Emici Zihin)* yanı sıra *The Discovery of Childhood (Çocukluğun Keşfi)* ve *The Secret of Childhood (Çocukluğun Sırrı)* sayılabilir.

kaknüs yayınları: 655
eğitim kitaplığı: 5

ısbn: 978-975-256-447-3
yayıncı sertifika no: 11216

I. basım, 2015 istanbul

kitabın özgün adı: *the absorbent mind*
kitabın adı: emici zihin
yazarı: maria montessori
ingilizce aslından çeviren: okhan gündüz
copyright©2007, montessori-pierson publishing company
türkçe yayın hakları: kaknüs yayınları© 2014
AMI logosu the association montessori internationale
(uluslararası montessori derneği'nin) markasıdır.
bu kitabın türkçe çevirisi AMI tarafından onaylanmıştır.

yayına hazırlayan: seda darcan çiftçi
redaksiyon: arzu sarı
akademik danışman: melek çilingir
kapak düzeni: mustafa sabri saldamlı
baskı ve cilt: alemdar ofset

kaknüs yayınları
kızkulesi yayıncılık tanıtım eğitim hiz. san. ve dış tic. ltd. şti.
merkez: mimar sinan mah. selami ali efendi cad. no: 5 üsküdar, istanbul
tel: (0 216) 492 59 74/75 faks: 334 61 48
kitap@kaknus.com.tr
dağıtım: çatalçeşme sk. defne han no: 27/3 cağaloğlu, istanbul
tel: (0 212) 520 49 27 faks: 520 49 28
satis@kaknus.com.tr
www.kaknus.com.tr    / kaknusyayinevi   @kaknusyayinevi